新世纪工程管理类系列教材

工程建设法规与案例

第2版

主　编　刘黎虹　韩丽红
参　编　闫　爽　赵秋红　任美丽
主　审　宿　辉

机械工业出版社

本书系统介绍了工程建设领域相关法规的理论和应用,全面反映了近年来国内工程建设法规的新变化和新发展,同时融入了国家注册执业资格考试的内容。此次修订对上一版进行了适当的修改,增加了新颁布的《中华人民共和国民法典》等相关法律、法规,并充实、完善了相关案例。为方便学生提高应试能力,本书中的重要知识点及课后习题多选自历年注册建造师等执业资格考试原题。本书编入了大量工程建设法规相关案例,并对这些案例进行了深入分析,具有较强的指导性和实用性。每章附有大量典型例题及课后习题,便于学生理解、消化和巩固课堂所学知识。

本书配有教师辅助教学资源,主要包括PPT课件、各章例题解析、课后习题及答案、模拟试卷及答案。采用本书作为教材的教师如有需要,可登录机械工业出版社教育服务网(www.cmpedu.com)注册通过审核后,免费下载使用。

本书既可作为高等院校土木工程、工程管理、工程造价及土建类其他相关及相近专业的本科和高职高专教材,还可作为工程建设管理人员的业务参考书。

图书在版编目(CIP)数据

工程建设法规与案例/刘黎虹,韩丽红主编. —2版. —北京:机械工业出版社, 2019.12 (2024.6重印)
新世纪工程管理类系列教材
ISBN 978-7-111-64383-8

Ⅰ.①工⋯ Ⅱ.①刘⋯②韩⋯ Ⅲ.①建筑法-中国-高等学校-教材 Ⅳ.①D922.297

中国版本图书馆CIP数据核字(2019)第274715号

机械工业出版社(北京市百万庄大街22号 邮政编码100037)
策划编辑:冷 彬 责任编辑:冷 彬 商红云
责任校对:王 欣 封面设计:张 静
责任印制:邓 博
北京盛通数码印刷有限公司印刷
2024年6月第2版第6次印刷
184mm×260mm・18.75印张・460千字
标准书号:ISBN 978-7-111-64383-8
定价:48.00元

电话服务 网络服务
客服电话:010-88361066 机 工 官 网:www.cmpbook.com
　　　　　010-88379833 机 工 官 博:weibo.com/cmp1952
　　　　　010-68326294 金 书 网:www.golden-book.com
封底无防伪标均为盗版 机工教育服务网:www.cmpedu.com

前 言

本书根据土建类应用型本科专业人才培养目标与定位来编写，全面反映了近年来国内工程建设法规的新变化和新发展，同时融入了国家注册执业资格考试的内容。此次修订针对第1版进行了适当的修改，增加了新颁布的《中华人民共和国民法典》等相关法律、法规，调整了部分修订的法律、法规，并充实、完善了相关案例。

此次修订，结合注册建造师等执业资格考试大纲要求，增强了教材的实用性；鉴于工程类执业资格考试建设法规科目以单选题和多选题为主要题型，为方便学生提高应试能力，本书中的重要知识点及课后习题多选自历年注册建造师等执业资格考试原题。

本次修订从应用型人才的职业需要出发，注重法理、法律规定和案例三者的有机结合，着重体现对学生运用法律知识分析和解决建设工程中法律问题的基本能力的培养，突出课程的基本要求和人才培养的实用性。

本书由刘黎虹、韩丽红担任主编。具体的编写分工为：长春工程学院刘黎虹编写第9章，长春建筑学院韩丽红编写第1、2、3、4章，长春工程学院任美丽编写第6、7章，长春建筑学院赵秋红编写第5、8章，吉林建筑科技学院闫爽编写第10、11、12章。

本书在编写过程中参考了大量同类教材，查阅了许多专家的资料和著述；承蒙吉林建筑大学宿辉担任主审，对全书进行了审阅并提出宝贵的修改意见，在此一并感谢。

由于作者水平有限，本书难免存在不足之处，恳请读者批评指正。

编 者

目录

前　言

第 1 章　建设法规概论 / 1
  1.1　建设法规的内涵 / 1
  1.2　工程建设法律关系 / 5
  1.3　与工程建设相关的基本民事制度 / 6
  1.4　工程建设程序 / 10
  本章习题 / 14

第 2 章　工程建设从业资格法律制度 / 16
  2.1　工程建设从业资格法律制度概述 / 16
  2.2　工程建设企业从业资质管理 / 17
  2.3　工程建设从业人员执业资格法规 / 22
  2.4　建筑市场信用体系建设 / 35
  本章习题 / 38

第 3 章　城乡规划法律制度 / 40
  3.1　城乡规划的体系、原则和管理体制 / 40
  3.2　城乡规划的制定 / 41
  3.3　城乡规划的实施 / 43
  3.4　监督检查 / 47
  3.5　违反规划许可建设的法律责任 / 47
  本章习题 / 51

第 4 章　建设工程施工法律制度 / 53
  4.1　建设工程施工许可制度 / 53
  4.2　建设工程发包承包制度 / 55
  4.3　建设工程监理制度 / 60

本章习题 / 68

第 5 章 建设工程招标与投标法律制度 / 72

5.1 建设工程招标投标概述 / 72
5.2 建设工程招标 / 75
5.3 建设工程投标 / 80
5.4 建设工程开标、评标、中标 / 84
5.5 招标投标异议和投诉 / 88
5.6 招标投标主要参与者违法行为的法律责任 / 90
本章习题 / 99

第 6 章 建设工程标准及勘察设计法律制度 / 102

6.1 建设工程勘察设计法律制度概述 / 102
6.2 工程建设标准化法规 / 103
6.3 建设工程勘察设计文件的编制 / 106
6.4 工程设计文件的审批和修改 / 107
6.5 施工图设计文件的审查 / 108
6.6 工程勘察设计咨询业知识产权保护与管理 / 110
本章习题 / 115

第 7 章 建设工程安全生产管理法律制度 / 117

7.1 建设工程安全生产的监督管理 / 117
7.2 安全生产管理基本制度 / 118
7.3 安全生产许可制度 / 119
7.4 安全生产责任主体的安全责任 / 122
7.5 生产安全事故的调查处理与应急救援 / 134
本章习题 / 139

第 8 章 建设工程质量管理法律制度 / 142

8.1 建设工程质量的概念 / 142
8.2 建设工程质量的监督管理 / 143
8.3 竣工验收制度 / 146
8.4 建设工程质量责任主体及其法律责任 / 148
8.5 建设工程质量保修制度 / 154
8.6 建设工程质量保证金 / 157
本章习题 / 164

第9章 建设工程合同法律制度 / 168

9.1 合同概述 / 168
9.2 合同的订立 / 169
9.3 合同的效力 / 171
9.4 合同的履行、变更、转让和终止 / 176
9.5 合同履行的担保 / 181
9.6 违约责任 / 185
9.7 与工程建设相关的几种合同 / 187
9.8 建设工程合同纠纷案件司法解释及运用 / 193
本章习题 / 206

第10章 工程建设环境保护法律制度 / 212

10.1 工程建设环境保护法律制度概述 / 212
10.2 建设项目环境保护专项法的规定 / 214
10.3 建设项目环境保护的其他法律制度 / 220
10.4 《环境保护法》规定的法律责任 / 223
本章习题 / 226

第11章 工程建设其他相关法律制度 / 229

11.1 土地管理法 / 229
11.2 建筑节能法规 / 235
11.3 工程建设消防法规 / 239
11.4 城市建设有关法规 / 243
11.5 劳动合同法 / 244
11.6 建设档案管理法规 / 253
本章习题 / 263

第12章 建设工程纠纷的解决方式及法律责任 / 266

12.1 建设工程纠纷的解决方式 / 266
12.2 行政复议与行政诉讼 / 275
本章习题 / 289

参考文献 / 291

第 1 章　建设法规概论

1.1　建设法规的内涵

1.1.1　法及法的形式

法是由国家制定或认可,并用国家强制力保障实施的人的行为规范。

法的形式,实质是法的效力等级问题。我国法的形式主要包括:

(1) 宪法　《中华人民共和国宪法》(简称《宪法》)的法律地位和效力是最高的,由全国人民代表大会制定和修改。任何法律、行政法规和地方性法规不得与《宪法》相抵触。

(2) 法律　全国人民代表大会及其常委会制定的规范性文件。法律的效力低于《宪法》,但高于其他的法。按照制定机关及调整对象范围的不同,分为基本法律和一般法律两种:

1) 基本法律——由全国人大制定和修改,如《中华人民共和国民法典》(简称《民法典》)、《中华人民共和国刑法》(简称《刑法》)、《中华人民共和国合同法》(简称《合同法》)㊀《中华人民共和国民事诉讼法》(简称《民事诉讼法》)等。

2) 一般法律——由全国人大常委会制定和修改,如《中华人民共和国建筑法》(简称《建筑法》)、《中华人民共和国招标投标法》(简称《招标投标法》)、《中华人民共和国安全生产法》(简称《安全生产法》)、《中华人民共和国城乡规划法》(简称《城乡规划法》)、《中华人民共和国城市房地产管理法》(简称《城市房地产管理法》)等。

(3) 行政法规　由最高国家行政机关即国务院制定的规范性文件,如《建设工程质量管理条例》《建设工程勘察设计管理条例》《建设工程安全生产管理条例》《安全生产许可证条例》《建设项目环境保护管理条例》等。行政法规的效力低于宪法和法律。

(4) 地方性法规　由省、自治区、直辖市以及省、自治区人民政府所在地的市和经国务院批准的较大的市的人民代表大会及其常委会,在其法定权限内制定的规范性文件。地方性法规只在本辖区内有效,其效力低于法律和行政法规。如《北京市招标投标条例》。

(5) 行政规章　由国家行政机关制定的规范性文件,包括部门规章和地方政府规章。

1) 部门规章是由国务院各部、委制定的法律规范性文件,如《工程建设项目施工招标投标办法》(2003 年国家发改委等 7 部委 30 号令、2013 年国家发改委等 9 部委 23 号令修改)、

㊀ 2021 年 1 月 1 日《民法典》实施后,《合同法》废止,相关内容修订或变更后并入《民法典合同编》。

《建筑业企业资质管理规定》(2007 年建设部令第 159 号令、2015 年住房和城乡建设部第 22 号令修改)等。部门规章的效力低于法律、行政法规。

2) 地方政府规章是由省、自治区、直辖市以及省、自治区人民政府所在地的市和经国务院批准的较大的市的人民政府所制定的法律规范性文件。地方政府规章的效力低于法律、行政法规，低于同级或上级地方性法规。如《吉林省建设工程质量管理办法》。

(6) 最高人民法院司法解释规范性文件　最高人民法院对于法律的系统性解释文件和对法律适用的说明，对法院审判有约束力，具有法律规范的性质，在司法实践中具有重要的地位和作用。如《最高人民法院关于审理建设工程施工合同纠纷案件适用法律问题的解释》。

(7) 国际条约　是指我国作为国际法主体同外国缔结的双边、多边协议和其他具有条约、协定性质的文件，如《建筑业安全卫生公约》等。国际条约是我国法的一种形式，具有法律效力。

此外，自治条例、单行条例和特别行政区法律等，也属于我国法的形式。

【例题 1】　下列法规中，属于部门规章的是(　　)。
A.《建设工程质量管理条例》
B.《北京市建筑市场管理条例》
C.《重庆市建设工程造价管理规定》
D.《招标公告发布暂行办法》
【答案】　D
【例题 2】　《建筑企业资质管理规定》所属法的形式是(　　)。
A. 法律
B. 行政法规
C. 部门规章
D. 地方性法规
【答案】　C
【例题 3】　以下关于上位法与下位法法律效力的说法，正确的是(　　)。
A.《招标投标法实施条例》高于《招标公告发布暂行办法》
B.《建设工程质量管理条例》高于《建筑法》
C.《建筑业企业资质管理规定》高于《外商投资建筑业企业管理规定》
D.《建设工程勘察设计管理条例》高于《城市房地产开发经营管理条例》
【答案】　A

1.1.2　法律和法规

法律概念有狭义和广义之分。狭义的法律是指全国人民代表大会及其常委会制定的规范性文件，如《建筑法》《招标投标法》等。广义的法律除包括狭义的法律外，还包括行政法规、地方性法规、行政规章等。

法规概念也有狭义和广义之分。狭义的法规通常是指行政法规和地方性法规。广义的法规指的是各类法律规范的总和，如建设法规、交通法规等。

从内涵上看，广义的法律与广义的法规具有相同的内涵。

1.1.3 建设法规的概念和调整对象

1. 概念

建设法规是指国家权力机关或其授权的行政机关制定的，旨在调整国家及其有关机构、企事业单位、社会团体、公民之间在建设活动中或建设行政管理活动中发生的各种社会关系的法律规范的统称。

简而言之，建设法规是调整建设活动或建设管理活动的法律规范总称。

根据承担法律责任的不同，建设法规有三种，即建设行政法律规范、建设民事法律规范、建设刑事法律规范。

2. 调整对象

（1）建设活动中的行政管理关系 国家及其建设行政主管部门同建设单位、设计单位、施工单位、建筑材料和设备的生产供应单位及建设监理等中介服务单位之间发生的相应的管理与被管理关系。

（2）建设活动中的民事关系 工程建设是非常复杂的活动，要有许多单位和人员参与，共同协作完成。在建设活动中必然存在着大量的寻求合作伙伴和相互协作的问题，在这些协作过程中所产生的权利、义务关系，也应由建设法规来加以规范、调整。

主要以合同法为依据的建设经济协作关系，有建设单位与勘察、设计、施工、监理关系，以及材料、设备采购、联合体承包、总包和分包关系等。

主要以民法为依据的一般民事关系，有损害赔偿、人格权和知识产权保护、房地产交易中买卖、租赁、抵押关系以及征收补偿安置关系等。

建设法规调整的社会关系是多方面的，它是利用综合的手段，对行政的、经济的、民事的社会关系加以规范调整的法规，很难将其明确划归某一法律部门。但就其主要的法律规范性质来说，多数的属于行政法和经济法的范畴。有些法律不属建设法规，但它们又都与工程建设有关，称之为工程建设相关法律。

1.1.4 建设法规的主要特征

1. 行政隶属性

行政隶属性是建设法规的主要特征，这一特征决定了建设法规必然要采取直接体现行政权力活动的调整方法，即以行政指令为主的方法调整建设法律关系。

调整方式包括：

1）授权。国家通过建设法律规范，授予国家建设管理机关某种管理权限或具体的权力，对建设业进行监督管理。

2）命令。国家通过建设法律规范，赋予建设法律关系主体某种作为的义务，如限期拆迁房屋，控制楼堂馆所建设，进行建设企业资质等级鉴定，房屋产权登记等。

3）禁止。国家通过建设法律规范，赋予建设法律关系主体某种不作为的义务，即禁止主体某种行为。如严禁利用建设工程发包权索贿受贿，严禁无证设计、无证施工等。

4）许可。国家通过建设法律规范，允许特别的主体在法律允许范围内有某种作为的权利。如不同的企业等级有不同的承包范围。

5) 免除。国家通过建设法律规范，对主体依法应履行的义务在特定情况下予以免除。如用炉渣、粉煤灰等废渣作为主要原料生产建筑材料的可享有减、免的优惠等。

6) 确认。国家通过建设法律规范，授权建设管理机关依法对争议的法律事实和法律关系进行认定，并确定其是否存在，是否有效。

7) 撤销。国家通过建设法律规范，授予建设行政管理机关运用行政权力对某些权利能力或法律资格予以撤销或消灭。如没有落实建设投资计划的项目必须停建、缓建，无证设计、无证施工坚决取缔等。

2. 经济性

建设法规是经济法的重要组成部分。建设法规的经济性既包含财产性，也包括其与生产、分配、交换、消费的联系性。

3. 技术性

为保证建设产品的质量和人民生命财产的安全，大量的建设法规是以技术规范形式出现的，如各种设计规范、施工规范、验收规范等。

1.1.5 建设法规的实施

建设法规的实施，指国家机关及其公务员、社会团体、公民实现建设法律规范的活动，包括建设法规的执法、司法和守法三个方面。建设法规的司法又包括建设行政司法和专门机关司法两方面。

(1) 建设行政执法　建设行政执法是指建设行政主管部门和被授权或被委托的单位，依法对各项建设活动和建设行为进行检查监督，并对违法行为执行行政处罚的行为，具体包括：

1) 建设行政决定，指执法者依法对相对人的权利和义务做出单方面的处理，包括行政许可、行政命令和行政奖励。

2) 建设行政检查，指建设行政执法者依法对相对人是否守法的事实，进行单方面的强制性了解，主要包括实地检查和书面检查两种。

3) 建设行政处罚，指建设行政主管部门或其他权力机关对相对人实行惩戒或制裁的行为，主要包括财产处罚、行为处罚和申诫处罚三种。

4) 建设行政强制执行，指在相对人不履行行政机关所规定的义务时，特定的行政机关依法对其采取强制手段，迫使其履行义务。

(2) 建设行政司法　建设行政司法是指建设行政机关依据法定的权限和法定的程序进行行政调解、行政复议和行政仲裁，以解决相应争议的行政行为。

1) 行政调解，指在建设行政机关主持下，以法律为依据，以自愿为原则，通过说服教育等方法，促使双方当事人通过协商互谅达成协议。

2) 行政复议，指公民、法人或者其他组织不服行政主体做出的具体行政行为，认为行政主体的具体行政行为侵犯了其合法权益，依法向法定的行政复议机关提出复议申请，要求重新处理的申请。行政复议机关依法对该具体行政行为进行合法性、适当性审查，并做出行政复议决定的行政行为。

3) 行政仲裁，指国家行政机关根据当事人的申请，按照仲裁程序对当事人之间发生的特定的争议做出具有法律约束力的判断或裁决的一种仲裁类型。

(3) 法院司法　人民法院依照诉讼程序对建设活动中的争议与违法建设行为做出的审理判决活动。

(4) 建设法规的遵守　建设法规的遵守是指从事建设活动的所有单位和个人，必须按照建设法规的要求实施建设行为，不得违反。

1.2 工程建设法律关系

1.2.1 工程建设法律关系的概念

法律关系是受法律规范调整一定社会关系而形成的权利与义务关系。法律关系是以法律规范为前提，是法律规范调整社会关系的结果。

工程建设法律关系则是指由建设法律规范所确认的，在建设管理和建设活动中所产生的权利义务关系。

1.2.2 工程建设法律关系的构成要素

任何法律关系都是由法律关系主体、法律关系客体和法律关系内容三个要素构成的。

工程建设法律关系是由工程建设法律关系主体、工程建设法律关系客体和工程建设法律关系内容构成的。

1. 工程建设法律关系主体

工程建设法律关系主体是指管理和参加建设活动，受建设法律规范调整，在法律上享有权利、承担义务的当事人，也就是建设活动的管理者和参与者。工程建设法律关系主体包括如下类型：

(1) 国家机关

1) 国家发展和改革委员会以及各级地方人民政府发展和改革委员会。其职权是负责编制长、中期和年度建设计划，组织计划的实施，督促各部门严格执行工程建设程序等。

2) 国家建设行政主管部门。主要指住房和城乡建设部以及各级地方建设行政主管部门。其职权是制定建设法规，对城市建设、村镇建设、工程建设、建筑业、房地产业、市政公用事业进行组织管理和监督。

3) 国家建设监督部门。主要包括国家财政机关、中国人民银行、国家审计机关、国家统计机关等。

4) 国家建设各业务主管部门。如住房和城乡建设部、交通运输部、水利部等部门，负责本部门、本行业的建设管理工作。

(2) 社会组织　建设单位，勘察、设计单位，施工单位，建设工程监理单位，房地产开发企业，中介、咨询服务单位。

(3) 公民个人　自然人也可以成为工程建设法律关系的主体。如建筑工人、专业技术人员、注册执业人员等同单位签订劳动合同时，即成为劳动法律关系主体。

2. 工程建设法律关系客体

工程建设法律关系客体是指参加建设法律关系的主体享有权利和承担义务所共同指向的对象。合同法律关系中的客体习惯上也称之为标的。工程建设法律关系客体分为以下四种类型：

1) 物，如钢材、水泥、建筑物、设备等。

2) 财，指资金及各种有价证券。

3) 行为，指人的有意识的活动，包括作为和不作为。在工程建设法律关系中，行为多表现为完成一定的工作，如勘察、设计、施工安装、检查验收等活动。

4) 非物质财富，指脑力方面的成果或智力方面的创作，也称为智力成果，通常属于知识产权的客体。如设计单位对设计成果享有著作权，软件公司对自己开发的项目管理软件拥有版权（著作权）等。

3. 工程建设法律关系的内容

工程建设法律关系的内容即工程建设法律关系主体享有的权利和应当承担的义务。

1.2.3 工程建设法律关系的产生、变更和终止

1. 工程建设法律关系产生、变更和终止的概念

工程建设法律关系的产生是指工程建设法律关系主体之间形成了一定的权利义务关系。

工程建设法律关系的变更是指工程建设法律关系的三个要素发生变化。

工程建设法律关系的终止是指主体之间的权利义务关系不复存在，彼此丧失了约束力，包括自然终止、协议终止和违约终止。

2. 工程建设法律关系产生、变更和终止的原因

法律事实是工程建设法律关系产生、变更和终止的原因。所谓法律事实是指能够引起法律关系产生、变更和终止的客观现象和事实。

法律事实按是否包含当事人的意志为依据分为以下两类：

(1) 事件　事件是指不以当事人意志为转移而产生的法律事实，包括自然事件、社会事件、意外事件。自然事件如地震、台风等；社会事件如战争、暴乱等。

(2) 行为　行为是指人的有意识的活动。行为包括：民事法律行为、违法行为、行政行为、立法行为。

所谓民事法律行为，是指公民或者法人设立、变更、终止民事权利和民事义务的合法行为，如签约行为、投标行为等。违法行为包括违约行为和侵权行为。

1.3 与工程建设相关的基本民事制度

1.3.1 债权

1. 债的基本法律关系

(1) 债的概述　债是按照合同的约定或者按照法律规定，在当事人之间产生的特定权利和义务关系，享有权利的人是债权人，负有义务的人是债务人。债是特定当事人之间的法律关系。债权人只能向特定的人主张自己的权利，债务人只需向享有该项权利的特定人履行义务，即债的相对性。

(2) 债的内容　债的内容，是指债的主体双方间的权利与义务，即债权人享有的权利和债务人负担的义务，即债权与债务。债权是请求他人为一定行为（作为或不作为）的民法权利。

债务是指根据当事人的约定或者法律规定，债务人所负担的应为特定行为的义务。

2. 建设工程债

（1）合同　当事人之间产生合同法律关系，也就产生了权利义务关系，便设立了债的关系。任何合同关系的设立，都会在当事人之间产生债权和债务的关系。合同引起债的关系，是债发生的最主要、最普遍的依据。合同产生的债被称为合同之债。

（2）侵权　侵权是指公民或法人没有法律依据而侵害他人的财产权利或人身权利的行为。侵权行为一旦发生，即在侵权行为人和被侵权人之间形成债的关系。侵权行为产生的债权称为侵权之债。建筑物、构筑物或者其他设施及其搁置物、悬挂物发生脱落、坠落造成他人损害，所有人、管理人或者使用人不能证明自己没有过错的，应当承担侵权责任。所有人、管理人或者使用人赔偿后，有其他责任人的，有权向其他责任人追偿。

建筑物、构筑物或者其他设施及其搁置物、悬挂物发生脱落、坠落造成他人损害，由建设单位和施工单位承担连带责任。

（3）无因管理　无因管理是指管理人员和服务人员没有法律上的特定义务，也没有受到他人委托，自觉为他人管理事务或提供服务。无因管理指管理人员或者服务人员与受益人之间形成了债的关系。

（4）不当得利　不当得利是指没有法律上或者和合同上的依据，有损于他人利益而自身取得利益的行为。由于不当得利造成他人利益的损害，因此在得利者与受害者之间形成债的关系。得利者应当将所得的不当利益返还给受损失的人。

常见的建设工程债的种类包括：

1）施工合同债，发生在建设单位和施工单位之间的债。施工合同的义务主要是施工人完成施工任务和发包人支付工程款。

2）买卖合同债，在建设工程活动中，主要是材料设备买卖合同。

3）侵权之债，最常见的是施工单位的施工活动产生的侵权。如施工噪声或者废水废弃物排放等，可能对工地附近的居民构成侵权。

【例题4】　下列关于建筑活动中发生的债的说法，正确的是（　　）。
A. 对于建设工程施工任务，建设单位是债权人，施工企业是债务人
B. 对于建筑材料买卖合同中建筑材料的交付，材料供应商是债务人
C. 在施工中产生噪声，扰乱居民，不会有债发生
D. 材料供应商为施工企业自愿保管财物不会发生债
【答案】　A
【解析】　D选项，"自愿保管财物"的原因是双方有材料买卖合同，即发生合同之债。

1.3.2　代理制度

在建设工程活动中，通过委托代理实施民事法律行为的情形较为常见。

1. 代理的法律特征和主要种类

所谓代理，是指代理人在被授予的代理权限范围内，以被代理人的名义与第三人实施法律行为，而行为后果由该被代理人承担的法律制度。代理涉及三方当事人，即被代理人、代理人和代理关系所涉及的第三人。

《民法通则》规定，公民、法人可以通过代理人实施民事法律行为。代理人在代理权限内，以被代理人的名义实施民事法律行为。被代理人对代理人的代理行为承担民事责任。

2. 代理的法律特征

代理具有如下的法律特征：

1）代理人必须在代理权限范围内实施代理行为。代理人实施代理活动的直接依据是代理权。代理人实施代理行为时有独立进行意思表示的权利。

2）代理人应该以被代理人的名义实施代理行为。

3）代理行为必须是具有法律意义的行为。代理人为被代理人实施的是能够产生法律上的权利义务关系。

4）代理行为的法律后果归属于被代理人。

3. 代理的主要种类

代理包括委托代理、法定代理。

（1）委托代理　委托代理是指按照被代理人的委托行使代理权。如监理单位授权某人为某工程总监理工程师。

（2）法定代理　法定代理是指根据法律的规定而发生的代理。无民事行为能力人、限制民事行为能力人的监护人是他的法定代理人。

4. 建设工程代理行为的设立

（1）不得委托代理的建设工程活动　依照法律规定或者按照双方当事人约定，应当由本人实施的民事法律行为，不得代理。

建设工程的承包活动不得委托代理。《建筑法》规定，禁止承包单位将其承包的全部建筑工程转包给他人，禁止承包单位将其承包的全部建筑工程肢解以后以分包的名义分别转包给他人。施工总承包的，建筑工程主体结构的施工必须由总承包单位自行完成。

（2）须取得法定资格方可从事的建设工程代理行为　一般的代理行为可以由自然人、法人担任代理人，对其资格并无法定的严格要求。《民事诉讼法》规定，律师、当事人的近亲属，有关的社会团体或者所在单位推荐的人，经人民法院许可的其他公民，都可以被委托为诉讼代理人。

某些建设工程代理行为必须由具有法定资格的组织方可实施。如《招标投标法》规定，招标代理机构是依法设立、从事招标代理业务并提供相关服务的社会中介组织。

1.3.3　诉讼时效制度

1. 诉讼时效的概念

诉讼时效是指民事权利受到侵害的权利人在法定的时效期间内不行使权利，当时效期间届满时，人民法院对权利人的权利不再进行保护的制度。在法律规定的诉讼时效期间内，权利人提出请求的，人民法院就强制义务人履行所承担的义务。诉讼时效期间届满的，义务人可以提出不履行义务的抗辩。诉讼时效期间届满后，义务人同意履行的，不得以诉讼时效期间届满为由抗辩；义务人已自愿履行的，不得请求返还。

向人民法院请求保护民事权利的诉讼时效期间为3年。法律另有规定的，依照其规定。

诉讼时效期间自权利人知道或者应当知道权利受到损害以及义务人之日起计算。但是自权利受到损害之日起超过20年的，人民法院不予保护。

当事人约定同一债务分期履行的,诉讼时效期间自最后一期履行期限届满之日起计算。

2. 诉讼时效的中止和中断

(1) 诉讼时效中止　在诉讼时效进行中,因一定的法定事由产生而使权利人无法行使请求权,暂停计算诉讼时效期间。

《民法典》第一百九十四条规定在诉讼时效期间的最后6个月内,因下列障碍不能行使请求权的,诉讼时效中止:①不可抗力;②无民事行为能力人或者限制民事行为能力人没有法定代理人,或者法定代理人死亡、丧失民事行为能力、丧失代理权;③继承开始后未确定继承人或者遗产管理人;④权利人被义务人或者其他人控制;⑤其他导致权利人不能行使请求权的障碍。

(2) 诉讼时效中断　诉讼时效因提起诉讼、当事人一方提出要求或者同意履行义务而中断。从中断时起,诉讼时效期间重新计算。

导致诉讼时效中断的情形包括以下几种:①权利人向义务人提出履行请求;②义务人同意履行义务;③权利人提出诉讼或者申请仲裁;④与提起诉讼或者申请仲裁具有同等效力的其他情形。

(3) 诉讼时效中断与中止的区别

1) 诉讼时效中止的事由是由于当事人主观意志以外的情况,而诉讼时效中断的事由则取决于当事人的主观意志即当事人行使权利或履行义务的意思表示或行为。

2) 诉讼时效中止只能发生在诉讼时效期间的最后六个月内,而诉讼时效中断则可以发生在时效进行的整个期间。

3) 诉讼时效中止是时效完成的暂时障碍,中止前已进行的时效期间仍然有效,待中止事由消除之日起满六个月时效届满;而诉讼时效中断以前已进行的时效期间归于无效,中断以后重新起算。

【例题5】　建设单位拖欠施工企业工程款,施工企业的催告行为对诉讼时效产生的效果是( )。
　A. 诉讼时效的中止　B. 诉讼时效的中断　C. 诉讼时效的延长　D. 改变法定时效期间
【答案】　B

【例题6】　根据民事法律制度的规定,下列各项中可导致诉讼时效中断的情形有( )。
　A. 当事人提起诉讼　　　　　　B. 当事人一方提出要求
　C. 当事人同意履行义务　　　　D. 发生不可抗力致使权利人不能行使请求权
【答案】　ABC

【例题7】　在诉讼时效期间的最后6个月内,因不可抗力致使权利人不能行使请求权的,则诉讼时效期间计算适用的情形是( )。
　A. 诉讼时效期间的计算不受影响,继续计算
　B. 诉讼时效期间暂停计算,障碍消除之日起满6个月时效满
　C. 已经经过的诉讼时效期间归于无效,待障碍消除后重新计算
　D. 权利人可请求法院延长诉讼时效期间
【答案】　B
【解析】　本题考核诉讼时效的中止。根据规定,在诉讼时效期间的最后6个月内,因不可抗力致使权利人不能行使请求权的,诉讼时效应该予以中止,也就是"暂停"。

【案例 1-1】

某建筑公司与某学校签订一教学楼施工合同,明确施工单位要保质保量保工期完成施工任务。工程竣工后,承包方向学校提交了竣工报告。学校为了不影响学生上课,还没组织验收就直接投入了使用。使用过程中,校方发现教学楼存在的质量问题,要求施工单位修理。施工单位认为,工程未经验收学校便提前使用,出现质量问题,施工单位不应再承担责任。

【问题】

本案的工程建设法律关系三要素分别是什么?

【分析】

本案的工程建设法律关系的主体是某建筑公司和某学校,客体是教学楼工程的施工,即按期完成一定质量要求施工项目的施工行为。内容是主体双方各自应当享受的权利和应当承担的义务。具体而言是某学校按照合同的约定,承担按时、足额支付工程款的义务,在按合同约定支付工程款后,该学校就有权要求建筑公司按时交付质量合格的教学楼。建筑公司的权利是获取学校的工程款,在享受该项权利后,就应当承担义务,即按时交付质量合格的教学楼给学校,并承担保修义务。

【案例 1-2】

2017 年 10 月 10 日,A 公司与 B 公司签订购销合同,约定 A 公司在 2017 年 10 月 31 日前付清货款 100 万元,但期满时 A 公司分文未付。2018 年 3 月 10 日,B 公司催促 A 公司付款未果。

【问题】

该案例诉讼时效何时届满?

【分析】

诉讼时效期间的起算从权利人知道权利被侵害之日起计算。本案诉讼时效期间应从 2017 年 11 月 1 日起计算至 2020 年 11 月 1 日,也就是 3 年届满。在诉讼时效期间届满之后,权利人行使请求权的,人民法院不再予以保护。

2018 年 3 月 10 日,B 公司催促 A 公司付款。B 公司的催促引起诉讼时效的中断,诉讼时效期间应重新起算。因此,诉讼时效期间为自 2018 年 3 月 11 日起到 2021 年 3 月 10 日届满。

1.4 工程建设程序

1.4.1 工程建设程序的概念和意义

工程项目建设程序,是指工程项目从策划、选择、评估、决策、设计、施工到竣工验收、投入生产或交付使用的整个建设过程中,各项工作必须遵循的先后工作次序。它是工程建设活动自然规律和经济规律的客观反映,也是人们在长期工程建设实践过程的技术和管理活动经验的总结。只有遵循建设程序,项目建设活动才能达到预期的目的和效果。

建设程序反映了工程建设过程的客观规律。坚持建设程序具有以下重要意义:

1. 依法管理工程建设,保证正常建设秩序

建设工程涉及国计民生,并且投资大、工期长、内容复杂,是一个庞大的系统。在建设过程中,客观上存在着具有一定内在联系的不同阶段和不同内容,必须按照一定的步骤进行。为了使工程建设有序地进行,有必要将各个阶段的划分和工作的次序用法规或规章的形式加以规范,以便于人们遵守。实践证明,坚持了建设程序,建设工程就能顺利进行、健康发展。反之,不按建设程序办事,建设工程就会受到极大的影响。因此,坚持建设程序,是依法管理工程建设的需要,是建立正常建设秩序的需要。

2. 科学决策,保证投资效果

建设程序明确规定,建设前期应当做好项目建议书和可行性研究工作。在这两个阶段,由具有资格的专业技术人员对项目是否必要、条件是否可行进行研究和论证,并对投资收益进行分析,对项目的选址、规模等进行方案比较,提出技术上可行、经济上合理的可行性研究报告,为项目决策提供依据,而项目审批又从综合平衡方面进行把关。可最大限度地避免决策失误并力求决策优化,从而保证投资效果。

3. 顺利实施建设工程,保证工程质量

建设程序强调先勘察、后设计、再施工的原则。根据真实、准确的勘察成果进行设计,根据深度、内容合格的设计进行施工,在做好准备的前提下合理地组织施工活动,使整个建设活动能够有条不紊地进行,这是工程质量得以保证的基本前提。事实证明,坚持建设程序,就能顺利实施建设工程并保证工程质量。

国家对工程建设程序有明确的规定。《建设工程质量管理条例》第五条规定:"从事建设工程活动,必须严格执行基本建设程序,坚持先勘察、后设计、再施工的原则。"可以说,遵守工程建设程序,按建设程序办事是每一个参与工程建设活动的单位和个人都应遵守的基本准则。

1.4.2 我国现行的工程建设程序

世界上各国和国际组织在工程项目建设程序上可能存在某些差异,但总的都要经过投资决策和建设实施两个发展时期。这两个发展时期又可分为若干个阶段,各阶段之间存在着严格的先后次序,可以进行合理的交叉,但不能任意颠倒。按照我国现行规定,工程项目的建设程序可以分为以下几个阶段。

1. 项目建议书阶段

项目建议书是项目发起人向权力部门提出的要求建设某一工程项目的建议文件,是对建设项目的轮廓设想,包括拟建项目论证必要性、可行性以及兴建的目的、要求、计划等内容。它实际上是项目的机会研究和初步可行性研究。项目建议书的主要内容如下:

1) 工程项目提出的必要性和依据。
2) 产品方案、拟建规模和建设地点的初步设想。
3) 资源情况、建设条件、协作关系等的初步分析。
4) 投资估算和资金筹措设想。
5) 项目的进度安排。
6) 项目经济效果和社会效益的初步估计,包括初步的财务评价和国民经济评价。

大中型项目由国家计划管理部门审批；投资在2亿元以上的重大项目由国家计划管理部门审核以后报国务院审批；中小型项目按隶属关系由各主管部门或地方计划管理部门审批。项目建议书经批准后，方可以进行可行性研究。

2. 可行性研究阶段

可行性研究是项目建议书被批准后，对工程项目在技术上、经济上是否可行进行科学分析和论证工作，是技术经济的深入论证阶段，为项目决策提供依据。可行性研究的主要任务是通过多方案比较，提出评价意见，推荐最佳方案。可行性研究的内容可概括为市场研究、技术研究和经济研究三项，其中市场研究是前提，技术研究是基础，经济研究是核心。

可行性研究的最终成果是可行性研究报告。可行性研究报告需要审批。

根据《国务院关于投资体制改革的决定》（国发〔2004〕20号），政府投资项目和非政府投资项目分别实行审批制、核准制或备案制。政府投资项目实行审批制；非政府投资项目实行核准制或登记备案制。

（1）政府投资项目

1）对于采用直接投资和资本金注入方式的政府投资项目，政府需要从投资决策的角度审批项目建议书和可行性研究报告，除特殊情况外不再审批开工报告，同时还要严格审批其初步设计和概算。

2）对于采用投资补助、转贷和贷款贴息方式的政府投资项目，则只审批资金申请报告。

（2）非政府投资项目 对于企业不使用政府资金投资建设的项目，政府不再进行投资决策性质的审批，区别不同情况实行核准制或登记备案制。

1）核准制。企业投资建设《政府核准的投资项目目录》中的项目时，仅需向政府提交项目申请报告，不再经过批准项目建议书、可行性研究报告和开工报告的程序。

2）备案制。对于《政府核准的投资项目目录》以外的企业投资项目，实行备案制。除国家另有规定外，由企业按照属地原则向地方政府投资主管部门备案。

可行性研究报告被批准，标志着工程项目正式"立项"，同时作为初步设计的依据，不得随意修改或变更。

《中华人民共和国环境影响评价法》（以下简称《环境影响评价法》）和《建设项目环境保护管理条例》规定，国家实行建设项目环境影响评价制度。建设单位应在建设项目可行性研究阶段报批建设项目环境影响报告书、环境影响报告表或环境影响登记表。建设项目的环境影响报告书，必须对建设项目产生的污染和对环境的影响做出评价，规定防治措施，经项目主管部门预审并依照规定的程序报环境保护行政主管部门批准。环境影响报告书经批准后，计划部门方可批准建设项目设计任务书。建设项目的环境影响评价文件，由建设单位按照国务院的规定报有审批权的环境保护行政主管部门审批；建设项目有行业主管部门的，其环境影响报告书或者环境影响报告表应当经行业主管部门预审后，报有审批权的环境保护行政主管部门审批。

未经法律规定的审批部门审查或者审查后未予批准的，该项目审批部门不得批准其建设，建设单位不得开工建设。

3. 设计工作阶段

可行性研究报告经批准后，建设单位可委托设计单位编制设计文件。设计文件是安排建设项目和组织工程施工的主要依据。一般建设项目进行两阶段设计，即初步设计和施工图设计。

技术上复杂而缺乏设计经验的项目，进行三阶段设计，即初步设计、技术设计和施工图设计。

（1）初步设计　初步设计是为了阐明在指定地点、时间和投产限额内，拟建项目在技术上的可行性和经济上的合理性，并对建设项目做出基本技术经济规定，编制建设项目总概算。

（2）技术设计　技术设计是进一步解决初步设计的重大技术问题，如工艺流程、建筑结构、设备选型及数量确定等，同时对初步设计进行补充和修正，然后编制修正概算。

（3）施工图设计　施工图设计在初步设计或技术设计的基础上进行，需完整地表现建筑物外形、内部空间尺寸、结构体系、构造状况以及建筑群的组成和周围环境的配合，还包括各种运输、通信、管道系统、建筑设备的设计。施工图设计完成后应编制施工图预算。国家规定，施工图设计文件应当经有关部门审查批准后，方可使用。

4. 建设准备阶段

为了保证施工的顺利进行，必须做好各项建设前的准备工作。建设前期准备工作主要包括：办理报建手续，征地、拆迁，取得用地规划许可证和土地使用权证等依法建设的法律凭证；完成施工用水、电、路等工程，进行场地平整，即"三通一平"；组织项目所需设备、材料的采购和订货工作；准备必要的施工图；组织监理招标和施工招标，择优选择监理单位和施工单位；申请领取施工许可证等。

5. 施工阶段

工程项目经批准开工建设，便进入了施工阶段。这是一个实现决策意图、建成投产、发挥投资效益的关键环节。在整个建设程序中，施工阶段持续时间最长，资金和各类资源的投入量最大，项目管理工作也最为复杂。施工活动应按设计要求、合同条款、预算投资、施工程序和顺序、施工组织设计，在保证质量、工期、成本计划等目标实现的前提下进行，达到竣工标准要求，经过验收后移交给建设单位。

对于工业项目，在施工阶段后期还要进行生产准备。生产准备是衔接建设和生产的桥梁，是建设阶段转入生产经济的必要条件。一般包括组建管理机构，制定管理制度，招收并培训生产人员，组织设备的安装、调试和工程验收，签订原材料、燃料等供应和运输协议，进行工器具、备品、备件等的制造或订货等。

6. 竣工验收、交付使用阶段

竣工验收是建设过程的最后一个阶段，是全面考核建设成果，检查是否符合设计要求和工程质量的重要环节。施工单位按合同和设计文件的规定完成全部施工内容以后，可向建设单位提出工程竣工报告，建设单位组织竣工验收，并编制竣工决算。通过竣工验收，移交工程项目产品，总结经验，进行竣工结算，提交工程档案资料，结束工程建设活动和过程。建设工程经验收合格的，方可交付使用。

另外，我国建设工程实行质量保修制度，国家规定了相应的最低保修期限。自竣工验收合格之日起，项目开始进入工程质量保修期。

7. 项目后评价

项目后评价是指项目投入生产运营一段时间之后，对项目的建设和运营情况所进行的全面科学评价。通过后评价可以总结经验，找出不足，为今后类似工程项目的建设提供参考。

本章习题

一、单选题

1. 下列说法正确的是( )。
   A. 行政规章是由国家最高行政机关制定的法律规范性文件
   B. 部门规章是由地方人民政府各行政部门制定的法律规范性文件
   C. 地方政府规章的效力低于法律、行政法规，高于同级地方性法规
   D. 地方性法规只在本辖区内有效，其效力低于法律和行政法规

2. 下列规范性文件中，属于行政法规的是( )。
   A.《宪法》 B.《建筑法》
   C.《建设工程质量管理条例》 D.《建筑工程施工图设计文件审查暂行办法》

3. 下列与工程建设有关的规范性文件中，由国务院制定的是( )。
   A.《安全生产许可证条例》 B.《建筑业企业资质管理规定》
   C.《安全生产法》 D.《工程建设项目施工招标投标办法》

4. 下列关于代理的说法，正确的是( )。
   A. 代理人在授权范围内实施代理行为的法律后果由被代理人承担
   B. 代理人可以超越代理权实施代理行为
   C. 被代理人对代理人的一切行为承担民事责任
   D. 代理是代理人以自己的名义实施民事法律行为

5. 某合同约定2018年1月1日发包人应该向承包人支付工程款，但发包人没有支付。2018年7月1日至8月1日之间，当地发生了特大洪水，导致承包人不能行使请求权。2018年12月3日，承包人向法院提起诉讼，请求发包人支付拖欠的工程款，2018年12月31日法院做出判决。则下列说法正确的是( )。
   A. 2018年7月1日至8月1日之间诉讼时效中止
   B. 2018年12月31日起诉讼时效中止
   C. 2018年12月3日诉讼时效中断，诉讼时效期间重新计算
   D. 2018年7月1日至8月1日之间诉讼时效中断

6. 某建设单位支付工程最终结算款的时间为2018年4月1日。由于建设单位逾期未予支付，故施工单位于2018年8月1日致函建设单位要求付款，但未得到任何答复。则施工单位请求人民法院保护其权利的诉讼时效期间届满的时间为( )。
   A. 2018年4月1日 B. 2018年8月1日
   C. 2020年4月1日 D. 2021年8月1日

7. 施工企业在施工中未采取相应的防范措施，造成第三人人身伤害的。其应当承担( )责任。
   A. 合同 B. 不当得利 C. 无因管理 D. 侵权

二、多选题

1. 建设法规的调整对象，即建设关系。具体包括建设活动中的( )。

A. 行政管理关系　　B. 经济协作关系　　C. 法律关系
D. 民事关系　　　　E. 社会关系
2. 在我国，建设法规主要有以下几种表现形式（　　）。
A. 宪法　　　　　　B. 法律　　　　　　C. 行政法规
D. 部门规章　　　　E. 民族自治地方条例、单行条例和特别行政区法律
3. 下列属于行政法规的是（　　）。
A.《安全生产法》　　B.《仲裁法》　　　C.《建设工程质量管理条例》
D.《安全生产许可证条例》　　　　　　E.《北京市招标投标条例》
4. 工程施工过程中，属于侵权责任的情形有（　　）。
A. 工地的塔式起重机倒塌造成行人被砸伤
B. 施工单位将施工废料倒入临近鱼塘造成鱼苗大量死亡
C. 分包商在施工时操作不当造成公用供电设施损坏
D. 施工单位违约造成供货商重大损失
E. 施工单位未按合同约定支付项目经理的奖金

第 2 章 工程建设从业资格法律制度

2.1 工程建设从业资格法律制度概述

2.1.1 工程建设从业资格法律制度的法定要件和审批程序

工程建设从业资格制度就是国家通过法定条件和立法程序对建设活动主体资格进行认定和批准,赋予其在法律规定的范围内从事一定的建设活动的制度。

建设工程的质量直接关系到人身及财产的安全,对于从事建设活动,包括从事建设工程的新建、扩建、改建和拆除等活动的单位,必须在资金、技术、装备等方面具备相应的资质条件。世界绝大多数国家都对从事建设活动必须具备的主体做出了严格限定。我国1997年颁布的《建筑法》(2019年4月23日修正)对建筑主体要进入市场必须同时符合法定要件和法定审批程序两方面的要求。

1. 建设从业资格的法定要件

建设从业资格的法定要件,是指建设活动主体必须具备法律规定的条件,才能从事建设活动。《建筑法》规定,从事建筑活动的建筑施工企业,勘察单位和工程监理单位,应当具备下列条件:①有符合国家规定的注册资本;②有与从事的建筑活动相适应的具有法定执业资格的专业技术人员;③有从事相关建筑活动应有的技术装备;④法律规定的其他条件。

2. 建设从业资格审批程序

建设从业资格审批程序,是指建设活动主体除了具备从业资格的法定要件,还必须经过国家法定审批程序。《建筑法》规定,从事建筑活动的建筑施工企业、勘察单位、设计单位和工程监理单位,按照其拥有的注册资本、专业技术人员、技术装备和已经完成的建筑工程业绩等资质条件,划分不同的等级,经资质审查合格,取得相应的资质证书后,方可在其资质等级许可的范围内从事建筑活动;从事建筑活动的专业技术人员,应当依法取得相应的执业资格证书,并在执业资格证书许可的范围内从事建筑活动。

2.1.2 工程建设从业资格法规的立法概况

目前,有关建设从业资格的法律、法规、规章主要有:1997年11月1日第八届全国人民代表大会常务委员会第二十八次会议通过的《中华人民共和国建筑法》(2011年、2019年修正),2000年1月30日国务院颁布的《建设工程质量管理条例》,2006年3月22日建设部颁布的《工程造价咨询企业管理办法》（2016年修改），建设部颁布的《建筑业企业资质管理规定》，2006年12月30日建设部颁布的《建设工程勘察设计资质管理规定》（2018年12月22日修改），2006年12月11日建设部颁布的《工程监理企业资质管理规定》（2016年修改），2005年12月31日建设部颁布的《注册监理工程师管理规定》（2016年修改），2006年12月25日建设部颁布的《注册造价工程师管理办法》（2016年修改），2006年12月28日建设部颁布的《注册建造师管理规定》（2016年修改）等。

2.2 工程建设企业从业资质管理

2.2.1 工程勘察企业

《建设工程勘察设计资质管理规定》规定：建设工程勘察企业应当按照其拥有的注册资本、专业技术人员、技术装备和勘察设计业绩等条件申请资质，经审查合格，取得建设工程勘察资质证书后，方可在资质等级许可的范围内从事建设工程勘察活动。

建设工程勘察包括建设工程项目的岩土工程、水文地质、工程测量、海洋工程勘察等。

工程勘察资质范围包括建设项目的岩土工程、水文地质勘察和工程测量等专业。

工程勘察资质分综合类、专业类和劳务类3类。综合类包括工程勘察所有专业；专业类是指岩土工程、水文地质、工程测量等专业中的某一项，其中岩土工程专业类可以是岩土工程勘察、设计、测试、监测、检测、咨询、监理中的一项或全部；劳务类是指岩土工程治理、工程钻探、凿井等。

2.2.2 工程设计企业

《建设工程勘察设计资质管理规定》和《工程设计资质标准》，对工程设计单位的资质等级与标准、申请与审批、业务范围等做出了明确规定。

《建设工程勘察设计资质管理规定》规定，建设工程设计企业应当按照其拥有的注册资本、专业技术人员、技术装备和勘察设计业绩等条件申请资质，经审查合格，取得建设工程设计资质证书后，方可在资质等级许可的范围内从事建设工程设计活动。

工程设计资质分为工程设计综合资质、工程设计行业资质、工程设计专业资质和工程设计专项资质。工程设计综合资质只设甲级；工程设计行业资质、工程设计专业资质、工程设计专项资质设甲级、乙级。根据工程性质和技术特点，个别行业、专业和专项资质可以设丙级，建筑工程专业资质可以设丁级。

取得工程设计综合资质的企业，可以承接各行业、各等级的建设工程设计业务；取得工程设计行业资质的企业，可以承接相应行业相应等级的工程设计业务及本行业范围内同级别的相应专业、专项（设计施工一体化资质除外）工程设计业务；取得工程设计专业资质的企业，可以承接本专业相应等级的专业工程设计业务及同级别的相应专项工程设计业务（设计施工一体化资质除外）；取得工程设计专项资质的企业，可以承接本专项相应等级的专项工程设计业务。

2.2.3 建筑施工企业

2001年4月20日，建设部颁布《建筑业企业资质等级标准》（建建〔2001〕82号），自

2001年7月1日起施行。2007年6月26日建设部颁布的《建筑业企业资质管理规定》(2015年、2016年修改)、2007年3月建设部颁布的《施工总承包企业特级资质标准》、2014年11月6日住房和城乡建设部颁布《建筑业企业资质标准》(以下称新标准,自2015年1月1日起施行,原《建筑业企业资质等级标准》(建建〔2001〕82号)同时废止)都对建筑施工企业的资质做出了明确规定。与《建筑业企业资质等级标准》对比,新标准明确规定了各类别施工企业一级、二级、三级资质(特级资质暂未公布)注册建造师数量及专业要求,其中变化较大有:专业承包序列资质由原60项变更为36项,劳务资质不再划分专业,企业经济指标简化为只考核净资产,取消对企业注册资本金要求,对项目经理数量要求更改为对注册建造师等执业资格人员要求,适当减少职称人员要求,增加施工现场管理人员及主要技术工人考核指标。

1. 建筑施工企业的资质序列

建筑业企业资质分为施工总承包、专业承包和劳务分包三个序列。取得施工总承包资质的企业(以下简称施工总承包企业),可以承接施工总承包工程。施工总承包企业可以对所承接的施工总承包工程内各专业工程全部自行施工,也可以将专业工程或劳务作业依法分包给具有相应资质的专业承包企业或劳务分包企业。取得专业承包资质的企业(以下简称专业承包企业),可以承接施工总承包企业分包的专业工程和建设单位依法发包的专业工程。专业承包企业可以对所承接的专业工程全部自行施工,也可以将劳务作业依法分包给具有相应资质的劳务分包企业。取得劳务分包资质的企业(以下简称劳务分包企业),可以承接施工总承包企业或专业承包企业分包的劳务作业。

施工总承包企业资质划分为12个资质类别,一般分为特级、一、二、三级;专业承包资质包括36个类别,分为一、二、三级;施工劳务资质不分类别和等级。

2. 施工总承包企业的资质和承担任务范围

现仅以房屋建筑工程施工总承包企业资质标准为例介绍如下:

(1) 一级资质标准

1) 企业主要人员。技术负责人具有10年以上从事工程施工技术管理工作经历,且具有结构专业高级职称。

2) 企业工程业绩。近5年承担过下列4类中的2类工程的施工总承包或主体工程承包,工程质量合格:①地上25层以上的民用建筑工程1项或地上18~24层的民用建筑工程2项;②高度100m以上的构筑物工程1项或高度80~100m(不含)的构筑物工程2项;③建筑面积12万m^2以上的建筑工程1项或建筑面积10万m^2以上的建筑工程2项;④钢筋混凝土结构单跨30m以上(或钢结构单跨36m以上)的建筑工程1项或钢筋混凝土结构单跨27~30m(不含)(或钢结构单跨30~36m(不含))的建筑工程2项。

3) 净资产1亿元以上。

一级企业承包工程范围:高度200m以下的工业、民用建筑工程;高度240m以下的构筑物工程。

(2) 二级资质标准

1) 企业主要人员。技术负责人具有8年以上从事工程施工技术管理工作经历,且具有结构专业高级职称或建筑工程专业一级注册建造师执业资格。

2) 企业工程业绩。近5年承担过下列4类中的2类工程的施工总承包或主体工程承包,工程质量合格：①地上12层以上的民用建筑工程1项或地上8~11层的民用建筑工程2项；②高度50m以上的构筑物工程1项或高度35~50m（不含）的构筑物工程2项；③建筑面积6万m²以上的建筑工程1项或建筑面积5万m²以上的建筑工程2项；④钢筋混凝土结构单跨21m以上（或钢结构单跨24m以上）的建筑工程1项或钢筋混凝土结构单跨18~21m（不含）（或钢结构单跨21~24m（不含））的建筑工程2项。

3）企业净资产4000万元以上。

二级企业承包工程范围：高度100m以下的工业、民用建筑工程；高度120m以下的构筑物工程；建筑面积15万m²以下的建筑工程；单跨跨度39m以下的建筑工程。

(3) 三级资质标准

1）企业主要人员。建筑工程、机电工程专业注册建造师合计不少于5人，其中建筑工程专业注册建造师不少于4人；技术负责人具有5年以上从事工程施工技术管理工作经历，且具有结构专业中级职称或建筑工程专业注册建造师执业资格；建筑工程相关专业中级以上职称人员不少于6人，且结构、给水排水、电气等专业齐全；经考核或培训合格的中级工以上技术工人不少于30人；技术负责人（或注册建造师）支持完成过本类别资质二级以上标准要求的工程业绩不少于2项。

2）企业净资产800万元以上。

三级企业承包工程范围：高度50m以下的工业、民用建筑工程；高度70m以下的构筑物工程；建筑面积8万m²以下的建筑工程；单跨跨度27m以下的建筑工程。

3. 建筑施工企业资质管理

(1) 国务院住房城乡建设主管部门实施 下列建筑业企业资质的许可，由国务院住房城乡建设主管部门实施：

1）施工总承包资质序列特级资质、一级资质及铁路工程施工总承包二级资质。

2）专业承包资质序列公路、水运、水利、铁路、民航方面的专业承包一级资质及铁路、民航方面的专业承包二级资质；涉及多个专业的专业承包一级资质。

申请以上资质的，应当向企业工商注册所在地省、自治区、直辖市人民政府建设主管部门提出申请。其中，国务院国有资产管理部门直接监管的企业及其下属一层级的企业，应当由国务院国有资产管理部门直接监管的企业向国务院住房城乡建设主管部门提出申请。

省、自治区、直辖市人民政府住房城乡建设主管部门应当自受理申请之日起20日内初审完毕并将初审意见和申请材料报国务院住房城乡建设主管部门。国务院住房城乡建设主管部门应当自省、自治区、直辖市人民政府住房城乡建设主管部门受理申请材料之日起60日内完成审查，公示审查意见，公示时间为10个工作日。其中，涉及铁路、交通、水利、信息产业、民航等方面的建筑业企业资质，由国务院住房城乡建设主管部门送国务院有关部门审核，国务院有关部门在20日内审核完毕，并将审核意见送国务院建设主管部门。

(2) 省、自治区、直辖市人民政府建设主管部门实施 下列建筑业企业资质许可，由企业工商注册所在地省、自治区、直辖市人民政府建设主管部门实施：

1）施工总承包资质序列二级资质及铁路、通信工程施工总承包三级资质。

2）专业承包资质序列一级资质（不含公路、水运、水利、铁路、民航方面的专业承包一级资质及涉及多个专业的专业承包一级资质）。

3）专业承包资质序列二级资质（不含铁路、民航方面的专业承包二级资质）；铁路方面专业承包三级资质；特种工程专业承包资质。

(3) 设区的人民政府建设主管部门实施 下列建筑业企业资质许可，由企业工商注册所在地设区的市人民政府建设主管部门实施：

1）施工总承包资质序列三级资质（不含铁路、通信工程施工总承包三级资质）。

2）专业承包资质序列三级资质（不含铁路方面专业承包资质）及预拌混凝土、模板脚手架专业承包资质。

3）施工劳务资质。

4）燃气燃烧器具安装、维修企业资质。

建筑业企业可以申请一项或多项建筑业企业资质；企业首次申请或增项申请资质的，应当申请最低等级资质。

企业资质证书有效期为5年，建筑业企业资质证书有效期届满，企业继续从事建筑施工活动的，应当于资质证书有效期届满3个月前，向原资质许可机关提出延续申请。

资质许可机关应当在建筑业企业资质证书有效期届满前做出是否准予延续的决定；逾期未做出决定的，视为准予延续。

2.2.4 监理企业

《工程监理企业资质管理规定》对工程监理单位的资质等级与标准、申请与审批、业务范围等做出了明确规定。

工程监理企业资质分为综合资质、专业资质和事务所资质。其中，专业资质按照工程性质和技术特点划分为若干工程类别，综合资质、事务所资质不分类别。专业资质分为甲级、乙级；专业资质中，房屋建筑、水利水电、公路和市政公用专业资质可设立丙级。

1）综合资质可以承担所有专业工程类别建设工程项目的工程监理业务。

2）专业甲级资质可承担相应专业工程类别建设工程项目的工程监理业务；专业乙级资质可承担相应专业工程类别二级以下（含二级）建设工程项目的工程监理业务；专业丙级资质可承担相应专业工程类别三级建设工程项目的工程监理业务。

3）事务所资质可承担三级建设工程项目的工程监理业务。

工程监理企业可以开展相应类别建设工程的项目管理、技术咨询等业务。

申请综合资质、专业甲级资质的，可以向企业工商注册所在地的省、自治区、直辖市人民政府住房城乡建设主管部门提交申请材料。省、自治区、直辖市人民政府住房城乡建设主管部门收到申请材料后，应当在5日内将全部申请材料报审批部门。

国务院住房城乡建设主管部门在收到申请材料后，应当依法做出是否受理的决定，并出具凭证；申请材料不齐全或者不符合法定形式的，应当在5日内一次性告知申请人需要补正的全部内容。逾期不告知的，自收到申请材料之日起即为受理。

国务院住房城乡建设主管部门应当自受理之日起20日内做出审批决定。自做出决定之日起10日内公告审批结果。其中，涉及铁路、交通、水利、通信、民航等专业工程监理资质的，由国务院住房城乡建设主管部门送国务院有关部门审核。国务院有关部门应当在15日内审核完毕，并将审核意见报国务院住房城乡建设主管部门。

专业乙级、丙级资质和事务所资质由企业所在地省、自治区、直辖市人民政府住房城乡建设主管部门审批。

专业乙级、丙级资质和事务所资质许可、延续的实施程序由省、自治区、直辖市人民政府住房城乡建设主管部门依法确定。省、自治区、直辖市人民政府住房城乡建设主管部门应当自做出决定之日起 10 日内，将准予资质许可的决定报国务院住房城乡建设主管部门备案。

2.2.5 工程造价咨询企业

建设部颁布的《工程造价咨询企业管理办法》，对工程造价咨询企业的资质等级与标准、申请与审批、业务范围等做出了明确规定。

工程造价咨询企业资质等级分为甲级、乙级。

甲级工程造价咨询企业资质，由国务院住房城乡建设主管部门审批。申请甲级工程造价咨询企业资质的，可以向申请人工商注册所在地省、自治区、直辖市人民政府住房城乡建设主管部门或者国务院有关专业部门提交申请材料。

省、自治区、直辖市人民政府住房城乡建设主管部门或者国务院有关专业部门收到申请材料后，应当在 5 日内将全部申请材料报国务院住房城乡建设主管部门，国务院住房城乡建设主管部门应当自受理之日起 20 日内做出决定。

申请乙级工程造价咨询企业资质的，由省、自治区、直辖市人民政府住房城乡建设主管部门审查决定。其中，申请有关专业乙级工程造价咨询企业资质的，由省、自治区、直辖市人民政府住房城乡建设主管部门商同级有关专业部门审查决定。乙级工程造价咨询企业资质许可的实施程序由省、自治区、做直辖市人民政府住房城乡建设主管部门依法确定。省、自治区、直辖市人民政府住房城乡建设主管部门应当自做出决定之日起 30 日内，将准予资质许可的决定报国务院建设主管部门备案。

工程造价咨询企业资质有效期为 3 年。资质有效期届满，需要继续从事工程造价咨询活动的，应当在资质有效期届满 30 日前向资质许可机关提出资质延续申请。资质许可机关应当根据申请做出是否准予延续的决定。准予延续的，资质有效期延续 3 年。

2021 年 6 月 29 日发布的《住建部办公厅关于取消工程造价咨询企业资质审批加强事中事后监管的通知》规定，自 2021 年 7 月 1 日起，住房和城乡建设主管部门停止工程造价咨询企业资质审批，工程造价咨询企业按照其营业执照经营范围开展业务。

工程造价咨询业务范围包括：①建设项目建议书及可行性研究投资估算、项目经济评价报告的编制和审核；②建设项目概预算的编制与审核，并配合设计方案比选、优化设计、限额设计等工作进行工程造价分析与控制；③建设项目合同价款的确定（包括招标工程工程量清单和标底及招标控制价、投标报价的编制和审核）；合同价款的签订与调整（包括工程变更、工程洽商和索赔费用的计算）及工程款支付，工程结算及竣工结（决）算报告的编制与审核等；④工程造价经济纠纷的鉴定和仲裁的咨询；⑤提供工程造价信息服务等。

工程造价咨询企业可以对建设项目的组织实施进行全过程或者若干阶段的管理和服务。

工程造价咨询企业跨省、自治区、直辖市承接工程造价咨询业务的，应当自承接业务之日起 30 日内到建设工程所在地省、自治区、直辖市人民政府住房城乡建设主管部门备案。

2.3 工程建设从业人员执业资格法规

2022年3月人社部发布《部分准入类职业资格考试工作年限要求调整方案》(2022年起实施),对一级建造师、造价工程师、监理工程师等13项准入类职业资格调整考试工作年限要求,其他考试报名条件不变。

2.3.1 注册建筑师

注册建筑师是指依法取得注册建筑师证书,并从事房屋建筑设计及相关业务的人员。《中华人民共和国注册建筑师条例》和《中华人民共和国注册建筑师条例实施细则》对注册建筑师的考试、注册管理、执业与继续教育、权利义务等做出了具体规定。

1. 考试

国家实行注册建筑师全国统一考试制度,一般每年进行一次。我国注册建筑师分为两级,即一级注册建筑师和二级注册建筑师。

一级注册建筑师考试内容包括:建筑设计前期工作、场地设计、建筑设计与表达、建筑结构、环境控制、建筑设备、建筑材料与构造、建筑经济、施工与设计业务管理、建筑法规等。上述内容分成若干科目进行考试。科目考试合格有效期为8年。

二级注册建筑师考试内容包括:场地设计、建筑设计与表达、建筑结构与设备、建筑法规、建筑经济与施工等。上述内容分成若干科目进行考试。科目考试合格有效期为4年。

(1) 一级注册建筑师的报考条件 符合下列条件之一者,可申请参加一级注册建筑师考试:

1) 已取得建筑学硕士以上学位或者相近专业工学博士学位,并从事建筑设计或者相关业务2年以上的。

2) 取得建筑学学士学位或者相近专业工学硕士学位,并从事建筑设计或者相关业务3年以上的。

3) 具有建筑学专业大学本科毕业学历并从事建筑设计或者相关业务5年以上的,或者具有建筑学相近专业大学本科毕业学历并从事建筑设计或者相关业务7年以上的。

4) 取得高级工程师技术职称并从事建筑设计或者相关业务3年以上的,或者取得工程师技术职称并从事建筑设计或者相关业务5年以上的。

5) 不具有前四项规定但设计成绩突出,经全国注册建筑师管理委员会认定达到前四项的专业水平的。

(2) 二级注册建筑师的报考条件 符合下列条件之一的,可以申请参加二级注册建筑师考试:

1) 具有建筑学或者相近专业大学本科毕业以上学历,从事建筑设计或者相关业2年以上的。

2) 具有建筑设计技术专业或者相近专业大专毕业以上学历,并从事建筑设计或者相关业务3年以上的。

3) 具有建筑设计技术专业4年制中专毕业学历,并从事建筑设计或者相关业务5年以上的。

4）具有建筑设计技术相近专业中专毕业学历，并从事建筑设计或者相关业务7年以上。

5）取得助理工程师以上技术职称并从事建筑设计或者相关业务3年以上的。

经注册建筑师考试合格，取得注册建筑师资格。

一级注册建筑师考试合格者，由全国注册建筑师管理委员会核发一级注册建筑师考试合格证书。二级注册建筑师考试合格者，由省、自治区、直辖市注册建筑师管理委员会核发二级注册建筑师考试合格证书。

2. 注册建筑师的初始注册

一级注册建筑师的注册，由全国注册建筑师管理委员会负责；二级注册建筑师的注册，由省、自治区、直辖市注册建筑师管理委员会负责。

下列情形不予注册：①不具有完全民事行为能力的；②因受刑事处罚，自刑罚执行完毕之日起至申请注册之日止不满5年的；③因在建筑设计或者相关业务中犯有错误受行政处罚或者撤职以上行政处分，自处罚、处分决定之日起至申请注册之日止不满2年的；④受吊销注册建筑师证书的行政处罚，自处罚决定之日起至申请注册之日止不满5年的；⑤有国务院规定不予注册的其他情形的。

3. 注册建筑师的执业与继续教育

1）注册建筑师的执业范围包括：①建筑设计；②建筑设计技术咨询；③建筑物调查与鉴定；④对本人主持设计的项目进行施工指导和监督；⑤国务院建设行政主管部门规定的其他业务。建筑设计技术咨询包括建筑工程技术咨询，建筑工程招标、采购咨询，建筑工程项目管理，建筑工程设计文件及施工图审查，工程质量评估，以及国务院建设主管部门规定的其他建筑技术咨询业务。

一级注册建筑师的执业范围与二级注册建筑师的执业范围有所不同，一级注册建筑师的执业范围不受工程项目规模和工程复杂程度的限制；二级注册建筑师的执业范围只限于承担工程设计资质标准中建设项目设计规模划分表中规定的小型规模的项目。注册建筑师的执业范围不得超越其聘用单位的业务范围。注册建筑师的执业范围与其聘用单位的业务范围不符时，个人执业范围服从聘用单位的业务范围。

2）注册建筑师在每一注册有效期内应当达到全国注册建筑师管理委员会制定的继续教育标准。继续教育作为注册建筑师逾期初始注册、延续注册、重新申请注册的条件之一。继续教育分为必修课和选修课，在每一注册有效期内各为40学时。

4. 注册建筑师的权利与义务

注册建筑师有权以注册建筑师的名义执行注册建筑师业务，非注册建筑师不得以注册建筑师的名义执行注册建筑师业务。二级注册建筑师不得以一级注册建筑师的名义执行业务，也不得超越国家规定的二级注册建筑师的执业范围执行业务。国家规定的一定跨度、跨径和高度以上的房屋建筑，应当由注册建筑师进行设计。任何单位和个人修改注册建筑师的设计图，应当征得该注册建筑师同意；但是，因特殊情况不能征得该注册建筑师同意的除外。

注册建筑师应当履行下列义务：①遵守法律、法规和职业道德，维护社会公共利益；②保证建筑设计的质量，并在其负责的设计图上签字；③保守在执业中知悉的单位和个人的秘密；④不得同时受聘于两个以上建筑设计单位执行业务；⑤不得准许他人以本人名义执行业务。

2.3.2 注册结构工程师

《注册结构工程师执业资格制度暂行规定》，对注册结构工程师的考试、注册管理、权利义务及法律责任等做出了具体规定。我国注册结构工程师分为一级注册结构工程师和二级注册结构工程师。

1. 注册结构工程师执业资格的取得

（1）报考条件 注册结构工程师考试实行全国统一大纲、统一命题、统一组织的方法，原则上每年举行一次。一级注册结构工程师资格考试由基础考试和专业考试两部分组成。通过基础考试的人员，从事结构工程设计或相关业务满规定年限，方可申请参加专业考试。二级注册结构工程师资格考试是专业考试。

报考二级注册结构工程师专业考试的条件是：

1）具有工业与民用建筑的专业学历，本科以及以上学历、普通大专毕业、成人大专毕业、普通中专毕业、成人中专毕业的职业实践年限分别是2、3、4、6、7年。

2）具有建筑设计技术、村镇建设、公路与桥梁、城市地下铁道、铁道桥梁与隧道、小型土木工程、水利水电工程建筑、水利工程、港口与航道工程相关专业学历，本科以及以上学历、普通大专毕业、成人大专毕业、普通中专毕业、成人中专毕业的职业实践年限分别是4、6、7、9、10年。

报考一级注册结构工程师基础考试的条件是：

1）具有结构工程建筑工程等本专业学历，工学学士以及以上学位或专科毕业职业实践年限1年以上。

2）具有建筑的岩土工程、交通土建工程、矿井建设水利水电建筑工程、港口航道及治河工程、海岸与海洋工程、农业建筑与环境工程、建筑学、工程力学等相关专业学历，工学学士以及以上学位或专科毕业职业实践年限1年以上。

3）其他工科专业，工学学士或本科毕业以及以上学位职业实践年限1年以上。

通过一级注册结构工程师基础考试，报考一级注册结构工程师专业考试的条件是：

1）具有结构工程、建筑工程等本专业学历，工学学士以及以上学位职业实践年限4~5年或专科毕业职业实践年限6年以上。

2）具有建筑的岩土工程、交通土建工程、矿井建设水利水电建筑工程、港口航道及治河工程、海岸与海洋工程、农业建筑与环境工程、建筑学、工程力学等相关专业学历，工学学士以及以上学位职业实践年限5~6年或专科毕业职业实践年限7年以上。

3）其他工科专业，工学学士或本科毕业以及以上学位职业实践年限8年。

（2）注册结构工程师的初始注册 有下列情形之一的，不予注册：①不具备完全民事行为能力的；②因受刑事处罚，自处罚完毕之日起至申请注册之日止不满5年的；③因在结构工程设计或相关业务中犯有错误受到行政处罚或者撤职以上行政处分，自处罚、处分决定之日起至申请注册之日止不满2年的；④受吊销注册结构工程师注册证书处罚，自处罚决定之日起至申请注册之日止不满5年的；⑤住房城乡建设部和国务院有关部门规定不予注册的其他情形的。

（3）注册结构工程师的继续注册 注册结构工程师注册有效期为2年，有效期届满需要继续注册的,应当在期满前30日内办理注册手续。注册结构工程师注册后,有下列情形之一的,由全国或省、自治区、直辖市注册结构工程师管理委员会撤销注册,收回注册证书:①完全丧失民事行为能力的;②受刑事处罚的;③因在工程设计或者相关业务中造成工程事故,受到行政处罚或者撤职以上行政处分的;④自行停止注册结构工程师业务满2年的。

2. 注册结构工程师的执业

(1) 注册结构工程师的执业范围 注册结构工程师的执业范围包括:①结构工程设计;②结构工程设计技术咨询;③建筑物、构筑物、工程设施等调查和鉴定;④对本人主持设计的项目进行施工指导和监督;⑤住房城乡建设部和国务院有关部门规定的其他业务。一级注册结构工程师的执业范围不受工程规模及工程复杂程度的限制,二级注册结构工程师执业范围按照国家规定执行。

(2) 注册结构工程师的权利 注册结构工程师的权利有:

1) 注册结构工程师有权以注册结构工程师的名义执行注册结构工程师业务,非注册结构工程师不得以注册结构工程师的名义执行注册结构工程师业务。

2) 国家规定的一定跨度、高度以上的结构工程设计,应当由注册结构工程师主持设计。

3) 任何单位和个人修改注册结构工程师的设计图,应当征得该注册结构工程师同意,但是因特殊情况不能征得该注册结构工程师同意的除外。

(3) 注册结构工程师的义务 注册结构工程师应当履行下列义务:

1) 遵守法律、法规和职业道德,维护社会公众利益。

2) 保证工程设计的质量,并在其负责的设计图上签字盖章。

3) 保守在执业中知悉的单位和个人的秘密。

4) 不得同时受聘于两个以上勘察设计单位执行业务。

5) 不得准许他人以本人名义执行业务。

6) 按规定接受必要的继续教育,定期进行业务和法规培训。

(4) 注册结构工程师的责任 因结构设计质量造成的经济损失,由勘察设计单位承担赔偿责任,勘察设计单位有权向签字的注册结构工程师追偿。

2.3.3 注册土木工程师(岩土)

注册土木工程师(岩土)是指取得国家颁发的注册土木工程师(岩土)执业资格证书和注册土木工程师(岩土)执业资格注册证书,从事岩土工程工作的专业技术人员。2002年4月8日人事部、建设部颁布了《注册土木工程师(岩土)执业资格制度暂行规定》《注册土木工程师(岩土)执业资格考试实施办法》和《注册土木工程师(岩土)执业资格考核认定办法》,对注册土木工程师(岩土)的考试、注册管理、权利义务等做出了具体规定。

1. 考试

符合《注册土木工程师(岩土)执业资格制度暂行规定》的要求,并具备以下条件之一者,可申请参加基础考试:

1) 取得勘察技术与工程、土木工程、水利水电工程、港口航道与海岸工程专业或地质勘探、环境工程、工程力学等相近专业大学本科及以上学历或学位。

2）取得本专业或相近专业大学专科学历，从事岩土工程专业工作满1年。
3）取得其他工科专业大学本科及以上学历或学位。

从事岩土工程专业工作满1年，基础考试合格，并具备以下条件之一者，可申请参加专业考试：

1）取得本专业博士学位，累计从事岩土工程专业工作满2年；或取得相近专业博士学位，累计从事岩土工程专业工作满3年。
2）取得本专业硕士学位，累计从事岩土工程专业工作满3年；或取得相近专业硕士学位，累计从事岩土工程专业工作满4年。
3）取得本专业双学士学位或研究生班毕业，累计从事岩土工程专业工作满4年；或取得含相近专业内双学士学位或研究生班毕业，累计从事岩土工程专业工作满5年。
4）取得本专业大学本科学历，累计从事岩土工程专业工作满5年；或取得相近专业大学本科学历，累计从事岩土工程专业工作满6年。
5）取得本专业大学专科学历，累计从事岩土工程专业工作满6年；或取得相近专业大学专科学历，累计从事岩土工程专业工作满7年。
6）取得其他工科专业大学本科及以上学历或学位，累计从事岩土工程专业工作满8年。

2. 注册土木工程师（岩土）的初始注册

注册土木工程师（岩土）执业资格考试合格者，由省、自治区、直辖市人事行政部门颁发注册土木工程师（岩土）执业资格证书。取得该证书者，应向所在省、自治区、直辖市勘察设计注册工程师管理委员会提出申请，由该委员会向岩土工程专业委员会报送办理注册的有关材料。由岩土工程专业委员会向准予注册的申请人核发由全国勘察设计注册工程师管理委员会统一制作的注册土木工程师（岩土）执业资格注册证书和执业印章，经注册后方可在规定的业务范围内执业。

3. 注册土木工程师（岩土）的继续注册

注册土木工程师（岩土）执业资格注册的有效期为2年。有效期满需继续执业的，应在期满前30日内办理再次注册手续。有下列情形之一的，不予注册：①不具备完全民事行为能力的；②在从事岩土工程或相关业务中犯有错误，受到行政处罚或者撤职以上行政处分，自处罚、处分决定之日起至申请注册之日不满2年的；③因受刑事处罚，自处罚完毕之日起至申请注册之日不满5年的；④国务院各有关部门规定的不予注册的其他情形。

注册土木工程师（岩土）注册后，有下列情形之一的，由岩土工程专业委员会撤销其注册：①完全丧失民事行为能力的；②受刑事处罚的；③因在岩土工程业务中造成工程事故，受到行政处罚或者撤职以上行政处分的；④经查实有与注册规定不符的；⑤严重违反职业道德规范的。

4. 注册土木工程师（岩土）的执业

（1）注册土木工程师（岩土）的执业范围 注册土木工程师（岩土）必须加入一个具有工程勘察或工程设计资质的单位方能执业。注册土木工程师（岩土）的执业范围包括：①岩土工程勘察；②岩土工程设计；③岩土工程咨询与监理；④岩土工程治理、检测与监测；⑤环境岩土工程和与岩土工程有关的水文地质工程业务；⑥国务院有关部门规定的。

（2）注册土木工程师（岩土）的权利 注册土木工程师（岩土）的权利包括：

1) 注册土木工程师（岩土）有权以注册土木工程师（岩土）的名义从事规定的专业活动。

2) 在岩土工程勘察、设计、咨询及相关专业工作中形成的主要技术文件，应当由注册土木工程师（岩土）签字盖章后生效。

3) 任何单位和个人修改注册土木工程师（岩土）签字盖章的技术文件，须征得该注册土木工程师（岩土）同意，因特殊情况不能征得签字盖章的注册土木工程师（岩土）同意的，可由其他注册土木工程师（岩土）签字盖章并承担责任。

(3) 注册土木工程师（岩土）的义务　注册土木工程师（岩土）应履行的义务包括：

1) 遵守法律、法规和职业道德，维护社会公众利益。

2) 保证执业工作的质量，并在其负责的技术文件上签字盖章。

3) 保守在执业中知悉的商业技术秘密。

4) 不得同时受聘于两个及以上单位执业。

5) 不得准许他人以本人名义执业。

6) 注册土木工程师（岩土）应按规定接受继续教育，并作为再次注册的依据。

(4) 注册土木工程师（岩土）的责任　因岩土工程技术质量事故造成的经济损失，接受委托单位应承担赔偿责任，并可向签字的注册土木工程师（岩土）追偿。

2.3.4　注册监理工程师

监理工程师是指通过建设工程监理职业资格考试，取得中华人民共和国监理工程师职业资格证书，并经注册后从事建设工程监理及相关业务活动的专业技术人员。

1. 考试

2020年2月28日，住房和城乡建设部、交通运输部、水利部、人力资源社会保障部联合印发《监理工程师职业资格制度规定》《监理工程师职业资格考试实施办法》，对监理工程师考试及报考条件做出新规定。

(1) 报考条件　凡遵守中华人民共和国宪法、法律、法规，具有良好的业务素质和道德品行，具备下列条件之一者，可以申请参加监理工程师职业资格考试：

1) 具有各工程大类专业大学专科学历（或高等职业教育），从事工程施工、监理、设计等业务工作满4年。

2) 具有工学、管理科学与工程类专业大学本科学历或学位，从事工程施工、监理、设计等业务工作满3年。

3) 具有工学、管理科学与工程一级学科硕士学位或专业学位，从事工程施工、监理、设计等业务工作满2年。

4) 具有工学、管理科学与工程一级学科博士学位。

(2) 考试科目及成绩管理　监理工程师职业资格考试设"建设工程监理基本理论和相关法规""建设工程合同管理""建设工程目标控制""建设工程监理案例分析"4个科目。其中，"建设工程监理基本理论和相关法规""建设工程合同管理"为基础科目，"建设工程目标控制""建设工程监理案例分析"为专业科目。

监理工程师职业资格考试成绩实行4年为一个周期的滚动管理办法，在连续的4个考试年度内通过全部考试科目，方可取得监理工程师职业资格证书。

2. 注册监理工程师注册申请

注册监理工程师实行注册执业管理制度。取得资格证书的人员，经过注册方能以注册监理工程师的名义执业。注册监理工程师依据其所学专业、工作经历、工程业绩，按照《工程监理企业资质管理规定》划分的工程类别，按专业注册。每人最多可以申请两个专业注册。

申请初始注册，应当具备以下条件：

1）经全国注册监理工程师执业资格统一考试合格，取得资格证书。
2）受聘于一个相关单位。
3）达到继续教育要求。
4）没有下列情形：不具有完全民事行为能力的；刑事处罚尚未执行完毕或者因从事工程监理或者相关业务受到刑事处罚，自刑事处罚执行完毕之日起至申请注册之日止不满2年的；未达到监理工程师继续教育要求的；在两个或者两个以上单位申请注册的；以虚假的职称证书参加考试并取得资格证书的；年龄超过65周岁的；法律、法规规定不予注册的其他情形。

注册监理工程师有下列情形之一的，其注册证书和执业印章失效：①聘用单位破产的；②聘用单位被吊销营业执照的；③聘用单位被吊销相应资质证书的；④已与聘用单位解除劳动关系的；⑤注册有效期满且未延续注册的；⑥年龄超过65周岁的；⑦死亡或者丧失行为能力的；⑧其他导致注册失效的情形。

注册监理工程师有下列情形之一的，负责审批的部门应当办理注销手续，收回注册证书和执业印章或者公告其注册证书和执业印章作废：①不具有完全民事行为能力的；②申请注销注册的；③有《注册监理工程师管理规定》第十四条所列情形发生的；④依法被撤销注册的；⑤依法被吊销注册证书的；⑥受到刑事处罚的；⑦法律、法规规定应当注销注册的其他情形。

被注销注册者或者不予注册者，在重新具备初始注册条件，并符合继续教育要求后，可以按照《注册监理工程师管理规定》第七条规定的程序重新申请注册。

3. 注册监理工程师的执业管理与继续教育

取得资格证书的人员，应当受聘于一个具有建设工程勘察、设计、施工、监理、招标代理、造价咨询等一项或者多项资质的单位，经注册后方可从事相应的执业活动。从事工程监理执业活动的，应当受聘并注册于一个具有工程监理资质的单位。注册监理工程师可以从事工程监理、工程经济与技术咨询、工程招标与采购咨询、工程项目管理服务以及国务院有关部门规定的其他业务。

工程监理活动中形成的监理文件由注册监理工程师按照规定签字盖章后方可生效。修改经注册监理工程师签字盖章的工程监理文件，应当由签字盖章的注册监理工程师本人进行，因特殊情况，该注册监理工程师不能进行修改的，应当由其他注册监理工程师修改，并签字、加盖执业印章，对修改部分承担责任。

注册监理工程师从事执业活动，由所在单位接受委托并统一收费。因工程监理事故及相关业务造成的经济损失，聘用单位应当承担赔偿责任；聘用单位承担赔偿责任后，可依法向负有过错的注册监理工程师追偿。

注册监理工程师继续教育分为必修课和选修课，在每一注册有效期内各为48学时。继续教育作为注册监理工程师逾期初始注册、延续注册和重新申请注册的条件之一。

4. 注册监理工程师的权利与义务

（1）注册监理工程师的权利　注册监理工程师享有下列权利：①使用注册监理工程师称谓；②在规定范围内从事执业活动；③依据本人能力从事相应的执业活动；④保管和使用本人的注册证书和执业印章；⑤对本人执业活动进行解释和辩护；⑥接受继续教育；⑦获得相应的劳动报酬；⑧对侵犯本人权利的行为进行申诉。

（2）注册监理工程师的义务　注册监理工程师应当履行下列义务：①遵守法律、法规和有关管理规定；②履行管理职责，执行技术标准、规范和规程；③保证执业活动成果的质量，并承担相应责任；④接受继续教育，努力提高执业水准；⑤在本人执业活动所形成的工程监理文件上签字、加盖执业印章；⑥保守在执业中知悉的国家秘密和他人的商业、技术秘密；⑦不得涂改、倒卖、出租、出借或者以其他形式非法转让注册证书或者执业印章；⑧不得同时在两个或者两个以上单位受聘或者执业；⑨在规定的执业范围和聘用单位业务范围内从事执业活动；⑩协助注册管理机构完成相关工作。

2.3.5 注册造价工程师

住房和城乡建设部、交通运输部、水利部、人力资源社会保障部发布的《关于印发〈造价工程师职业资格制度规定〉〈造价工程师职业资格考试实施办法〉的通知》（建人〔2018〕67号）将造价工程师分为一级造价工程师和二级造价工程师。一级造价工程师职业资格考试全国统一大纲、统一命题、统一组织，二级造价工程师职业资格考试全国统一大纲，各省、自治区、直辖市自主命题并组织实施。

1996年人事部、建设部发布的《造价工程师职业资格制度暂行规定》（人发〔1996〕77号）同时废止。根据该《暂行规定》取得的造价工程师执业资格证书与《造价工程师职业资格制度规定》中一级造价工程师职业资格证书效用等同。

1. 报考条件

凡遵守中华人民共和国宪法、法律、法规，具有良好的业务素质和道德品行，具备下列条件之一者，可以申请参加一级造价工程师职业资格考试：

1）具有工程造价专业大学专科（或高等职业教育）学历，从事工程造价、工程管理业务工作满4年；具有土木建筑、水利、装备制造、交通运输、电子信息、财经商贸大类大学专科（或高等职业教育）学历，从事工程造价、工程管理业务工作满5年。

2）具有工程造价、通过工程教育专业评估（认证）的工程管理专业大学本科学历或学位，从事工程造价、工程管理业务工作满3年；具有工学、管理学、经济学门类大学本科学历或学位，从事工程造价、工程管理业务工作满4年。

3）具有工学、管理学、经济学门类硕士学位或者第二学士学位，从事工程造价、工程管理业务工作满3年。

4）具有工学、管理学、经济学门类博士学位。

5）具有其他专业相应学历或者学位的人员，从事工程造价、工程管理业务工作年限相应增加1年。

凡遵守中华人民共和国宪法、法律、法规，具有良好的业务素质和道德品行，具备下列条件之一者，可以申请参加二级造价工程师职业资格考试：

1）具有工程造价专业大学专科（或高等职业教育）学历，从事工程造价、工程管理业务工作满1年；具有土木建筑、水利、装备制造、交通运输、电子信息、财经商贸大类大学专科（或高等职业教育）学历，从事工程造价、工程管理业务工作满2年。

2）具有工程造价专业大学本科及以上学历或学位，具有工学、管理学、经济学门类大学本科及以上学历或学位，从事工程造价、工程管理业务工作满1年。

3）具有其他专业相应学历或学位的人员，从事工程造价、工程管理业务工作年限相应增加1年。

一级造价工程师职业资格考试合格者，由各省、自治区、直辖市人力资源社会保障行政主管部门颁发一级造价工程师职业资格证书。该证书由人力资源社会保障部统一印制，住房和城乡建设部、交通运输部、水利部按专业类别分别与人力资源社会保障部用印，在全国范围内有效。

二级造价工程师职业资格考试合格者，由各省、自治区、直辖市人力资源社会保障行政主管部门颁发二级造价工程师职业资格证书。该证书由各省、自治区、直辖市住房城乡建设、交通运输、水利行政主管部门按专业类别分别与人力资源社会保障行政主管部门用印，原则上在所在行政区域内有效。各地可根据实际情况制定跨区域认可办法。

2. 注册造价工程师的初始注册

注册造价工程师实行注册职业管理制度。取得职业资格的人员，经过注册方能以注册造价工程师的名义执业。

注册造价工程师的注册条件为：

1）取得执业资格。

2）受聘于一个工程造价咨询企业或者工程建设领域的建设、勘察设计、施工、招标代理、工程监理、工程造价管理等单位。

3）无如下情形：不具有完全民事行为能力的；申请在两个或者两个以上单位注册的；未达到造价工程师继续教育合格标准的；前一个注册期内工作业绩达不到规定标准或未办理暂停执业手续而脱离工程造价业务岗位的；受刑事处罚，刑事处罚尚未执行完毕的；因工程造价业务活动受刑事处罚，自刑事处罚执行完毕之日起至申请注册之日止不满5年的；因前项规定以外原因受刑事处罚，自处罚决定之日起至申请注册之日止不满3年的；被吊销注册证书，自被处罚决定之日起至申请注册之日止不满3年的；以欺骗、贿赂等不正当手段获准注册被撤销，自被撤销注册之日起至申请注册之日止不满3年的；法律、法规规定不予注册的其他情形。

取得执业资格的人员申请注册的，可以向聘用单位工商注册所在地的省、自治区、直辖市人民政府住房城乡建设主管部门或者国务院有关专业部门提交申请材料。

国务院住房城乡建设主管部门在收到申请材料后，应当依法做出是否受理的决定，并出具凭证；申请材料不齐全或者不符合法定形式的，应当在5日内一次性告知申请人需要补正的全部内容。逾期不告知的，自收到申请材料之日起即为受理。

对申请初始注册的，省、自治区、直辖市人民政府住房城乡建设主管部门或者国务院有关专业部门收到申请材料后,应当在5日内将全部申请材料报国务院住房城乡建设主管部门(以下简称注册机关),注册机关应当自受理之日起20日内做出决定。

对申请变更注册、延续注册的,省、自治区、直辖市人民政府住房城乡建设主管部门或者国务院有关专业部门收到申请材料后,应当在5日内将全部申请材料报注册机关,注册机关应当自受理之日起10日内做出决定。

取得资格证书的人员可自资格证书签发之日起1年内申请初始注册。逾期未申请者,须符合继续教育的要求后方可申请初始注册。初始注册的有效期为4年。

申请初始注册的应当提交下列材料:①初始注册申请表;②执业资格证件和身份证件复印件;③与聘用单位签订的劳动合同复印件;④工程造价岗位工作证明;⑤取得资格证书的人员,自资格证书签发之日起1年后申请初始注册的,应当提供继续教育合格证明;⑥受聘于具有工程造价咨询资质的中介机构的,应当提供聘用单位为其缴纳的社会基本养老保险凭证、人事代理合同复印件,或者劳动、人事部门颁发的离退休证复印件;⑦外国人、台港澳人员应当提供外国人就业许可证书、台港澳人员就业证书复印件。

3. 注册造价工程师的延续、变更注册

注册造价工程师注册有效期满继需执业的,应当在注册有效期满30日前,按照《注册造价工程师管理办法》第八条规定的程序申请延续注册。延续注册的有效期为4年。

申请延续注册的,应当提交下列材料:①延续注册申请表;②注册证书;③与聘用单位签订的劳动合同复印件;④前一个注册期内的工作业绩证明;⑤继续教育合格证明。

在注册有效期内,注册造价工程师变更执业单位的,应当与原聘用单位解除劳动合同,并按照《注册造价工程师管理办法》第八条规定的程序办理变更注册手续。变更注册后延续原注册有效期。

申请变更注册的应当提交下列材料:①变更注册申请表;②注册证书;③与新聘用单位签订的劳动合同复印件;④与原聘用单位解除劳动合同的证明文件;⑤受聘于具有工程造价咨询资质的中介机构的,应当提供聘用单位为其交纳的社会基本养老保险凭证、人事代理合同复印件,或者劳动、人事部门颁发的离退休证复印件;⑥外国人、台港澳人员应当提供外国人就业许可证书、台港澳人员就业证书复印件。

4. 注册造价工程师的执业

(1) 注册造价工程师的执业范围　注册造价工程师的执业范围包括:①建设项目建议书、可行性研究投资估算的编制和审核,项目经济评价,工程概、预、结算及竣工结(决)算的编制和审核;②工程量清单、标底(或者控制价)、投标报价的编制和审核,工程合同价款的签订及变更、调整、工程款支付与工程索赔费用的计算;③建设项目管理过程中设计方案的优化、限额设计等工程造价分析与控制,工程保险理赔的核查;④工程经济纠纷的鉴定。

(2) 注册造价工程师的权利　注册造价工程师享有下列权利:①使用注册造价工程师名称;②依法独立执行工程造价业务;③在本人执业活动中形成的工程造价成果文件上签字并加盖执业印章;④发起设立工程造价咨询企业;⑤保管和使用本人的注册证书和执业印章;⑥参加继续教育。

(3) 注册造价工程师的义务　注册造价工程师应当履行下列义务:①遵守法律、法规、有关管理规定,恪守职业道德;②保证执业活动成果的质量;③接受继续教育,提高执业水平;

④执行工程造价计价标准和计价方法；⑤与当事人有利害关系的，应当主动回避；⑥保守在执业中知悉的国家秘密和他人的商业、技术秘密。

5. 注册造价工程师的执业管理与继续教育

注册造价工程师应当在本人承担的工程造价成果文件上签字并盖章。修改经注册造价工程师签字盖章的工程造价成果文件，应当由签字盖章的注册造价工程师本人进行，因特殊情况该注册造价工程师不能进行修改的，应当由其他注册造价工程师修改，并签字盖章，修改工程造价成果文件的注册造价工程师对修改部分承担相应的法律责任。

注册造价工程师不得有下列行为：①不履行注册造价工程师义务；②在执业过程中，索贿、受贿或者谋取合同约定费用外的其他利益；③在执业过程中实施商业贿赂；④签署有虚假记载、误导性陈述的工程造价成果文件；⑤以个人名义承接工程造价业务；⑥允许他人以自己名义从事工程造价业务；⑦同时在两个或者两个以上单位执业；⑧涂改、倒卖、出租、出借或者以其他形式非法转让注册证书或者执业印章；⑨法律、法规、规章禁止的其他行为。

在注册有效期内，注册造价工程师因特殊原因需要暂停执业的，应当到注册初审机关办理暂停执业手续，并交回注册证书和执业印章。

注册造价工程师在每一注册期内应当达到注册机关规定的继续教育要求。注册造价工程师继续教育分为必修课和选修课，每一注册有效期各为60学时。经继续教育达到合格标准的，颁发继续教育合格证明。注册造价工程师的继续教育，由中国建设工程造价管理协会负责组织。

2.3.6 注册建造师

注册建造师是指通过考核认定或考试合格取得国家颁发的注册建造师资格证书（简称资格证书），并按照规定注册，取得建造师注册证书（简称注册证书）和执业印章，担任施工单位项目负责人及从事相关活动的专业技术人员。建设部颁布的《注册建造师管理规定》，对注册建造师的注册、执业、继续教育和监督管理等做出了详细规定。

1. 报考条件

（1）二级建造师报考条件　凡遵纪守法，具备工程类或工程经济类中等专业以上学历并从事建设工程项目施工管理工作满2年的人员，可报名参加二级建造师执业资格考试。

（2）一级建造师报考条件　具备以下条件之一者，可以申请参加一级建造师执业资格考试：

1）取得工程类或工程经济类大学专科学历，从事建设工程项目施工管理工作满4年。

2）取得工学门类、管理科学与工程类专业大学本科学历，从事建设工程项目施工管理工作满3年。

3）取得工学门类、管理科学与工程类专业硕士学位，从事建设工程项目施工管理工作满2年。

4）取得工学门类、管理科学与工程类专业博士学位，从事建设工程项目施工管理工作满1年。

一级建造师执业资格考试设"建设工程经济""建设工程法规及相关知识""建设工程项目管理"和"专业工程管理与实务"4个科目。

2. 注册建造师的申请

注册建造师实行注册执业管理制度，注册建造师分为一级注册建造师和二级注册建造师。取得资格证书的人员，经过注册方能以注册建造师的名义执业。

申请初始注册时应当具备以下条件：

1）经考核认定或考试合格取得资格证书。

2）受聘于一个相关单位。

3）达到继续教育要求。

4）没有如下情形：不具有完全民事行为能力的；申请在两个或者两个以上单位注册的；未达到注册建造师继续教育要求的；受到刑事处罚，刑事处罚尚未执行完毕；因执业活动受到刑事处罚，自刑事处罚执行完毕之日起至申请注册之日止不满5年的；因前项规定以外的原因受到刑事处罚，自处罚决定之日起至申请注册之日止不满3年的；被吊销注册证书，自处罚决定之日起至申请注册之日止不满2年的；在申请注册之日前3年内担任项目经理期间，所负责项目发生过重大质量和安全事故的；申请人的聘用单位不符合注册单位要求的；年龄超过65周岁的；法律、法规规定不予注册的其他情形。

取得一级建造师资格证书并受聘于一个建设工程勘察、设计、施工、监理、招标代理、造价咨询等单位的人员，应当通过聘用单位提出注册申请，并可以向单位工商注册所在地的省、自治区、直辖市人民政府住房城乡建设主管部门提交申请材料。

省、自治区、直辖市人民政府住房城乡建设主管部门收到申请材料后，应当在5日内将全部申请材料报国务院住房城乡建设主管部门审批。

国务院住房城乡建设主管部门在收到申请材料后，应当依法做出是否受理的决定，并出具凭证；申请材料不齐全或者不符合法定形式的，应当在5日内一次性告知申请人需要补正的全部内容。逾期不告知的，自收到申请材料之日起即为受理。

涉及铁路、公路、港口与航道、水利水电、通信与广电、民航专业的，国务院住房城乡建设主管部门应当将全部申报材料送同级有关部门审核。符合条件的，由国务院住房城乡建设主管部门核发一级建造师注册证书，并核定执业印章编号。

对申请初始注册的，国务院住房城乡建设主管部门应当自受理之日起20日内做出审批决定。自做出决定之日起10日内公告审批结果。国务院有关部门收到国务院住房城乡建设主管部门移送的申请材料后，应当在10日内审核完毕，并将审核意见送国务院住房城乡建设主管部门。对申请变更注册、延续注册的，国务院住房城乡建设主管部门应当自受理之日起10日内做出审批决定。自做出决定之日起10日内公告审批结果。国务院有关部门收到国务院住房城乡建设主管部门移送的申请材料后，应当在5日内审核完毕，并将审核意见送国务院住房城乡建设主管部门。

取得二级建造师资格证书的人员申请注册，由省、自治区、直辖市人民政府住房城乡建设主管部门负责受理和审批，具体审批程序由省、自治区、直辖市人民政府住房城乡建设主管部门依法确定。对批准注册的，核发由国务院住房城乡建设主管部门统一样式的二级建造师注册证书和执业印章，并在核发证书后30日内送国务院建设主管部门备案。

注册证书和执业印章是注册建造师的执业凭证，由注册建造师本人保管、使用。注册证书与执业印章有效期为3年。

初始注册者，可自资格证书签发之日起3年内提出申请。逾期未申请者，须符合本专业继续教育的要求后方可申请初始注册。

申请初始注册需要提交下列材料：①注册建造师初始注册申请表；②资格证书、学历证书和身份证明复印件；③申请人与聘用单位签订的聘用劳动合同复印件或其他有效证明文件；④逾期申请初始注册的，应当提供达到继续教育要求的证明材料。

注册有效期满需继续执业的，应当在注册有效期届满30日前，按照规定申请延续注册。延续注册的，有效期为3年。

申请延续注册的，应当提交下列材料：①注册建造师延续注册申请表；②原注册证书；③申请人与聘用单位签订的聘用劳动合同复印件或其他有效证明文件；④申请人注册有效期内达到继续教育要求的证明材料。

在注册有效期内，注册建造师变更执业单位，应当与原聘用单位解除劳动关系，并按照规定办理变更注册手续，变更注册后仍延续原注册有效期。

申请变更注册的，应当提交下列材料：①注册建造师变更注册申请表；②注册证书和执业印章；③申请人与新聘用单位签订的聘用合同复印件或有效证明文件；④工作调动证明（与原聘用单位解除聘用合同或聘用合同到期的证明文件、退休人员的退休证明）。

注册建造师需要增加执业专业的，应当按照规定申请专业增项注册，并提供相应的资格证明。

申请人有下列情形之一的，不予注册：①不具有完全民事行为能力的；②申请在两个或者两个以上单位注册的；③未达到注册建造师继续教育要求的；④受到刑事处罚，刑事处罚尚未执行完毕的；⑤因执业活动受到刑事处罚，自刑事处罚执行完毕之日起至申请注册之日止不满5年的；⑥因前项规定以外的原因受到刑事处罚，自处罚决定之日起至申请注册之日止不满3年的；⑦被吊销注册证书，自处罚决定之日起至申请注册之日止不满2年的；⑧在申请注册之日前3年内担任项目经理期间，所负责项目发生过重大质量和安全事故的；⑨申请人的聘用单位不符合注册单位要求的；⑩年龄超过65周岁的；⑪法律、法规规定不予注册的其他情形。

注册建造师有下列情形之一的，其注册证书和执业印章失效：①聘用单位破产的；②聘用单位被吊销营业执照的；③聘用单位被吊销或者撤回资质证书的；④已与聘用单位解除聘用合同关系的；⑤注册有效期满且未延续注册的；⑥年龄超过65周岁的；⑦死亡或不具有完全民事行为能力的；⑧其他导致注册失效的情形。

注册建造师有下列情形之一的，由注册机关办理注销手续，收回注册证书和执业印章或者公告注册证书和执业印章作废：①有《注册建造师管理规定》第十六条所列情形发生的；②依法被撤销注册的；③依法被吊销注册证书的；④受到刑事处罚的；⑤法律、法规规定应当注销注册的其他情形。

注册建造师有前款所列情形之一的，注册建造师本人和聘用单位应当及时向注册机关提出注销注册申请；有关单位和个人有权向注册机关举报；县级以上地方人民政府住房城乡建设主管部门或者有关部门应当及时告知注册机关。

3. 注册建造师执业管理与继续教育

取得资格证书的人员应当受聘于一个具有建设工程勘察、设计、施工、监理、招标代理、造价咨询等一项或者多项资质的单位，经注册后方可从事相应的执业活动。担任施工单位项目负责人的，应当受聘并注册于一个具有施工资质的企业。注册建造师的具体执业范围按照《注册建造师执业工程规模标准》执行。注册建造师不得同时在两个及两个以上的建设工程项目上担任施工单位项目负责人。注册建造师可以从事建设工程项目总承包管理或施工管理，建设工程项目管理服务，建设工程技术经济咨询，以及法律、行政法规和国务院住房城乡建设主管部门规定的其他业务。

建设工程施工活动中形成的有关工程施工管理文件，应当由注册建造师签字并加盖执业印章。施工单位签署质量合格的文件上，必须有注册建造师的签字盖章。

注册建造师在每一个注册有效期内应当达到国务院建设主管部门规定的继续教育要求。继续教育分为必修课和选修课，在每一注册有效期内各为60学时。经继续教育达到合格标准的，颁发继续教育合格证书。

4. 注册建造师的权利与义务

注册建造师享有下列权利：①使用注册建造师名称；②在规定范围内从事执业活动；③在本人执业活动中形成的文件上签字并加盖执业印章；④保管和使用本人注册证书、执业印章；⑤对本人执业活动进行解释和辩护；⑥接受继续教育；⑦获得相应的劳动报酬；⑧对侵犯本人权利的行为进行申述。

注册建造师应当履行下列义务：①遵守法律、法规和有关管理规定，恪守职业道德；②执行技术标准、规范和规程；③保证执业成果的质量，并承担相应责任；④接受继续教育，努力提高执业水准；⑤保守在执业中知悉的国家秘密和他人的商业、技术等秘密；⑥与当事人有利害关系的，应当主动回避；⑦协助注册管理机关完成相关工作。

注册建造师不得有下列行为：①不履行注册建造师义务；②在执业过程中，索贿、受贿或者谋取合同约定费用外的其他利益；③在执业过程中实施商业贿赂；④签署有虚假记载等不合格的文件；⑤允许他人以自己的名义从事执业活动；⑥同时在两个或者两个以上单位受聘或者执业；⑦涂改、倒卖、出租、出借或以其他形式非法转让资格证书、注册证书和执业印章；⑧超出执业范围和聘用单位业务范围内从事执业活动；⑨法律、法规、规章禁止的其他行为。

2.4 建筑市场信用体系建设

《建筑业企业资质管理规定》中规定，企业应当按照有关规定，向资质许可机关提供真实、准确、完整的企业信用档案信息。企业的信用档案应当包括企业基本情况、业绩、工程质量和安全、合同履约等情况。被投诉举报和处理、行政处罚等情况应当作为不良行为记入其信用档案。企业的信用档案信息按照有关规定向社会公示。

《注册建造师管理规定》中规定，注册建造师及其聘用单位应当按照要求，向注册机关提供真实、准确、完整的注册建造师信用档案信息。注册建造师信用档案应当包括注册建造师的基本情况、业绩、良好行为、不良行为等内容。违法违规行为、被投诉举报处理、行政处罚等情况应当作为注册建造师的不良行为记入其信用档案。注册建造师信用档案信息按照有关规定向社会公示。

1. 建筑市场诚信行为信息的分类

建设部《建筑市场诚信行为信息管理办法》的规定，建筑市场诚信行为信息分为良好行为记录和不良行为记录两大类。

（1）良好行为记录　良好行为记录是指建筑市场主体在工程建设过程中严格遵守有关工程建设的法律、法规、规章或强制性标准，行为规范，诚信经营，自觉维护建筑市场秩序，受到各级建设行政主管部门和相关专业部门的奖励和表彰所形成的良好行为记录。

（2）不良行为记录　不良行为记录是指建筑市场主体在工程建设过程中违反有关工程建设的法律、法规、规章或强制性标准和执业行为规范，经县级以上建设行政主管部门或者委托的执法监督机构查实和行政处罚所形成的不良行为记录。

原建设部《全国建筑市场各方主体不良行为记录认定标准》中，对涉及建筑市场最主要的责任主体，即建设单位、勘察、设计、施工、监理、工程检测、招标代理、造价咨询、施工图审查等单位的不良行为，制定了具体的认定标准。特别是强化了对社会反映强烈的建设单位行为的规范问题，突出了建筑许可、市场准入、招标投标、发承包交易、质量管理、安全生产、拖欠工程款和农民工工资、治理商业贿赂等相关内容。此外，《注册建造师执业管理办法（试行）》中，对注册建造师的不良行为也制定了具体认定标准。

2. 建筑市场诚信行为的公布和奖惩机制

（1）公布的时限　《建筑市场诚信行为信息管理办法》规定，建筑市场诚信行为记录信息的公布时间为行政处罚决定做出后7日内，公布期限一般为6个月至3年；良好行为记录信息公布期限一般为3年。公布内容应与建筑市场监管信息系统中的企业、人员和项目管理数据库相结合，形成信用档案，内部长期保留。《招标投标违法行为记录公告暂行办法》规定，国务院有关行政主管部门和省级人民政府有关行政主管部门应自招标投标违法行为行政处理决定做出之日起20个工作日内对外进行记录公告。违法行为记录公告期限为6个月。

（2）建筑市场诚信行为的奖惩机制　《建筑市场诚信行为信息管理办法》《关于加快推进建筑市场信用体系建设工作的意见》规定，应当依据国家有关法律、法规和规章，按照诚信激励和失信惩戒的原则，逐步建立诚信奖惩机制。在行政许可、市场准入、招标投标、资质管理、工程担保和保险、表彰评优等工作中，充分利用已公布的建筑市场各方主体的诚信行为信息，依法对守信行为给予激励，对失信行为进行惩处。对于一般失信行为，要对相关单位和人员进行诚信法制教育，促使其知法、懂法、守法；对有严重失信行为的企业和人员，要会同有关部门，采取行政、经济、法律和社会舆论等综合惩治措施，对其依法公布、曝光或予以行政处罚、经济制裁；行为特别恶劣的，要坚决追究失信者的法律责任，提高失信成本，使失信者得不偿失。

建筑业企业未按照本规定要求提供建筑业企业信用档案信息的，由县级以上地方人民政府建设主管部门或者其他有关部门给予警告，责令限期改正；逾期未改正的，可处以1000元以上1万元以下的罚款。注册建造师或者其聘用单位未按照要求提供注册建造师信用档案信息的，由县级以上地方人民政府建设主管部门或者其他有关部门责令限期改正；逾期未改正的，可处以1000元以上1万元以下的罚款。

第 2 章 工程建设从业资格法律制度

【案例 2-1】

2012年10月2日，某市帆布厂（简称发包人）与某市区修建工程队（简称承包人）订立了建筑工程承包工程。合同规定：承包人建一框架厂房，跨度为12m，总造价为198.9万元；承包方式为包工包料；开、竣工日期为2012年11月2日至2014年3月10日。自开工至2013年底，发包人付给承包人工程款、材料垫付款共101.6万元。到合同发包人规定的竣工期限，未能完工，而且已完工程质量部分不合格。为此，双方发生纠纷。

经查明：承包人在工商行政管理机关登记的经营范围为维修和承建小型非生产性建筑工程。经有关部门鉴定：该项工程造价应为198.9万元，未完工程折价为97.3万元，已完工程的厂房屋面质量不合格，返工费为15.6万元。

【问题】

此案如何处理？

【分析】

建筑企业在进行承建活动时，必须严格遵守核准登记的建筑工程资质等级范围，禁止超资质等级承建工程。本案被告的经营范围仅能承建小型非生产性建筑工程和维修项目，其资质等级不能承建与原告所订合同规定的生产性厂房。因此被告对合同无效及工程质量问题应负全部责任，承担工程质量的返工费。

【案例 2-2】

甲建筑施工单位资质等级为三级，欲取得南方某市一高层商业楼工程施工项目（按规定施工承包单位应具有一级资质），在资质达不到规定标准的情况下，与具有相应资质的乙建筑公司商定，挂靠在乙建筑公司名下借用乙建筑公司的资质证书参加竞标，甲建筑施工单位中标后向乙建筑公司交纳一定的管理费。经过招标投标程序，甲获得了该工程的施工权，工程竣工后，因质量问题导致巨大损失，建设方自己承担工程损失后对乙建筑公司向法院提出诉讼。

法院受理该案件后，对工程施工现场进行实地调查，调查发现该工程存在较为严重的质量问题，同时确认施工单位确为甲建筑施工单位挂靠乙建筑公司，根据《建筑法》《建设工程质量管理条例》和《建筑业企业资质管理规定》等法律法规，依法对甲建筑公司和乙建筑公司处以一定的罚款，造成的损失双方按过错大小共同承担责任。

【问题】

对建设工程中的挂靠行为应如何处理？

【分析】

对于建设工程的承包单位，我国实行严格的市场准入制度。根据《建筑法》第二十六条规定，承包建筑工程的单位应当持有依法取得的资质证书，并在其资质等级许可的业务范围内承揽工程，同时规定禁止建筑施工企业超越本企业资质等级许可的业务范围或者以任何形式用其他建筑施工企业的名义承揽工程，如果承包人不具有合法资格，必将导致所订合同无效。《建设工程质量管理条例》第二十五条规定，施工单位应当依法取得相应的资质证书，并在其资质等级许可范围内承揽工程。

在实际工程中,有些无资质或资质较低的承包单位采用资质挂靠的方式承揽工程,同时也存在转让资质证书、以其他方式允许他人以本企业的名义承揽工程的情形。不具有相应资质条件的企业借用具有资质条件的企业名义与建设单位签订的建设工程施工合同无效。因此造成的质量缺陷和其他损失,由挂靠公司与被挂靠公司承担连带责任。被挂靠公司将收取的管理费及其他费用全部或部分退还给挂靠公司。同时根据《建筑业企业资质管理规定》第三十四条规定,建筑业企业存在下列行为的,由县级以上地方人民政府建设主管部门或者其他有关部门给予警告,责令改正,并处 1 万元以上 3 万元以下的罚款:

1)超越本企业资质等级或以其他企业的名义承揽工程,或允许其他企业或个人以本企业的名义承揽工程的。

2)违反国家工程建设强制性标准的。

3)涂改、倒卖、出租、出借或者以其他形式非法转让建筑业企业资质证书。

4)其他违反法律、法规的行为。

依据《建筑法》《建设工程质量管理条例》和其他有关法律法规,对其给建设方造成的损失,由甲、乙双方共同承担,并根据责任大小承担责任。

本章习题

一、单选题

1. 《建筑业企业资质管理规定》属于( )。
   A. 行政法规   B. 一般法律   C. 司法解释   D. 部门规章

2. 根据《建筑业企业资质管理规定》,下列属于建筑业企业资质序列的是( )。
   A. 工程总承包   B. 专业分包   C. 专业承包   D. 劳务承包

3. 根据《建筑企业资质管理规定》,关于我国建筑业企业资质的说法,错误的是( )。
   A. 建筑企业资质分为施工总承包、专业承包和劳务分包三个序列
   B. 建筑企业按照各自工程性质和技术特点,分别划分为若干资质类别
   C. 各资质类别按照各自规定的条件划分为若干等级
   D. 房屋建筑施工总承包企业资质分为特级、一级、二级共三个等级

二、多选题

1. 我国建筑施工企业的资质序列包括( )。
   A. 工程总承包   B. 专业分包   C. 专业承包
   D. 施工总承包   E. 劳务分包

2. 根据《建筑法》规定,从事建筑活动的建筑施工企业应当具备下列条件( )。
   A. 有符合国家规定的注册资本   B. 有符合国家规定的工作场所
   C. 有与其从事的建筑活动相适应的具有法定执业资格的专业技术人员
   D. 有符合规定的已完成工程业绩   E. 有足够的技术装备

3. 建设工程许可制度主要包括( )。
A. 从业单位资质管理制度　　　　　B. 从业人员执业资格管理制度
C. 施工许可制度　　　　　　　　　D. 注册工程师制度
E. 质量认证制度

三、简答题

1. 什么是执业资格管理制度？我国执业资格管理制度包括哪几方面？
2. 我国对从事工程建设活动的单位是如何划分的？它们的资质等级又是如何划分的？
3. 我国建筑行业现实行的执业人员执业资格制度有哪几种？

第 3 章 城乡规划法律制度

城乡规划是政府对一定时期内城市、镇、乡、村庄的建设布局、土地利用以及经济和社会发展有关事项的总体安排和实施措施,是政府指导和调控城乡建设和发展的基本手段之一。2007年10月28日,第十届全国人民代表大会常务委员会第三十次会议通过了《城乡规划法》,自2008年1月1日起施行,于2015年、2019年两次修正。

3.1 城乡规划的体系、原则和管理体制

1. 城乡规划体系

城乡规划包括城镇体系规划、城市规划、镇规划、乡规划和村庄规划。城市规划、镇规划分为总体规划和详细规划。详细规划分为控制性详细规划和修建性详细规划。

规划区,是指城市、镇和村庄的建成区以及因城乡建设和发展需要,必须实行规划控制的区域。规划区的具体范围由有关人民政府在组织编制的城市总体规划、镇总体规划、乡规划和村庄规划中,根据城乡经济社会发展水平和统筹城乡发展的需要划定。

2. 城乡规划原则

制定和实施城乡规划应当遵循城乡统筹、合理布局、节约土地、集约发展和先规划后建设的原则,改善生态环境,促进资源、能源节约和综合利用,保护耕地等自然资源和历史文化遗产,保持地方特色、民族特色和传统风貌,防止污染和其他公害,并符合区域人口发展、国防建设、防灾减灾和公共卫生、公共安全的需要。

(1) 城乡统筹、合理布局、节约土地、集约发展的原则 就是要以科学发展观统筹城乡区域协调发展,在充分发挥城市中心辐射带动作用,促进大中小城市和小城镇协调发展的同时,合理安排城市、镇、乡村空间布局,贯彻科学用地、合理用地、节约用地的方针,不浪费每一寸土地资源,走集约型可持续的具有中国特色的城镇化和城乡健康发展道路。

(2) 先规划后建设的原则 城乡规划是对一定时期内城乡的经济和社会发展、土地利用、空间布局以及各项建设的综合部署、具体安排和实施管理。它对于城乡建设、管理、发展具有指导、调整、综合和科学合理安排的重要作用,城乡各项建设活动必须依照城乡规划进行,否则,就会带来城乡建设的盲目、无序、混乱、后患无穷。因此,必须坚持先规划、后建设的原则,同时要杜绝边建设边规划、先建设后规划、无规划乱建设的现象发生,以保证城乡建设科学、合理、有序、可持续性进行和健康发展。

(3) 环保节能，保护耕地的原则　这个原则指的是要高度重视对自然资源的保护，切实考虑城乡环境保护问题，努力改善生态环境和生活环境，加强对环境污染的防治，促进各种资源、能源的节约和综合利用，落实节能减排、节地、节水等措施，防止污染和其他公害的发生，以保障城乡规划建设能够获得最大的经济效益、社会效益和环境效益。

(4) 保护历史文化遗产和城乡特色风貌的原则　切实加强对世界自然和文化遗产，历史文化名城、名镇、名村，以及对历史文化街区、文物古迹和风景名胜区的保护，包括对非物质文化遗产的保护，努力保护和保持城乡的地方特色、民族特色和传统风貌，维护历史文化遗产的真实性和完整性，正确处理经济社会发展与文化遗产保护的关系。

(5) 公共安全、防灾减灾的原则　充分考虑区域人口发展，合理确定城乡发展规模和建设标准，努力满足防火、防爆、防震抗震、防洪防涝、防泥石流、防暴风雪、防沙漠侵袭等防灾减灾的需要，以及社会治安、交通安全、卫生防疫和国防建设、人民防空建设等各方面的保障安全要求，还要考虑相应的公共卫生、公共安全预警救助措施，创造条件以保障城乡人民群众生命财产安全和社会的和谐安定。

3. 城乡规划管理体制

各级政府城乡规划主管部门的职责：国务院城乡规划主管部门负责全国的城乡规划管理工作。县级以上地方人民政府城乡规划主管部门负责本行政区域内的城乡规划管理工作。

3.2 城乡规划的制定

1. 城乡规划的内容

《城乡规划法》对城乡规划的主要规划内容做了明确的规定。

(1) 省域城镇体系规划　应当包括城镇空间布局和规模控制，重大基础设施的布局，为保护生态环境、资源等需要严格控制的区域等。

(2) 城市、镇总体规划　应当包括城市、镇的发展布局，功能分区，用地布局，综合交通体系，禁止、限制和适宜建设的地域范围，各类专项规划等。其中，规划区范围、规划区内建设用地规模、基础设施和公共服务设施用地、水源地和水系、基本农田和绿化用地、环境保护、自然与历史文化遗产保护以及防灾减灾等内容，属于强制性内容。城市总体规划还应对城市更长远的发展做出预测性安排。

(3) 乡规划和村庄规划　应当包括规划区范围，住宅、道路、供水、排水、供电、垃圾收集、畜禽养殖场所等农村生产、生活服务设施、公益事业等各项建设的用地布局、建设要求，以及对耕地等自然资源和历史文化遗产保护、防灾减灾等的具体安排。乡规划还应当包括本行政区域内的村庄发展布局。

2. 城乡规划的编制和审批程序

《城乡规划法》对城乡规划的编制和审批程序做了明确的规定。

(1) 全国城镇体系规划　由国务院城乡规划主管部门会同国务院有关部门组织编制，并由国务院城乡规划主管部门报国务院审批。

(2) 省域城镇体系规划　由省、自治区人民政府组织编制，经本级人民代表大会常务委员会审议后附审议意见及修改情况一并报送国务院审批。

(3) 直辖市城市总体规划　由直辖市人民政府组织编制，经本级人民代表大会常务委员会审议后附审议意见及修改情况一并报送国务院审批。

(4) 城市总体规划　省、自治区人民政府所在地的城市以及国务院确定的城市的总体规划，由城市人民政府组织编制，经本级人民代表大会常务委员会审议后附审议意见及修改的情况，并由省、自治区人民政府审查同意后，报送国务院审批。其他城市的总体规划，由城市人民政府组织编制，经本级人民代表大会常务委员会审议后附审议意见及修改情况一并报送省、自治区人民政府审批。

(5) 镇总体规划　县人民政府所在地镇的总体规划，由县人民政府组织编制，经本级人民代表大会常务委员会审议后附审议意见及修改情况一并报送上一级人民政府审批。其他镇的总体规划，由镇人民政府组织编制，经镇人民代表大会常务委员会审议后附审议意见及修改情况一并报送上一级人民政府审批。

(6) 乡规划、村庄规划　由乡、镇人民政府组织编制，报上一级人民政府审批。村庄规划应经村民会议或者村民代表会议同意后报上一级人民政府审批。

(7) 城市控制性详细规划　由城市人民政府城乡规划主管部门组织编制，经本级人民政府批准后，报本级人民代表大会常务委员会和上一级人民政府备案。

城市详细规划是指以城市的总体规划为依据，对一定时期内城市的局部地区的土地利用、空间布局和建设用地所做的具体安排和设计。城市控制性详细规划是指以城市的总体规划为依据，确定城市建设地区的土地使用性质和使用强度的控制指标、道路和工程管线控制性位置以及空间环境控制的规划要求。控制性详细规划是引导和控制城镇建设发展最直接的法定依据，是具体落实城市总体规划各项战略部署、原则要求和规划内容的关键环节。

城市详细规划主要内容包括：①确定近期建设规划范围内房屋建筑、道路和给水排水工程、公用事业、园林绿化、环境卫生和其他公共设施的具体布置和用地界限；②确定街道红线、道路断面以及控制点的坐标、标高；③确定居住建筑、公共建筑、道路广场、公共绿地、公共活动场地等项目的具体规划定额和技术经济指标；④综合安排各项工程管线、工程构筑物的位置和用地；⑤提出建筑艺术的形式要求；⑥确定主干道和广场建筑群的平面、立面规划；⑦提出规划项目工程量和投资概算。控制性详细规划确定的各地块的主要用途、建筑密度、建筑高度、容积率、绿地率、基础设施和公共服务设施配套规定应当作为强制性内容。

(8) 镇的控制性详细规划　县人民政府所在地镇的控制性详细规划，由县人民政府城乡规划主管部门组织编制，经县人民政府批准后，报本级人民代表大会常务委员会和上一级人民政府备案。其他镇的控制性详细规划由镇人民政府组织编制，报上一级人民政府审批。

(9) 修建性详细规划　城市修建性详细规划是指以城市的总体规划或控制性详细规划为依据，制定用以指导城市各项建筑和工程设施及其施工的规划设计。对于城市内当前要进行建设的地区，应当编制修建性详细规划。修建性详细规划是具体的、操作性的规划。城市、镇重要地块的修建性详细规划，由城市、县人民政府城乡规划主管部门和镇人民政府组织编制。

修建性详细规划应当包括下列内容：①建设条件分析及综合技术经济论证；②建筑、道路和绿地等的空间布局和景观规划设计，布置总平面图；③对住宅、医院、学校和托幼等建筑进行日照分析；④根据交通影响分析，提出交通组织方案和设计；⑤市政工程管线规划设计和管线综合；⑥竖向规划设计；⑦估算工程量、拆迁量和总造价，分析投资效益。

3. 城市总体规划、镇总体规划的内容和期限

城市总体规划、镇总体规划的内容应当包括：城市、镇的发展布局，功能分区，用地布局，综合交通体系，禁止、限制和适宜建设的地域范围，各类专项规划等。

规划区范围、规划区内建设用地规模、基础设施和公共服务设施用地、水源地和水系、基本农田和绿化用地、环境保护、自然与历史文化遗产保护以及防灾减灾等内容，应当作为城市总体规划、镇总体规划的强制性内容。

城市总体规划、镇总体规划的规划期限一般为20年。城市总体规划还应当对城市更长远的发展做出预测性安排。

3.3 城乡规划的实施

《城乡规划法》对建设项目选址、建设用地、建设工程、乡村建设的行政审批和许可做出了以核发选址意见书、建设用地规划许可证、建设工程规划许可证、乡村建设规划许可证为法律凭证来实施城乡规划、建立规划管理制度的明确规定。

3.3.1 选址意见书核发

选址意见书作为法定项目审批和划拨土地的前置条件，建设单位在报送有关部门批准或者核准前，应当向城乡规划主管部门申请核发选址意见书。省、市、县人民政府城乡规划主管部门收到申请后，应当根据有关法律、法规、规章和依法制定的城乡规划，在法定的时间内对其申请做出答复。对于符合城乡规划的选址，应当颁发建设项目选址意见书；对于不符合城乡规划的选址，不予核发建设项目选址意见书并说明理由，给予书面答复。

建设项目选址意见书适用于按国家规定需要有关部门进行批准或核准通过行政划拨方式取得用地使用权的建设项目，其他建设项目则不需要申请选址意见书。这主要是因为，随着国有土地使用权有偿出让制度的全面推行，除划拨使用土地的项目（主要是公益事业项目）外，都实行土地使用有偿出让。对于建设单位或个人通过有偿出让方式取得土地使用权的，按照《城乡规划法》的规定，出让地块必须附具城乡规划主管部门提出的规划条件，规划条件要明确规定出让地块的面积、使用性质、建设强度、基础设施、公共设施的配置原则等相关要求。由此可见，通过有偿出让方式取得土地使用权的建设项目本身就具有与城乡规划相符的明确的建设地点和建设条件，不再需要城乡规划主管部门进行建设地址的选择或确认。

建设项目用地选址意见书应当包括下列内容：

（1）建设项目的基本情况　包括建设项目的名称、性质、用地与建设规模，供水、能源的需求量、运输方式与运输量，废水、废气、废渣的排放方式和排放量等。

（2）建设项目规划选址的主要依据　包括：①经批准的项目建议书；②建设项目与城市规划布局的协调；③建设项目与城市交通、通信、能源、市政、防灾规划的衔接与协调；④建设项目配套的生活设施与城市生活居住及公共设施规划的衔接与协调；⑤建设项目对于城市环境可能造成的污染影响，以及与城市环境保护规划和风景名胜、文物古迹保护规划的协调。

（3）建设项目选址、用地范围和具体规划要求　建设项目选址意见书还应当包括除建设项目地址和用地范围外的附图和明确有关问题的附件。附图和附件是建设项目选址意见书的配套证件，具有同等的法律效力。附图和附件由发证单位根据法律、法规规定和实际情况制定。

3.3.2 建设用地规划许可证

建设用地规划许可证是指建设单位和个人在向土地行政主管部门申请征用、划拨土地前，经城市规划行政主管部门确认的建设项目位置和范围符合城市规划的法定凭证。

核发建设用地规划许可证的意义在于确保建设项目利用的土地符合城市规划，维护建设单位和个人按照城市规划使用土地的合法权益，为土地管理部门在城市规划区内行使权属管理职能提供必要的法律依据。

1. 划拨土地

划拨用地的建设用地规划许可证办理程序是：建设单位在取得人民政府城乡规划主管部门核发的建设项目选址意见书后，建设项目经有关部门批准、核准后，向城市（县）人民政府城乡规划主管部门送审建设工程设计方案，申请建设用地规划许可证。城市（县）人民政府城乡规划主管部门应当审核建设单位申请建设用地规划许可证的各项文件、资料、设计图等是否完备，并依据控制性详细规划，审核建设用地的位置、面积及建设工程总平面图，确定建设用地范围。对于具备相关文件且符合城乡规划的建设项目，应当核发建设用地规划许可证；对于不符合法定要求的建设项目，不予核发建设用地规划许可证并说明理由，给予书面答复。

建设单位只有在取得建设用地规划许可证，明确建设用地范围及界线之后，方可向县级以上地方人民政府土地主管部门申请用地，经县级以上人民政府审批后，由土地主管部门划拨土地。

2. 出让土地

建设单位办理建设用地规划许可证的程序是：在国有土地使用权出让前，城市、县人民政府城乡规划主管部门应当依据控制性详细规划，提出出让地块的位置、使用性质、开发强度等规划条件，作为国有土地使用权有偿出让合同的附件，在签订国有土地使用权有偿出让合同、申请办理法人的登记注册手续、申领企业批准证书后，持建设项目的批准、核准、备案文件和国有土地使用权有偿出让合同，向城市、县人民政府城乡规划主管部门申请办理建设用地规划许可证。城市、县人民政府城乡规划主管部门，应当审核建设单位申请建设用地规划许可证的各项文件、资料、图纸等是否完备，并依据依法批准的控制性详细规划，对国有土地使用权出让合同中规定的规划设计条件进行核验，审核建设用地的位置、面积及建设工程总平面图，确定建设用地范围。对于具备相关文件且符合城乡规划的建设项目，应当核发建设用地规划许可证；对于不符合法定要求的建设项目，不予核发建设用地规划许可证并说明理由，给予书面答复。

对于未确定规划条件的地块，不得出让国有土地使用权。规划条件是国有土地使用权出让合同的组成部分，城市、县人民政府城乡规划主管部门不得擅自在建设用地规划许可证中改变。规划条件未纳入国有土地使用权出让合同的，该国有土地使用权出让合同无效；对未取得建设用地规划许可证的建设单位批准用地的，由县级以上人民政府撤销有关批准文件；占用土地的，应当及时退回；给当事人造成损失的，应当依法给予赔偿。

建设用地审核批准后，城市规划行政主管部门应当加强监督检查工作。监督检查的内容包括两个方面：一是用地复核，主要是城市规划行政主管部门对征用、划拨的土地进行验桩；二是用地检查，主要是城市规划行政主管部门根据城市规划的要求，对建设用地的使用情况进行监督检查，以便于随时发现问题，纠正、查处违法占地建设行为。

3.3.3 建设工程规划许可证

1. 建设工程规划许可证的申请

建设工程规划许可证是建设单位和个人申请，城市规划行政主管部门审查、确认其拟建的建设工程符合城市规划，并准予办理开工手续的法律凭证。在城市、镇规划区内进行建筑物、构筑物、道路、管线和其他工程建设的，建设单位或者个人应当向城市、县人民政府城乡规划主管部门或者省、自治区、直辖市人民政府确定的镇人民政府申请办理建设工程规划许可证。

建设单位或者个人在取得建设工程规划许可证件和其他有关批准文件后，方可申请办理开工手续。这一规定是保证城市各项建设活动严格按照城市规划的要求进行，防止违法建设活动发生的重要法律措施。

2. 建设工程规划许可制度的作用

建设工程规划许可制度的作用主要表现在以下三个方面：

1）确认有关建设活动的合法性，保护有关建设单位和个人的合法权益。

2）城市规划行政主管部门及其管理工作人员监督建设活动的法定依据。城市规划管理工作人员要根据建设工程规划许可证规定的内容和要求进行监督检查，并将其作为纠正和处罚违法建设活动的法律依据。

3）建设工程规划许可证是城市规划行政主管部门有关城市建设活动的重要历史资料和城市建设档案的主要内容。

3. 建设工程规划许可证的核发

核发建设工程规划许可证，一般分为对建设申请的审查、确定建设工程规划设计要求、设计方案审查和核发建设工程规划许可证四个步骤。

（1）对建设申请的审查　城市规划行政主管部门对建设申请进行审查。审查的主要依据是建设单位提供的经批准的计划投资文件，上级主管部门批准建设的批件和建设用地规划许可证。以确定建设工程的性质、规模等是否符合城市规划的布局和发展要求，并对建设工程涉及相关主管部门的，根据情况和需要征求有关行政主管部门的意见，进行综合协调。

（2）确定建设工程规划设计要求　城市规划行政主管部门对建设申请审查后，根据建设工程所在地段详细规划的要求，提出规划设计要求，核发规划设计要点通知书。建设单位按规划设计要点通知书的要求，委托设计部门进行方案设计工作。

（3）设计方案审查　设计方案审查是在建设单位提出设计方案、文件和设计图后，城市规划行政主管部门对各个方案的总平面布置、交通组织情况、工程周围环境关系和个体设计体质量、层次、造型等进行审查比较，确定规划设计方案，核发设计方案通知书。建设单位据此委托设计单位进行施工图设计。

（4）核发建设工程规划许可证　建设单位持注明勘察设计证书的总平面图，单体建筑设计的平面图、立面图、剖面图、基础图、地下室平面图、剖面图等施工图，提交城市规划行政主管部门进行审查，经审查核准后，发给建设工程规划许可证。

4. 建设工程审批后的管理

建设工程审批后的管理是城市规划行政主管部门依法进行事后监督检查的重要环节。其管理的内容主要包括验线、现场检查和竣工验收。

(1) 验线　建设单位应当按照建设工程规划许可证的要求放线，并经城市规划行政主管部门验线后方可施工。

(2) 现场检查　即城市规划管理工作人员依其职责深入有关单位和施工现场，核查建设工程的位置、施工等情况是否符合规划设计条件。

(3) 竣工验收　竣工验收是基本建设程序的最后一个阶段。竣工验收通常由城市建设行政主管部门委托符合资质条件的建筑工程质量监督单位进行，规划部门参加竣工验收，对建设工程是否符合规划设计条件的要求进行最后把关，以保证城市规划区内各项建设符合城市规划。县级以上地方人民政府城乡规划主管部门按照国务院规定对建设工程是否符合规划条件予以核实。未经核实或者经核实不符合规划条件的，建设单位不得组织竣工验收。城市规划区内的建设工程竣工验收后，建设单位应当在6个月内将竣工资料报送城市规划行政主管部门。

3.3.4　乡村建设规划许可证

在乡、村庄规划区内进行乡镇企业、乡村公共设施和公益事业建设的，建设单位或者个人应当向乡、镇人民政府提出申请，由乡、镇人民政府报城市、县人民政府城乡规划主管部门核发乡村建设规划许可证。

在乡、村庄规划区内使用原有宅基地进行农村村民住宅建设的规划管理办法，由省、自治区、直辖市制定。

在乡、村庄规划区内进行乡镇企业、乡村公共设施和公益事业建设以及农村村民住宅建设，不得占用农用地；确需占用农用地的，应当依照《中华人民共和国土地管理法》（简称《土地管理法》）有关规定办理农用地转用审批手续后，由城市、县人民政府城乡规划主管部门核发乡村建设规划许可证。

建设单位或者个人在取得乡村建设规划许可证后，方可办理用地审批手续。

3.3.5　变更规划条件程序

变更规划条件应当遵循以下程序：

1) 建设单位必须先向城市、县人民政府城乡规划主管部门提出变更规划条件的申请，说明变更规划条件的理由、目的、依据及内容。

2) 有关城乡规划主管部门应当对建设单位的变更规划条件的申请予以审核，看其是否符合控制性详细规划。

3) 对不符合控制性详细规划的，不予批准；对符合控制性详细规划的，有关城乡规划主管部门应当依法批准其变更申请，并及时将依法变更后的规划条件通报同级土地主管部门并公示，建设单位也应当及时将依法变更后的规划条件报有关人民政府土地主管部门备案。

4) 土地主管部门应当依据变更后的规划条件与建设单位重新签订国有土地使用权出让合同，对非经营性用地改变为经营性用地的，应当依法办理招标、拍卖、挂牌等出让手续，需要补交土地使用权出让金差额的，应当按规定予以补交。

经依法审定的修建性详细规划、建设工程设计方案的总平面图不得随意修改；确需修改的，城乡规划主管部门应当采取听证会等形式，听取利害关系人的意见；因修改使利害关系人合法权益造成损失的，应当依法给予补偿。

3.3.6 临时建设许可

在城市、镇规划区内进行临时建设的,应当经城市、县人民政府城乡规划主管部门批准。临时建设影响近期建设规划或者控制性详细规划的实施以及交通、市容、安全等的,不得批准。

临时建设应当在批准的使用期限内自行拆除。

临时建设和临时用地规划管理的具体办法,由省、自治区、直辖市人民政府制定。

3.4 监督检查

县级以上人民政府城乡规划主管部门对城乡规划的实施情况进行监督检查,有权采取以下措施:

1)要求有关单位和人员提供与监督事项有关的文件、资料,并进行复制。

2)要求有关单位和人员就监督事项涉及的问题做出解释和说明,并根据需要进入现场进行勘测。

3)责令有关单位和人员停止违反有关城乡规划的法律、法规的行为。

城乡规划主管部门的工作人员履行上述规定的监督检查职责,应当出示执法证件。被监督检查的单位和人员应当予以配合,不得妨碍和阻挠依法进行的监督检查活动。

监督检查情况和处理结果应当依法公开,供公众查阅和监督。

城乡规划主管部门在查处违反《城乡规划法》规定的行为时,发现国家机关工作人员依法应当给予行政处分的,应当向其任免机关或者监察机关提出处分建议。

3.5 违反规划许可建设的法律责任

1)未取得建设工程规划许可证或者未按照建设工程规划许可证的规定进行建设的,由县级以上地方人民政府城乡规划主管部门责令停止建设;尚可采取改正措施消除对规划实施的影响的,限期改正,处建设工程造价5%以上10%以下的罚款;无法采取改正措施消除影响的,限期拆除,不能拆除的,没收实物或者违法收入,可以并处建设工程造价10%以下的罚款。

对于未取得建设工程规划许可证或者未按照建设工程规划许可证的规定进行建设的建设单位或个人,根据违法情节,分别予以责令停止建设、限期改正、限期拆除、没收实物、没收违法所得、罚款等行政处罚。对于违章建筑必须责令限期拆除,使其恢复为违法行为前的状态。

2)在乡、村庄规划区内未依法取得乡村建设规划许可证或者未按照乡村建设规划许可证的规定进行建设的,由乡、镇人民政府责令停止建设、限期改正;逾期不改正的,可以拆除。

3)建设单位或者个人有下列行为之一的,由所在地城市、县人民政府城乡规划主管部门责令限期拆除,可以并处临时建设工程造价一倍以下的罚款:①未经批准进行临时建设的;②未按照批准内容进行临时建设的;③临时建筑物、构筑物超过批准期限不拆除的。

4)不按规定报送竣工验收资料的法律责任。建设单位未在建设工程竣工验收后6个月内向城乡规划主管部门报送有关竣工验收资料的,由所在地城市、县人民政府城乡规划主管部门责令限期补报；逾期不补报的，处1万元以上5万元以下的罚款。

5）对违法建设的强制措施。城乡规划主管部门做出责令停止建设或者限期拆除的决定后，当事人不停止建设或者逾期不拆除的，建设工程所在地县级以上地方人民政府可以责成有关部门采取查封施工现场、强制拆除等措施。

6）刑事责任。违反《城乡规划法》规定，构成犯罪的，依法追究刑事责任。

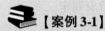【案例3-1】

S建筑公司五处（承包人）中标后，承接了B研究所（发包人）4800m²住宅工程。合同签订后，承包人按发包人提供的施工平面位置（规划部门批准位置）放线后，发现拟建工程北端应拆除的临时建筑（花房）因未拆除影响正常施工。发包人代表察看现场后便做出将总平面位置进行修改的决定，通知承包人将平面位置向南平移2m后开工。当承包人按平移后的工程位置完成基槽开挖时，规划监督工作人员进现场检查发现了问题，要求立即停工，向发包人开具5万元罚款单，并要求工程原批准的位置不得变动。

承包人接到发包人仍按原平面位置施工的书面通知后提出以下索赔：

B研究所基建处：

接到贵方仍按原平面位置进行施工的通知后，我方将立即组织实施，但因平移2m使原已挖好的所有横墙基槽作废，需要用土夯填并重新开挖新基槽。所发生的此类费用及停工损失应由贵方承担：

（1）所有横墙基槽回填夯实，费用3.5万元。

（2）重新开挖新的横墙基槽，费用6.3万元。

（3）86人停工20天，损失费2.52万元。

（4）租赁机械工具，费用1.88万元。

（5）其他应由发包人承担的费用0.8万元。

以上（1）~（5）项合计15万元。

（6）顺延工期20天。

发包人审核后批准了承包人的索赔。

【问题】

本案违反《城乡规划法》的行为有哪些？

【分析】

此案是法制观念淡薄在工程发包人方面的体现。发包人如按报批的平面位置提前拆除花房，创造施工条件；或按保留花房方案上报规划争取批准，都能避免15万元的损失。

本案的违法现象有：批准施工图后又修改设计；擅自增加层数；擅自改变使用性质；擅自改变平面布局等。

【案例3-2】

某市新建一处占地80hm²的公园，现已初具规模，市园林行政主管部门为加强该园管理工作，拟在公园总体规划已确定的管理用房位置，向市规划行政主管部门提出审查，要求兴建一栋三层办公管理用房。经市规划行政主管部门研究同意该项申请，并核发建筑工程规划许可证。该工程建设期间，市规划行政主管部门执法人员到现场监督检查时，发现该项工程正在加砌第四层墙体（原设计为三层），与此同时，还发现该工程擅自增建了一层地下室，并且还在该楼的每个房间内增设了一个卫生间，为此执法人员当即找到该工程的主管负责人和单位法人，在核对、查清事实后，发出了停工通知书，责令该工程立即停工，听候处理。

【问题】

本案中有哪些违法现象？市规划行政主管部门应该如何处理？

【分析】

市规划行政主管部门认为该工程存在以下违法行为：

(1) 擅自改变建筑工程规划许可证内容（擅自改变标准、设计图）。

(2) 自行增加层数（扩大面积）。

(3) 擅自增加卫生间，改变建筑使用性质。

(4) 已构成违法建设。

处理如下：

(1) 拆除第四层墙体和增设的卫生间。

(2) 对地下室依法罚款后补办审批手续。

(3) 对工程主要负责人建议给予行政处分。

【案例3-3】

某区政府大力开展旧城改造工作，建设单位对城市中心旧城危房地段拆迁后，进行住宅建设，该地块用地面积22700 m^2，用地改造为住宅，总建设规模为58000 m^2，建设高度控制不超过18 m。区政府主要领导根据地区发展需要，决定将沿街的建设性质调整为高层商业及办公楼，另外，整个项目的总建筑规模调整为87000 m^2。区土地部门与建设单位签订了国有土地使用合同，土地用途为住宅。区规划局经请求区领导同意，为该项目核发了建设工程规划许可证。在该地块两栋住宅已封顶、商业及办公楼已建设到地下一层部分时，市规划巡查执法部门在检查中发现了该项目的有关建设情况，责令建设单位立即停工，听候处理。

【问题】

1. 该项目为什么受到查处？
2. 市规划部门对此应如何处理？

【分析】

(1) 区规划局与区土地部门未按法定程序履行相关职责，存在违反程序审批的问题：

1) 没按该地块的规划条件进行建设，规划条件应作为合同的一部分。

2) 规划条件不能随意改变。确需变更的，须向城市人民政府的规划管理部门申请，变更不符合控制性详细规划的，不得批准。

3) 没有领取建设用地规划许可证。

(2) 对当事人的处理：

1) 对区政府相关负责人依法给予处分。

2) 核销其建设工程规划许可证。

3) 对直接责任人依法给予行政处分，追究法律责任。

(3) 对建设项目的处理：

1) 责令立即停止建设，对已封顶的两栋住宅，没收或处罚款。
2) 高层商业办公楼（只建地下室），责令拆除。
3) 行政违法，给建设单位造成的经济损失应予以赔偿。

【案例3-4】

海南××公司原企业用地因市政府修建二环路被征用。1994年3月26日，市规划局做出《关于补偿××公司用地的预选址意见》报市政府批准。根据规划局预选址意见，市政府批文同意在二环路旁安排2000 m^2 土地作为其今后建厂用地，四至与预选址意见相同。1994年5月16日市规划局批文，正式同意选址，性质为商业用地，有效期为3个月。在此期间，××公司采取边报建边施工的方式进行建设。同时，××公司携带市政府有关文件多次申办用地和规划手续，市规划局领导认为××公司建厂占用河道，加之领导意见不一致，一直未批准该企业的建设用地规划许可证和建设工程规划许可证。××公司于1995年建成一栋住宅楼和一栋门房，两栋建筑面积合计为1163 m^2。1996年4月25日，市土地局为该企业颁发了土地使用权证，占地面积为2000 m^2，性质为工业用地。1999年6月7日市规划局做出拆除两栋违章建筑的行政处罚书，××公司不服，向法院提起诉讼。

【问题】

此案应如何处理？

【分析】

城乡规划区内，未取得建设工程规划许可证建设的，严重影响城市规划，由县级以上的城乡规划主管部门责令停止建设，限期拆除或没收违法建筑物。

【案例3-5】

某市一房地产开发公司经市规划局批准，在该市建设一栋公寓大厦。该大厦规划批准的层数为18层，建设规模为2万 m^2。在建设过程中，该房地产公司自主加层，将18层增加至22层，建筑面积增加约为4500 m^2。公寓大厦层数增加以后，影响了周边建筑的采光和通风，周边的居民认为该公寓大厦违章加层，影响了他们的正常生活，侵犯了他们的合法权益，多次与房地产开发商交涉，但双方未能达成一致。于是，周边的居民向法院提起诉讼。

法院受理该案件后，对公寓大厦进行实地调查，调查发现该公寓大厦存在擅自加层、房屋周边间距不符合《城乡规划法》等法律、法规的有关规定等问题，认定该大厦已违章，并依法对房地产开发公司处以一定的罚款。

【问题】

房地产开发商违法行为有哪些？如何处罚？

【分析】

依据《城乡规划法》及相关法规，本案件中房地产开发商违法行为表现在以下几个方面：

（1）房地产开发商未按照规划条件进行建设。

在城市、镇规划区内进行建筑物、构筑物等工程建设时，建设单位或个人必须依照程序向城乡规划主管部门申请办理建筑工程规划许可证。在申请办理建设工程规划许可证时，建设单位或个人应提交建设工程设计方案、建设用地规划许可证等文件。经过审批机关审查，对符合规划要求的建设项目核发建设工程规划许可证。建设单位应按批准的规划条件进行建设。该项目报规划局批准时，房屋的层数为 18 层，建设规模为 2 万 m^2。在建设过程中，房地产开发商未按照规划局审批的工程图进行建设，擅自将房屋的层数由 18 层增加至 22 层，存在违法增层的现象。

(?) 建设项目发生变更，房地产开发商未按照合法程序进行报审。

按照规划审批程序的规定，已取得审定设计方案通知书的建设单位或者个人，出于自身的原因，再次申报设计方案要求改变建筑高度、建筑密度、建筑布局等事项时，应持函件（详细说明改变的具体理由）和有关设计图报城乡规划主管部门。城市、县人民政府城乡规划主管部门应根据控制性详细规划对变更内容进行审核，对不符合规划条件的，城乡规划主管部门不得批准。城市、县人民政府城乡规划主管部门应当及时将依法变更后的规划条件通报同级土地主管部门并公示。建设单位需将依法变更后的规划条件报有关人民政府土地主管部门备案。本案件中房屋加层、增加建筑面积是房地产开发商的自主行为，未按法定程序报城乡规划主管部门审核，属于违法行为。

《城乡规划法》第六十四条规定："未取得建设工程规划许可证或者未按照建设工程规划许可证的规定进行建设的，由县级以上地方人民政府城乡规划主管部门责令停止建设；尚可采取改正措施消除对规划实施的影响的，限期改正，处建设工程造价5%以上10%以下的罚款；无法采取改正措施消除影响的，限期拆除，不能拆除的，没收实物或者违法收入，可以并处建设工程造价10%以下的罚款。"据此规定，法院对房地产开发商擅自修改设计，增加建筑面积的违法行为，处以一定处罚。

本章习题

一、单选题

1．以出让方式取得国有土地使用权的建设项目，建设单位应当持建设项目的批准、核准、备案文件和国有土地使用权出让合同，向建设项目所在城市、县人民政府（　　）领取建设用地规划许可证。

A．土地主管部门　　　　　　　　B．建设行政主管部门
C．城乡规划主管部门　　　　　　D．授权的镇人民政府

2．（　　）未纳入国有土地使用权出让合同时，该国有土地使用权出让合同无效。

A．土地所有权　　B．规划条件　　C．土地使用权　　D．规划要点

3．建设单位应当在竣工验收后（　　）个月内向城乡规划主管部门报送有关竣工验收资料。

A．3　　　　　　B．5　　　　　　C．6　　　　　　D．8

4．市、县人民政府城乡规划主管部门和镇人民政府可以组织编制重要地块的修建性详细规划。修建性详细规划应当符合（　　）。

A．城市、镇总体规划　　　　　　B．控制性详细规划
C．近期建设规划　　　　　　　　D．分区规划

5. 建设工程符合城市规划要求的法律凭证是( )。
   A. 选址意见书   B. 建设用地规划许可证
   C. 建筑施工许可证   D. 建设工程规划许可证
6. 国家规定需要有关部门批准或者核准的建设项目，以划拨方式提供国有土地使用权的，建设单位在报送有关部门批准或者核准前，应当向城乡规划主管部门申请核发( )。
   A. 选址意见书   B. 建设用地规划许可证
   C. 建设工程规划许可证 D. 规划条件通知书
7. 临时建设应当在批准的使用期限内( )。
   A. 强制拆除   B. 自行拆除   C. 没收   D. 转让
8. 城乡规划主管部门做出责令停止建设或者限期拆除的决定后，当事人不停止建设或者逾期不拆除的，建设工程所在地县级以上地方人民政府可以责成有关部门采取( )等措施。
   A. 罚款   B. 查封施工现场、强制拆除
   C. 申请人民法院强制执行 D. 没收违法建筑物
9. 城市地下空间的开发和利用，应当符合城市规划，履行规划( )手续。
   A. 申请   B. 报建   C. 审批   D. 批准
10. 在临时用地上建永久性建筑物、构筑物和其他设施，按《城乡规划法》的规定应当( )。
    A. 允许   B. 禁止   C. 可以   D. 视具体情况而定
11. 下列不属于违法建设行为的是( )。
    A. 经规划主管部门批准的临时建设工程
    B. 因建设单位需要而对建设工程规划许可证规定的设计图做局部修改的建设工程
    C. 建设单位未按照批准内容进行的临时建设工程
    D. 超过规定期限拒不拆除的临时建设工程

二、简答题

1. 我国城乡规划分为哪几类？
2. 哪些建设项目必须申请领取选址意见书？
3. 何谓建设用地规划许可证？其核发程序是如何规定的？
4. 何谓建设工程规划许可证？其核发程序是如何规定的？

第 4 章　建设工程施工法律制度

我国《建筑法》于 1997 年 11 月 1 日由第八届全国人民代表大会常务委员会第二十八次会议通过，1997 年 11 月 1 日发布，自 1998 年 3 月 1 日起施行。现行的《建筑法》是根据 2019 年 4 月 23 日第十三届全国人民代表大会常务委员会第十次会议《关于修改〈中华人民共和国建筑法〉等八部法律的决定》第二次修正的。《建筑法》的立法目的在于加强对建筑活动的监督管理，维护建筑市场秩序，保证建筑工程的质量和安全，促进建筑业健康发展。《建筑法》分别从建筑许可、建筑工程发包与承包、建筑工程监理、建筑安全生产管理、建筑工程质量管理等方面做出了规定。

根据《建筑法》制定的《建设工程安全生产管理条例》《建设工程质量管理条例》分别对安全和质量做出了更详细的规定（本书其他章节专门介绍），这里仅就建筑许可、建筑工程发包与承包、建筑工程监理的内容进行阐述。

4.1　建设工程施工许可制度

建筑工程开工前，建设单位应当按照国家有关规定向工程所在地县级以上人民政府建设行政主管部门申请领取施工许可证。

4.1.1　申请施工许可证的条件

申请领取施工许可证，应当具备下列条件：
1) 已经办理该建筑工程用地批准手续。
2) 依法应当办理建设工程规划许可证的，已经取得建设工程规划许可证。
3) 需要拆迁的，其拆迁进度符合施工要求。
4) 已经确定建筑施工企业。
5) 有满足施工需要的资金安排、施工图及技术资料。
6) 有保证工程质量和安全的具体措施。

2021 年 3 月 30 日住房和城乡建设部发布《关于修改〈建筑工程施工许可管理办法〉的决定》，自发布之日起施行。

建设单位申请领取施工许可证，应当具备下列条件，并提交相应的证明文件：
1) 依法应当办理用地批准手续的，已经办理该建筑工程用地批准手续。

2）依法应当办理建设工程规划许可证的，已经取得建设工程规划许可证。

3）施工场地已经基本具备施工条件，需要征收房屋的，其进度符合施工要求。

4）已经确定施工企业。按照规定应当招标的工程没有招标，应当公开招标的工程没有公开招标或者肢解发包工程，以及将工程发包给不具备相应资质条件的企业的，所确定的施工企业无效。

5）有满足施工需要的资金安排、施工图及技术资料，建设单位应当提供建设资金已经落实承诺书。施工图设计文件已按规定审查合格。

6）有保证工程质量和安全的具体措施。施工企业编制的施工组织设计中有根据建筑工程特点制定的相应质量、安全技术措施。建立工程质量安全责任制并落实到人。专业性较强的工程项目编制了专项质量、安全施工组织设计，并按照规定办理了工程质量、安全监督手续。

建设行政主管部门应当自收到申请之日起七日内，对符合条件的申请颁发施工许可证。

【例题1】 下列关于申请领取施工许可证的说法，正确的有（   ）。
A. 应当委托监理的工程已委托监理后才能申请领取施工许可证
B. 领取施工许可证是确定建筑施工企业的前提条件
C. 需要征收房屋的，征收完毕
D. 建设单位应当提供建设资金已经落实承诺书
E. 在城市、镇规划区的建筑工程，需要同时取得建设用地规划许可证和建设工程规划许可证后，才能申请办理施工许可

【答案】 DE

【例题2】 建设单位办理工程项目质量监督手续应在（   ）。
A. 领取建设工程规划许可证之前　　　　B. 领取建设用地规划许可证之前
C. 中标通知书发出后签订施工合同之前　D. 领取施工许可证之前

【答案】 D

4.1.2 未取得施工许可证擅自开工的后果

《建筑法》规定："违反本法规定，未取得施工许可证或者开工报告未经批准擅自施工的，责令改正，对不符合开工条件的责令停止施工，可以处以罚款。"

《建筑工程施工许可管理办法》规定，对于未取得施工许可证或者为规避办理施工许可证将工程项目分解后擅自施工的，由有管辖权的发证机关责令停止施工，限期改正，对建设单位处工程合同价款1%以上2%以下罚款；对施工单位处3万元以下罚款。

4.1.3 不需要申请施工许可证的工程类型

1）国务院建设行政主管部门确定的限额以下的小型工程，工程投资额在30万元以下或者建筑面积在300m² 以下的建筑工程。

2）作为文物保护的建筑工程。

3）抢险救灾工程。

4）临时性建筑。

5）军用房屋建筑。

6）按照国务院规定的权限和程序批准开工报告的建筑工程。

此类工程开工的前提是已经有经批准的开工报告，而不是施工许可证，因此，此类工程是不需要申请施工许可证的。

4.1.4 施工许可证的管理

1. 施工许可证废止的条件

建设单位应当自领取施工许可证之日起3个月内开工。因故不能按期开工的，应当向发证机关申请延期；延期以两次为限，每次不超过3个月。既不开工又不申请延期或者超过延期时限的，施工许可证自行废止。

2. 重新核验施工许可证的条件

在建的建筑工程因故中止施工的，建设单位应当自中止施工之日起1个月内，向发证机关报告，并按照规定做好建筑工程的维护管理工作。

建筑工程恢复施工时，应当向发证机关报告；中止施工满1年的工程恢复施工前，建设单位应当报发证机关核验施工许可证。

3. 重新办理开工报告的条件

按照国务院有关规定批准开工报告的建筑工程，因故不能按期开工或者中止施工的，应当及时向批准机关报告情况。因故不能按期开工超过6个月的，应当重新办理开工报告的批准手续。

【例题3】 某建设单位于2014年2月1日领取施工许可证，由于某种原因工程未能按期开工，该建设单位按照《建筑法》规定向发证机关申请延期，该工程最迟应当在（　　）开工。

A. 2014年3月1日　　　　　　B. 2014年5月1日
C. 2014年8月1日　　　　　　D. 2014年11月1日
【答案】 D

4.2 建设工程发包承包制度

4.2.1 建设工程发包制度

1. 建设工程的发包方式

建设工程的发包方式主要有招标发包和直接发包。建设工程实行招标发包的，发包单位应当将建设工程发包给依法中标的承包单位。建设工程实行直接发包的，发包单位应当将建设工程发包给具有相应资质条件的承包单位。

2. 提倡实行工程总承包

建设工程的总承包方式按承包内容的不同，分为施工（或勘察、设计）总承包和工程总承包。其中，施工（或勘察、设计）总承包是我国常见且较为传统的工程承包方式。

工程总承包的具体方式、工作内容和责任等，由发包单位（业主）与工程总承包企业在合同中约定。我国目前提倡的工程总承包主要有如下方式：

（1）设计采购施工 EPC/交钥匙总承包 设计采购施工 EPC/交钥匙总承包是指工程总承包企业按照合同约定，承担工程项目的设计、采购、施工、试运行服务等工作，并对承包工程的质量、安全、工期、造价全面负责。

（2）设计-施工总承包（D-B） 设计-施工总承包是指工程总承包企业按照合同约定，承担工程项目设计和施工，并对承包工程的质量、安全、工期、造价全面负责。

根据工程项目的不同规模、类型和业主要求，工程总承包还可采用设计-采购总承包（E-P）、采购-施工总承包（P-C）等方式。

3. 禁止肢解发包

肢解发包指的是建设单位将应当由一个承包单位完成的建设工程分解成若干部分发包给不同的承包单位的行为。

肢解发包的弊端在于：

（1）肢解发包可能导致发包人变相规避招标 发包人可能会将大的工程项目肢解成若干小的工程项目，使得每一个小的工程项目都不满足关于招标规模和标准的规定，从而达到了变相规避招标的效果。

（2）肢解发包会不利于投资和进度目标的控制 肢解发包意味着本来应该由一家承包商完成的项目，现在由两家或者两家以上的承包商完成了。这些弊端的结果就是不利于投资和进度目标的控制。

（3）肢解发包也会增加发包的成本和发包人管理的成本 肢解发包必然会使得发包的次数增加，这就必然会导致发包的费用增加。合同数增加，这就必然会导致发包人在管理上会增加难度，进一步导致发包人在合同管理上会增加成本。

4.2.2 建设工程承包制度

1. 资质管理

承包建设工程的单位应当持有依法取得的资质证书，并在其资质等级许可的业务范围内承揽工程。禁止建筑施工企业超越本企业资质等级许可的业务范围或者以任何形式用其他建筑施工企业的名义承揽工程。禁止建筑施工企业以任何形式允许其他单位或者个人使用本企业的资质证书、营业执照，以本企业的名义承揽工程。

2. 联合承包

大型建设工程或者结构复杂的建设工程，可以由两个以上的承包单位联合共同承包。

（1）联合体中各成员单位的责任承担 分为内部责任和外部责任。

1）内部责任。组成联合体的成员单位投标之前必须要签订共同投标协议，明确约定各方拟承担的工作和责任，并将共同投标协议连同投标文件一并提交招标人。联合体投标未附联合体各方共同投标协议的，由评标委员会初审后按废标处理。

2）外部责任。共同承包的各方对承包合同的履行承担连带责任。负有连带义务的每个债务人，都负有清偿全部债务的义务，履行了义务的人，有权要求其他负有连带义务的人偿付他应当承担的份额。

（2）联合体资质的认定　两个以上不同资质等级的单位实行联合共同承包的，应当按照资质等级较低的单位的业务许可范围承揽工程。

3. 转包

转包指的是承包单位承包建设工程后，不履行合同约定的责任和义务，将其承包的全部建设工程转给他人或者将其承包的全部建设工程肢解以后以分包的名义分别转给其他单位承包的行为。

禁止承包单位将其承包的全部建设工程转包给他人，禁止承包单位将其承包的全部建设工程肢解以后以分包的名义分别转包给他人。

4. 法律责任

（1）超越资质承揽工程的法律责任　发包单位将工程发包给不具有相应资质条件的承包单位的，或者违反本法规定将建筑工程肢解发包的，责令改正，处以罚款。

超越本单位资质等级承揽工程的，责令停止违法行为，处以罚款，可以责令停业整顿，降低资质等级；情节严重的，吊销资质证书；有违法所得的，予以没收。

未取得资质证书承揽工程的，予以取缔，并处罚款；有违法所得的，予以没收。

以欺骗手段取得资质证书的，吊销资质证书，处以罚款；构成犯罪的，依法追究刑事责任。

（2）转让、出借资质证书的法律责任　建筑施工企业转让、出借资质证书或者以其他方式允许他人以本企业的名义承揽工程的，责令改正，没收违法所得，并处罚款，可以责令停业整顿，降低资质等级；情节严重的，吊销资质证书。对因该项承揽工程不符合规定的质量标准造成的损失，建筑施工企业与使用本企业名义的单位或者个人承担连带赔偿责任。

（3）发承包中行贿、受贿的法律责任　在工程发包与承包中索贿、受贿、行贿，构成犯罪的，依法追究刑事责任；不构成犯罪的，分别处以罚款，没收贿赂的财物，对直接负责的主管人员和其他直接责任人员给予处分。

对在工程承包中行贿的承包单位，除依照前款规定处罚外，可以责令停业整顿，降低资质等级或者吊销资质证书。

4.2.3　建设工程分包制度

1. 分包的含义

分包是指总承包单位将其所承包的工程中的专业工程或者劳务作业发包给其他承包单位完成的活动。

分包分为专业工程分包和劳务作业分包。

专业工程分包是指总承包单位将其所承包工程中的专业工程发包给具有相应资质的其他承包单位完成的活动。

劳务作业分包是指施工总承包企业或者专业承包企业将其承包工程中的劳务作业发包给劳务分包企业完成的活动。

专业工程分包工程承包人必须自行完成所承包的工程。劳务作业分包由劳务作业发包人与劳务作业承包人通过劳务合同约定。劳务作业承包人必须自行完成所承包的任务。

专业承包序列设 36 个类别，分别是地基基础工程、起重设备安装工程、预拌混凝土、电子与智能化工程、消防设施工程、防水防腐保温工程、桥梁工程、隧道工程、钢结构工程、模板脚手架、建筑装修装饰工程、建筑机电安装工程、建筑幕墙工程、古建筑工程、城市及道路照明工程、公路路面工程等 36 个专业承包。一般分为三个等级（一级、二级、三级）。

施工劳务序列不分类别和等级。

取得施工劳务资质的企业可承担各类施工劳务作业，在劳务作业分包中，分包商仅提供劳务，而材料、机具及技术管理等工作仍由承包人负责。

2. 专业工程分包与劳务分包的区别

1）专业工程分包人是取得总承包人工程中的一部分非主体工程中分部分项的工程，计取的是工程款，其表现形式主要体现包工包料；劳务作业分包人是取得工程中的劳务，提供劳动力，计取的是人工费，其表现形式主要为包工不包料。

2）专业工程分包人以自己的劳动力、设备、原材料、管理等独立完成分包工程。劳务作业分包人只提供劳务即劳动力，劳务要和承包人的机具设备、原材料结合，并由承包人提供技术和管理，共同完成建设工程。

3）总承包人进行专业工程分包，需要经过建设单位的同意；总承包人进行劳务作业分包不需要建设单位同意；专业承（分）包人进行劳务作业分包，无须经过建设单位或总承包人的同意。专业工程承（分）包人不能再次进行专业分包，但可以将劳务作业分包，劳务作业分包人不得将该合同项下的劳务作业转包或再分包给他人。

4）专业工程分包人就专业分包工程对总发包人承担连带责任，劳务分包人就劳务分包作业对劳务作业发包人负责。

3. 对分包单位的认可

《建筑法》规定："除总承包合同中约定的分包外，必须经建设单位认可。"

4. 违法分包

《建筑法》明确规定，禁止总承包单位将工程分包给不具备相应资质条件的单位。也禁止分包单位将其承包的工程再分包。违法分包的情形界定为：

1）总承包单位将建设工程分包给不具备相应资质条件的单位的。

2）建设工程总承包合同中未有约定，又未经建设单位认可，承包单位将其承包的部分建设工程交由其他单位完成的。

3）施工总承包单位将建设工程主体结构的施工分包给其他单位的。

4）专业工程分包单位将其承包的建设工程再专业分包的，但专业工程分包单位再进行劳务分包是允许的。

【例题4】 下列关于工程再分包的说法，正确的是（　　）。
A. 专业工程分包单位可将其承包的专业工程再分包
B. 专业工程分包单位不得将其承包工程中的非劳务作业部分再分包
C. 劳务作业分包单位可以将其承包的劳务作业再分包
D. 专业工程分包单位可以将非主体、非关键性的工作再分包给他人
【答案】　B
【例题5】 下列关于施工企业总包分包的说法，正确的是（　　）。
A. 专业承包企业可以将所承接的专业工程再次分包给其他专业承包企业
B. 专业承包企业可以将所承接的劳务作业依法分包给劳务作业分包企业

C. 劳务作业分包企业只能承接施工总承包企业分包的劳务作业

D. 劳务作业分包企业可以承接施工总承包企业或专业承包企业或其他劳务作业分包企业分包的劳务作业

【答案】 B

【解析】 A 选项错，禁止专业工程分包单位将其承包的专业工程再分包。C、D 错，劳务作业分包企业可以承接施工总承包企业或专业承包企业分包的劳务作业。

5. 总承包单位与分包单位的连带责任

建筑工程总承包单位按照总承包合同的约定对建设单位负责；分包单位按照分包合同的约定对总承包单位负责。总承包单位和分包单位就分包工程对建设单位承担连带责任。

连带责任既可以依合同约定产生，也可以依法律规定产生。建设单位虽然和分包单位之间没有合同关系，但是当分包工程发生质量、安全、进度等方面问题给建设单位造成损失时，建设单位既可以根据总承包合同向总承包单位追究违约责任，也可以根据法律规定直接要求分包单位承担损害赔偿责任，分包单位不得拒绝。总承包单位和分包单位之间的责任划分，应当根据双方的合同约定或者各自过错大小确定；如一方向建设单位承担的责任超过其应承担份额的，有权向另一方追偿。

【例题6】 下列关于总承包单位与分包单位对建设工程承担质量责任的说法，正确的有( )。

A. 分包单位按照分包合同的约定对其分包工程的质量向总承包单位及建设单位负责

B. 分包单位对分包工程的质量负责，总承包单位未尽到相应监管义务的，承担相应的补充责任

C. 建设工程实行总承包的，总承包单位应当对全部建设工程质量负责

D. 当分包工程发生质量责任或者违约责任，建设单位可以向总承包单位或分包单位请求赔偿；总承包单位或分包单位赔偿后，有权就不属于自己责任的赔偿向另一方追偿

E. 当分包工程发生质量责任或者违约责任，建设单位应当向总承包单位请求赔偿，总承包单位赔偿后，有权要求分包单位赔偿

【答案】 CD

【解析】 A 选项错，分包单位按照分包合同的约定对其分包工程的质量向总承包单位负责，总承包单位与分包单位对分包工程的质量承担连带责任。B 选项错，应为"连带责任"。E 选项错，不合乎连带责任的特点。

【例题7】 总承包单位甲公司经建设单位同意，将幕墙工程分包给乙公司施工。后该分包工程出现了施工质量问题，建设单位要求乙公司赔偿。下列责任赔偿的说法中，能够成立的是( )。

A. 乙与建设单位无直接合同关系，建设单位应要求甲赔偿

B. 若甲已全部赔偿建设单位损失，则建设单位无权再向乙要求赔偿

C. 该质量问题是乙造成的，与甲无关

D. 对该质量问题乙与甲负有同等责任，乙仅承担赔偿的 50%

【答案】 B

> 【解析】 总承包单位依法将建设工程分包给其他单位的，分包单位应当按照分包合同的约定对其分包工程的质量向总承包单位负责，总承包单位与分包单位对分包工程的质量承担连带责任，所以 A 选项错误。
>
> 不论是总承包单位造成的还是分包单位造成的质量问题，总承包单位要按照总包合同向建设单位负总体质量责任，所以 C 选项错误；在总承包单位承担责任后，可以依据分包合同的约定，追究分包单位的质量责任。
>
> 当分包工程发生质量问题时，建设单位既可以向分包单位请求赔偿，也可以向总承包单位请求赔偿；负有连带义务的每个债务人，都负有清偿全部债务的义务，履行了义务的人，有权要求其他负有连带义务的人偿付他应当承担的份额。连带责任不是同等责任，所以 D 选项错误。

6. 法律责任

（1）转包或者违法分包的法律责任　承包单位将承包的工程转包的，或者违反本法规定进行分包的，责令改正，没收违法所得，并处罚款，可以责令停业整顿，降低资质等级；情节严重的，吊销资质证书。

（2）因转包或者违法分包影响工程质量的法律责任　承包单位有前款规定的违法行为的，对因转包工程或者违法分包的工程不符合规定的质量标准造成的损失，与接受转包或者分包的单位承担连带赔偿责任。

4.3 建设工程监理制度

4.3.1 建设工程监理概述

1. 建设工程监理的概念和性质

（1）建设工程监理的概念　建设工程监理是指由具有法定资质条件的工程监理单位，与建设单位签订监理合同，接受建设单位的委托，依据国家有关法律、法规及有关的技术标准、设计文件和其他建筑工程合同，对工程建设实施的专业化监督管理。

工程建设监理与政府工程质量监督都属于工程建设领域的监督管理活动，但是两者是不同的，它们在性质、执行者、任务、工作范围、工作依据、工作深度和广度、工作权限，以及工作方法和工作手段等多方面都存在着明显的差异。

1）性质的区别。工程建设监理是一种社会的、民间的行为，是发生在工程建设项目组织系统范围之内的平等经济主体之间的横向监督管理，是一种微观性质的、委托性的服务活动。而政府的工程质量监督则是一种行政行为，是工程建设项目组织系统各经济主体之外的监督管理主体对工程建设项目系统之内的各工程建设的主体进行的一种纵向的监督管理行为，是一种宏观性质的、强制性的政府监督行为。

2）执行者的区别。工程建设监理的实施者是社会化、专业化的工程建设监理单位及其监理工程师，而政府工程质量监督的执行者则是政府工程建设行政主管部门中的专业执行机构——工程质量监督机构。

3）工作性质的区别。工程建设监理是工程建设监理单位在接受项目业主的委托和授权之后，为项目业主提供的一种高智力工程技术服务工作，而政府工程质量监督则是政府的工程质量监督机构代表政府行使的对工程质量的监督职能。

4）工作范围的区别。工程建设监理的工作范围伸缩性较大，它因项目业主委托的范围大小而变化。如果是全过程、全方位的工程建设监理，则其工作范围远远大于政府工程质量监督的范围。此时，工程建设监理包括整个工程建设项目的目标规划、动态控制、组织协调、合同管理、信息管理等一系列活动。而政府工程质量监督则只限于施工阶段的工程质量监督，且工作范围变化较小，相对稳定。

(2) 建设工程监理的性质

1）服务性。监理人员利用自己的知识、技能和经验、信息以及必要的试验、监理人员利用自己的知识、技能和经验、信息以及必要的试验、检测手段，为建设单位提供管理服务。

2）科学性。科学性是由建设工程监理的基本目的决定的。

3）独立性。按照独立性要求，在委托监理的工程中，工程监理单位与承建单位不得有隶属关系和其他利害关系。

4）公正性。公正性是社会公认的职业道德准则，公正性是社会公认的职业道德准则，也是监理行业能够长期生存和发展的基本职业道德准则。

2. 建设工程监理当事人之间的法律关系

在工程建设监理过程中，监理当事人主要包括发包人、承包人和监理人三方。

(1) 监理人与发包人的法律关系　《民法典合同编》规定："建设工程实行监理的，发包人应当与监理人采用书面形式订立委托监理合同。发包人与监理人的权利和义务以及法律责任，应当依照本法委托合同以及其他有关法律、行政法规的规定。"工程建设监理合同是一种委托合同，因此，发包人与监理人是委托与被委托的关系。监理合同订立后，发包人把对工程建设项目的一部分管理权授予监理单位，委托其代为行使。发包人的授权委托是监理单位依法实施工程建设监理的直接依据，是工程建设实行监理制的本质要求。应该注意的是，这种授权委托关系不是代理关系，更不是雇佣与被雇佣的关系。委托关系与代理关系的区别主要在于，受托人以自己的名义为受托的行为，而代理人则以被代理人的名义为代理行为。监理单位是一种中介组织，是独立的民事主体，它在行使监理职能的时候以自己的名义进行。雇佣与被雇佣的关系不是平等的法律关系，表现在前者支配后者，后者的工作具有从属性。然而监理单位接受发包人的委托后，并非唯令是从。监理人中介组织的地位和委托法律关系的性质，决定了监理人在从事工程建设建立活动时，应当遵循守法、诚信、公正、科学的准则，应当凭借自己的专业技能，依照法律、行政法规及有关技术标准、设计文件和建筑工程承包合同，对施工单位进行监督。

(2) 监理人与承包人的法律关系　监理人与承包人之间则是监理与被监理的关系。两者之间虽然没有直接合同法律关系，但承包人要接受监理人的监督。因为，一方面，根据《合同法》的规定，发包人有权监督承包人的合同履行情况，承包人有义务接受发包人的监督。发包人通过监理合同授权监理人履行监理职责，监理人就取得了代替发包人监督承包人履行施工合同义务的权利，承包人则必须接受监理人的监督。在合同约定的监理与相关服务工作范围内，委托人对承包人的任何意见或要求应通知监理人，由监理人向承包人发出相应指令。另一方面，监理人是依法执业的机构，法律赋予了它对施工活动中的违法违规行为进行监督的权力和职责。换言之，监理人实施工程建设监理，其权力来源一是有关监理的法律规定，二是发包人的直接授权。

4.3.2 建设工程监理的依据和范围

1. 建设工程监理的依据

（1）有关法律、法规 《建筑法》《招标投标法》《民法典合同编》《建设工程质量管理条例》和《建设工程监理范围和规模标准规定》等。

（2）技术标准、技术规范 国家行政主管部门制定的建筑工程及其监理相关的技术标准和技术规范等。

（3）工程项目建设文件 工程项目建设文件包括有工程项目建设计划、建设规划、设计文件和设计图等。

（4）合同 建设工程合同和监理合同。

2. 建设工程强制监理的范围

必须实行监理的建设工程项目主要有：

1）国家重点建设工程。

2）大中型公用事业工程。大中型公用事业工程是指项目总投资额在3000万元以上的下列工程项目：①供水、供电、供气、供热等市政工程项目；②科技、教育、文化等项目；③体育、旅游、商业等项目；④卫生、社会福利等项目；⑤其他公用事业项目。

3）成片开发建设的住宅小区工程。成片开发建设的住宅小区工程，建筑面积在5万m^2以上的住宅建设工程必须实行监理；5万m^2以下的住宅建设工程，可以实行监理；对高层住宅及地基、结构复杂的多层住宅应当实行监理。

4）利用外国政府或者国际组织贷款、援助资金的工程。主要包括：①使用世界银行、亚洲开发银行等国际组织贷款资金的项目；②使用国外政府及其机构贷款资金的项目；③使用国际组织或者国外政府援助资金的项目。

5）国家规定必须实行监理的其他工程。包括项目总投资额在3000万元以上关系社会公共利益、公众安全的基础设施项目；学校、影剧院、体育场馆项目。

【例题8】 下列关于建设工程监理的说法，正确的是（　　）。
A. 我国的工程监理主要是对工程的施工结果进行监督
B. 监理单位与承包该工程的施工单位应为行政隶属关系
C. 建设单位有权决定是否委托工程监理单位进行监理
D. 建设单位须将工程委托给具有相应资质等级的监理单位
【答案】 D

4.3.3 建设工程监理合同

1. 建设工程监理合同概述

《建设工程监理合同（示范文本）》（GF—2012—0202）由协议书、通用条件、专用条件、附录A、附录B组成。

（1）协议书 协议书是一个总的协议，是纲领性的法律文件。其中明确了当事人双方确定的委托监理工程的概况（工程名称、地点、工程规模、总投资）；委托人向监理人支付报酬的期限和方式；合同签订时间、监理期限；完成时间；签约酬金。"合同"是一份标准的格式文件，经当事人双方在有限的空格内填写具体规定的内容并签字盖章后，即发生法律效力。

组成合同的文件及解释顺序如下：

1）协议书。

2）中标通知书（适用于招标工程）或委托书（适用于非招标工程）。

3）专用条件及附录。

4）通用条件。

5）投标文件（适用于招标工程）或监理与相关服务建议书（适用于非招标工程）。

双方签订的补充协议与其他文件发生矛盾或歧义时，属于同一类内容的文件，应以最新签署的为准。

（2）建设工程监理合同通用条件　建设工程监理合同通用条件是监理合同的通用文件，适用于各类建设工程项目监理。各个委托人、监理人都应遵守。

（3）建设工程监理合同的专用条件　由于通用条件适用于各种行业和专业项目的建设工程监理，其中的某些条款规定得比较笼统，需要在签订具体工程项目监理合同时，结合地域特点、专业特点和委托监理项目的工程特点，对标准条件中的某些条款进行补充、修正。

2.《建设工程监理合同（示范文本）》的主要内容

（1）监理的范围和工作内容　除专用条件另有约定外，监理工作内容包括：

1）编制监理规划并在第一次工地会议7天前报委托人。根据有关规定和监理工作需要，编制监理实施细则。

2）熟悉工程设计文件，并参加由委托人主持的图纸会审和设计交底会议。

3）参加由委托人主持的第一次工地会议；主持监理例会并根据工程需要主持或参加专题会议。

4）审查施工承包人提交的施工组织设计中的质量安全技术措施、专项施工方案与工程建设强制性标准的符合性。

5）检查施工承包人工程质量、安全生产管理制度及组织机构和人员资格。

6）检查施工承包人专职安全生产管理人员的配备情况。

7）审查施工承包人提交的施工进度计划，核查承包人对施工进度计划的调整。

8）检查施工承包人的实验室。

9）审核施工分包人资质条件。

10）查验施工承包人的施工测量放线成果。

11）审查工程开工条件，签发开工令。

12）审查施工承包人报送的工程材料、构配件、设备的质量证明资料，抽检进场的工程材料、构配件的质量。

13）审核施工承包人提交的工程款支付申请，签发或出具工程款支付证书，并报委托人审核、批准。

14）进行巡视、旁站和抽检，发现工程质量、施工安全生产存在隐患时，要求施工承包人整改并报委托人。

15）经委托人同意，签发工程暂停令和复工令。

16）审查施工承包人提交的采用新材料、新工艺、新技术、新设备的论证材料及相关验收标准。

17）验收隐蔽工程、分部分项工程。

18）审查施工承包人提交的工程变更申请，协调处理施工进度调整、费用索赔、合同争议等事项。

19）审查施工承包人提交的竣工验收申请，编写工程质量评估报告。

20）参加工程竣工验收，签署竣工验收意见。

21）审查施工承包人提交的竣工结算申请并报委托人。

22）编制、整理工程监理归档文件并报委托人。

（2）委托人的义务

1）告知。委托人应在委托人与承包人签订的合同中明确监理人、总监理工程师和授予项目监理机构的权限。如有变更，应及时以书面形式通知承包人。

2）提供资料。委托人应按照附录B约定，免费向监理人提供工程有关的资料。在监理合同履行过程中，委托人应及时向监理人提供最新的与工程有关的资料。

3）提供工作条件。委托人应为监理人完成与监理相关服务提供必要的条件。委托人应按照约定提供相应的人员、房屋、设备、设施，供监理人免费使用。

委托人应负责协调工程建设中所有外部关系，为监理人履行监理合同提供必要的外部条件。

4）委托人代表。委托人应授权一名熟悉工程情况的代表，负责与监理人联系。委托人应在双方签订监理合同后7天内，将委托人代表的姓名和职责书面告知监理人。当委托人更换委托人代表时，应提前7天书面通知监理人。

5）委托人意见或要求。在监理合同约定的监理和相关服务工作范围内，委托人对承包人的任何意见或要求应通知监理人，由监理人向承包人发出相应指令。

6）答复。委托人应在专用条件约定的时间内，对监理人以书面形式提交并要求做出决定的事宜，给予书面答复。逾期未答复的，视为委托人认可。

7）支付。委托人应按监理合同约定，向监理人支付酬金。监理人应在合同约定的每次应付款时间的7天前，向委托人提交支付申请书。支付申请书应当说明当期应付款总额，并列出当期应支付的款项及其金额。支付的酬金包括正常工作酬金、附加工作酬金、合理化建议奖励金额及费用。

（3）监理人的违约责任

1）因监理人违反本合同约定给委托人造成损失的，监理人应当赔偿委托人损失。赔偿金额的确定方法在专用条件中约定。监理人承担部分赔偿责任的，其承担赔偿金额由双方协商确定。

2）监理人向委托人的索赔不成立时，监理人应赔偿委托人由此发生的费用。

（4）委托人的违约责任

1）委托人违反本合同约定造成监理人损失的，委托人应予以赔偿。

2）委托人向监理人的索赔不成立时，应赔偿监理人由此引起的费用。

3）委托人未能按期支付酬金超过28天，应按专用条件约定支付逾期付款利息。

第 4 章 建设工程施工法律制度

【案例 4-1】

建筑公司甲与建筑公司乙组成一个联合体投标，他们在共同投标协议中约定，如果在施工的过程中出现质量问题而遭遇建设单位的索赔，各自承担索赔额的 50%。后来在施工的过程中由于建筑公司甲的施工技术问题导致发生了工程质量事故，并因此遭到了建设单位的索赔，索赔额是 10 万元。而建设单位却仅仅要求建筑公司乙赔付这笔索赔款。建筑公司乙拒绝了建设单位的请求，理由有两点：

（1）质量事故的出现由建筑公司甲的施工技术所导致，应该由建筑公司甲承担责任。
（2）共同投标协议中约定各自承担索赔额的 50%，即使不由建筑公司甲独自承担索赔，最起码建筑公司甲也应该承担 50%的比例，而不应该单独由自己拿这笔钱。

【问题】
建筑公司乙的理由成立吗？
【分析】
理由不成立。

依据《建筑法》，联合体中共同承包的各方对承包合同的履行承担连带责任。也就是说，建设单位可以要求建筑公司甲承担赔偿责任，也可以要求建筑公司乙承担赔偿责任。已经承担责任的一方，可以就超出自己应该承担的部分向对方追偿，但是却不可以拒绝向建设单位先行赔付。

【案例 4-2】

2018 年 4 月 22 日，某水泥厂与某建筑公司订立施工合同，双方约定：由某建筑公司承建水泥厂第一条生产线主厂房及烧成车间配套工程的土建项目；开工日期为 2018 年 5 月 15 日；建筑材料由水泥厂提供，建筑公司垫资 150 万元人民币，在合同订立起 15 日内汇入水泥厂账户；建筑公司付给水泥厂 10 万元保证金。

合同订立后，建筑公司于同年 5 月前后付给水泥厂 80 万元垫资款，比约定的垫资款少付 70 万元。同年 5 月建筑公司进场施工。从 5 月 24 日至 10 月 26 日建筑公司向水泥厂借款 173539 元。后因建筑公司未按约支付全部垫资款及工程质量存在问题，双方产生纠纷；建筑公司于同年 7 月停止施工。已完成的工程为窑头基础混凝土、烟囱、窑尾、增温塔等。

水泥厂于同年 11 月向人民法院起诉。一审法院在审理中委托建设工程质量安全监督站对已建工程进行鉴定。结论为：窑头基础混凝土和烟囱不合格，应予拆除。两项工程拆除费用为 152779 元；还查明，水泥厂与建筑公司订立合同和工程施工时，尚未取得建设用地规划许可证和建设工程规划许可证。

【问题】
发包人某水泥厂有哪些违法行为？
【分析】
《建筑法》正式确立了建筑工程施工许可制度。《建筑法》规定："建筑工程开工前，建设单位应按照国家有关规定向工程所在地县级以上人民政府建设行政主管部门申请领取施工许可证；但是，国务院建设行政主管部门确定的限额以下的小型工程除外。按照国务院的权限和程序批准开工报告的建筑工程，不再领取施工许可证。"因此，依法领取施工许可证是

65

工程建设项目必须遵守的强制性规定,也是工程建设行为合法的必要条件。如果违反了这一法律强制性规定,施工合同将是无效的。此外,根据《建筑法》的规定,取得施工许可证的前提是取得土地使用证、规划许可证。因此,工程建设项目施工必须"三证"齐全,即必须同时具备土地使用证、规划许可证、施工许可证。

本案中,由于发包人水泥厂没有依法取得建设用地规划许可证和建设工程规划许可证,属于违法建设,其签订的工程施工合同应属于无效合同。同时,尽管法律规定领取施工许可证是建设单位的责任,但施工单位不经审查而签订了合同,也要承担一定的过错责任。

【案例 4-3】

某工程项目,委托人分别与监理公司、施工单位签订了施工阶段的监理合同和施工合同。在监理合同中对于委托人和监理人的权利、义务和违约责任的某些规定如下:

(1) 监理人在监理工作中应维护委托人的利益。

(2) 施工期间的任何设计变更必须经过监理人审查、认可并发布变更指令,方为有效并付诸实施。

(3) 监理人应在委托人的授权范围内对委托的工程项目实施施工监理。

(4) 监理人发现工程设计中的错误或不符合建筑工程质量标准的要求时,有权要求设计人更改。

(5) 监理人仅对本工程的施工质量实施监督控制;进度控制和费用控制任务由委托人行使。

(6) 监理人有审核批准索赔权。

(7) 监理人对工程进度款支付有审核签认权;委托人有独立于监理人之外的自主支付权。

(8) 在合同责任期内,监理人未按合同要求的职责认真服务,或委托人违背对监理人的责任时,均应向对方承担赔偿责任。

(9) 委托人违约应承担违约责任,赔偿监理人相应的经济损失。

(10) 监理人有发布开工令、停工令、复工令等指令的权利。

【问题】

以上列举各条中有无不妥?请指出并说明理由。

【分析】

(1) 不妥,监理人应当在监理工作中公正地维护有关各方面的合法权益。

(2) 不妥。正确的应当是:设计变更审批权在委托人,任何设计变更须经监理人审查并报委托人审查、批准、同意后,再由监理人发布变更令,实施变更。

(3) 正确。

(4) 不妥。正确的应当是:监理人发现设计错误或不符合质量标准要求时,应报告委托人,要求设计单位改正并向委托人提供报告。

(5) 不妥。因为三大控制目标是相互联系、相互影响的。正确的应当是:监理人有实施工程项目质量、进度和费用三方面的监督控制权。

(6) 不妥。监理人仅有索赔审核权及建议权而无批准权。正确的应当是:监理人有审核索赔权，除非有专门约定外，索赔的批准、确认应通过委托人。

(7) 不妥。正确的应当是：在工程承包合同议定的工程价格范围内，监理人对工程进度款的支付有审核签认权；未经监理人签字确认，委托人不得支付工程款。

(8) 正确。

(9) 正确。

(10) 不妥。正确的应当是：监理人在征得委托人同意后，有权发布开工令、停工令、复工令等指令。

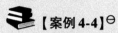
【案例 4-4】[⊖]

2002 年 3 月 18 日，被告建筑公司与某房地产开发公司签订工程承包协议一份，约定：房地产开发公司将其所开发的某项目工程发包给建筑公司承建。同年 5 月 10 日，建筑公司又与挂靠在公司名下从事建筑业的徐某协商，约定：建筑公司将其所承包的上述工程转包给徐某组织人员施工，工程的一切债权债务均由徐某负责等。同年 10 月，徐某又将上述工程的瓦工施工工程分包给原告顾某组织人员施工。2003 年 3 月，顾某完成了施工任务。2004 年 3 月 25 日，徐某与顾某结账，应支付顾某人工工资 6460.05 元。此后，顾某多次向徐某追要欠款未果，引起诉讼。

【问题】

此类纠纷应如何处理？

【分析】

本案是一起因建设工程转包后又分包而引起的拖欠劳务工资的诉讼。建筑公司与房地产开发公司订立的建筑工程施工合同符合有关法律的规定，建筑公司将其承接的工程转包给徐某施工的转包行为违反了法律规定，是无效的。徐某在施工期间又将瓦工工程分包给顾某，也违反了法律规定，鉴于徐某与顾某就完成的工程量已经进行了结算，其应当承担给付欠款的责任。建筑公司与徐某之间形成的挂靠关系，违反了法律的禁止性规定，其应当对徐某履行无效合同产生的法律后果承担连带责任。

建筑公司将其承包的工程转包给徐某显然违反了《建筑法》《合同法》及《建设工程质量管理条例》中关于违法转包的规定，虽然双方之间约定了工程的一切债务均由徐某自行承担，但该约定只在其双方之间发生法律效力，而不能对抗善意的第三人，建筑公司仍然要对其转包工程的违法行为承担给付欠款的法律责任。法院遂依照《民法通则》以及《建筑法》的有关规定，判决被告徐某向原告顾某给付工程款 6460.05 元，被告建筑公司承担连带责任。

2004 年 4 月 1 日起施行的《房屋建筑和市政基础设施工程施工分包管理办法》规定："分包工程发包人和分包工程承包人应当依法签订分包合同，并按照合同履行约定的义务。分包合同必须明确约定支付工程款和劳务工资的时间、结算方式以及保证按期支付的相应措施，确保工程款和劳务工资的支付"。因此，施工企业在施工承包、发包过程中一定要注意合法分包与转包，以免违反法律的强制性规定，并造成权益损失。

⊖ 本案例因涉及发生时效，其处理依据还沿用《合同法》等《民法典》实施（2021 年 1 月 1 日）前适用的法律法规。

本章习题

一、单选题

1. 下列关于建筑工程施工许可管理的说法,错误的是( )。
   A. 申请施工许可证是取得建设用地规划许可证的前置条件
   B. 保证工程质量和安全的施工措施须在申请施工许可证前编制完成
   C. 只有法律和行政法规才有权设定施工许可证的申领条件
   D. 消防设计审核不合格的,不予颁发施工许可证

2. 某写字楼项目于2019年3月1日领取了施工许可证,则该工程应在( )前开工。
   A. 2019年4月1日   B. 2019年6月1日
   C. 2019年9月1日   D. 2019年12月1日

3. 某医院欲新建一办公大楼,该办公大楼由某城建集团承包建造,则施工许可证应由( )申领。
   A. 医院   B. 城建集团   C. 城建集团分包商   D. 医院或城建集团

4. 某房地产开发公司在某市老城区拟开发的一住宅小区项目涉及拆迁,按照《建筑工程施工许可管理办法》的规定,房地产公司申请领取施工许可证前,应当( )。
   A. 拆迁工作必须全部完成   B. 拆迁补偿安置资金全部到位
   C. 拆迁工程量已完成50%   D. 拆迁进度已满足施工的要求

5. 根据施工许可管理的要求,建设项目因故停工,( )应当自中止施工之日起1个月内向发证机关报告。
   A. 项目部   B. 施工企业   C. 监理单位   D. 建设单位

6. 有关部门在对某建住宅小区工地的联合行政执法检查中发现,该工程虽符合开工条件,但尚未取得施工许可证。根据《建筑法》规定,应( )。
   A. 责令改正   B. 责令停止施工
   C. 对建设单位处以罚款   D. 降低施工单位资质等级

7. 某工程施工合同履行过程中,经建设单位同意,总承包单位将部分工程的施工交由分包单位完成。就分包工程的施工而言,下列说法正确的是( )。
   A. 应由分包单位与总承包单位对建设单位承担连带责任
   B. 应由总承包单位对建设单位承担责任
   C. 应由分包单位对建设单位承担责任
   D. 由建设单位自行承担责任

8. 某建筑公司承包某科技有限公司的办公楼扩建项目,根据《建筑法》有关建筑工程发承包的有关规定,该公司可以( )。
   A. 把工程转让给其他建筑公司
   B. 把工程分为土建工程和安装工程,分别转让给两家有相应资质的建筑公司
   C. 经某科技有限公司同意,把内墙抹灰工程发包给别的建筑公司

D. 经某科技有限公司同意，把主体结构工程发包给别的建筑公司

9. 根据《建筑法》，下列关于发承包的说法正确的是（　　）。

A. 业主有权决定是否肢解发包

B. 假如某施工企业不具备承揽工程相应的资质，它可以通过与其他单位组成联合体进行承包

C. 共同承包的各方对承包合同的履行承担连带责任

D. 建筑企业可以答应其他施工单位使用自己的资质证书、营业执照以向其收取管理费

10. 甲公司中标成为某市一栋18层公寓楼工程合法的施工总承包人。有关事件如下：

（1）总承包合同约定，可将水、暖、电安装工程分包，分包单位为具有相应资质的乙公司。

（2）总承包合同生效后，未经业主同意甲公司又将土石方工程分包给了一家具有相应资质的丙公司。

（3）后业主得知甲公司将土石方工程分包给丙公司，提出必须将土石方工程分包给资质等级更高的丁公司。

以上情形中符合我国《建筑法》规定的是（　　）。

A. （1）　　B. （3）　　C. （1）和（2）　　D. （1）和（3）

11. 下列关于工程分包的说法中，正确的是（　　）。

A. 工程施工分包是指承包人将中标工程项目分解后分别发包给具有相应资质的企业完成

B. 专业工程分包是指专业工程承包人将所承包的部分专业工程施工发包给具有相应资质的企业完成

C. 劳务作业分包是指施工总承包人或专业工程分包人将其承包工程中的劳务作业分包给劳务分包作业企业

D. 劳务作业分包企业可以将承包的部分劳务作业分包给同类企业

12. 甲公司承包了一栋高档写字楼的工程施工，经业主认可将其中的专业工程分包给了具有相应资质等级的乙公司，工程施工中，因乙分包的工程发生了质量事故给业主造成了10万元的损失而产生了赔偿责任。对此，正确的处理方式应当是（　　）。

A. 业主只能要求乙赔偿

B. 如果业主要求甲赔偿，甲能以乙是业主认可的分包商为由而拒绝

C. 甲不能拒绝业主的10万元赔偿要求，但赔偿后可按分包合同的约定向乙追偿

D. 乙可以拒绝甲的追偿要求

13. 根据《建设工程质量管理条例》，下列分包情形中，不属于违法分包的是（　　）。

A. 施工总承包合同中没有约定，承包单位又未经建设单位认可，就将其全部劳务作业交由劳务作业单位完成

B. 总承包单位将专业工程分包给不具备相应资质条件的单位

C. 施工总承包单位将工程主体结构的施工分包给其他单位

D. 分包单位将其承包的专业工程进行专业分包

二、多选题

1. 某建设单位 2009 年 9 月 1 日领取了施工许可证。由于特殊原因不能按期开工，故向发证机关申请延期。根据我国《建筑法》的规定，下列关于延期的说法中，不正确的是（　　）。

   A. 领取施工许可证后不能延期
   B. 可以延期，但只能延期一次
   C. 延期以两次为限，每次不超过两个月
   D. 既不开工又超过延期时限的，施工许可证自行废止
   E. 超过延期时限的，只要发证机关不提出，施工许可证继续有效

2. 某工程监理公司是施工项目的监理单位，其监理的依据包括（　　）。

   A. 该项目施工单位与建设单位签订的施工承包合同
   B. 《建设工程质量管理条例》
   C. 《建设工程安全生产管理条例》
   D. 该项目设计单位与建设单位签订的设计承包合同
   E. 工程建设标准强制性条文

3. 根据《建筑工程施工许可管理办法》的规定，下列选项中符合施工许可证法定批准条件的有（　　）。

   A. 在城市、镇规划区的建筑工程已取得规划许可证
   B. 需要征收用地范围内房屋的，其征收进度满足施工要求
   C. 有满足开工需要的施工图并通过审查
   D. 依法确定了施工企业和监理单位
   E. 建设资金已经落实

4. 下列情形中属于违法分包的有（　　）。

   A. 总承包单位将部分工程分包给了不具有相应资质的单位
   B. 未经建设单位认可，承包单位将部分工程交由他人完成
   C. 专业工程分包单位将其承包的工程再分包
   D. 未经建设单位的认可，施工总承包人将劳务作业任务分包给了具有相应资质的劳务作业分包企业
   E. 施工总承包人将承包工程的主体结构分包给了具有先进技术的其他单位

5. 根据《建设工程质量管理条例》，下列分包情形中，属于违法分包的有（　　）。

   A. 经建设单位同意，施工总承包单位将建设工程的土方工程分包给其他单位
   B. 总承包单位将建设工程分包给不具备相应资质条件的单位
   C. 未经建设单位许可，承包单位将其承包的部分建设工程交由其他单位完成
   D. 施工总承包单位将建设工程主体结构的施工分包给其他单位
   E. 专业工程分包单位将其承包的建设工程再分包

三、案例分析

1. 某大型商业中心工程项目业主与某一级施工企业和某甲级监理公司分别签订了工程施工合同和施工阶段监理合同，工程开工后发生以下事件：

工程的基础施工中，已经过监理人员检验合格的基础钢筋发生位移，在浇筑混凝土不久后，被监理方发现是由于施工设计图质量有问题，监理单位及时书面通知承包方立即停工处理和整改。整改完成后，经监理方重新检验确认合格后，指令复工，继续进行基础混凝土施工；由此造成的经济损失由承包方承担，工期拖延不予延长，监理方将此事故及处理情况向业主做了报告。而业主代表书面提出：出现质量事故，监理公司也应负一定责任，要求扣除1%的监理费作为罚金。

问题：请用相关知识分析上述事例。

2. A公司因建生产厂房与B公司签订了工程总承包合同。其后，经A公司同意，B公司将工程勘察设计任务和施工任务分别发包给C设计单位和D建筑公司，并各自签订了书面合同。合同约定由D根据C提供的设计图进行施工，工程竣工时依据国家有关规定及设计图进行质量验收。合同签订后，C按时交付设计图，D依照设计图进行施工。工程竣工后，A会同有关质量监督部门对工程进行验收，发现工程存在严重质量问题，是由于C未对现场进行仔细勘察，设计不符合规范所致。A公司遭受重大损失，但C称与A不存在合同关系拒绝承担责任，B以自己不是设计人为由也拒绝赔偿。

问题：(1) A、B、C、D在承发包合同中各自身份是什么？
(2) B公司发包工程项目的做法是否符合法律规定？
(3) B、C拒绝承担责任的理由是否充分？为什么？

第 5 章 建设工程招标与投标法律制度

5.1 建设工程招标投标概述

5.1.1 建设工程招标投标概念和法律法规

招标投标是市场经济条件下进行大宗货物的买卖、工程建设项目的发包与承包，以及服务项目的采购与提供，所采用的一种交易方式。

工程招标，是指招标人用招标文件将委托的工作内容和要求告之有意向参与竞争的投标人，按规定条件提出实施计划和价格，然后通过评审、比较，选出信誉可靠、技术能力强、管理水平高、报价合理的可信赖单位（设计单位、监理单位、施工单位、供货单位），以合同形式委托其完成工程。

工程投标，是指各投标人依据自身能力和管理水平，按照招标文件规定的统一要求递交投标文件，争取获得实施资格。

以要约和承诺特殊表现形式的招标与投标是合同的形成过程，招标人与中标人签订明确双方权利义务的合同。

招标投标法规是国家用来规范招标投标活动，调整在招标投标过程中产生的各种关系的法律规范的总称。规范招标投标方面的法律法规主要有《招标投标法》，2000 年 1 月 1 日施行，《中华人民共和国招标投标法实施条例》（简称《实施条例》），2012 年 2 月 1 日起施行。《实施条例》分别于 2017 年、2018 年、2019 年进行了三次修订。此外还有一系列部门规章。招标阶段，原国家计委制定的《工程建设项目招标范围和规模标准规定》（2018 年废止，由国务院发布的《必须招标的工程项目规定》替代，自 2018 年 6 月 1 日施行）规定必须招标项目的具体范围和规模标准，《招标公告发布暂行办法》规定招标公告的发布方法，《工程建设项目自行招标试行办法》规定自行招标事宜，原建设部制定的《工程建设项目招标代理机构资格认定办法》规定招标代理机构的条件和资格等级。评标阶段，原七部委制定的《评标委员会和评标方法暂行规定》规范评标活动。建设工程涉及勘察、设计、施工、监理和货物采购等阶段，不同阶段的招标投标活动均由相应法律调整。勘察设计阶段适用原八部委制定的《工程建设项目勘察设计招标投标办法》，施工阶段适用《工程建设项目施工招标投标办法》，货物采购阶段适用原七部委制定的《工程建设项目货物招标投标办法》。

建设工程按照内容可分为房屋建筑、市政、公路、水利、铁路等工程项目，不同项目的招标投标还应当分别适用主管部委的行政规章。如原建设部对房屋建筑制定的《房屋建筑和市政基础设施工程施工招标投标管理办法》《建筑工程设计招标投标管理办法》；针对公路工程制定的《公路工程勘察设计招标投标管理办法》《公路工程施工招标评标委员会评标工作细则》《公路工程施工监理招标投标管理办法》《公路工程施工招标投标管理办法》等。

为了规范施工招标资格预审文件、招标文件编制活动，国家发展和改革委员会等九部委联合制定了《标准施工招标资格预审文件》和《标准施工招标文件》试行规定及相关附件，自 2008 年 5 月 1 日起施行。根据《〈标准施工招标资格预审文件〉和〈标准施工招标文件〉试行规定》，2010 年 6 月 9 日住房和城乡建设部发布了《房屋建筑和市政工程标准施工招标资格预审文件》和《房屋建筑和市政工程标准施工招标文件》，自发布之日起施行。

省、自治区、直辖市和较大市的人大、人大常委会和政府可以根据本区域具体情况和实际需要，制定关于招标投标活动的地方性法规和地方性规章。

5.1.2 建设工程必须招标的范围、规模

1. 建设工程必须招标的范围

（1）全部或者部分使用国有资金投资或者国家融资的项目 包括：①使用预算资金 200 万元人民币以上，并且该资金占投资额 10% 以上的项目；②使用国有企业事业单位资金，并且该资金占控股或者主导地位的项目。

（2）使用国际组织或者外国政府贷款、援助资金的项目 包括：①使用世界银行、亚洲开发银行等国际组织贷款、援助资金的项目；②使用外国政府及其机构贷款、援助资金的项目。

（3）大型基础设施、公用事业等关系社会公共利益、公众安全的项目

不属于上述（1）、（2）规定情形的大型基础设施、公用事业等关系社会公共利益、公众安全的项目，必须招标的具体范围由国务院发展改革部门会同国务院有关部门按照确有必要、严格限定的原则制定，报国务院批准。

2. 建设工程必须招标的规模标准

建设工程必须招标的范围的项目，其勘察、设计、施工、监理以及与工程建设有关的重要设备、材料等的采购达到下列标准之一的，必须招标：

1）施工单项合同估算价在 400 万元人民币以上。

2）重要设备、材料等货物的采购，单项合同估算价在 200 万元人民币以上。

3）勘察、设计、监理等服务的采购，单项合同估算价在 100 万元人民币以上。同一项目中可以合并进行的勘察、设计、施工、监理以及与工程建设有关的重要设备、材料等的采购，合同估算价合计达到前款规定标准的，必须招标。

3. 可以不进行招标的建设工程项目

原国家计委、建设部等七部门颁布的《工程建设项目施工招标投标办法》中规定，有下列情形之一的，经该办法规定的审批部门批准，可以不进行施工招标：

1）涉及国家安全、国家秘密或者抢险救灾，或者属于利用扶贫资金实行以工代赈需要使用农民工等特殊情况，不适宜进行招标。

2）施工主要技术采用不可替代的专利或者专有技术的。

3）已通过招标方式选定的特许经营项目投资人依法能够自行建设。

4) 采购人依法能够自行建设。

5) 在建工程追加的附属小型工程或者主体加层工程，原中标人仍具备承包能力的，并且其他人承担将影响施工或功能配套要求。

6) 国家规定的其他情形。

【例题1】 根据《必须招标的工程项目规定》，必须招标范围内的各类工程建设项目，达到下列标准之一必须进行招标的有(　　)。
　　A. 重要设备采购的单项合同估算价为人民币250万元
　　B. 材料采购的单项合同估算值为人民币80万元
　　C. 施工单项合同估算价为人民币400万元
　　D. 项目总投资额为人民币3500万元
　　E. 监理服务采购的单项合同估算价为人民币160万元
【答案】 ACE

【例题2】 依法应当招标的项目，在下列情形中可以不进行施工招标的是(　　)。
　　A. 技术复杂，有特殊要求的
　　B. 已通过招标方式选定的特许经营项目投资人依法能够自行建设
　　C. 采购人自行建设、生产或者提供更为节省成本的
　　D. 需要向原中标人采购工程、货物或者服务，否则所需费用将大幅增加
【答案】 B

5.1.3 建设工程招标投标的监督管理

政府行政主管部门对招标活动进行如下监督：

1. 依法核查必须采用招标方式选择承包单位的建设项目

(1) 招标备案　工程项目的建设应当按照建设管理程序进行。为了保证工程项目的建设符合国家或地方总体发展规划，以及能使招标后工作顺利进行，因此不同标的的招标均需满足相应的条件。

(2) 工程建设项目施工招标的要求

1) 招标人已经依法成立。

2) 初步设计及概算应当履行批准手续的，已经批准。

3) 招标范围、招标方式和招标组织形式等应当履行核准手续的，已经核准。

4) 有相应资金或资金来源已经落实。

5) 有招标所需的设计图及技术资料。

(3) 对招标人的招标能力要求

1) 是法人或依法成立的其他组织。

2) 有与招标工作相适应的经济、法律咨询和技术管理人员。

3) 有组织编制招标文件的能力。

4) 有审查投标单位资质的能力。

5) 有组织开标、评标、定标的能力。

如果招标单位不具备上述要求，需委托具有相应资质的中介机构代理招标。

(4) 招标代理机构的资质条件

1) 有从事招标代理业务的营业场所和相应资金。

2) 有能够编制招标文件和组织评标的相应专业力量。

2017 年 12 月 27 日全国人大常委会发布《关于修改〈中华人民共和国招标投标法〉的决定》，这次修改正式取消招标代理资格认定（删除了该法第十四条第一款有关招标代理资格认定的规定），改为名录公开与信用管理。2018 年 2 月 12 日住房城乡建设部发布《关于废止〈工程建设项目招标代理机构资格认定办法〉的决定》。

(5) 对招标有关文件的核查备案

1) 对招标人资格审查文件的核查：①不得以不合理条件限制或排斥潜在投标人；②不得对潜在投标人实行歧视待遇；③不得强制投标人组成联合体投标。

2) 对招标文件的核查：①招标文件的组成是否包括招标项目的所有实质性要求和条件，以及拟签订合同的主要条款，能使投标人明确承包工作范围和责任，并能够合理预见风险编制投标文件；②招标项目需要划分标段的，承包工作范围的合同界限是否合理；③招标文件是否有限制公平竞争的条件。

2. 对招标投标活动的监督

全部使用国有资金投资或者国有资金投资占控股或者主导地位，依法必须进行施工招标的工程项目，应当进入有形建筑市场进行招标投标活动。建设行政主管部门派员参加开标、评标、定标的活动，监督招标人按法定程序选择中标人，处理招标投标投诉。

3. 查处招标投标活动中的违法行为

《招标投标法》明确提出，国务院规定的有关行政监督部门有权依法对招标投标活动中的违法行为进行查处。视情节和对招标的影响程度，承担后果责任的形式可以为：判定招标无效，责令改正后重新招标；对单位负责人或其他直接责任者给予行政或纪律处分；没收非法所得，并处以罚金；构成犯罪的，依法追究刑事责任。

5.2 建设工程招标

5.2.1 招标方式

《招标投标法》规定，招标分为公开招标和邀请招标。

1. 公开招标

公开招标，是指招标人以招标公告的方式邀请不特定的法人或者其他组织投标。招标人是依法提出招标项目、进行招标的法人或者其他组织。依法必须进行招标的项目的招标公告，应当通过国家指定的报刊、信息网络或者其他媒介发布。

国家重点建设项目，省、自治区、直辖市人民政府确定的地方重点建设项目，全部使用国有资金投资或者国有资金投资占控股或者主导地位的工程建设项目必须公开招标。

2. 邀请招标

邀请招标，是指招标人以投标邀请书的方式邀请特定的法人或者其他组织投标。为了保证邀请招标的竞争性，招标人采用邀请招标方式的，应当向3个以上具备承担招标项目的能力、资信良好的特定的法人或者其他组织发出投标邀请书。

对于应当公开招标的建设工程招标项目，有下列情形之一的，经批准可以进行邀请招标：
1) 项目技术复杂或有特殊要求，只有少量几家潜在投标人可供选择的。
2) 受自然地域环境限制的。
3) 涉及国家安全、国家秘密或者抢险救灾，适宜招标但不宜公开招标的。
4) 拟公开招标的费用与项目的价值相比，不值得的。
5) 法律、法规规定不宜公开招标的。

【例题3】 依法必须进行施工招标的工程建设项目，可以采用邀请招标的情形有(　　)。
A. 项目受自然地域环境限制，只有少数潜在投标人可供选择
B. 施工主要技术采用不可代替的专利或者专有技术
C. 采用公开招标方式的费用占项目合同金额的比例过大
D. 涉及国家安全、国家秘密或者抢险救灾，适宜招标但不宜公开招标
E. 在建工程追加附属小型工程或者主体加层工程
【答案】 ACD

3. 两阶段招标

《实施条例》规定，对技术复杂或者无法精确拟定技术规格的项目，招标人可以分两阶段进行招标。

第一阶段，投标人按照招标公告或者投标邀请书的要求提交不带报价的技术建议，招标人根据投标人提交的技术建议确定技术标准和要求，编制招标文件。

第二阶段，招标人向在第一阶段提交技术建议的投标人提供招标文件，投标人按照招标文件的要求提交包括最终技术方案和投标报价的投标文件。招标人要求投标人提交投标保证金的，应当在第二阶段提出。

国家鼓励利用信息网络进行电子招标投标。数据电文形式与纸质形式的招标投标活动具有同等法律效力。

5.2.2 招标基本程序

1. 招标准备阶段主要工作

(1) 工程建设项目报建　工程建设项目报建是指工程建设项目由建设单位或其代理机构在工程项目可行性研究报告或其他立项文件被批准后，须向当地建设行政主管部门或其授权机构进行报建，交验工程项目立项的批准文件，包括银行出具的资信证明以及批准的建设用地等其他有关文件的行为。

(2) 选择招标方式
1) 根据工程特点和招标人的管理能力确定发包范围。
2) 依据工程建设总进度计划确定项目建设过程中的招标次数和每次招标的工作内容。
3) 按照每次招标前准备工作的完成情况，选择合同的计价方式。
4) 依据工程项目的特点、招标前准备工作的完成情况、合同类型等因素的影响程序，确

定招标方式。

(3) 申请招标　申请招标文件应说明以下内容：招标工作范围；招标方式；计划工期；对投标人的资质要求；招标项目的前期准备工作的完成情况；自行招标还是委托代理招标等内容。

《招标投标法》规定，招标人具有编制招标文件和组织评标能力的，可以自行办理招标事宜。任何单位和个人不得强制其委托招标代理机构办理招标事宜。依法必须进行招标的项目，招标人自行办理招标事宜的，应当向有关行政监督部门备案。招标人如不具备自行组织招标的能力条件者，应当选择委托代理招标的组织形式。

招标代理机构是依法设立、从事招标代理业务并提供相关服务的社会中介组织。

(4) 编制招标有关文件　招标文件一般包括下列内容：

1) 投标邀请书。
2) 投标人须知。
3) 合同主要条款。
4) 投标文件格式。
5) 采用工程量清单招标的，应当提供工程量清单。
6) 技术条款。
7) 设计图。
8) 评标标准和方法。
9) 投标辅助材料。

招标人应当在招标文件中规定实质性要求和条件，并用醒目的方式标明。

《招标投标法》规定，招标文件不得要求或者标明特定的生产供应者以及含有倾向或者排斥潜在投标人的其他内容。招标人对已发出的招标文件进行必要的澄清或者修改的，应当在招标文件要求提交投标文件截止时间至少15日前，以书面形式通知所有招标文件收受人。该澄清或者修改的内容为招标文件的组成部分。

招标人应当确定投标人编制投标文件所需要的合理时间。依法必须进行招标的项目，自招标文件开始发出之日起至投标人提交投标文件截止之日止，最短不得少于20日。采用电子招标投标在线提交投标文件的，最短不得少于10日。

【例题4】　关于招标文件澄清或者修改的说法，正确的是(　　)。

A. 招标文件的效力高于其澄清或修改文件

B. 澄清或者修改的内容可能影响投标文件编制的，招标人应在投标截止时间至少15日前澄清或者修改

C. 澄清或者修改可以以口头形式通知所有获取招标文件的潜在投标人

D. 澄清或者修改通知至投标截止时间不足15日的，在征得全部投标人同意后，可按原投标截止时间开标

【答案】　B

(5) 编制标底或招标控制价

1) 标底。标底是招标工程的预期价格，招标人用来控制工程造价，并以此来评判投标者的报价是否合理，中标都要按照中标人投标报价签订合同。标底应当在开标时公布，不得规定

以接近标底为中标条件,也不得规定投标报价超出标底上下浮动范围作为否决投标的条件。

2) 招标控制价。招标控制价是招标人在工程招标时能接受投标人报价的最高限价,投标报价如超过招标控制价则为废标。

国有资金投资的工程建设项目应实行工程量清单招标,并应编制招标控制价。

采用工程量清单招标时,招标人自行或委托具有资质的中介机构编制反映工程实体消耗和措施性消耗的工程量清单,工程量清单将要求投标人完成的工程项目及其相应工程实体数量全部列出,并作为招标文件的一部分提供给投标人,由投标人依据工程量清单自主报价。在工程招标中采用工程量清单计价是国际上较为通行的做法。工程量清单作为招标文件的组成部分,其准确性和完整性由招标人负责。根据《招标投标法》的规定,国有资金投资的工程进行招标,招标人可以设标底。

《实施条例》规定,招标人可以自行决定是否编制标底。一个招标项目只能有一个标底。标底必须保密。招标人设有最高投标限价的,应当在招标文件中明确最高投标限价或者最高投标限价的计算方法。招标人不得规定最低投标限价。

2. 招标阶段的主要工作内容

(1) 发布招标公告或投标邀请书　招标公告内容包括:招标单位名称,建设项目资金来源,工程项目概况和本次招标工作范围的简要介绍,购买资格预审文件的地点、时间和价格等有关事项。

招标人采用邀请招标方式的,应当向三个以上具备承担招标项目的能力、资信良好的特定的法人或者其他组织发出投标邀请书。投标邀请书也应当载明招标人的名称和地址,招标项目的性质、数量、实施地点和时间以及获取招标文件的办法等事项。

招标人不得向他人透露已获取招标文件的潜在投标人的名称、数量以及可能影响公平竞争的有关招标投标的其他情况。招标人设有标底的,标底必须保密。招标人根据招标项目的具体情况,可以组织潜在投标人踏勘项目现场。

(2) 资格审查　资格审查应主要审查潜在投标人或者投标人是否符合下列条件:①具有独立订立合同的权利;②具有履行合同的能力,包括专业、技术资格和能力,资金、设备和其他物质设施状况,管理能力,经验、信誉和相应的从业人员;③没有处于被责令停业,投标资格被取消,财产被接管、冻结,破产状态;④在最近3年内没有骗取中标和严重违约及重大工程质量问题;⑤法律、行政法规规定的其他资格条件。

资格审查分为资格预审和资格后审。资格预审是指在投标前对潜在投标人进行的资格审查。资格后审是指在开标后对投标人进行的资格审查。进行资格预审的,一般不再进行资格后审,但招标文件另有规定的除外。采取资格预审的,招标人可以发布资格预审公告,在资格预审文件中载明资格预审的条件、标准和方法。采取资格后审的,招标人应当在招标文件中载明对投标人资格要求的条件、标准和方法。招标人不得改变载明的资格条件或者以没有载明的资格条件对潜在投标人或者投标人进行资格审查。

资格审查时,招标人不得以不合理的条件限制、排斥潜在投标人或者投标人,不得对潜在投标人或者投标人实行歧视待遇。任何单位和个人不得以行政手段或者其他不合理方式限制投标人的数量。

《实施条例》规定招标人有下列行为之一的,属于以不合理条件限制、排斥潜在投标人或

者投标人:

1) 就同一招标项目向潜在投标人或者投标人提供有差别的项目信息。
2) 设定的资格、技术、商务条件与招标项目的具体特点和实际需要不相适应或者与合同履行无关。
3) 依法必须进行招标的项目以特定行政区域或者特定行业的业绩、奖项作为加分条件或者中标条件。
4) 对潜在投标人或者投标人采取不同的资格审查或者评标标准。
5) 限定或者指定特定的专利、商标、品牌、原产地或者供应商。
6) 依法必须进行招标的项目非法限定潜在投标人或者投标人的所有制形式或者组织形式。
7) 以其他不合理条件限制、排斥潜在投标人或者投标人。

【例题5】 根据《实施条例》,招标人的下列行为中属于以不合理条件限制、排斥投标人的有( )。
A. 就同一招标项目向投标人提供有差别的项目信息的
B. 明示或暗示投标人,为特定投标人中标提供方便的
C. 授意投票人撤换、修改投标文件的
D. 限定或者指定特定的专利、商标、品牌的原产地或者供应商
E. 向特定投标人泄露标底的

【答案】 AD

(3) 资格预审 资格预审是指招标人在招标开始之前或者开始初期,由招标人对申请参加投标的潜在投标人进行资质条件、业绩、信誉、技术、资金等多方面的情况进行资格审查。主要考察该企业总体能力是否具备完成招标工作所要求的条件。

资格预审评审方法采取合格制或有限数量制。对采用有限数量制资格预审方法的,如果通过详细审查的申请人不少于3个且没有超过资格预审文件事先规定数量的,均为资格预审合格人,不再进行评分;如果通过详细审查的申请人数量超过资格预审文件事先规定数量的,应对通过详细审查的申请人进行评分,按照资格预审文件事先规定数量,按得分排序、由高到低确定规定数量的资格预审合格人。

关于合格申请人数量选择问题,原建设部有关文件规定依法必须公开招标的工程项目的施工招标实行资格预审,采用经评审的最低投标价法评标的,招标人必须邀请所有合格申请人参加投标,不得对投标人的数量进行限制;采用综合评估法评标的,当合格申请人数量过多时,一般采用随机抽签的方法,特殊情况也可以采用评分排名的方法选择规定数量的合格申请人参加投标。《关于加强房屋建筑和市政基础设施工程项目施工招标投标行政监督工作的若干意见》规定,工程投资额1000万元以上的工程项目,邀请的合格申请人应当不少于9个;工程投资额1000万元以下的工程项目,邀请的合格申请人应当不少于7个。

参照《标准施工招标资格预审文件》,资格预审的评审工作程序为:①初步审查;②详细审查;③资格预审申请文件的澄清;④综合评议,确定通过资格预审的合格申请人名单,或采用评分排序(只适用于有限数量制)确定通过资格预审的合格申请人名单,并编写资格预审审查报告递交招标人审定;⑤招标人审核确定资格预审合格申请人;⑥发出资格预审结果的书面通知。

通过资格预审申请人的数量不足3个的,招标人应重新组织资格预审或不再组织资格预审

而直接招标。

（4）发放招标文件　招标人应当按招标公告或者投标邀请书规定的时间、地点出售招标文件。自招标文件出售之日起至停止出售之日止，最短不得少于 5 日。对招标文件的收费应当合理，不得以盈利为目的。招标人在发布招标公告、发出投标邀请书后或者售出招标文件或资格预审文件后不得擅自终止招标。

（5）组织现场考察　招标人在投标须知规定的时间组织投标人自费进行现场考察。目的在于了解工程场地和周围环境情况，以获取投标单位认为有必要的信息。为便于投标单位提出问题并得到解答，勘察现场一般安排在投标预备会的前 1~2 天。

投标人在勘察现场中如有疑问，应在投标预备会前以书面形式向招标人提出。

招标人应向投标单位介绍有关现场的以下情况：

1）施工现场是否达到招标文件规定的条件。
2）施工现场的地理位置和地形、地貌。
3）施工现场的地质、土质、地下水位、水文等情况。
4）施工现场气候条件，如气温、湿度、风力、年雨雪量等。
5）现场环境，如交通、饮水、污水排放、生活用电、通信等。
6）工程在施工现场中的位置或布置。
7）临时用地、临时设施搭建等。

（6）标前会议　标前会议又称交底会、投标预备会。投标人研究招标文件和现场考察后会以书面形式提出某些质疑问题，招标人可以及时给予书面解答，也可以留待标前会议上解答。招标人（或招标代理机构）以书面文件形式给予答复，并以书面文件形式通知所有的投标人，该答疑文件成为招标文件的一个组成部分，与招标文件具有同等的法律效力。

3. 决标成交阶段的主要工作内容

（1）开标　《招标投标法》规定，开标应当在招标文件确定的提交投标文件截止时间的同一时间公开进行。开标地点应当为招标文件中预先确定的地点。

开标由招标人主持，邀请所有投标人参加。开标时，由投标人或者其推选的代表检查投标文件的密封情况，也可以由招标人委托的公证机构检查并公证。经确认无误后，由工作人员当众拆封，宣读投标人名称、投标价格和投标文件的其他主要内容。招标人在招标文件要求提交投标文件的截止时间前收到的所有投标文件，开标时都应当当众予以拆封、宣读。开标过程应当记录，并存档备查。

（2）评标　评标是评标委员会专家对各投标书优劣的比较，以便最终确定中标人。

（3）定标　中标人确定后，招标人向中标人发出中标通知书，同时将中标结果通知所有未中标的投标人。

中标通知书发出后 30 天内，双方应按照招标文件和投标文件订立书面合同。

5.3　建设工程投标

1. 投标文件的内容要求

投标人应当按照招标文件的要求编制投标文件。投标文件应当对招标文件提出的实质性要求和条件做出响应。招标项目属于建设施工项目的，投标文件的内容应当包括拟派出的项目负责人与主要技术人员的简历、业绩和拟用于完成招标项目的机械设备等。

投标文件一般包括投标函、商务标、技术标以及资格审查资料四部分。施工企业投标时必须提交以下资料：

1）企业的营业执照和资质证书。
2）企业简历。
3）自有资金情况。
4）全员职工人数，包括技术人员、技术工人数量及平均技术等级等。企业自有主要施工机械设备一览表。
5）近3年承建的主要工程及质量情况。
6）现有主要施工任务，包括在建和尚未开工工程一览表。
7）企业自有施工机械设备一览表。

投标人根据招标文件载明的项目实际情况，拟在中标后将中标项目的部分非主体、非关键性工作进行分包的，应当在投标文件中载明。

响应招标文件的实质性要求是投标的基本前提。凡是不能满足招标文件中的任何一项实质性要求和条件的投标文件，都将被拒绝。实质性要求和条件主要是指招标文件中有关招标项目的价格、期限，技术规范、合同的主要条款等内容。

2. 投标文件的修改与撤回

1）投标人在招标文件要求提交投标文件的截止时间前，可以补充、修改或者撤回已提交的投标文件，并书面通知招标人。招标人已收取投标保证金的，应当自收到投标人书面撤回通知之日起5日内退还。
2）补充、修改的内容为投标文件的组成部分。
3）在提交投标文件截止时间后到招标文件规定的投标有效期终止之前，投标人不得补充、修改、替代或者撤回其投标文件。投标人补充、修改、替代投标文件的，招标人不予接受。投标人撤回投标文件的，其投标保证金将被没收。

3. 投标文件的送达与签收

提交投标文件的投标人少于3个的，招标人应当依法重新招标，重新招标后投标人仍少于3个的，属于必须审批的工程项目，报经原审批部门批准后可以不再进行招标。

4. 投标保证金

招标人可以在招标文件中要求投标人提交投标保证金。投标人不按招标文件要求提交投标保证金的，该投标文件将被拒绝，按废标处理。

（1）投标保证金的形式与金额　投标保证金除现金外，可以是银行出具的银行保函、保兑支票、银行汇票或现金支票。投标保证金一般不得超过投标总价的2%，投标保证金有效期与投标有效期一致。投标人应当按照招标文件要求的方式和金额，将投标保证金随投标文件提交给招标人。

（2）投标保证金的退还　招标人与中标人签订合同后5个工作日内，应当向未中标的投标人退还投标保证金及同期存款利息。

有以下情形之一的，投标保证金将被没收：

1) 在提交投标文件截止时间后到招标文件规定的投标有效期终止之前，投标人撤回投标文件的。

2) 中标通知书发出后，中标人放弃中标项目的，无正当理由不与招标人签订合同的，在签订合同时向招标人提出附加条件或者更改合同实质性内容的。

3) 拒不提交所要求的履约保证金的，招标人可取消其中标资格，并没收其投标保证金。

一旦招标人发出中标通知书，做出承诺，则合同成立，中标的投标人必须接受并受到约束，否则，投标人就要承担合同订立过程中的缔约过失责任，承担投标保证金被没收的法律后果。

【例题6】 下列关于投标文件撤回的说法，正确的是（　　）。
A. 投标人可以选择电话或书面方式通知招标人撤回投标文件
B. 招标人收取的投标保证金，应当自收到投标人撤回通知之日起10日内退还
C. 投标截止时间后投标人撤回投标文件的，招标人应当退还投标保证金
D. 投标人撤回已提交的投标文件，应当在投标截止时间前通知招标人
【答案】 D
【解析】 本题考查投标保证金的相关知识。选项A，撤回投标文件必须以书面方式提交申请；选项B，投标保证金应于撤回投标文件之日起5日内退还；选项C，投标截止日后撤回投标文件，招标人可没收投标保证金

【例题7】 下列关于投标保证金的说法，正确的是（　　）。
A. 投标保证金有效期应当与投标有效期一致
B. 投标分两阶段进行，招标人要求投标人提交投标保证金的，应当在第一阶段提出
C. 投标保证金有效期从提交投标文件之日起计算
D. 投标人终止招标的，应当及时退还已收取的投标保证金，招标文件未规定利息的，可以不返还利息
【答案】 A

5. 禁止投标人实施不正当竞争行为的规定

在建设工程招标投标活动中，投标人的不正当竞争行为主要是：投标人相互串通投标、投标人与招标人串通投标、投标人以行贿手段谋取中标、投标人以低于成本的报价竞标、投标人以他人名义投标或者以其他方式弄虚作假骗取中标。

(1) 投标人相互串通投标　有下列情形之一的，属于投标人相互串通投标：
1) 投标人之间协商投标报价等投标文件的实质性内容。
2) 投标人之间约定中标人。
3) 投标人之间约定部分投标人放弃投标或者中标。
4) 属于同一集团、协会、商会等组织成员的投标人按照该组织要求协同投标。
5) 投标人之间为谋取中标或者排斥特定投标人而采取的其他联合行动。

有下列情形之一的，视为投标人相互串通投标：
1) 不同投标人的投标文件由同一单位或者个人编制。
2) 不同投标人委托同一单位或者个人办理投标事宜。
3) 不同投标人的投标文件载明的项目管理成员为同一人。

4）不同投标人的投标文件异常一致或者投标报价呈规律性差异。
5）不同投标人的投标文件相互混装。
6）不同投标人的投标保证金从同一单位或者个人的账户转出。

（2）投标人与招标人串通投标　有下列情形之一的，属于投标人与招标人串通投标：
1）招标人在开标前开启投标文件并将有关信息泄露给其他投标人。
2）招标人直接或者间接向投标人泄露标底、评标委员会成员等信息。
3）招标人明示或者暗示投标人压低或者抬高投标报价。
4）招标人授意投标人撤换、修改投标文件。
5）招标人明示或者暗示投标人为特定投标人中标提供方便。
6）招标人与投标人为谋求特定投标人中标而采取的其他串通行为。

（3）投标人以行贿手段谋取中标　在账外暗中给予对方单位或个人回扣的，以行贿论处。对方单位或个人在账外暗中收受回扣的，以受贿论处。

（4）投标人以低于成本的报价竞标　《中华人民共和国反不正当竞争法》（简称《反不正当竞争法》）规定，经营者不得以排挤竞争对手为目的，以低于成本的价格销售商品。这是因为，低于成本的报价竞标不仅是不正当竞争行为，还容易导致中标后的偷工减料，影响工程质量。该成本是以投标人的企业定额计算的成本。

（5）投标人以他人名义投标或以其他方式弄虚作假骗取中标　投标人有下列情形之一的，属于以其他方式弄虚作假的行为：
1）使用伪造、变造的许可证件。
2）提供虚假的财务状况或者业绩。
3）提供虚假的项目负责人或者主要技术人员简历、劳动关系证明。
4）提供虚假的信用状况。
5）其他弄虚作假的行为。

6. 联合体投标的规定

联合体共同投标一般适用于大型建设项目和结构复杂的建设项目。

（1）联合体投标的特点　联合体投标有如下特点：
1）联合体由两个或者两个以上的投标人组成，参与投标是各方的自愿行为。
2）联合体是一个临时性的组织，不具有法人资格。
3）联合体各方以一个投标人的身份共同投标，中标后，招标人与联合体各方共同签订一个承包合同，联合体各方就中标项目向招标人承担连带责任。
4）联合体各方签订共同投标协议后，不得再以自己名义单独投标，也不得组成新的联合体或参加其他联合体在同一项目中投标。

（2）联合体的资格条件　由同一专业的单位组成的联合体，按照资质等级较低的单位确定资质等级。

（3）联合体协议　联合体各方应当签订共同投标协议，明确约定各方拟承担的工作和责任，并将共同投标协议连同投标文件一并提交招标人。联合体中标的，联合体各方应当共同与招标人签订合同，就中标项目向招标人承担连带责任。

联合体各方应指定一方作为联合体牵头人，授权其代表所有联合体成员负责投标和合同实施阶段的主办、协调工作，并应当向招标人提交由所有联合体成员法定代表人签署的授权书。联合体投标未附联合体各方共同投标协议的，将由评标委员会初审后按废标处理。

联合体投标的，应当以联合体各方或者联合体中牵头人的名义提交投标保证金。以联合体中牵头人名义提交的投标保证金，对联合体各成员具有约束力。

【例题8】 下列关于联合体投标的说法，正确的是(　　)。
A. 招标人接受联合体投标并进行资格评审的，联合体应当在提交资格评审申请文件后组成
B. 招标人应当在资格评审公告、招标公告或者投标邀请书中载明是否接受联合体投标
C. 联合体某成员在同一招标项目中以自己名义单独投标，其投标有效
D. 由同一专业的单位组成的联合体，按照资质等级较高的单位确定其资质等级

【答案】 B

5.4 建设工程开标、评标、中标

5.4.1 开标

开标是指投标人提交投标文件截止同时，招标人依据招标文件规定的时间和地点，开启投标人提交的投标文件，公开宣布投标人的名称、投标价格及投标文件中的其他主要内容的活动。

投标文件有下列情形之一的，招标人不予受理：①逾期送达的或者未送达指定地点的；②未按招标文件要求密封的。

5.4.2 评标

《招标投标法》规定，评标由招标人依法组建的评标委员会负责。招标人应当采取必要的措施，保证评标在严格保密的情况下进行。任何单位和个人不得非法干预、影响评标的过程和结果。

1. 评标委员会

评标委员会的人员应当由招标人或其委托的招标代理机构熟悉相关业务的代表，以及有关技术、经济等方面专家组成。评标委员会成员人数应为5人以上单数，其中经济、技术方面的专家不得少于成员总数的2/3。

为了保证评标委员会中专家的素质，评标专家应符合下列条件：
1) 从事相关专业领域工作满8年，并具有高级职称或者同等专业水平。
2) 熟悉有关招标投标的法律法规，并具有与招标项目相关的实践经验。
3) 能够认真、公正、诚实、廉洁地履行职责。

评标委员会成员有下列情形之一的，不得担任评标委员会成员：
1) 投标人或者投标主要负责人的近亲属。
2) 项目主管部门或者行政监督部门的人员。
3) 与投标人有经济利益关系，可能影响对投标公正评审的。

4）曾因在招标、评标以及其他与招标投标有关活动中从事违法行为而受过行政或刑事处罚的。

2. 评标程序

（1）初步评审　评标委员会以招标文件为依据，审查各投标书是否为响应性投标，确定投标书的有效性。

1）初步评审的内容。初步评审的内容包括对投标文件的符合性评审、技术性评审和商务性评审。

符合性评审：商务符合性和技术符合性鉴定。

技术性评审：方案可行性评估和关键工序评估。劳务、材料、机械设备、质量控制措施、工期保证措施、安全保证措施评估以及对施工现场周围环境污染的保护措施评估。

商务性评审：投标报价校核，审查全部报价数据计算的正确性，分析报价构成的合理性，并与标底价格进行对比分析。

2）投标文件的澄清和说明。评标委员会可以书面方式要求投标人对投标文件中含意不明确的内容作必要的澄清、说明或补正，但是澄清、说明或补正不得超出投标文件的范围或者改变投标文件的实质性内容。对投标文件的相关内容做出澄清、说明或补正，其目的是有利于评标委员会对投标文件的审查、评审和比较。澄清、说明或补正包括投标文件中含义不明确、对同类问题表述不一致或者有明显文字和计算错误的内容。

但评标委员会不得向投标人提出带有暗示性或诱导性的问题，或向其明确投标文件中的遗漏和错误。同时，评标委员会不接受投标人主动提出的澄清、说明或补正。

投标文件不响应招标文件的实质性要求和条件的，招标人应当拒绝，并不允许投标人通过修正或撤销其不符合要求的差异或保留，使之成为具有响应性的投标。

评标委员会按以下原则对投标报价进行修正，修正的价格经投标人书面确认后具有约束力。投标人不接受修正价格的，其投标做废标处理。

投标文件中的大写金额与小写金额不一致的，以大写金额为准。

总价金额与依据单价计算出的结果不一致的，以单价金额为准修正总价，但单价金额小数点有明显错误的除外。

3）投标偏差和废标的处理。评标委员会应当根据招标文件，审查并逐项列出投标文件的全部投标偏差。投标偏差分为重大偏差和细微偏差。

下列情况属于重大偏差，作为废标处理：①没有按照招标文件要求提供投标担保或者所提供的投标担保有瑕疵；②投标文件没有投标人授权代理人签字和加盖公章；③投标文件载明的招标项目完成期限超过招标文件规定的期限；④明显不符合技术规格、技术标准的要求；⑤投标文件载明的货物包装方式、检验标准和方法等不符合招标文件的要求；⑥投标文件附有招标人不能接受的条件；⑦不符合招标文件中规定的其他实质性要求。

《实施条例》规定，有下列情形之一的，评标委员会应当否决其投标：

1）投标文件未经投标单位盖章和单位负责人签字。

2）投标联合体没有提交共同投标协议。

3）投标人不符合国家或者招标文件规定的资格条件。

4）同一投标人提交两个以上不同的投标文件或者投标报价，但招标文件要求提交备选投标的除外。

5）投标报价低于成本或者高于招标文件设定的最高投标限价。

6）投标文件没有对招标文件的实质性要求和条件做出响应。

7）投标人有串通投标、弄虚作假、行贿等违法行为。

细微偏差是指投标文件在实质上响应招标文件要求，但在个别地方存在漏项或者提供了不完整的技术信息和数据等情况，并且补正这些遗漏或者不完整不会对其他投标人造成不公平的结果。细微偏差不影响投标文件的有效性。

【例题9】 下列投标人投标的情形中，评标委员会应当否决的有（　　）。
A. 投标人主动提出了对投标文件的澄清、修改
B. 联合体未提交共同投标协议
C. 投标报价高于招标文件设定的最高投标限价
D. 投标文件未经投标人盖章和单位负责人签字
E. 投标文件未对招标文件的实质性要求和条件做出响应
【答案】 BCDE

【例题10】 下列关于投标报价的说法，正确的是（　　）。
A. 报价可以低于成本，但不可以高于最高投标限价
B. 低于成本报价是指低于社会平均成本报价
C. 报价低于成本的，评标委员会应当否决其投标
D. 报价不可以低于成本，但可以高于最高投标限价
【答案】 C

（2）详细评审　详细评审是指在初步评审的基础上，对经初步评审合格的投标文件，按照招标文件确定的评标标准和方法，对其技术部分和商务部分进一步评审、比较。

1）技术性评审。技术性评审主要包括对投标人所报的承包方案或组织设计、关键工序、进度计划、人员和机械设备的配备、技术能力、质量控制措施、安全措施、文明施工方案、临时设施的布置，以及临时用地情况、施工现场周围环境污染的保护措施等进行评审。

2）商务性评审。商务性评审是指对投标文件中的报价进行评审，包括对投标报价进行校核，审查全部报价数据是否有计算上或累计上的算术错误，分析报价构成的合理性等。

评标委员会完成评标后，应向招标人提出书面评标报告。

被授权直接定标的评标委员会可直接确定中标人。

（3）评标方法

1）经评审的最低投标价法。经评审的最低投标价法是指对符合招标文件规定的技术标准，满足招标文件实质性要求的投标，按照文件规定的评标调整方法，将投标报价以及相关商务问题的偏差作为必要的价格调整和评审，即以价格以外的有关因素折成货币或给予相应的加权计算以确定最低评标价或最佳的投标。经评审的最低投标价的投标应当推荐为中标候选人，但是投标价格低于成本的除外（此处的成本指的是企业成本，不是社会平均成本）。此方法一般适用于具有通用技术、性能标准或者招标人对其技术、性能没有特殊要求的招标的项目。这种评标方法应当是一般项目的首选评标方法。

2)综合评估法。在工程项目评标中,除了投标价外,还有多项商务和技术方面的非价格标准,主要如工期、施工方案、施工组织、质量保证措施、以往的经验和企业的综合业绩等。这就要求在工程项目招标中,尤其是一些大型和复杂的工程项目,采用一种不仅对商务因素也加以量化和权重的评估,而且将技术因素也加以量化和权重的评估的评标的方法,以促使还处在市场经济初级阶段的投标人转变重价格轻技术的观念,重视技术和装备,提高投标和施工的质量。综合评估法是指在最大限度地满足招标文件实质性要求的前提下,按照招标文件中规定的各种因素进行综合评审后,以评标总得分最高者作为中标候选供应商的评标方法。我国目前的评标实践中,此种方法多应用于监理、勘察、设计和技术非常复杂的项目施工的招标。

(4)投标有效期 招标文件应当规定一个适当的投标有效期,投标有效期是指为保证招标人有足够的时间在开标后完成评标、定标、合同签订等工作而要求投标人提交的投标文件在一定时间内保持有效的期限,投标有效期从投标人提交投标文件截止之日起计算。一般项目为60～90天,大型项目为120天左右。

评标和定标应当在投标有效期截止前30日完成。不能在投标有效期截止前30日完成评标和定标的,招标人可以书面形式要求所有投标人延长投标有效期。投标人同意延长的,不得要求或被允许修改其投标文件的实质性内容,但应当相应延长其投标保证金的有效期。投标人拒绝延长的,其投标失效,但投标人有权收回其投标保证金。因延长投标有效期造成投标人损失的,招标人应当给予补偿,但因不可抗力需要延长投标有效期的除外。

【例题11】 下列情形中,投标人已提交的投标保证金不予返还的是(   )。
A. 在提交投标文件截止日后撤回投标文件的
B. 提交投标文件后,在投标截止日前表示放弃投标的
C. 开标后被要求对其投标文件进行澄清的
D. 评标期间招标人通知延长投标有效期,投标人拒绝延长的
【答案】 A

5.4.3 中标

1. 中标条件

中标是确定中标人并签订合同的行为。

中标人应当符合下列条件:

1)能够最大限度地满足招标文件中规定的各项综合评价标准。

2)能够满足招标文件的实质性要求,并且经评审的投标价格最低,但是投标价格低于成本的除外。

2. 中标程序

(1)确定中标人 招标人根据评标委员会提出的书面评标报告和推荐的中标候选人确定中标人。招标人也可以授权评标委员会直接确定中标人。

《实施条例》规定,依法必须进行招标的项目,招标人应当自收到评标报告之日起3日内公示中标候选人,公示期不得少于3日。

投标人或者其他利害关系人对依法必须进行招标的项目的评标结果有异议的,应当在中标候选人公示期间提出。招标人应当自收到异议之日起3日内做出答复。做出答复前,应当暂停

招标投标活动。

（2）发出中标通知书　中标人确定后，招标人应当向中标人发出中标通知书，并同时将中标结果通知所有未中标的投标人。中标通知书对招标人和中标人具有法律效力。中标通知书发出后，招标人改变中标结果的，或者中标人放弃中标项目的，应当依法承担法律责任。

（3）招标人与中标人签订书面合同　招标人和中标人应当自中标通知书发出之日起30日内，按照招标文件和中标人的投标文件签订书面合同。签订合同的标的、价款、质量、履行期限等主要条款应当与招标文件、中标人的投标文件的内容一致；招标人和中标人不得再行订立背离合同约定履行义务完成中标项目，中标人不得向他人转让中标项目，也不得将中标项目肢解后分别向他人转让。招标文件要求中标人提交履约保证金的，中标人应当提交。拒绝提交的，视为放弃中标项目。

（4）招标人将招标投标情况依法备案　依法必须进行招标的项目，招标人应当自确定中标人之日起15日内，向有关行政监督部门提交招标投标情况的书面报告。

书面报告至少应包括下列内容：

1）招标范围。
2）招标方式和发布招标公告的媒介。
3）招标文件中投标人须知、技术条款、评标标准和方法、合同主要条款等内容。
4）评标委员会的组成和评标报告。
5）中标结果。

5.5 招标投标异议和投诉

5.5.1 招标投标异议

招标投标异议，是指投标人认为招标文件、招标过程和中标结果使自己的权益受到损害的，以书面形式向招标人或招标代理机构提出疑问主张权利的行为。《招标投标法》规定，投标人和其他利害关系人认为招标投标活动不符合本法有关规定的，有权向招标人提出异议。按照《实施条例》的规定，对于资格预审文件有异议的，应当在递交资格预审申请文件截止时间前2日提出，招标人应当自收到异议之日起3日内做出答复；做出答复前，应当暂停招标投标活动。对于招标文件有异议的，应当在投标截止时间前10日提出，招标人应当自收到异议之日起3日内做出答复；做出答复前，应当暂停招标投标活动。对于开标的异议，应当在开标现场提出，招标人应当当场做出答复，并制作记录。对于评标结果的异议，应当在公示期内提出。招标人应当自收到异议之日起3日内做出答复；做出答复前，应当暂停招标投标活动。

5.5.2 招标投标投诉

招标投标投诉，是指投标人和其他利害关系人认为招标投标活动不符合法律、法规和规章规定，依法向有关行政监督部门提出意见并要求相关主体改正的行为。建立招标投诉制度的目的是为了保护国家利益、社会公共利益和招标投标当事人的合法权益，公平、公正处理招标投诉的基本要求。

工程建设项目招标投标活动的投诉和处理，主要适用《工程建设项目招标投标活动投诉处理办法》。招标投标投诉可以在招标投标活动的各个阶段提出，包括招标、投标、开标、评标、中标以及签订合同等。

《实施条例》规定，对资格预审文件或招标文件、开标、评标结果等事项投诉的，应当先向招标人提出异议。异议答复期间不计算在相应的期限内。该规定表明前述3个事项的投诉，提出异议是前置程序，必须先提出异议，然后才能投诉。

【例题12】 下列关于评标结果异议的说法，正确的是(   )。
A. 对评标结果异议不是对评标结果投诉必然的前置条件
B. 只有投标人有权对项目的评标结果提出异议
C. 对评标结果有异议，应当在中标候选人公示期间提出
D. 招标人对评标结果的异议做出答复前，招标投标活动继续进行
【答案】 C

1. 投诉人

根据《工程建设项目招标投标活动投诉处理办法》的规定，有权提出投诉的主体是投标人和其他利害关系人。投标人和其他利害关系人认为招标投标活动不符合法律、法规和规章规定的，有权依法向有关行政监督部门投诉。投诉人投诉提交投诉书。

2. 投诉受理人

招标投标投诉受理人是招标投标的行政监督部门。各级发展改革、建设、水利、交通、铁道、民航、工业与信息产业（通信、电子）等招标投标活动行政监督部门，依照国务院和地方各级人民政府规定的职责分工，受理投诉并依法做出处理决定。对国家重大建设项目（含工业项目）招标投标活动的投诉，由国家发展改革委受理并依法做出处理决定。对国家重大建设项目招标投标活动的投诉，有关行业行政监督部门已经受理的，应当通报国家发改委，国家发改委不再受理。

《实施条例》规定，投诉人就同一事项向两个以上有权受理的行政监督部门投诉的，由最先收到投诉的行政监督部门负责处理。

3. 行政监督部门决定是否受理投诉

行政监督部门应当自收到投诉之日起3个工作日内决定是否受理投诉。《工程建设项目招标投标活动投诉处理办法》规定，行政监督部门收到投诉书后，应当视情况分别做出以下处理决定：

1) 不符合投诉处理条件的，决定不予受理，并将不予受理的理由书面告知投诉人。
2) 对符合投诉处理条件，但不属于本部门受理的投诉，书面告知投诉人向其他行政监督部门提出投诉。
3) 对于符合投诉处理条件并决定受理的，收到投诉书之日即为正式受理。

有下列情形之一的投诉，不予受理：①投诉人不是所招标投标活动的参与者，或者与投诉项目无任何利害关系；②投诉事项不具体，且未提供有效线索，难以查证的；③投诉书未署具投诉人真实姓名、签字和有效联系方式的；④以法人名义投诉的，投诉书未经法定代表人签字并加盖公章的；⑤超过投诉时效的；⑥已经做出处理决定，并且投诉人没有提出新的证据的；⑦投诉事项已进入行政复议或者行政诉讼程序的。

4. 投诉处理决定的做出

行政监督部门自受理投诉之日起 30 个工作日内做出书面处理决定，需要检验、检测、鉴定、专家评审的，所需时间不计算在内。

行政监督部门的投诉处理决定不是终局的，因此，当事人对行政监督部门的投诉处理决定不服或者行政监督部门逾期未作处理的，可以依法申请行政复议或者向人民法院提起行政诉讼。

行政监督部门对投诉处理中需要的费用，全部由财政支出，行政监督部门在处理投诉过程中，不得向投诉人和被投诉人收取任何费用。

5. 招标投标投诉中追究法律责任的规定

1）应当建立投诉处理档案。《工程建设项目招标投标活动投诉处理办法》规定，行政监督部门应当建立投诉处理档案，并做好保存和管理工作，接受有关方面的监督检查。

2）被投诉人的法律责任。《工程建设项目招标投标活动投诉处理办法》规定，行政监督部门在处理投诉过程中，发现被投诉人单位直接负责的主管人员和其他直接责任人员有违法、违规或者违纪行为的，应当建议其行政主管机关、纪检监察部门给予处分；情节严重构成犯罪的，移送司法机关处理。对招标代理机构有违法行为，且情节严重的，依法暂停直至取消招标代理资格。

3）投诉人的法律责任。《工程建设项目招标投标活动投诉处理办法》规定，投诉人故意捏造事实、伪造证明材料的，属于虚假恶意投诉，由行政监督部门驳回投诉，并给予警告；情节严重的，可以并处 1 万元以下罚款。

4）对投诉处理的舆论和公众监督。《工程建设项目招标投标活动投诉处理办法》规定，对于性质恶劣、情节严重的投诉事项，行政监督部门可以将投诉处理结果在有关媒体上公布，接受舆论和公众监督。

5.6 招标投标主要参与者违法行为的法律责任

招标投标活动必须依法实施，任何违法行为都要承担法律责任，《招标投标法》在"法律责任"一章中明确规定应承担的法律责任，《实施条例》进一步细化了违法行为和法律责任。

5.6.1 招标人违法行为的法律责任

1. 规避招标

任何单位和个人不得将依法必须进行招标的项目化整为零或者以其他任何方式规避招标。按《招标投标法》和《实施条例》的规定，凡依法应公开招标的项目，采取化整为零或弄虚作假等方式不进行公开招标的，或不按照规定发布资格预审公告或者招标公告且又构成规避招标的，都属于规避招标的情况。

对规避招标的行为要责令限期改正，可以处项目合同金额 5‰以上 10‰以下的罚款。对全部或者部分使用国有资金的项目，可以暂停项目执行或者暂停资金拨付。对单位直接负责的主管人员和其他直接责任人员依法给予处分，是国家工作人员的，可以进行撤职、降级或开除，情节严重的，依法追究刑事责任。

2. 限制或排斥潜在投标人或者投标人

对限制或排斥潜在投标人或者投标人的处理：招标人以不合理的条件限制或者排斥潜在投标人或者投标人的，对潜在投标人或者投标人实行歧视待遇的，强制要求投标人组成联合体共同投标的，或者限制投标人之间竞争的，责令改正，可以处1万元以上5万元以下的罚款。

3. 违法招标

招标人有下列情形之一的，由有关行政监督部门责令改正，可以处10万元以下的罚款：

1）依法应当公开招标而采用邀请招标。

2）招标文件、资格预审文件的发售、澄清、修改的时限，或者确定的提交资格预审申请文件、投标文件的时限不符合《招标投标法》和《实施条例》规定。

3）接受未通过资格预审的单位或者个人参加投标。

4）接受应当拒收的投标文件。

招标人有上述第1）、3）、4）项所列行为之一的，对单位直接负责的主管人员和其他直接责任人员依法给予处分。

4. 招标人违规和退还保证金

招标人超过《实施条例》规定的比例收取投标保证金、履约保证金或者不按照规定退还投标保证金及银行同期存款利息的，由有关行政监督部门责令改正，可以处5万元以下的罚款；给他人造成损失的，依法承担赔偿责任。

5. 违法组建评标委员会

依法必须进行招标的项目的招标人不按照规定组建评标委员会，或者确定、更换评标委员会成员违反《招标投标法》和《实施条例》规定的，由有关行政监督部门责令改正，可以处10万元以下的罚款，对单位直接负责的主管人员和其他直接责任人员依法给予处分；违法确定或者更换的评标委员会成员做出的评审结论无效，依法重新进行评审。

6. 不按规定确定中标人或者不签订合同

依法必须进行招标的项目的招标人有下列情形之一的，由有关行政监督部门责令改正，可以处中标项目金额10‰以下的罚款；给他人造成损失的，依法承担赔偿责任；对单位直接负责的主管人员和其他直接责任人员依法给予处分：

1）无正当理由不发出中标通知书。

2）不按照规定确定中标人。

3）中标通知书发出后无正当理由改变中标结果。

4）无正当理由不与中标人订立合同。

5）在订立合同时向中标人提出附加条件。

7. 不按规定签订合同

招标人和中标人不按照招标文件和中标人的投标文件订立合同，合同的主要条款与招标文件、中标人的投标文件的内容不一致，或者招标人、中标人订立背离合同实质性内容的协议的，由有关行政监督部门责令改正，可以处中标项目金额5‰以上10‰以下的罚款。

8. 不依法对异议做出答复

招标人不按照规定对异议做出答复，继续进行招标投标活动的，由有关行政监督部门责令改正，拒不改正或者不能改正并影响中标结果的，招标、投标、中标无效，应当依法重新招标或者评标。

5.6.2 投标人违法行为的法律责任

1. 串通投标以及为谋取中标而行贿

投标人相互串通投标或者与招标人串通投标的，投标人向招标人或者评标委员会成员行贿谋取中标的，投标人有下列行为之一的，属于情节严重行为，由有关行政监督部门取消其1年至2年内参加依法必须进行招标的项目的投标资格：

1) 以行贿谋取中标。
2) 3年内2次以上串通投标。
3) 串通投标行为损害招标人、其他投标人或者国家、集体、公民的合法利益，造成直接经济损失30万元以上。
4) 其他串通投标情节严重的行为。

对上述行为处罚如下：中标无效；构成犯罪的，依法追究刑事责任；尚不构成犯罪的，处中标项目金额5‰以上10‰以下的罚款。投标人未中标的，对单位的罚款金额按照招标项目合同金额依照招标投标法规定的比例计算。

情节特别严重的是指投标人自上述情节严重行为处罚执行期限届满之日起3年内又有该条所列违法行为之一的，或者串通投标、以行贿谋取中标情节特别严重的，由工商行政管理机关吊销营业执照。法律、行政法规对串通投标报价行为的处罚另有规定的，从其规定。

2. 弄虚作假

投标人以他人名义投标或者以其他方式弄虚作假骗取中标的，中标无效；构成犯罪的，依法追究刑事责任；尚不构成犯罪的，处中标项目金额5‰以上10‰以下的罚款。依法必须进行招标的项目的投标人未中标的，对单位的罚款金额按照招标项目合同金额依照《招标投标法》规定的比例计算。

投标人有下列行为之一的，属于情节严重行为，由有关行政监督部门取消其1年至3年内参加依法必须进行招标的项目的投标资格：

1) 伪造、变造资格、资质证书或者其他许可证件骗取中标。
2) 3年内2次以上使用他人名义投标。
3) 弄虚作假骗取中标给招标人造成直接经济损失30万元以上。
4) 其他弄虚作假骗取中标情节严重的行为。

投标人自情节严重行为处罚执行期限届满之日起3年内又有所列违法行为之一的，或者弄虚作假骗取中标情节特别严重的，由工商行政管理机关吊销营业执照。

3. 违反资质许可

出让或者出租资格、资质证书供他人投标的，依照法律、行政法规的规定给予行政处罚构成犯罪的，依法追究刑事责任。

5.6.3 评标委员会违法行为的法律责任

1. 参与评标违规

评标委员会成员有下列行为之一的，由有关行政监督部门责令改正；情节严重的，禁止其在一定期限内参加依法必须进行招标的项目的评标；情节特别严重的，取消其担任评标委员会成员的资格：

1）应当回避而不回避。
2）擅离职守。
3）不按照招标文件规定的评标标准和方法评标。
4）私下接触投标人。
5）向招标人征询确定中标人的意向，或者接受任何单位或者个人明示或者暗示提出的倾向或者排斥特定投标人的要求。
6）对依法应当否决的投标不提出否决意见。
7）暗示或者诱导投标人做出澄清、说明或者接受投标人主动提出的澄清、说明。
8）其他不客观、不公正履行职务的行为。

2. 收受投标人财物或者其他好处

评标委员会成员收受投标人的财物或者其他好处的，没收收受的财物，处3000元以上5万元以下的罚款，取消担任评标委员会成员的资格，不得再参加依法必须进行招标的项目的评标；构成犯罪的，依法追究刑事责任。

5.6.4 中标人违法行为的法律责任

1. 不按规定签订合同

中标人无正当理由不与招标人订立合同，在签订合同时向招标人提出附加条件，或者不按照招标文件要求提交履约保证金的，取消其中标资格，投标保证金不予退还。对依法必须进行招标的项目的中标人，由有关行政监督部门责令改正，可以处中标项目金额10‰以下的罚款。

2. 转包和违法分包

中标人将中标项目转让给他人的，将中标项目肢解后分别转让给他人的，违反《招标投标法》和《实施条例》规定将中标项目的部分主体、关键性工作分包给他人的，或者分包人再次分包的，转让、分包无效，处转让、分包项目金额5‰以上10‰以下的罚款；有违法所得的，并处没收违法所得；可以责令停业整顿；情节严重的，由工商行政管理机关吊销营业执照。

3. 中标人不履行合同或者不依约履行合同

中标人不履行与招标人订立的合同的，履约保证金不予退还，给招标人造成的损失超过履约保证金数额的，还应当对超过部分予以赔偿；没有提交履约保证金的，应当对招标人的损失承担赔偿责任。中标人不按照与招标人订立的合同履行义务，情节严重的，有关行政监督部门取消其2~5年参加招标项目的投标资格并予以公告，直至由工商行政管理机关吊销营业执照。因不可抗力不能履行合同的，不适用上述规定。

5.6.5 其他相关部门和人员违法行为的法律责任

1. 违法投诉

投标人或者其他利害关系人捏造事实、伪造材料或者以非法手段取得证明材料进行投诉，给他人造成损失的，依法承担赔偿责任。

2. 行政部门不依法履行职责

项目审批、核准部门不依法审批、核准项目招标范围、招标方式、招标组织形式的，对单位直接负责的主管人员和其他直接责任人员依法给予处分。

有关行政监督部门不依法履行职责，对违反《招标投标法》和《实施条例》规定的行为不依法查处，或者不按照规定处理投诉、不依法公告对招标投标当事人违法行为的行政处理决定的，对直接负责的主管人员和其他直接责任人员依法给予处分。

项目审批、核准部门和有关行政监督部门的工作人员徇私舞弊、滥用职权、玩忽职守，构成犯罪的，依法追究刑事责任。

3. 国家工作人员违法行为

国家工作人员利用职务便利，以直接或者间接、明示或者暗示等任何方式非法干涉招标投标活动，有下列情形之一的，依法给予记过或者记大过处分；情节严重的，依法给予降级或者撤职处分；情节特别严重的，依法给予开除处分；构成犯罪的，依法追究刑事责任：

1）要求对依法必须进行招标的项目不招标，或者要求对依法应当公开招标的项目不公开招标。

2）要求评标委员会成员或者招标人以其指定的投标人作为中标候选人或者中标人，或者以其他方式非法干涉评标活动，影响中标结果。

3）以其他方式非法干涉招标投标活动。

4. 招标代理机构违法行为

泄露应当保密的与招标投标活动有关的情况资料和招标代理机构，与招标人、投标人串通损害国家利益、社会公共利益或者他人合法权益的行为，应当承担法律责任；在所代理的招标项目中投标、代理投标或者向该项目投标人提供咨询的，接受委托编制标底的中介机构参加受托编制标底项目的投标或者为该项目的投标人编制投标文件、提供咨询的，处5万元以上25万元以下的罚款，对单位直接负责的主管人员和其他直接责任人员处单位罚款数额5%以上10%以下的罚款；有违法所得的，并处没收违法所得；情节严重的，禁止其1~2年内代理依法必须进行招标的项目并予以公告，直至由工商行政管理机关吊销营业执照；构成犯罪的，依法追究刑事责任；给他人造成损失的，依法承担赔偿责任。

【案例 5-1】

某省重点工程项目，由于工程复杂，技术难度高，一般施工队伍难以胜任，建设单位自行决定采取邀请招标方式。现共有 A、B、C、D、E、F、G、H 八家施工单位通过了资格预审，并于规定的时间 9 月 10~16 日购买了招标文件。招标文件中规定，10 月 18 日下午 4 时为投标截止时间，11 月 10 日发出中标通知书。

在投标截止时间之前，A、C、D、E、F、G、H 七家施工单位均提交了投标文件，并按招标文件的规定提供了投标保证金。10 月 18 日，G 施工单位于下午 3 时向招标人书面提出撤回已提交的投标文件，E 施工单位于下午 3 时 30 分向招标人递交了一份投标价格下降 5% 的书面说明，B 施工单位由于中途堵车于下午 4 时 15 分才将投标文件送达。

10 月 19 日下午，由当地招标投标监督管理办公室主持进行了公开开标。开标时，由招标人检查投标文件的密封情况，确认无误后，由工作人员当众拆封并宣读各投标单位的名称、投标价格、工期和其他主要内容。

评标委员会委员由招标人直接确定,共有4人组成,其中招标人代表2人,经济专家1人,技术专家1人。

评标时发现:A施工单位投标报价的大写金额小于小写金额;C施工单位投标报价明显低于其他投标单位报价且未能合理说明理由;D施工单位投标文件虽无法定代表人签字和委托人授权书,但投标文件均已有项目经理签字并加盖了公章;F施工单位投标文件中提供的检验标准和方法不符合招标文件的要求;H施工单位投标文件中某分项工程的报价有个别漏项。

建设单位最终确定C施工单位中标,并在中标通知书发出后第45天,与该施工单位签订了施工合同。之后双方又另行签订了一份合同金额比中标价降低10%的协议。

【问题】
(1) 建设单位自行决定采取邀请招标方式的做法是否妥当?
(2) G施工单位提出的撤回投标文件的要求是否合理?其能否收回投标保证金?
(3) E施工单位向招标人递交的书面说明是否有效?
(4) A、B、C、D、F、H六家施工单位的投标是否为有效标?
(5) 指出开标工作的不妥之处。
(6) 指出评标委员会成员组成的不妥之处。
(7) 指出建设单位在施工合同签订过程中的不妥之处。

【分析】
(1) 不妥当。根据《招标投标法》规定,省、自治区、直辖市人民政府确定的地方重点项目中不适宜公开招标的项目,要经过省、自治区、直辖市人民政府批准,方可进行邀请招标。因此,本案中建设单位自行对省重点工程项目决定采取邀请招标的做法是不妥的。

(2) 合理。根据《招标投标法》规定,投标人在招标文件要求提交投标文件的截止时间前,可以补充、修改或者撤回已提交的投标文件,并书面通知招标人。本案中G施工单位于投标文件的截止时间前向招标人书面提出撤回已提交的投标文件,其要求是合理的,并有权收回其已缴纳的投标保证金。

(3) E施工单位向招标人递交的书面说明有效。根据《招标投标法》的规定,投标人在招标文件要求提交投标文件的截止时间前,可以补充、修改或者撤回已提交的投标文件,补充、修改的内容作为投标文件的组成部分。

(4) B、C、D、F四家施工单位的投标不是有效标。B单位标书逾期送达;C单位的报价可以认定为低于成本;D单位的标书无法定代表人签字,也无法定代表人的授权委托书;F单位的情况可以认定为是明显不符合技术规格和技术标准的要求,属重大偏差。A、H两家单位的投标是有效标,它们的情况不属于重大偏差。

(5) 开标工作有以下不妥之处:

1) 根据《招标投标法》规定,开标应当在投标文件确定的提交投标文件的截止时间公开进行,本案中招标文件规定的投标截止时间是10月18日下午4时,但推迟至10月19日下午才开标,是不妥之处一。

2) 根据《招标投标法》规定,开标应由招标人主持,本案中由属于行政监督部门的当地招标投标监督管理办公室主持,是不妥之处二。

3) 根据《招标投标法》规定，开标时由投标人或者其推选的代表检查投标文件的密封情况，也可以由招标人委托的公证机构检查并公证，本案中由招标人检查投标文件的密封情况，是不妥之处三。

（6）评标委员会委员不应全部由招标人直接确定，而且评标委员会成员组成也不符合规定。根据《招标投标法》规定，评标委员会由招标人的代表和有关技术、经济等方面的专家组成，成员人数为5人以上单数，其中技术经济等方面的专家不得少于成员总数的2/3。

（7）在中标通知书发出后第45天签订施工合同不妥，依照《招标投标法》，应于中标通知书发出后30天内签订合同。在签订施工合同后，双方又另行签订一份合同金额比中标价降低10%的协议不妥。依照《招标投标法》，招标人和中标人不得再行订立背离合同实质性内容的其他协议。

【案例5-2】

某建设项目实行公开招标，招标过程出现了下列事件：

1. 招标人于5月8日起发出招标文件，文件中特别强调由于时间较紧要求各投标人不迟于5月23日之前提交投标文件（即确定5月23日为投标截止时间），并于5月10日停止出售招标文件，共有6家单位领取了招标文件。

2. 招标文件中规定：如果投标人的报价高于标底15%以上一律确定为无效标。招标人请咨询机构代为编制标底，并考虑投标人存在着为招标方有无垫资施工的情况编制了两个不同的标底，以适应投标人情况。

3. 5月15日招标人通知各投标人，原招标工程中的土方量增加20%，项目范围也进行了调整，各投标人据此对投标报价进行计算。

4. 招标文件中规定，投标人可以用抵押方式进行投标担保，并规定投标保证金额为投标价格的5%，投标保证金有效期同投标有效期。

5. 按照5月23日的投标截止时间要求，一个外地的投标人于5月21日从邮局寄出了投标文件，由于天气原因5月25日招标人收到投标文件。本地A公司于5月22日将投标文件密封加盖了本企业公章，并由准备承担此项目的项目经理本人签字按时送达招标人。本地B公司于5月20日送达投标文件后，5月22日又递送了降低报价的补充文件，补充文件未对5月20日送达文件的有效性进行说明。本地C公司于5月19日送达投标文件后，考虑自身竞争实力于5月22日通知招标人退出竞标。

6. 7月16日发出中标通知书。通知书中规定，中标人自收到中标书之日起30天内按照招标文件和中标人的投标文件签订书面合同。与此同时，招标方通知中标人与未中标人投标保证金在开工前30天内退还。

【问题】

分析该招标过程不符合法律规定的做法。

【分析】

（1）事件1中：招标文件发出之日起至提交投标文件截止时间不得少于20天，招标文件发售之日至停售之日最短不得少于5个工作日。

(2) 事件2中：编制两个标底不符合规定。

(3) 事件3中：改变招标工程范围应在投标截止之日15日前通知投标人。

(4) 事件4中：投标保证金数额一般不超过投标报价的2%。

(5) 事件5中：5月25日招标人收到的投标文件为无效文件；A公司投标文件无法人代表签字为无效文件；B公司报送的降价补充文件未对前后两个文件的有效性加以说明为无效文件。

(6) 事件6中：应从7月16日发出中标通知书之日起30天内签订合同，签订合同后5天内退还全部投标保证金。

【案例5-3】

某政府投资房屋建筑施工总承包项目于2014年8月15日开始发售招标文件，招标文件规定于2014年9月10日10时开标。期间发生的对招标文件的异议、投诉以及答复情况如下：

(1) 潜在投标人甲于2014年8月26日向招标人提出异议，认为招标文件规定的"技术标准和要求"与工程实际需要不相适应。招标人仅于当日向甲口头答复同意修改"技术标准和要求"。

(2) 潜在投标人乙的分包供应商丙于2014年8月27日向招标人提出异议，认为招标文件规定的投标人资格条件"应当具有3项类似工程业绩"中的业绩数量有倾向性。招标人经研究于2014年9月2日答复丙：招标文件中类似工程业绩的数量要求没有倾向性，决定不予修改。

(3) 潜在投标人丁于2014年8月22日就潜在投标人甲对招标文件提出异议的同一问题直接向行政监督部门投诉。

【问题】

(1) 招标人对潜在投标人甲的异议答复处理是否妥当？并简述理由；如有不妥，提出正确做法。

(2) 供应商丙是否有资格提出异议？招标人的答复是否存在不妥之处？分别简述理由。

(3) 潜在投标人丁的投诉行为是否妥当？并简述理由；如有不妥，提出正确做法。

【分析】

(1) 招标人对潜在投标人甲异议的答复处理不妥。理由：招标人此项异议答复构成对招标文件的修改。因此，招标人应当在收到异议后3日内向潜在投标人甲进行答复，并将招标文件修改内容以书面形式通知所有潜在投标人。

(2) 供应商丙有资格提出异议，招标人的答复时间不妥。理由：供应商属于本次招标投标活动有关的其他利害关系人，可以提出异议。

招标人对异议内容于2014年9月2日答复，其答复期限超出了《实施条例》规定的"招标人应当自收到异议之日起3日内做出答复"的规定。

(3) 潜在投标人丁的投诉行为不妥。根据《实施条例》规定，投标人就招标文件事项投诉的，应当先向招标人提出异议。

【案例 5-4】

某国有资金投资的大型建设项目，建设单位采用工程量清单公开招标方式进行施工招标。建设单位委托具有相应资质的招标代理机构编制了招标文件，招标文件包括如下规定：

(1) 招标人设有最高投标限价和最低投标限价，高于最高投标限价或低于最低投标限价的投标人报价均按废标处理。

(2) 投标人应对工程量清单进行复核，招标人不对工程量清单的准确性和完整性负责。

(3) 招标人将在投标截止后的 90 天内完成评标和公布中标候选人工作。

投标和评标过程中发生如下事件：

事件 1：投标人 A 对工程量清单中某分项工程工程量的准确性有异议，并于投标截止时间 15 天前向招标人书面提出了澄清申请。

事件 2：投标人 B 在投标截止时间前 10 分钟以书面形式通知招标人撤回已递交的投标文件，并要求招标人 5 天内退还已经递交的投标保证金。

事件 3：在评标过程中，投标人 D 主动对自己的投标文件向评标委员会提出书面澄清、说明。

事件 4：在评标过程中，评标委员会发现投标人 E 和投标人 F 的投标文件中载明的项目管理成员中有一人为同一人。

【问题】

(1) 招标文件中，除了投标人须知、设计图、技术标准和要求、投标文件格式外，还包括哪些内容？

(2) 分析招标代理机构编制的招标文件中 (1) ~ (3) 项规定是否妥当，并说明理由。

(3) 针对事件 1 和事件 2，招标人应如何处理？

(4) 针对事件 3 和事件 4，评标委员会应如何处理？

【分析】

(1) 招标文件内容还应该包括：招标公告（或投标邀请书）、评标办法、合同条款及格式、工程量清单、规定的其他材料。

(2) 招标文件规定分析：

1) 设有最低投标限价并规定低于最低投标限价作为废标处理不妥。理由：招标人不得规定最低投标限价。招标人设有最高投标限价，高于最高投标限价按废标处理妥当。理由：招标人可以设定最高投标限价。

2) 招标人不对工程量清单的正确性和准确性负责不妥。理由：招标人应该对其编制的工程量清单的正确性和准确性负责。

3) 招标文件规定在投标截止日后的投标有效期 90 天内完成评标和公布中标候选人工作不妥。理由：大型项目的投标有效期是 120 天左右。

(3) 针对事件 1，招标人应该对有异议的清单进行复核，如有错误，由招标人统一修改并把修改情况通知所有投标人。

针对事件 2，招标人应该在 5 天内退还投标文件和投标人的投标保证金。

(4) 针对事件 3，评标委员会不接受投标人主动提出的澄清、说明和补正，仍然按照原投标文件进行评标。

针对事件 4，评标委员会可视为投标人 E、F 为串通投标，投标文件视为无效文件。

第 5 章　建设工程招标与投标法律制度

本章习题

一、单选题

1. 下列建设项目中,可以不招标的是(　　)。
   A. 个人捐赠的教育项目中合同估算价为120万元的监理合同
   B. 使用财政预算资金的体育项目中合同估算价为180万元的材料采购合同
   C. 外商投资的供水项目中合同估算价为1000万元的施工合同
   D. 上市公司投资的商品房项目中估算价为500万元的材料采购合同

2. 根据《工程建设项目施工招标投标办法》,不属于施工招标文件内容的是(　　)。
   A. 施工组织设计　　B. 合同主要条款　　C. 技术条款　　D. 投标人须知

3. 根据《招标投标法》,投标人补充、修改或者撤回已提交的投标文件,并书面通知招标人的时间期限应在(　　)。
   A. 评标截止时间前　　　　　　B. 评标开始前
   C. 提交投标文件的截止时间前　　D. 投标有效期内

4. 根据招标投标相关法律规定,下列招标投标行为中,不构成招标人与投标人串通投标的是(　　)。
   A. 招标人与投标人事先商定压低标价,中标后再给中标人让利
   B. 招标人从几名中标候选人中确定中标人
   C. 招标人在开标前将投标情况告知其他投标人
   D. 招标人预先内定中标人

5. 根据招标投标相关法律规定,在投标有效期结束前,由于出现特殊情况,招标人要求投标人延长投标有效期时,(　　)。
   A. 投标人不得拒绝延长,并不得收回其投标保证金
   B. 投标人可以拒绝延长,并有权收回其投标保证金
   C. 投标人不得拒绝延长,但可以收回其投标保证金
   D. 投标人可以拒绝延长,但无权收回其投标保证金

6. 在某工程项目招投标过程中,某投标人要对其投标文件进行补充、修改或撤回。根据《招标投标法》的规定,下列说法正确的是(　　)。
   A. 对投标文件的补充、修改和撤回,应在投标有效期满前进行
   B. 在投标有效期内进行的补充、修改作为投标文件组成部分
   C. 在投标有效期内可以进行补充或修改,但要被没收投标保证金
   D. 应在投标截止日期前进行

7. 下列属于评标委员会可以做出否决投标决定的情形是(　　)。
   A. 投标文件存在细微偏差
   B. 投标报价低于成本或者高于招标文件设定的最高投标限价
   C. 投标报价超过标底上下浮动范围

D. 由于招标文件要求提交备选投标，同一投标人提交了两个以上不同的投标文件

8. 根据《招标投标法》及相关法规，下列招标、投标、评标行为中正确的是(　　)。

A. 投标人的报价明显低于成本的，评标委员会应当否决其投标
B. 投标人的报价高于招标文件设定的最高投标限价，评标委员会有权要求其调整
C. 招标文件采用的评标方法不适合的，开标后评标委员会有权做出调整
D. 招标人有权在评标委员会推荐的中标候选人之外确定中标人

9. 某项目 2019 年 3 月 1 日确定了中标人，2019 年 3 月 8 日发出了中标通知书，2019 年 3 月 12 日中标人收到了中标通知书，则签订合同的日期应该不迟于(　　)。

A. 2019 年 3 月 26 日　　　　　B. 2019 年 3 月 31 日
C. 2019 年 4 月 7 日　　　　　　D. 2019 年 4 月 11 日

10. 投标有效期应从(　　)之日起计算。

A. 招标文件规定的提交投标文件截止　　B. 提交投标文件
C. 提交投标保证金　　　　　　　　　　D. 确定中标结果

11. 下列情形中，投标人已提交的投标保证金不予返还的是(　　)。

A. 在提交投标文件截止日后撤回投标文件的
B. 提交投标文件后，在投标截止日前表示放弃投标的
C. 开标后被要求对其投标文件进行澄清的
D. 评标期间招标人通知延长投标有效期，投标人拒绝延长的

12. 在招标活动的基本原则中，招标人不得以任何方式限制或者排斥本地区、本系统以外的法人或者其他组织参加投标，体现了(　　)。

A. 公开原则　　B. 公平原则　　C. 公正原则　　D. 诚实信用原则

13. 甲公司与乙公司组成联合体投标，则下列说法正确的是(　　)。

A. 共同投标协议在中标后提交
B. 甲公司与乙公司必须是同一专业
C. 甲公司与乙公司必须是同一资质等级
D. 联合体是以一个投标人的身份投标

14. 潜在投标人或者其他利害关系人对招标文件有异议的，应当在投标截止时间(　　)日前提出。

A. 2　　B. 5　　C. 10　　D. 15

15. 招标人采用资格后审办法对投标人进行资格审查的，应当在(　　)由评标委员会按照招标文件规定的标准和方法对投标人的资格进行审查。

A. 开标前　　B. 开标后　　C. 开标现场　　D. 接收投标文件时

二、多选题

1. 下列关于项目招标的说法错误的是(　　)。

A. 施工单项合同估算价在 200 万元人民币以上的项目必须招标
B. 个人投资的项目不需要招标
C. 施工主要技术采用特定专利的项目可以不招标

D. 涉及公众安全的项目必须招标

E. 符合工程招标范围，重要材料采购单项合同估算价在 100 万元人民币以上的项目必须招标

2. 下列施工项目中，属于经批准可以采用邀请招标方式发包的有（　　）工程项目。

A. 受自然地域环境限制的

B. 涉及国家安全、国家秘密的项目而不适宜公开招标的

C. 施工主要技术需要使用某项特定专利的

D. 技术复杂，仅有几家投标人满足条件的

E. 公开招标费用与项目的价值相比不值得的

3. 在提交投标文件截止时间后到招标文件规定的投标有效期终止之前，投标人不得（　　）。

A. 补充其投标文件　　　　　　B. 修改其投标文件

C. 澄清其投标文件　　　　　　D. 说明其投标文件

E. 撤回其投标文件

4. 根据《招标投标法》的规定，招标文件应当包括（　　）。

A. 招标项目的技术要求　　　　B. 对投标人资格审查的标准

C. 投标报价要求　　　　　　　D. 拟签订合同的主要条款

E. 最高投标限价和最低投标限价

5. 下列行为属于以不合理条件限制、排斥潜在投标人或者投标人的有（　　）。

A. 限定或者指定特定的专利、商标、品牌、原产地或者供应商

B. 以特定行政区域或者特定行业的业绩、奖项作为加分条件或者中标条件

C. 分阶段招标的项目，在第二阶段向投标人提出提交投标保证金的要求

D. 就同一招标项目向潜在投标人或者投标人提供有差别的项目信息

E. 对潜在投标人或者投标人采取不同的资格审查或者评标标准

第 6 章 建设工程标准及勘察设计法律制度

6.1 建设工程勘察设计法律制度概述

6.1.1 工程勘察设计基本概念

建设工程勘察是指根据建设工程的要求,查明、分析、评价建设场地的地质、地理环境特征和岩土工程条件,编制建设工程勘察文件的活动。

建设工程设计是指根据建设工程的要求,对建设工程所需的技术、经济、资源、环境等条件进行综合分析、论证,编制建设工程设计文件的活动。

6.1.2 规范建设工程勘察设计的主要法律法规

现行的规范建设工程勘察设计活动的法规和规章有《建设工程勘察设计管理条例》《建设工程勘察设计企业资质管理规定》《建设工程勘察质量管理办法》《建筑工程设计招标投标管理办法》《外商投资建设工程设计企业管理规定》等。《建设工程勘察设计管理条例》是国务院于 2000 年 9 月颁发的规范勘察、设计活动的行政法规(2017 年修改)。该条例对建设工程勘察、设计单位的资质、资格管理,建设工程勘察,设计发包与承包,建设工程勘察设计文件的编制与实施,建设工程勘察设计活动的监督与管理,以及对违反《建设工程勘察设计管理条例》的处罚规则做了全面具体的规定。

6.1.3 勘察设计单位的资质管理

国家对从事建设工程勘察、设计活动的单位,实行资质管理制度。为加强工程勘察和工程设计单位的资质管理,保障国家财产和人身安全,促进技术进步,提高工程勘察设计水平,2006 年 12 月 30 日建设部颁布了《建设工程勘察设计资质管理规定》,该规定自 2007 年 9 月 1 日起施行。2016 年该规定进行了修改。

1. 工程勘察资质

工程勘察资质分为工程勘察综合资质、工程勘察专业资质、工程勘察劳务资质。工程勘察综合资质只设甲级;工程勘察专业资质设甲级、乙级,根据工程性质和技术特点,部分专业可以设丙级;工程勘察劳务资质不分等级。取得工程勘察综合资质的企业,可以承接各专业(海洋工程勘察除外)、各等级工程勘察业务;取得工程勘察专业资质的企业,可以承接相应等级相应专业的工程勘察业务;取得工程勘察劳务资质的企业,可以承接岩土工程治理、工程钻探、凿井等工程勘察劳务业务。

2. 工程设计资质

工程设计资质分为工程设计综合资质、工程设计行业资质、工程设计专业资质和工程设计专项资质。工程设计综合资质只设甲级;工程设计行业资质、工程设计专业资质、工程设计专项资质设甲级、乙级。根据工程性质和技术特点,个别行业、专业、专项资质可以设丙级,建筑工程专业资质可以设丁级。

取得工程设计综合资质的企业,可以承接各行业、各等级的建设工程设计业务;取得工程设计行业资质的企业,可以承接相应行业相应等级的工程设计业务及本行业范围内同级别的相应专业、专项(设计施工一体化资质除外)工程设计业务;取得工程设计专业资质的企业,可以承接本专业相应等级的专业工程设计业务及同级别的相应专项工程设计业务(设计施工一体化资质除外);取得工程设计专项资质的企业,可以承接本专项相应等级的专项工程设计业务。

6.1.4 建设工程勘察、设计合同的相关法律规范

规范建设工程勘察、设计合同的基本法律有《民法典合同编》和《建筑法》。2000年建设部、国家工商行政管理总局制定了《建设工程勘察合同(示范文本)》和《建设工程设计合同(示范文本)》。住房和城乡建设部、国家工商行政管理总局对上述合同示范文本进行修订,制定了《建设工程勘察合同(示范文本)》(GF—2016—0203),自2016年12月1日起执行。新版《建设工程设计合同示范文本(房屋建筑工程)》(GF—2015—0209)和《建设工程设计合同示范文本(专业建设工程)》(GF—2015—0210),自2015年7月1日起执行。这些规范性文件,是建设工程勘察、设计合同管理的依据。

6.2 工程建设标准化法规

6.2.1 工程建设标准概述

1. 工程建设标准概述

标准是指"对重复性事物和概念所做的统一规定,它以科学技术和实践经验的综合成果为基础,经有关方面协商一致,由主管机关批准,以特定形式发布,作为共同遵守的准则和依据"。

工程建设标准是指对基本建设中各类工程的勘察、规划、设计、施工、安装、验收等需要统一的技术要求所制定的统一标准,包括技术标准、经济标准和管理标准。

工程建设标准涉及范围广泛,包括房屋建筑、交通运输、水利、电力、通信、采矿冶炼、石油化工、轻工、林业、农牧渔业、市政公用设施等。工程建设标准是指为这些行业的工程建设提供勘察、设计、施工和管理的合理依据,使之获得最佳经济效益和社会效益。

工程建设标准化是在长期的工程实践中制定、修订、发布和实施的各项工程建设标准。它使工程建设各系统中的各种标准形成相互联系、相辅相成、共同作用的有机整体,是建立良好的建设秩序和创造明显的社会经济效益的重要基础性工作。工程建设标准化有利于促进技术进步,改进产品质量,统一建设工程设计的技术要求、安全要求和施工方法;有利于保障建设工

程生产的安全和质量，维护国家和人民的利益。

工程建设标准化法规是指调整工程建设标准的制定、修订、发布、实施与监督活动中所产生的各种社会关系的法律规范的总称。改革开放初期，国务院发布了《中华人民共和国标准化管理条例》，国家建设行政主管部门颁发了《工程建设标准化规范管理办法》。之后，全国人大常委会颁发了《中华人民共和国标准化法》（2017年修订）建设部根据《中华人民共和国标准化法》制定并颁发了《工程建设国家标准管理办法》。

2. 工程建设标准的内容与分类

工程建设标准包括标准、规范、规程。规范、规程是标准的形式之一，如建筑规范。其内容一般包括：

1) 勘察、规划、设计、施工及验收等的质量要求。
2) 有关安全、卫生、环境保护的技术要求。
3) 有关术语、符号、代号、量与单位、建筑模数和制图方法。
4) 试验、检验和评定等方法。
5) 工程建设的信息技术要求。

按上述5个方面的技术要求制定的标准，一般习惯简称为：质量标准，安全、卫生、环境保护标准，基础标准，试验、质量评定标准和信息技术标准。

按照标准属性划分，工程建设标准分为强制性标准和推荐性标准。

3. 工程建设标准的分级

依据《中华人民共和国标准化法》（简称《标准化法》）的规定，标准分为国家标准、行业标准、地方标准和企业标准。

国家标准是指为了在全国范围统一技术要求和国家需要控制的技术要求所制定的标准。工程建设国家标准由国务院建设行政主管部门负责制订计划、组织草拟、审查批准，由国务院标准化行政主管部门和国务院建设行政主管部门联合发布。

行业标准是指对没有国家标准，而又需要在全国某个行业范围内统一技术要求所制定的标准。行业标准由行业主管部门负责编制本行业标准的计划、组织草拟、审查批准和发布。

地方标准是指没有国家标准、行业标准，而又需要在某个地区范围内统一技术要求所制定的标准。地方标准根据当地的气象、地质、资源等特殊情况的技术要求制定。

企业标准是指没有国家标准、行业标准、地方标准，而企业为了组织生产需要在企业内部统一技术要求所制定的标准。企业标准是企业自己制定的，只适用于企业内部，作为本企业组织生产的依据，而不能作为合法交货、验收的依据。

国家鼓励企业制定优于国家标准、行业标准、地方标准的企业标准，这主要是为了充分发挥企业的优势和特长，增强竞争能力，提高经济效益。

4. 工程建设标准的特点

（1）强制性　工程建设强制性标准是工程建设活动必须遵守和执行的标准。
（2）综合性　工程建设标准的内容所涉及的面广，制定标准考虑的因素多。
（3）相对稳定性　工程建设标准发布实施后，在一定时间范围内有效。

6.2.2　工程建设标准的制定要求

1) 贯彻执行国家的有关法律、法规和方针政策，密切结合自然条件，合理利用资源，充分考虑使用和维修的要求,做到安全适用、技术先进、经济合理。

2)对需要进行科学试验或测试验证的项目,应当纳入各级主管部门的科研计划,认真组织实施,写出成果报告。

3)积极采用新技术、新工艺、新设备、新材料,纳入标准的新技术、新工艺、新设备、新材料,应当经有关主管部门或受委托单位鉴定,有完整的技术文件,且经实践检验行之有效。

4)积极采用国际标准和国外先进标准,凡经过认真分析论证或测试验证,并且符合我国国情的,应当纳入国家标准。

5)条文规定应当严谨明确,文句简练,不得模棱两可;其内容深度、术语、符号、计量单位等应当前后一致,不得矛盾。

6)做好与现行相关标准之间的协调工作。对需要与现行工程建设国家标准协调的,应当遵守现行工程建设国家标准的规定;确有充分依据对其内容进行更改的,必须经过国务院建设行政主管部门审批,方可另行规定。

6.2.3 工程建设标准的实施与监督

1. 强制性标准的实施与监督

凡是从事工程建设的部门、单位和个人,必须执行工程建设强制性标准。对于不符合强制性标准的工程,从项目建议书开始不予立项,可行性研究报告不予审批。不按强制性标准规范施工,质量达不到合格标准的工程不得验收。国务院各行政主管部门制定工程建设行业标准时,不得擅自更改强制性国家标准。工程建设的勘察、规划、设计、科研和施工单位必须加强工程建设标准化管理,对工程建设标准的实施进行经常性检查,并按隶属关系向上级建设行政主管部门报告标准的实施情况,各级建设行政主管部门应当对所属企业单位实施标准的监督管理。工程质量监督机构和安全机构应当根据现行的工程建设强制性标准,对工程建设质量和安全进行监督。

2. 推荐性标准的实施与监督

推荐性标准是自愿采用的标准,需要由工程建设单位与工程承包单位在签订工程承包合同中予以确认,作为在工程实施中共同遵守的技术依据,并受《民法典合同编》约束。

推荐性标准的实施和监督与强制性标准有着本质的区别。因为推荐性标准是在工程承包合同中确认的,是由建设单位委托的监理单位或其他单位以工程合同为准绳,进行监理和监督的。

3. 违反强制性标准的法律责任

对违反强制性标准而造成工程质量或安全隐患的,由当地建设行政主管部门或其授权的工程质量监督机构、安全监督机构在各自的职权范围内责令其停止施工,根据造成隐患的危险程度,责令有关单位采取处理措施,并可处以罚款;对有关责任者,由其所在单位或上级行政主管部门给予行政处分。构成犯罪的,由司法机关依法追究刑事责任。对因违反强制性标准而造成工程建设重大事故的,由有关行政主管部门或当地政府建设行政主管部门给予行政处罚。构成犯罪的,由司法机关依法追究刑事责任。

6.3 建设工程勘察设计文件的编制

1. 编制依据

编制建设工程勘察、设计文件，应当以下列规定为依据：

1）项目批准文件。
2）城市规划。
3）工程建设强制性标准。
4）国家规定的建设工程勘察、设计深度要求。

铁路、交通、水利等专业建设工程，还应当以专业规划的要求为依据。

2. 编制要求

1）编制建设工程勘察文件，应真实、准确，满足建设工程规划、选址、设计、岩土治理和施工的需要。

2）编制方案设计文件，应满足编制初步设计文件和控制概算的需要。编制初步设计文件，应当满足编制施工招标文件、主要设备材料订货和编制施工图设计文件的需要。编制施工图设计文件，应当满足设备材料采购、非标准设备制作和施工的需要，并注明建设工程合理使用年限。

3）设计文件中选用的材料、构配件、设备应注明其规格、型号、性能等技术指标，其质量要求必须符合国家规定的标准。除有特殊要求的建筑材料、专用设备和工艺生产线等外，设计单位不得指定生产厂、供应商。

4）建设工程勘察、设计文件中规定采用的新技术、新材料，可能影响建设工程质量和安全，又没有国家技术标准的，应当由国家认可的检测机构进行试验、论证，出具检测报告，并经国务院有关部门或者省、自治区、直辖市人民政府有关部门组织的建设工程技术专家委员会审定后，方可使用。

3. 工程设计的阶段和内容

一般建设项目的设计可按初步设计和施工图设计两阶段进行。技术上复杂的建设项目，可增加技术设计阶段，即按初步设计、技术设计、施工图设计三个阶段进行。

（1）总体设计　总体设计一般由文字说明和设计图两部分组成。其内容包括：建设规模、产品方案、原料来源、工艺流程概况、主要设备配备、主要建筑物及构筑物、公用和辅助工程、"三废"治理及环境保护方案、占地面积估计、总图布置及运输方案、生活区规划、生产组织和劳动定员估计、工程进度和配合要求、投资估算等。

总体设计的深度应满足开展下述工作的要求：初步设计、主要大型设备、材料的预安排、土地征用谈判等。现在，总体设计中往往还对建设经济的指标有明确要求。

（2）初步设计　初步设计一般应包括以下有关文字说明和设计图：设计依据、设计指导思想、产品方案、各类资源的用量和来源、工艺流程、主要设备选型及配置、总图运输、主要建筑物和构筑物、公用及辅助设施、新技术采用情况、主要材料用量、外部协作条件，占地面积和土地利用情况、综合利用和"三废"治理、生活区建设、抗震和人防措施、生产组织和劳动定员、各项技术经济指标、建设顺序和期限、总概算等。

初步设计的深度应满足以下要求：设计方案的比选和确定、主要设备材料订货、土地征用、基建投资的控制、施工招标文件的编制、施工图设计的编制、施工组织设计的编制、施工准备和生产准备等。

（3）技术设计　技术设计的内容，由有关部门根据工程的特点和需要自行制定。其深度应能满足确定设计方案中重大技术问题和有关实验、设备制造等方面的要求。

（4）施工图设计　施工图设计，应根据已获批准的初步设计进行，其深度应能满足以下要求：设备材料的安排和非标准设备的制作与施工、施工图预算的编制、施工要求等，并应注明建设工程合理使用年限。

4. 建设工程的抗震和防灾

（1）建设工程抗震防灾的概念　建设工程的使用时间较长久，建设工程的抗震和防灾是指通过编制、实施抗震防灾规划，对建设工程进行抗震设防和加固，最大限度地抵抗和防御地震灾害的活动，对工程在建设和使用中可能出现的其他灾害情况做一定的考虑，预防重大灾害的发生或者是在灾害发生时能够减少损失。

（2）建设工程抗震防灾的设计　工程勘察设计单位应按规定的业务范围承担工程项目的抗震设计，严格遵守现行抗震设计规范和有关规定。工程项目的设计文件应有抗震设防的内容，包括设防依据、设防标准、方案论证等。

新建工程采用新技术、新材料和新结构体系，均应通过相应级别的抗震性能鉴定，符合抗震要求，方可采用。工程项目抗震设计质量由建设行政主管部门会同有关部门进行审查、监督。

除了地震的灾害，在设计时还要根据当地情况和历史，考虑其他的自然灾害的存在，并做出预防；对人为的灾害，如火灾等，要在满足设计规范的同时，考虑实际的需求，以减少发生灾害时的损失。

6.4 工程设计文件的审批和修改

1. 工程设计文件的审批

在我国，建设项目设计文件的审批，实行分级管理、分级审批的原则。设计文件具体审批权限规定如下：

1）大中型建设项目的初步设计和总概算及技术设计，按隶属关系，由国务院主管部门或省、市、自治区审批。

2）小型建设项目初步设计的审批权限，由主管部门或省、市、自治区自行规定。

3）总体规划设计（或总体设计）的审批权限与初步设计的审批权限相同。

4）各部直接代管的下放项目的初步设计，以国务院主管部门为主，会同有关省、市、自治区审查或批准。

5）施工图设计除主管部门规定要审查者外，一般不再审批，设计单位要对施工图的质量负责，并向生产、施工单位进行技术交底，听取意见。

2. 工程设计文件的修改

设计文件是工程建设的主要依据，经批准后就具有一定的严肃性，不得任意修改和变更，如必须修改，须经有关部门批准，其批准权限，根据修改的内容所涉及的范围而定。修改设计文件应遵守以下规定：

1）设计文件是工程建设的主要依据，经批准后不得任意修改。

2) 凡涉及计划任务书的主要内容，如建设规模、产品方案、建设地点、主要协作关系等方面的修改，须经原计划任务书审批机关批准。

3) 凡涉及初步设计的主要内容，如总平面布置、主要工艺流程、主要设备、建筑面积、建筑标准、总定员、总概算等方面的修改，须经原设计审批机关批准。修改工作须由原设计单位负责进行。

4) 施工图的修改，须经原设计单位的同意。建设单位、施工单位、监理单位都无权修改建设工程勘察、设计文件。确需修改的，应由原勘察设计单位进行。经原勘察设计单位同意，建设单位也可委托其他具有相应资质的建设工程勘察、设计单位修改，并由修改单位对修改的勘察设计文件承担相应责任。

设计文件的修改一般有几种情况：一是施工单位或监理单位发现施工图的内容或项目的缺陷，或者是施工工艺与自己的不合，提出修改意见，原设计单位在满足设计达到各级标准和规范的前提下，为了方便施工而进行修改；二是施工方或监理方或建设单位要求应用新的工艺或方法，这种新的工艺或方法同时也满足规范和各级标准，从而提出修改；三是设计方发现自己的错误或缺陷，提出修改；四是建设单位的要求和目的发生改变，从而要求对施工图进行修改。总之，施工图的修改或修正是一件十分严肃的事情，如果考虑不周全，很容易发生工程事故。所以，对施工图的修改必须谨慎和严格，应该把它的重要性提到与施工图设计同等高度上，甚至要更加严格地审核。

6.5 施工图设计文件的审查

1. 施工图文件审查的概念

施工图设计文件审查是指国务院建设行政主管部门和省、自治区、直辖市人民政府建设行政主管部门依法认定的设计审查机构，根据国家的法律、法规、技术标准与规范，对施工图设计文件进行结构安全和强制性标准、规范执行情况等技术方面进行的独立审查。它是政府主管部门对建筑工程勘察设计质量监督管理的重要环节，是基本建设必不可少的程序，工程建设各方必须认真贯彻执行。

《建设工程质量管理条例》规定，建设单位应当将施工图设计文件报县级以上人民政府建设行政主管部门或者其他有关部门审查；县级以上人民政府建设行政主管部门或者交通、水利等有关部门应对施工图设计文件中涉及公共利益、公众安全、工程建设强制性标准的内容进行审查；未经审查批准的施工图设计文件，不得使用。

《建筑工程施工图设计文件审查暂行办法》强调建设工程施工图设计文件审查作为建设工程必须进行的基本建设程序，有关各方都应当遵循。并进一步明确了施工图审查有关各方的责任，审查机构的设置及其审查范围。

《房屋建筑和市政基础设施工程施工图设计文件审查管理办法》规定，国家实施施工图设计文件（含勘察文件，简称施工图）审查制度。施工图未经审查合格的，不得使用。

2. 施工图审查的内容
1) 是否符合工程建设强制性标准。
2) 地基基础和主体结构的安全性。

3) 消防安全性。

4) 人防工程（不含人防指挥工程）防护安全性。

5) 是否符合民用建筑节能强制性标准，对执行绿色建筑标准的项目，还应当审查是否符合绿色建筑标准。

6) 勘察设计企业和注册执业人员以及相关人员是否按规定在施工图上加盖相应的图章和签字。

7) 法律、法规、规章规定必须审查的其他内容。

施工图审查的目的是维护社会公共利益，保护社会公众的生命财产安全，因此，施工图审查主要涉及社会公众利益、公众安全方面的问题。至于设计方案在经济上是否合理、技术上是否保守、设计方案是否可以改进等这些主要只涉及业主利益的问题，是属于设计咨询范畴的内容，不属于施工图审查的范围。当然，在施工图审查中如发现这方面的问题，也可提出建议，由业主自行决定是否进行修改。如业主另行委托，也可进行这方面的审查。

3. 施工图审查机构

施工图审查由政府主管部门审定批准的审查机构来承担，它是具有独立法人资格的公益性中介组织。设计审查机构的设立，应当坚持内行审查的原则。符合以下条件的机构方可申请承担设计审查工作：

1) 具有符合设计审查条件的工程技术人员组成的独立法人实体。

2) 有固定的工作场所，一类注册资金不少于300万元；二类注册资金不少于100万元。

3) 有健全的技术管理和质量保证体系。

4) 审查机构应具有符合条件的相应专业审查人员数额规定。

5) 审查人员应当熟练掌握国家和地方现行的强制性标准、规范。

施工图审查机构和审查人员应当依据法律、法规和国家与地方的技术标准认真履行审查职责。施工图审查机构应当对审查的图纸质量负相应的审查责任，但不代替设计单位承担设计质量责任。施工图审查机构不得对本单位，或与本单位有直接经济利益关系的单位完成的施工图进行审查。

4. 施工图审查的相关规定

（1）施工图审查的时限规定

1) 大型房屋建筑工程、市政基础设施工程为15个工作日，中型及以下房屋建筑工程、市政基础设施工程为10个工作日。

2) 工程勘察文件，甲级项目为7个工作日，乙级及以下项目为5个工作日。

以上时限不包括施工图修改时间和审查机构的复审时间。

（2）审查机构对施工图进行审查后的处理

1) 审查合格的，审查机构应当向建设单位出具审查合格书，并在全套施工图上加盖审查专用章。审查合格书应当有各专业的审查人员签字，经法定代表人签发，并加盖审查机构公章。审查机构应当在出具审查合格书后5个工作日内，将审查情况报工程所在地县级以上地方人民政府住房城乡建设主管部门备案。

2) 审查不合格的，审查机构应当将施工图退建设单位并出具审查意见告知书，说明不合格原因。同时，应当将审查意见告知书及审查中发现的建设单位、勘察设计企业和注册执业人员违反法律、法规和工程建设强制性标准的问题，报工程所在地县级以上地方人民政府住房城乡建设主管部门。施工图退建设单位后，建设单位应当要求原勘察设计企业进行修改，并将修改后的施工图送原审查机构复审。

任何单位或者个人不得擅自修改审查合格的施工图；确需修改的，凡涉及审查机构审查内容的，建设单位应当将修改后的施工图送原审查机构审查。

5. 施工图审查各方的责任

设计文件质量责任是在设计文件出现质量问题时，设计单位和设计人员承担直接责任，设计审查单位和设计审查人员负间接的监督责任。如因设计质量存在问题而造成损失时，业主只能向设计单位和设计人员追责，审查机构和审查人员在法律上并不承担赔偿责任。

(1) 设计单位与设计人员的责任　勘察设计单位及其设计人员必须对自己的勘察设计文件的质量负责，这是《建设工程质量管理条例》《建设工程勘察设计管理条例》等法规所明确的，也是国际上通行的规则，它并不因通过了审查机构的审查就可免责。审查机构的审查只是一种监督行为，它只对工程设计质量承担间接的审查责任，其直接责任仍由完成设计的单位及个人负责。如若出现质量问题，设计单位及设计人员还必须依据实际情况和相关法律的规定，承担相应的经济责任、行政责任和刑事责任。

(2) 审查机构及审查人员的责任　审查机构对施工图审查工作负责，承担审查责任。施工图经审查合格后，仍有违反法律、法规和工程建设强制性标准的问题，给建设单位造成损失的，审查机构依法承担相应的赔偿责任。审查机构出具虚假审查合格书的，审查合格书无效，县级以上地方人民政府住房城乡建设主管部门处3万元罚款，省、自治区、直辖市人民政府住房城乡建设主管部门不再将其列入审查机构名录。给予审查机构罚款处罚的，对机构的法定代表人和其他直接责任人员处机构罚款数额5%以上10%以下的罚款，并记入信用档案。

(3) 政府主管部门的责任　依据相关法律规定，政府各级建设行政主管部门在施工图审查中享有行政审批权，主要负责行政监督管理和程序性审批工作。它对设计文件的质量不承担直接责任。但对其审批工作的质量，负有不可推卸的责任，这个责任具体表现为行政责任和刑事责任。国家机关工作人员在施工图审查监督管理工作中玩忽职守、滥用职权、徇私舞弊，构成犯罪的，依法追究刑事责任；尚不构成犯罪的，依法给予行政处分。

6.6　工程勘察设计咨询业知识产权保护与管理

为了保护与管理勘察设计咨询企业的知识产权，鼓励技术创新和发明创造，丰富与发展原创性智力成果，增加企业自主知识产权的数量并提高其质量，增强企业自主创新能力和市场竞争力，同时尊重并合法利用他人的知识产权，根据国家有关知识产权的法律、法规，建设部和国家知识产权局于2003年10月颁发了《工程勘察设计咨询业知识产权保护与管理导则》（简称《导则》）。

面对日益激烈的市场竞争，我国勘察设计咨询业迫切需要增强自身知识产权保护意识，同时承认并尊重他人的知识产权及合法权益。《导则》指导全行业增强知识产权保护意识，做好知识产权保护工作，提高市场竞争能力。

该《导则》所称的知识产权包括：

1) 著作权及与著作权有关的权利（后者简称邻接权）。
2) 专利权。
3) 专有技术（又称技术秘密）。
4) 商业秘密权。
5) 商标专用权（简称商标权）及相关识别性标志权利。
6) 依照国家法律、法规规定，或者由合同约定由企业享有的其他知识产权。

6.6.1 知识产权的范围

1. 勘察设计咨询业的著作权

主要包括勘察、设计、咨询活动和科研活动中形成的，以各种载体所表现的文字作品、图形作品、模型作品、建筑作品等勘察设计咨询作品的著作权。勘察设计咨询作品包括以下内容：

1) 工程勘察投标方案、专业工程设计投标方案、建筑工程设计投标方案（包括创意或概念性投标方案）、工程咨询投标方案等。
2) 工程勘察和工程设计阶段的原始资料、计算书、工程设计图及说明书、技术文件和工程总结报告等。
3) 工程咨询的项目建议书、可行性研究报告、专业性评价报告、工程评估书、监理大纲等。
4) 科研活动的原始数据、设计图及说明书、技术总结和科研报告等。
5) 企业自行编制的计算机软件、企业标准、导则、手册、标准设计等。

2. 勘察设计咨询业的专利权

这是指获得授权并有效的发明专利权、实用新型专利权和外观设计专利权，包括各种具有新颖性、创造性和实用性的新工艺、新设备、新材料、新结构等新技术和新设计，以及对原有技术的新改进、新组合等的专利权。

3. 勘察设计咨询业的专有技术权

这是指对没有申请专利，具有实用性，能为企业带来利益，并采取了保密措施，不为公众所知悉的技术享有的权利，包括各种新工艺、新设备、新材料、新结构、新技术、产品配方、各种技术诀窍及方法等。

4. 勘察设计咨询业除技术秘密以外的其他商业秘密

这是指具有实用性，能为企业带来利益，并采取了保密措施，不为公众所知悉的经营信息，包括生产经营、企业管理、科技档案、客户名单、财务账册、统计报表等。

5. 勘察设计咨询业的商标权及相关识别性标志权

这是指企业名称、商品商标、服务标志，以及依照法定程序取得的各种资质证明等依法享有的权利。

6. 其他

勘察设计咨询业其他受国家法律、法规保护的知识产权。

6.6.2 知识产权的归属

1. 勘察设计咨询业著作权及邻接权的归属认定原则

一般按以下原则认定：

1）执行勘察设计咨询企业的任务或主要利用企业的物质技术条件完成的，并由企业承担责任的工程勘察、设计、咨询的投标方案和各类文件等职务作品，其著作权及邻接权归企业所有。直接参加投标方案和文件编制的自然人（包括企业职工和临时聘用人员，下同）享有署名权。

建设单位（业主）按照国家规定支付勘察、设计、咨询费后所获取的工程勘察、设计、咨询的投标方案或各类文件，仅获得在特定建设项目上的一次性使用权，其著作权仍属于勘察设计咨询企业所有。

2）勘察设计咨询企业自行组织编制的计算机软件、企业标准、导则、手册、标准设计等是职务作品，其著作权及邻接权归企业所有。直接参加编制的自然人享有署名权。

3）执行勘察设计咨询企业的任务或主要利用企业的物质技术条件完成的，并由企业承担责任的科技论文、技术报告等职务作品，其著作权及邻接权归企业所有。直接参加编制的自然人享有署名权。

4）勘察设计咨询企业职工的非职务作品的著作权及邻接权归个人所有。

5）勘察设计咨询企业与其他企事业单位合作所形成的著作权及邻接权、专利权、专有技术权等知识产权，为合作各方所共有，合同另有规定的按照约定确定其权属。

6）勘察设计咨询企业接受国家、企业、事业单位的委托，或者委托其他企事业单位所形成的著作权及邻接权、专利权、专有技术权等知识产权，按照合同确定其权属。没有合同约定的，其权属归完成方所有。

2. 勘察设计咨询业专利权和专有技术权的归属

一般按以下原则认定：

1）执行勘察设计咨询企业的任务，或主要利用本企业的物质技术条件所完成的发明创造或技术成果，属于职务发明创造或职务技术成果，其专利申请权和专利的所有权、专有技术的所有权，以及专利和专有技术的使用权、转让权归企业所有。直接参加专利或专有技术开发、研制等工作的自然人依法享有署名权。

2）勘察设计咨询企业职工的非职务专利或专有技术权归个人所有。

3）勘察设计咨询企业在科研、生产、经营、管理等工作中所形成的，能为企业带来经济利益的，采取了保密措施不为公众所知悉的技术、经营、管理信息等商业秘密属于企业所有。

4）勘察设计咨询企业的名称、商品商标、服务标志以及依法定程序取得的各种资质证明等的权利为企业所有。

5）勘察设计咨询企业的人员，在离开企业期间形成的知识产权的归属一般按以下原则认定：

a. 企业派遣出国开展合作设计、访问、进修、留学等，或者派遣到其他企事业单位短期工作的人员，在企业尚未完成的勘察、设计、咨询、科研等项目，在国外或其他单位完成而可能获得知识产权的，企业应当与派遣人员和接受派遣人员的单位共同签订协议，明确其知识产权的归属。

b. 企业的离休、退休、停薪留职、调离、辞退等人员，在离开企业一年内形成的，且与其在原企业承担的工作或任务有关的各类知识产权归原企业所有。

c. 勘察设计咨询企业接收的培训、进修、借用或临时聘用等人员，在接收企业工作或学习期间形成的职务成果的知识产权，按照接收企业与派出方的协议确定归属，没有协议的其权利属于接收企业。

6.6.3 侵权与处理

1. 侵犯著作权行为

著作权及邻接权的权利人依法享有著作人身权和财产权，即发表权、署名权、修改权、保护作品完整权、复制权、发行权、改编权、信息网络传播权等。他人未经著作权人同意，不得发表、修改和使用其作品。发生以下行为或情况的为侵犯或者侵占他人的著作权：

1）勘察设计咨询企业或工程技术人员不遵守行业道德和从业公约，抄袭、剽窃他人的勘察、设计、咨询文件（设计图）及其作品的。

2）勘察设计咨询企业的职工，未经许可擅自将本企业的勘察设计文件（设计图）、工程技术资料、科研资料等复制、摘录、转让给其他单位或个人的。

3）勘察设计咨询企业的职工，将职务作品或计算机软件作为非职务成果进行登记注册或转让的。

4）勘察设计咨询企业的职工未经审查许可，擅自发表、出版本企业业务范围内的科技论文、作品，或许可他人发表的。

5）任何单位或个人，未经著作权人同意或超出勘察设计咨询合同的规定，擅自复制、超范围使用、重复使用、转让他人的工程勘察、设计、咨询文件（设计图）及其他作品等。

2. 侵犯专利权与专有技术权的行为

专利权人对其发明创造享有独占权。任何单位或个人未经专利权人许可不得进行为生产经营目的制造、使用、许诺销售、销售和进口其专利产品，或者未经专利权人许可为生产经营目的使用其专利方法，以及使用、许诺销售、销售和进口依照其专利方法直接获得的产品。

专有技术是受国家法律保护的具备法定条件的技术秘密，任何单位或个人不得以不正当手段获取、使用他人的技术秘密，不得以任何形式披露、转让他人的技术秘密。发生以下情况为侵犯或者侵占他人的专利权或专有技术权：

1）勘察设计咨询企业的职工违反规定，在工程项目或科研工作完成后，不按时将有关勘察设计文件、设计图、技术资料等归档，私自保留、据为己有的。

2）勘察设计咨询企业的职工违反规定，将应属于单位的职务发明创造和科技成果申请为非职务专利，或者将其据为己有的。

3）勘察设计咨询企业的职工，擅自转让本企业或他人的专利或专有技术的。

4）勘察设计咨询企业或工程技术人员，未经权利人允许，擅自在工程勘察设计中使用他人具有专利权或专有技术权的新工艺、新设备、新技术的。

5）任何单位或个人，采用盗窃、利诱、胁迫或者其他不正当手段获取、使用或者披露他人含有专有技术标识的文件、设计图及说明的。

6）任何单位或个人，违反双方保密约定，将含有专有技术标识的文件、设计图及说明转让给第三方，以及第三方明知是他人的保密文件、设计图及说明仍擅自使用等。

3. 侵犯商标权及相关识别性标志权的行为

商标权的所有人对其注册商标依法享有专用权。他人未经商标权人的同意，不得在经营活动中擅自使用。发生以下行为或情况的为侵犯他人的商标及相关识别性标志权。

1）勘察设计咨询企业擅自在其勘察设计咨询文件上使用其他勘察设计咨询企业的名称、注册商标、资质证明、图签、出图专用章等企业标识的。

2）任何单位或个人，未经勘察设计咨询企业授权，以勘察设计咨询企业的名义进行生产经营活动或其他活动的。

4. 侵犯商业秘密的行为

发生以下行为或情况的为侵犯他人的商业秘密：

1）勘察设计咨询企业的职工，私自将与本企业签有正式业务合同的客户介绍给其他企业，给企业造成损失的。

2）勘察设计咨询企业的职工，违反企业保守商业秘密的要求，泄露或私自许可他人使用其所掌握商业秘密的。

3）第三人明知或应知有上述的违法行为，仍获取、使用或者披露他人的商业秘密等。

5. 其他侵犯知识产权行为

1）勘察设计咨询企业的离休、退休、离职、停薪留职人员将离开企业一年内形成的，且与其在原企业承担的工作或任务有关的知识产权视为己有或转让给他人的，均为侵犯了企业的知识产权。

2）勘察设计咨询企业的离休、退休、离职、停薪留职人员泄露在职期间知悉的企业商业秘密的，均为侵犯了企业的商业秘密权。

发生侵犯或侵占知识产行为的，权利人在获得确切的证据后，可以直接向侵权者发出信函，要求其停止侵权，并说明侵权的后果。双方当事人可就赔偿等问题进行协商，达成协议的按照协议解决；达不成协议的，可以采取调解、仲裁或诉讼等方式解决。

【案例 6-1】

某建筑设计院承担了某花园公寓的工程设计工作。在设计中，基本保持了原审批的初步设计标准，控制了总体规模（600套）。但是，由于原初步设计存在一些不足之处，经业主同意，设计院做了一些必要的修改和调整。其中包括：

1）修改了公寓内平面不合理部分。
2）对电梯间过小的问题进行了调整。
3）加宽了基础尺寸。

由于进行了上述修改和调整，使得该公寓较批准的规划建筑面积增加了 8100m²。

【问题】

业主修改设计，未按规定履行报批手续的行为，以及设计院在该工程设计中对原设计所做的修改和调整内容的行为是否合法？

【分析】

《建设工程勘察设计管理条例》第二十八条规定："建设工程勘察、设计文件内容需要作重大修改的，建设单位应当报经原审批机关批准后，方可修改。"

本案中，加宽基础尺寸这一设计内容的修改，应属于对设计文件内容所做的重大修改。按规定，建设单位应当报经原审批机关批准后，方可修改。

本案中，建设单位未报经原审批机关批准，由设计院直接修改，其行为属于违法的行为。

【案例 6-2】

甲设计公司承接了某发包人的建设工程勘察设计任务。由于业务过于繁忙，经发包人同意，该设计公司将部分工程分包给了乙公司。工作结束后，发包人验收时，发现乙公司承接的部分存在重大工程质量问题。发包人向乙公司交涉，乙公司认为其与发包人没有直接合同关系，不同意承担责任。甲设计公司则认为工作由乙公司完成，甲设计公司没有责任。

【问题】

本案中的工程质量问题应由谁承担责任？

【分析】

建设工程勘察、设计单位经勘察设计合同发包人同意，可以将自己承包的部分工作分包给具有相应资质条件的第三人。第三人就其完成的工作成果与工程勘察、设计单位向发包人承担连带责任。本案中甲设计公司与乙公司应承担连带责任。

【案例 6-3】

某厂新建一车间，分别与市设计院和市某建筑公司签订设计合同和施工合同。工程竣工后，厂房北侧墙壁发生裂缝。

为此该厂向法院起诉建筑公司。经勘验，裂缝是由于地基不均匀沉降引起，结论是结构设计图所依据的地质资料不准确，于是该厂又向法院起诉设计院。设计院答称，设计院是根据该厂提供的地质资料设计的，不应承担事故责任。经法院查证：该厂提供的地质资料不是新建车间的地质资料，而是与该车间相邻的某厂的地质资料，事故前设计院并不知道该情况。

【问题】

本案中事故的责任者是谁？

【分析】

该案例中，设计合同的主体是某厂和市设计院，施工合同的主体是该厂和某建筑公司。根据案情，由于设计图所依据的资料不准确，使地基不均匀沉降，最终导致墙壁裂缝事故。所以，事故涉及的是设计合同中的责权关系，而与施工合同无关，即建筑公司没有责任。在设计合同中，提供准确的资料是委托方的义务之一，而且要对资料的"可靠性负责"，所以委托方提供假地质资料是事故的根源，委托方是事故的责任者之一。市设计院接受对方提供的资料设计，似乎没有过错，但是直到事故发生前设计院仍不知道资料虚假，说明在整个设计过程中，设计院并未对地质资料进行认真的审查，使用了虚假资料进行设计，最终导致事故；否则，有可能防患于未然。所以，设计院也是责任者之一。由此可知：在此事故中，委托方（某厂）为直接责任者、主要责任者，承接方（设计院）为间接责任者、次要责任者。本案中经济损失和诉讼费主要应由该厂负担，市设计院也应承担一小部分。

本 章 习 题

一、单选题

1. 甲建设单位委托乙设计单位编制工程设计图，但未约定该设计著作权归属。乙设计单位注册建筑师王某被指派负责该工程设计,则该工程设计图许可使用权归(　　)享有。

　　A. 甲建设单位　　　　　　　　B. 乙设计单位
　　C. 注册建筑师王某　　　　　　D. 甲、乙两单位共同

2. 某建设单位委托设计单位进行工程设计,设计单位指定王某为建筑设计师,王某完成了设计方案并交付建设单位使用,其王某享有的权利是(　　)。

　　A. 使用权　　B. 著作权　　C. 署名权　　D. 所有权

二、多选题

1. 在技术咨询合同、技术服务合同履行过程中,顾问方或者服务方利用委托方提供的技术资料和工作条件所完成的技术成果,在合同没有约定权属的情况下,该技术成果应属于(　　)所有。

　　A. 顾问方　　B. 委托方　　C. 服务方　　D. 受益方
　　E. 提供咨询的联合体

2. 县级以上人民政府有关行政主管部门对施工图设计文件的审查主要针对(　　)进行。

　　A. 公共利益　　B. 公众安全　　C. 强制性标准　　D. 人身健康
　　E. 卫生环境

三、案例分析

　　一家儿童医院决定新建一栋心脏病房大楼,委托给一个颇有名望的工程咨询公司进行工程设计。医院地下为黏土层,其性质比较特殊。咨询公司在投标时选用了一个资格老、经验丰富的咨询工程师负责。中标后,公司改由一位年轻的咨询工程师负责,他对医院地下黏土的特性不太熟悉,设计时发生了错误,将打桩的承载力算错。打桩选用了优质材料,当时客户对选材比较满意,但却掩盖了承载力计算的错误。开工后不久,由于业主资金不足,设计做了修改,将桩柱和桩帽改为比较廉价的材料,但对工程计算的错误未做纠正。由此导致建设过程中大楼的上部结构发生了问题,整个建筑需要重建。

　　问题:谁应对这起事故负责?为什么?

第 7 章 建设工程安全生产管理法律制度

施工现场危险作业多、立体交叉作业多、作业面广、工期长、受自然气候环境影响大等特点，因此，建设工程施工项目的安全管理具有复杂性、必要性及紧迫性。建设工程安全生产管理不仅关系建筑企业的健康发展，而且关系人民的生命财产安全及社会的稳定。

我国现行规范工程安全生产管理的法律主要有《建筑法》（2019年修正）、《安全生产法》（2021年修正）。行政法规主要有《生产安全事故报告和调查处理条例》（2007年）、《安全生产事故隐患排查治理暂行规定》（2007年）、《建设工程安全生产管理条例》。部门规章主要有《建筑施工企业安全生产许可证管理规定》（2004年）、《建筑施工企业安全生产许可证动态监管暂行办法》（2008年）、《建筑施工企业安全生产管理机构设置及专职安全生产管理人员配备办法》（2008年）等。

7.1 建设工程安全生产的监督管理

7.1.1 安全生产监督管理部门

根据《安全生产法》和《建设工程安全生产管理条例》的有关规定，国务院负责安全生产监督管理的部门，对全国建设工程安全生产工作实施综合监督管理。国务院建设行政主管部门对全国建设工程安全生产实施监督管理。国务院交通、水利等有关部门按照国务院的职责分工，负责有关专业建设工程安全生产的监督管理。

根据《建设工程安全生产管理条例》第四十四条的规定，建设行政主管部门或者其他有关部门可以将施工现场的监督检查委托给建设工程安全监督机构具体实施。

7.1.2 安全生产监督管理措施

对安全生产负有监督管理职责的部门依照有关法律、法规的规定，对涉及安全生产的事项需要审查批准（包括批准、核准、许可、注册、认证、颁发证照等）或者验收的，必须严格依照有关法律、法规和国家标准或者行业标准规定的安全生产条件和程序进行审查；不符合有关法律、法规和国家标准或者行业标准规定的安全生产条件的，不得批准或者验收通过。对未依法取得批准或者验收合格的单位擅自从事有关活动的，负责行政审批的部门发现或者接到举报后应当立即予以取缔，并依法予以处理。对已经依法取得批准的单位，负责行政审批的部门发现其不再具备安全生产条件的,应当撤销原批准。

《建设工程安全生产管理条例》第四十二条规定,建设行政主管部门在审核发放施工许可证时,应当对建设工程是否有安全施工措施进行审查,对没有安全施工措施的,不得颁发施工许可证。

建设行政主管部门或者其他有关部门对建设工程是否有安全施工措施进行审查时,不得收取费用。

7.1.3 安全生产监督管理部门的职权

负有安全生产监督管理职责的部门依法对生产经营单位执行有关安全生产的法律、法规和国家标准或者行业标准的情况进行监督检查,行使以下职权:

1) 进入生产经营单位进行检查,调阅有关资料,向有关单位和人员了解情况。
2) 对检查中发现的安全生产违法行为,当场予以纠正或者要求限期改正;对依法应当给予行政处罚的行为,依照本法和其他有关法律、行政法规的规定做出行政处罚决定。
3) 对检查中发现的事故隐患,应当责令立即排除;重大事故隐患排除前或者排除过程中无法保证安全的,应当责令从危险区域内撤出作业人员,责令暂时停产停业或者停止使用;重大事故隐患排除后,经审查同意,方可恢复生产经营和使用。
4) 对有根据认为不符合保障安全生产的国家标准或者行业标准的设施、设备、器材予以查封或者扣押,并应当在 15 日内依法做出处理决定。监督检查不得影响被检查单位的正常生产经营活动。

7.1.4 安全生产监督检查人员的义务

安全生产监督检查人员在行使职权时,应当履行如下法定义务:
1) 应当忠于职守,坚持原则,秉公执法。
2) 执行监督检查任务时,必须出示有效的监督执法证件。
3) 对涉及被检查单位的技术秘密和业务秘密,应当为其保密。

7.2 安全生产管理基本制度

1. 安全生产责任制度

安全生产责任制度是建筑生产中最基本的安全管理制度,是所有安全规章制度的核心。在建筑活动中,只有明确安全责任,分工负责,才能形成完整有效的安全管理体系,激发每个人的安全责任感,严格执行建设工程安全的法律、法规和安全规程、技术规范,防患于未然,减少和杜绝建筑工程事故,为建设工程的生产创造一个良好的环境。

2. 群防群治制度

群防群治制度是职工群众进行预防和治理安全的一种制度。这一制度要求建筑企业职工在施工中应当遵守有关生产的法律、法规和建筑行业安全规章、规程,不得违章作业;对于危及生命安全和身体健康的行为有权提出批评、检举和控告。

3. 安全生产教育培训制度

安全生产教育培训制度是对广大建筑企业干部职工进行安全教育培训，提高安全意识，增加安全知识和技能的制度。安全生产，人人有责。许多建筑安全事故发生的一个重要原因就是有关人员安全意识不强，安全技能不够，这些都是没有搞好安全教育培训工作的后果。

4. 安全生产检查制度

安全生产检查制度是上级管理部门或企业自身对安全生产状况进行定期或不定期检查的制度。通过检查，还可总结出好的经验加以推广，为进一步搞好安全工作打下基础。安全检查制度是安全生产的保障。

5. 伤亡事故处理报告制度

伤亡事故处理报告制度是指施工中发生事故时，建筑企业应当采取紧急措施减少人员伤亡和事故损失，并按照国家有关规定及时向有关部门报告的制度。

6. 安全责任追究制度

建设单位、设计单位、施工单位、监理单位，由于没有履行职责造成人员伤亡和事故损失的，视情节给予相应处理；情节严重的，责令停业整顿，降低资质等级或吊销资质证书；构成犯罪的，依法追究刑事责任。

7.3 安全生产许可制度

2004年1月13日国务院公布《安全生产许可证条例》，自公布之日起施行，并于2014年7月修订。《安全生产许可证条例》的立法目的是严格规范安全生产条件，进一步加强安全生产监督管理，防止和减少生产安全事故。根据《安全生产许可证条例》的规定，安全生产许可证的发放范围具体包括五类企业：矿山企业、建筑施工企业和危险化学品、烟花爆竹、民用爆炸物品生产企业。这五类危险性较大的企业，必须依照法定条件、程序，向有关管理机关申请领取安全生产许可证，方可进行生产。凡是没有取得安全生产许可证的，一律不得从事相关生产活动。国家对建筑施工企业实施安全生产许可制度，目的是严格规范安全生产条件，进一步加强安全生产监督管理，防止和减少生产安全事故。

国务院建设主管部门负责中央管理的建筑施工企业安全生产许可证的颁发和管理；其他企业由省、自治区、直辖市人民政府建设主管部门负责颁发和管理，并接受国务院建设主管部门的指导和监督。

1. 安全生产许可证的申请条件

《建筑施工企业安全生产许可证管理规定》中将建筑施工企业取得安全生产许可证应当具备的安全生产条件具体规定为：

1）建立、健全安全生产责任制，制定完备的安全生产规章制度和操作规程。
2）保证本单位安全生产条件所需资金的投入。
3）设置安全生产管理机构，按照国家有关规定配备专职安全生产管理人员。
4）主要负责人、项目负责人、专职安全生产管理人员经建设主管部门或其他部门考核合格。
5）特种作业人员经有关业务主管部门考核合格，取得特种作业操作资格证书。
6）管理人员和作业人员每年至少进行一次安全生产教育培训并考核合格。

7）依法参加工伤保险，依法为施工现场从事危险作业的人员办理意外伤害保险，为从业人员交纳保险费。

8）施工现场的办公、生活区及作业场所和安全防护用具、机械设备、施工机具及配件符合有关安全生产法律、法规、标准和规程的要求。

9）有职业危害防治措施，并为作业人员配备符合国家标准或者行业标准的安全防护用具和安全防护服装。

10）有对危险性较大的分部分项目工程及施工现场易发生重大事故的部位、环节的预防、监控措施和应急预案。

11）有生产安全事故应急救援预案、应急救援组织或者应急救援人员，配备必要的应急救援器材、设备。

12）法律、法规规定的其他条件。

企业进行生产前，应当依照规定向安全生产许可证颁发管理机关申请领取安全生产许可证，并提供规定的相关文件、资料。安全生产许可证颁发管理机关应当自收到申请之日起45日内审查完毕，经审查符合安全生产条件的，颁发安全生产许可证；不符合该条例规定的安全生产条件的，不予颁发安全生产许可证，书面通知企业并说明理由。企业不得转让、冒用安全生产许可证或者使用伪造的安全生产许可证。

2. 安全生产许可证的有效期

安全生产许可证的有效期为3年。安全生产许可证有效期满需要延期的，企业应当于期满前3个月向原安全生产许可证颁发管理机关办理延期手续。企业在安全生产许可证有效期内，严格遵守有关安全生产的法律、法规，未发生死亡事故的，安全生产许可证有效期届满时，经原安全生产许可证颁发管理机关同意，不再审查，安全生产许可证有效期延期3年。

建筑施工企业变更名称、地址、法定代表人等，应当在变更后10日内，到原安全生产许可证颁发管理机关办理安全生产许可证变更手续。

建筑施工企业破产、倒闭、撤销，应当将安全生产许可证交回原安全生产许可证颁发管理机关予以注销。

建筑施工企业遗失安全生产许可证，应当立即向原安全生产许可证颁发管理机关报告，并在公众媒体上声明作废后，方可申请补办。

【例题1】 下列关于安全生产许可证有效期的说法，正确的有(　　)。
A. 安全生产许可证的有效期为3年
B. 施工企业应当向原安全生产许可证颁发管理机关办理延期手续
C. 安全生产许可证有效期满需要延期的，施工企业应当于期满前1个月办理延期手续
D. 施工企业在安全生产许可证有效期内，严格遵守有关安全生产的法律、法规，未发生死亡事故的，安全生产许可证有效期届满时，自动延期
E. 安全生产许可证有效期延期3年
【答案】 ABE
【解析】 选项D错误，企业在安全生产许可证有效期内，严格遵守有关安全生产的法律、法规，未发生死亡事故的，安全生产许可证有效期届满时，经原安全生产许可证颁发管理机关同意，不再审查，安全生产许可证有效期延期3年，因此不是自动延期。

【例题2】 根据《建筑施工企业安全生产许可证管理规定》，下列关于安全生产许可证的说法正确的有（   ）。
  A. 施工企业未取得安全生产许可证的不得从事建筑施工活动
  B. 施工企业变更法定代表人的不必办理安全生产许可证变更手续
  C. 对没有取得安全生产许可证的施工企业所承包的项目不得颁发施工许可证
  D. 施工企业取得安全生产许可证后不得降低安全生产条件
  E. 未发生死亡事故的安全生产许可证有效期届满时自动延期
【答案】 ACD

3. 政府监管

建设主管部门在审核发放施工许可证时，应当对已经确定的建筑施工企业是否有安全生产许可证进行审查，对没有取得安全生产许可证的，不得颁发施工许可证。企业不得转让、冒用安全生产许可证或者使用伪造的安全生产许可证。企业取得安全生产许可证后，不得降低安全生产条件，并应当加强日常安全生产管理，接受安全生产许可证颁发管理机关的监督检查。

安全生产许可证颁发管理机关或者其上级行政机关发现有下列情形之一的，可以撤销已经颁发的安全生产许可证：

1）安全生产许可证颁发管理机关工作人员滥用职权、玩忽职守颁发安全生产许可证的。
2）超越法定职权颁发安全生产许可证的。
3）违反法定程序颁发安全生产许可证的。
4）对不具备安全生产条件的建筑施工企业颁发安全生产许可证的。
5）依法可以撤销已经颁发的安全生产许可证的其他情形。

4. 法律责任

（1）未取得安全生产许可证擅自生产的法律责任　未取得安全生产许可证擅自进行生产，责令停止生产，没收违法所得，并处10万元以上50万元以下的罚款；造成重大事故或者其他严重后果，构成犯罪的，依法追究刑事责任。

（2）期满未办理延期手续，继续进行生产的法律责任　违反规定，安全生产许可证有效期满未办理延期手续。继续进行生产的，责令停止生产，限期补办延期手续，没收违法所得，并处5万元以上10万元以下的罚款；逾期仍不办理延期手续，继续进行生产的，依照规定处罚。

（3）转让安全生产许可证的法律责任　转让安全生产许可证的，没收违法所得，处10万元以上50万元以下的罚款，并吊销其安全生产许可证；构成犯罪的，依法追究刑事责任；接受转让的，依照规定处罚。

（4）冒用或伪造安全生产许可证的法律责任　冒用安全生产许可证或者使用伪造的安全生产许可证进行生产的，责令停止生产，没收违法所得，并处10万元以上50万元以下的罚款；造成重大事故或者其他严重后果，构成犯罪的，依法追究刑事责任。

7.4 安全生产责任主体的安全责任

7.4.1 建设单位的安全责任

1. 向施工单位提供资料的责任

建设单位应当向施工单位提供施工现场及毗邻区域内供水、排水、供电、供气、供热、通信、广播电视等地下管线资料,气象和水文观测资料,相邻建筑物和构筑物、地下工程的有关资料,并保证资料的真实、准确、完整。

建设单位提供的资料将成为施工单位后续工作的主要参考依据。这些资料如果不真实、准确、完整,并因此导致了施工单位的损失,施工单位可以就此向建设单位要求赔偿。

2. 依法履行合同的责任

建设单位不得对勘察、设计、施工、工程监理等单位提出不符合建设工程安全生产法律、法规和强制性标准规定的要求,不得压缩合同约定的工期。

3. 提供安全生产费用的责任

建设单位在编制工程概算时,应当确定建设工程安全作业环境及安全施工措施所需费用。

4. 不得推销劣质材料设备的责任

建设单位不得明示或者暗示施工单位购买、租赁、使用不符合安全施工要求的安全防护用具、机械设备、施工机具及配件、消防设施和器材。

5. 提供安全施工措施资料的责任

建设单位在申请领取施工许可证时,应当提供建设工程有关安全施工措施的资料。

依法批准开工报告的建设工程,建设单位应当自开工报告批准之日起 15 日内,将保证安全施工的措施报送建设工程所在地的县级以上地方人民政府建设行政主管部门或者其他有关部门备案。

6. 对拆除工程进行备案的责任

建设单位应当将拆除工程发包给具有相应资质等级的施工单位。

建设单位应当在拆除工程施工 15 日前,将下列资料报送建设工程所在地的县级以上地方人民政府建设行政主管部门或者其他有关部门备案:

1) 施工单位资质等级证明。
2) 拟拆除建筑物、构筑物及可能危及毗邻建筑的说明。
3) 拆除施工组织方案。
4) 堆放、清除废弃物的措施。

实施爆破作业的,应当遵守国家有关民用爆炸物品管理的规定。

7. 法律责任

(1) 未提供安全生产作业环境及安全施工措施所需费用的法律责任 建设单位未提供建设工程安全生产作业环境及安全施工措施所需费用的,责令限期改正;逾期未改正的,责令该建设工程停止施工。

建设单位未将保证安全施工的措施或者拆除工程的有关资料报送有关部门备案的,责令限期改正,并给予警告。

(2) 其他法律责任　建设单位有下列行为之一的,责令限期改正,处 20 万元以上 50 万元以下的罚款;造成重大安全事故,构成犯罪的,对直接责任人员,依照刑法有关规定追究刑事责任;造成损失的,依法承担赔偿责任。①对勘察、设计、施工、工程监理等单位提出不符合安全生产法律、法规和强制性标准规定的要求的;②要求施工单位压缩合同约定的工期的;③将拆除工程发包给不具有相应资质等级的施工单位的。

7.4.2 施工单位的安全责任

1. 主要负责人、项目负责人和专职安全生产管理人员的安全责任

(1) 主要负责人　施工单位主要负责人依法对本单位的安全生产工作全面负责。"主要负责人"并不仅限于施工单位的法定代表人,而是指对施工单位全面负责,有生产经营决策权的人。

(2) 项目负责人　施工单位的项目负责人应当由取得相应执业资格的人员担任,对建设工程项目的安全施工负责。"相应执业资格"指建造师执业资格。

项目负责人的安全责任主要包括:

1) 落实安全生产责任制度,安全生产规章制度和操作规程。
2) 确保安全生产费用的有效使用。
3) 根据工程的特点组织制定安全施工措施,消除安全事故隐患。
4) 及时、如实报告生产安全事故。

【例题3】　下列关于施工企业项目负责人安全生产责任的说法,正确的有(　　)。
A. 开展项目安全教育培训
B. 对建设工程项目的安全施工负责
C. 确保安全生产费用的有效使用
D. 监督作业人员安全保护用品的配备及使用情况
E. 及时、如实报告生产安全事故
【答案】　BCE

(3) 安全生产管理机构和专职安全生产管理人员　施工单位应当设立安全生产管理机构,配备专职安全生产管理人员。

1) 安全生产管理机构的设立及其职责。安全生产管理机构是指施工单位及其在建设工程项目中设置的负责安全生产管理工作的独立职能部门。

2) 专职安全生产管理人员的职责。专职安全生产管理人员是指经建设主管部门或者其他有关部门安全生产考核合格,并取得安全生产考核合格证书在企业从事安全生产管理工作的专职人员,包括施工单位安全生产管理机构的负责人及其工作人员和施工现场专职安全生产管理人员。

专职安全生产管理人员的安全责任主要包括:对安全生产进行现场监督检查。发现安全事故隐患,应当及时向项目负责人和安全生产管理机构报告;对于违章指挥、违章操作的,应当立即制止。

2. 总承包单位和分包单位的安全责任

建设工程实行施工总承包的，由总承包单位对施工现场的安全生产负总责，总承包单位依法将建设工程分包给其他单位的，分包合同中应当明确各自在安全生产方面的权利、义务。总承包单位和分包单位对分包工程的安全生产承担连带责任。

分包单位应当服从总承包单位的安全生产管理，分包单位不服从管理导致生产安全事故的，由分包单位承担主要责任。

3. 安全生产教育培训

（1）管理人员的考核　施工单位的主要负责人、项目负责人、专职安全生产管理人员应当经建设行政主管部门或者其他有关部门考核合格后方可任职。

（2）作业人员的安全生产教育培训　施工单位应当对管理人员和作业人员每年至少进行一次安全生产教育培训，其教育培训情况记入个人工作档案。安全生产教育培训考核不合格的人员，不得上岗。

作业人员进入新的岗位或者新的施工现场前，应当接受安全生产教育培训。未经教育培训或者教育培训考核不合格的人员，不得上岗作业。

施工单位在采用新技术、新工艺、新设备、新材料时，也应当对作业人员进行相应的安全生产教育培训。

垂直运输机械作业人员、安装拆卸工、爆破作业人员、起重信号工、登高架设作业人员等特种作业人员，必须按照国家有关规定经过专门的安全作业培训，并取得特种作业操作资格证书后，方可上岗作业。

（3）消防安全教育培训　公安部、住房和城乡建设部等九部委联合颁布的《社会消防安全教育培训规定》中规定，在建工程的施工单位应当开展下列消防安全教育工作：①建设工程施工前应当对施工人员进行消防安全教育；②在建设工地醒目位置、施工人员集中住宿场所设置消防安全宣传栏，悬挂消防安全挂图和消防安全警示标志；③对明火作业人员进行经常性的消防安全教育；④组织灭火和应急疏散演练。

4. 施工单位应采取的安全措施

（1）编制安全技术措施、施工现场临时用电方案和专项施工方案　施工单位应当在施工组织设计中编制安全技术措施和施工现场临时用电方案。

对下列达到一定规模的危险性较大的分部分项工程编制专项施工方案，并附具安全验算结果，经施工单位技术负责人、总监理工程师签字后实施，由专职安全生产管理人员进行现场监督：

1) 基坑支护与降水工程。
2) 土方开挖工程。
3) 模板工程。
4) 起重吊装工程。
5) 脚手架工程。
6) 拆除、爆破工程。
7) 国务院建设行政主管部门或者其他有关部门规定的其他危险性较大的工程。

对上述所列工程中涉及深基坑、地下暗挖工程、高大模板工程的专项施工方案，施工单位还应当组织专家进行论证、审查。

2019年3月13日住房和城乡建设部发布第37号令，将《危险性较大的分部分项工程安全管理规定》中"建设单位在申请办理安全监督手续时，应当提交危大工程清单及其安全管理措施等资料"修改为"建设单位在申请办理施工许可手续时，应当提交危大工程清单及其安全管理措施等资料"。

（2）安全施工技术交底　建设工程施工前，施工单位负责项目管理的技术人员应当对有关安全施工的技术要求向施工作业班组、作业人员做出详细说明，并由双方签字确认。

（3）施工现场安全警示标志的设置　施工单位应当在施工现场入口处、施工起重机械、临时用电设施、脚手架、出入通道口、楼梯口、电梯井口、孔洞口、桥梁口、隧道口、基坑边沿、爆破物及有害危险气体和液体存放处等危险部位，设置明显的安全警示标志。安全警示标志必须符合国家标准。

（4）施工现场的安全防护　施工单位应当根据不同施工阶段和周围环境及季节、气候的变化，在施工现场采取相应的安全施工措施。施工现场暂时停止施工的，施工单位应当做好现场防护，所需费用由责任方承担，或者按照合同约定执行。

（5）施工现场的布置应当符合安全和文明施工要求　施工单位应当将施工现场的办公、生活区与作业区分开设置，并保持安全距离；办公、生活区的选址应当符合安全性要求。职工的膳食、饮水、休息场所等应当符合卫生标准。施工单位不得在尚未竣工的建筑物内设置员工集体宿舍。

施工现场临时搭建的建筑物应当符合安全使用要求。施工现场使用的装配式活动房屋应当具有产品合格证。临时建筑物一般包括施工现场的办公用房、宿舍、食堂、仓库、卫生间等。

（6）对周边环境采取防护措施　施工单位对因建设工程施工可能造成损害的毗邻建筑物、构筑物和地下管线等，应当采取专项防护措施。施工单位应当遵守有关环境保护法律、法规的规定，在施工现场采取措施，防止或者减少粉尘、废气、废水、固体废物、噪声、振动和施工照明对人和环境的危害和污染。在城市市区内的建设工程，施工单位应当对施工现场实行封闭围挡。

（7）施工现场的消防安全措施　施工单位应当在施工现场建立消防安全责任制度，确定消防安全责任人，制定用火、用电、使用易燃易爆材料等各项消防安全管理制度和操作规程，设置消防通道、消防水源，配备消防设施和灭火器材，并在施工现场入口处设置明显标志。

（8）安全防护设备管理　施工单位采购、租赁的安全防护用具、机械设备、施工机具及配件。应当具有生产（制造）许可证、产品合格证，并在进入施工现场前进行查验。

施工现场的安全防护用具、机械设备、施工机具及配件必须由专人管理，定期进行检查、维修和保养，建立相应的资料档案，并按照国家有关规定及时报废。

作业人员应当遵守安全施工的强制性标准、规章制度和操作规程，正确使用安全防护用具、机械设备等。

（9）起重机械设备管理　施工单位在使用施工起重机械和整体提升脚手架、模板等自升式架设设施前，应当组织有关单位进行验收，也可以委托具有相应资质的检验检测机构进行验收；使用承租的机械设备和施工机具及配件的，由施工总承包单位、分包单位、出租单位和安装单位共同进行验收。验收合格的方可使用。

《特种设备安全监察条例》规定的施工起重机械,在验收前应当经有相应资质的检验检测机构监督检验合格。

施工单位应当自施工起重机械和整体提升脚手架、模板等自升式架设设施验收合格之日起30日内,向建设行政主管部门或者其他有关部门登记。登记标志应当置于或者附着于该设备的显著位置。

(10) 办理意外伤害保险 施工单位应当为施工现场从事危险作业的人员办理意外伤害保险。意外伤害保险费由施工单位支付。实行施工总承包的,由总承包单位支付意外伤害保险费。意外伤害保险期限自建设工程开工之日起至竣工验收合格止。

在工程实践中一般由总承包单位支付分包单位职工的意外伤害保险。

5. 从业人员的安全生产权利和义务

按照《建筑法》《安全生产法》《建设工程安全生产管理条例》等法律、行政法规的规定,施工作业人员主要有如下的安全生产权利和义务:

1) 生产经营单位与从业人员订立的劳动合同,应当载明有关保障从业人员劳动安全、防止职业危害的事项,以及依法为从业人员办理工伤保险的事项。

生产经营单位不得以任何形式与从业人员订立协议,免除或者减轻其对从业人员因生产安全事故伤亡依法应承担的责任。

2) 生产经营单位的从业人员有权了解其作业场所和工作岗位存在的危险因素、防范措施及事故应急措施,有权对本单位的安全生产工作提出建议。

3) 从业人员有权对本单位安全生产工作中存在的问题提出批评、检举、控告;有权拒绝违章指挥和强令冒险作业。

4) 生产经营单位不得因从业人员对本单位安全生产工作提出批评、检举、控告或者拒绝违章指挥、强令冒险作业而降低其工资、福利等待遇或者解除与其订立的劳动合同。

5) 从业人员发现直接危及人身安全的紧急情况时,有权停止作业或者在采取可能的应急措施后撤离作业场所。

生产经营单位不得因从业人员在前款紧急情况下停止作业或者采取紧急撤离措施而降低其工资、福利等待遇或者解除与其订立的劳动合同。

6) 因生产安全事故受到损害的从业人员,除依法享有工伤保险外,依照有关民事法律尚有获得赔偿的权利的,有权向本单位提出赔偿要求。

7) 从业人员在作业过程中,应当严格遵守本单位的安全生产规章制度和操作规程,服从管理,正确佩戴和使用劳动防护用品。

8) 从业人员应当接受安全生产教育和培训,掌握本职工作所需的安全生产知识,提高安全生产技能,增强事故预防和应急处理能力。

9) 从业人员发现事故隐患或者其他不安全因素,应当立即向现场安全生产管理人员或者本单位负责人报告;接到报告的人员应当及时予以处理。

10) 工会有权对建设项目的安全设施与主体工程同时设计、同时施工、同时投入生产和使用进行监督,提出意见。

工会对生产经营单位违反安全生产法律、法规,侵犯从业人员合法权益的行为,有权要求纠正;发现生产经营单位违章指挥、强令冒险作业或者发现事故隐患时,有权提出解决的建议,生产经营单位应当及时研究答复;发现危及从业人员生命安全的情况时,有权向生产经营单位建议组织从业人员撤离危险场所,生产经营单位必须立即做出处理。

工会有权依法参加事故调查,向有关部门提出处理意见,并要求追究有关人员的责任。

6. 法律责任

(1) 挪用安全生产费用的法律责任　施工单位挪用列入建设工程概算的安全生产作业环境及安全施工措施所需费用的,责令限期改正,处挪用费用20%以上50%以下的罚款;造成损失的,依法承担赔偿责任。

(2) 违反施工现场管理的法律责任　施工单位有下列行为之一的,责令限期改正;逾期未改正的,责令停业整顿,并处5万元以上10万元以下的罚款;造成重大安全事故,构成犯罪的,对直接责任人员,依照刑法有关规定追究刑事责任:

1) 施工前未对有关安全施工的技术要求做出详细说明的。

2) 未根据不同施工阶段和周围环境及季节、气候的变化,在施工现场采取相应的安全施工措施,或者在城市市区内的建设工程的施工现场未实行封闭围挡的。

3) 在尚未竣工的建筑物内设置员工集体宿舍的。

4) 施工现场临时搭建的建筑物不符合安全使用要求的。

5) 未对因建设工程施工可能造成损害的毗邻建筑物、构筑物和地下管线等采取专项防护措施的。

施工单位有上述第4)项、第5)项行为,造成损失的,依法承担赔偿责任。

(3) 违反安全设施管理的法律责任　施工单位有下列行为之一的,责令限期改正,逾期未改正的,责令停业整顿,并处10万元以上30万元以下的罚款;情节严重的,降低资质等级,直至吊销资质证书;造成重大安全事故,构成犯罪的,对直接责任人员,依照刑法有关规定追究刑事责任;造成损失的,依法承担赔偿责任:

1) 安全防护用具、机械设备、施工机具及配件在进入施工现场前未经查验或者查验不合格即投入使用的。

2) 使用未经验收或者验收不合格的施工起重机械和整体提升脚手架、模板等自升式架设设施的。

3) 委托不具有相应资质的单位承担施工现场安装、拆卸施工起重机械和整体提升脚手架、模板等自升式架设设施的。

4) 在施工组织设计中未编制安全技术措施、施工现场临时用电方案或者专项施工方案的。

(4) 管理人员不履行安全生产管理职责的法律责任　施工单位的主要负责人、项目负责人未履行安全生产管理职责的,责令限期改正;逾期未改正的,责令施工单位停业整顿;造成重大安全事故、重大伤亡事故或者其他严重后果,构成犯罪的,依照刑法有关规定追究刑事责任。

施工单位的主要负责人、项目负责人有前款违法行为,尚不够刑事处罚的,处2万元以上20万元以下的罚款或者按照管理权限给予撤职处分;自刑罚执行完毕或者受处分之日起,5年内不得担任任何施工单位的主要负责人、项目负责人。

(5) 作业人员违章作业的法律责任　作业人员不服管理、违反规章制度和操作规程冒险作业造成重大伤亡事故或者其他严重后果,构成犯罪的,依照刑法有关规定追究刑事责任。

(6) 降低安全生产条件的法律责任　施工单位取得资质证书后,降低安全生产条件的,责令限期改正；经整改仍未达到与其资质等级相适应的安全生产条件的，责令停业整顿，降低其资质等级直至吊销资质证书。

（7）其他法律责任　施工单位有下列行为之一的，责令限期改正，逾期未改正的，责令停业整顿，依照《安全生产法》的有关规定处以罚款；造成重大安全事故，构成犯罪的，对直接责任人员，依照刑法有关规定追究刑事责任：

1) 未设立安全生产管理机构、配备专职安全生产管理人员或者分部分项工程施工时无专职安全生产管理人员现场监督的。

2) 施工单位的主要负责人、项目负责人、专职安全生产管理人员、作业人员或者特种作业人员，未经安全教育培训或者经考核不合格即从事相关工作的。

3) 未在施工现场的危险部位设置明显的安全警示标志，或者未按照国家有关规定在施工现场设置消防通道、消防水源、配备消防设施和灭火器材的。

4) 未向作业人员提供安全防护用具和安全防护服装的。

5) 未按照规定在施工起重机械和整体提升脚手架、模板等自升式架设设施验收合格后登记的。

6) 使用国家明令淘汰、禁止使用的危及施工安全的工艺、设备、材料的。

7.4.3　工程监理单位的安全责任

1. 审查承包人施工方案的责任

施工组织设计在本质上是施工单位编制的施工计划，其中要包含安全技术措施和施工方案。对于达到一定规模的危险性较大的分部分项工程要编制专项施工方案。

2. 监理的安全生产责任

工程监理单位在实施监理过程中，发现存在安全事故隐患的，应当要求施工单位整改；情况严重的，应当要求施工单位暂时停止施工，并及时报告建设单位。施工单位拒不整改或者不停止施工的，工程监理单位应当及时向有关主管部门报告。工程监理单位和监理工程师应当按照法律、法规和工程建设强制性标准实施监理，并对建设工程安全生产承担监理责任。

3. 法律责任

（1）违反强制性标准的法律责任　注册执业人员（包括监理工程师）未执行法律、法规和工程建设强制性标准的，责令停止执业3个月以上1年以下；情节严重的，吊销执业资格证书，5年内不予注册；造成重大安全事故的，终身不予注册；构成犯罪的，依照刑法有关规定追究刑事责任。

（2）其他法律责任　工程监理单位有下列行为之一的，责令限期改正；逾期未改正的，责令停业整顿，并处10万元以上30万元以下的罚款；情节严重的，降低资质等级，直至吊销资质证书；造成重大安全事故，构成犯罪的，对直接责任人员，依照刑法有关规定追究刑事责任；造成损失的，依法承担赔偿责任。

1) 未对施工组织设计中的安全技术措施或者专项施工方案进行审查的。

2) 发现安全事故隐患未及时要求施工单位整改或者暂时停止施工的。

3) 施工单位拒不整改或者不停止施工，未及时向有关主管部门报告的。

4) 未依照法律、法规和工程建设强制性标准实施监理的。

【例题4】 根据《建设工程安全生产管理条例》，工程监理单位在实施监理过程中，发现存在安全隐患且情况严重的，应当(   )。
A. 要求施工单位整改，并及时报告有关主管部门
B. 要求施工单位整改，并及时报告建设单位
C. 要求施工单位暂时停止施工，并及时报告有关主管部门
D. 要求施工单位暂时停止施工，并及时报告建设单位
【答案】 D

【例题5】 下列建设工程安全生产责任中，属于工程监理单位安全职责的有(   )。
A. 审查安全技术措施或专项施工方案
B. 编制安全技术措施或专项施工方案
C. 对施工现场的安全生产负总责
D. 对施工安全事故隐患提出整改要求
E. 出现安全事故，负责成立事故调查组
【答案】 AD

【案例7-1】

某商务中心高层建筑，总建筑面积约15万m²，地下2层，地上22层。施工单位进行了三级安全教育。在地下桩基施工中，由于是深基坑工程，项目经理部按照设计文件和施工技术标准编制了基坑防护及降水工程专项施工组织方案，经项目经理签字后组织施工。同时，项目经理安排负责质量检查的人员兼任安全管理工作。当土方开挖至坑底设计标高时，监理工程师发现基坑四周地表出现大量裂纹，坑边部分土石有滑落现象，即向现场作业人员发出口头通知，要求停止施工，撤离相关作业人员。但施工作业人员担心拖延施工进度，对监理通知不予理睬，继续施工。随后，基坑发生大面积坍塌，造成基坑下作业人员有3人死亡、2人重伤、1人轻伤。事故发生后，经查施工单位未办理意外伤害保险。

【问题】
施工单位有哪些违法行为？

【分析】
施工单位存在如下违法问题：
(1) 专项施工方案审批程序错误。《建设工程安全生产管理条例》规定，施工单位对达到一定规模的危险性较大的分部分项工程编制专项施工方案后，须经施工单位技术负责人、总监理工程师签字后实施。而本案中的基坑支护和降水工程专项施工方案仅由项目经理签字后即组织施工，是违法的。

(2) 安全生产管理环节严重缺失。《建设工程安全生产管理条例》规定："施工单位应当设立安全生产管理机构，配备专职安全生产管理人员。"该《条例》还规定，对分部分项工程专项施工方案的实施，"由专职安全生产管理人员进行现场监督"。本案中，项目经理部安排质量检查人员兼任安全管理人员，明显违反了上述规定。

(3) 施工作业人员安全生产自我保护意识不强。《建设工程安全生产管理条例》规定："作业人员有权对施工现场的作业条件、作业程序和作业方式中存在的安全问题提出批评、

检举和控告，有权拒绝违章指挥和强令冒险作业。在施工中发生危及人身安全的紧急情况时，作业人员有权立即停止作业或者采取必要的应急措施后撤离危险区域"。本案中，施工作业人员迫于施工进度压力冒险作业，也是造成安全事故的重要原因。

（4）施工单位未办理意外伤害保险。《建设工程安全生产管理条例》规定："施工单位应当为施工现场从事危险作业的人员办理意外伤害保险。意外伤害保险费由施工单位支付。"意外伤害保属于强制性保险，必须依法办理。

7.4.4 勘察、设计单位的安全责任

1. 勘察单位的安全责任

建设工程勘察是工程建设的基础性工作。建设工程勘察文件，是建设工程项目规划、选址和设计的重要依据，其勘察成果是否科学、准确，对建设工程安全生产具有重要影响。勘察单位有确保勘查文件的质量，保证后续工作的安全的责任；同时有科学勘察，保证周边建筑物安全的责任。

2. 设计单位的安全责任

（1）科学设计　设计单位应当按照法律、法规和工程建设强制性标准进行设计，防止因设计不合理导致生产安全事故的发生。

（2）提出建议　设计单位应当考虑施工安全操作和防护的需要，对涉及施工安全的重点部位和环节在设计文件中注明，并对防范生产安全事故提出指导意见。

采用新结构、新材料、新工艺的建设工程和特殊结构的建设工程，设计单位应当在设计中提出保障施工作业人员安全和预防生产安全事故的措施建议。

（3）承担后果的责任　设计单位和注册建筑师等注册执业人员应当对其设计负责。

3. 法律责任

勘察单位、设计单位有下列行为之一的，责令限期改正，处10万元以上30万元以下的罚款；情节严重的，责令停业整顿，降低资质等级，直至吊销资质证书；造成重大安全事故，构成犯罪的，对直接责任人员，依照刑法有关规定追究刑事责任；造成损失的，依法承担赔偿责任：

1）未按照法律、法规和工程建设强制性标准进行勘察、设计的。

2）采用新结构、新材料、新工艺的建设工程和特殊结构的建设工程，设计单位未在设计中提出保障施工作业人员安全和预防生产安全事故的措施建议的。

【例题6】　下列关于建设单位安全责任的说法，正确的有（　　）。
A. 审查专项施工方案
B. 确保地下管线的安全
C. 申领施工许可证时应当提供有关安全施工措施的资料
D. 对拆除工程不用备案
【答案】　C

【例题7】　根据《建设工程安全生产管理条例》，下列属于建设单位安全责任的有（　　）。
A. 编制施工安全生产规章制度

B. 向施工企业提供准确的地下管线资料
C. 将拆除工程的有关资料报送有关部门备案
D. 保证设计文件符合工程建设强制性标准
E. 为从事特种作业的施工人员办理意外伤害保险

【答案】 BC

7.4.5 其他相关单位的安全责任

1. 机械设备和配件供应单位的安全责任

为建设工程提供机械设备和配件的单位,应当按照安全施工的要求配备齐全有效的保险、限位等安全设施和装置。

2. 出租机械设备和施工机具及配件单位的安全责任

出租的机械设备和施工机具及配件,应当具有生产(制造)许可证、产品合格证,并应当对出租的机械设备和施工机具及配件的安全性能进行检测,在签订租赁协议时,应当出具检测合格证明。禁止出租检测不合格的机械设备和施工机具及配件。

3. 施工起重机械和自升式架设设施的安全管理

(1)安装与拆卸

1)施工起重机械和自升式架设设施等的安装、拆卸属于特殊专业安装,具有高度危险性,容易造成重大伤亡事故。

2)在施工现场安装、拆卸施工起重机械和整体提升脚手架、模板等自升式架设设施,必须由具有相应资质的单位承担。

3)安装、拆卸施工起重机械和整体提升脚手架、模板等自升式架设设施,应当编制拆装方案、制定安全施工措施,并由专业技术人员现场监督。施工起重机械和整体提升脚手架、模板等自升式架设设施安装完毕后,安装单位应当自检,出具自检合格证明,并向施工单位进行安全使用说明,办理验收手续并签字。

(2)检验检测

1)强制检测。施工起重机械和整体提升脚手架、模板等自升式架设设施的使用达到国家规定的检验检测期限的,必须经具有专业资质的检验检测机构检测。经检测不合格的,不得继续使用。

2)检验检测机构的安全责任。检验检测机构对检测合格的施工起重机械和整体提升脚手架、模板等自升式架设设施,应当出具安全合格证明文件,并对检测结果负责。

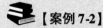
【案例7-2】

2018年3月15日,由某建筑工程公司承包的某高层建筑工地发生一起塔式起重机倒塌事故,造成6人死亡,9人受伤。分析事故原因发现,塔式起重机是由租赁公司出租给承包商的,并由某安装公司进行塔式起重机安装,但该安装公司并不具备安装塔式起重机的相应资质;在塔式起重机安装完毕后,由于高层施工急需使用,安装单位没有进行自检,也没有向承包商进行安全使用说明,承包商未进行验收就投入使用,结果因塔式起重机安装过程中存在安全隐患造成了这起重大事故。

【问题】

(1)《建设工程安全生产管理条例》对塔式起重机的安装单位的安全责任是如何规定的？本案中的安装单位是否承担该起安全事故的安全责任？为什么？

(2)《建设工程安全生产管理条例》对承包商使用塔式起重机的安全责任是如何规定的？承包商对这起安全事故是否应当承担使用塔式起重机的安全责任？为什么？

【分析】

(1) 具体分析

1)《建设工程安全生产管理条例》对塔式起重机安装的安装单位的安全责任规定如下：

① 在施工现场安装、拆卸施工起重机械和整体提升脚手架、模板等自升式架设设施，必须由具有相应资质的单位承担。

② 安装、拆卸施工起重机械和整体提升脚手架、模板等自升式架设设施，应当编制拆装方案、制定安全施工措施，并由专业技术人员现场监督。

③ 施工起重机械和整体提升脚手架、模板等自升式架设设施安装完毕后，安装单位应当自检，出具自检合格证明，并向承包商进行安全使用说明，办理验收手续并签字。

2) 该安装单位应当承担相应的安装责任。原因如下：

① 该安装单位没有相应的资质等级，就从事该安装业务，属于违法经营。

② 该塔式起重机安装完毕后，安装单位没有进行自检，也没有向承包商进行安全使用说明。

(2) 具体分析

1) 对承包商使用塔式起重机的安全责任规定如下：

① 承包商在使用施工起重机械和整体提升脚手架、模板等自升式架设设施前，应当组织有关单位进行验收，也可以委托具有相应资质的检验检测机构进行验收。

② 使用承租的机械设备和施工机具及配件的，由施工总承包单位、分包单位、出租单位和安装单位共同进行验收，验收合格方可使用。

③《特种设备安全监察条例》规定的施工起重机械，在验收前应当经有相应资质的检验检测机构监督检验合格。

④ 承包商应当自施工起重机械和整体提升脚手架、模板等自升式架设设施验收合格之日起30日内，向建设行政主管部门或者其他有关部门登记。登记标志应当置于或者附于该设备的显著位置。

2) 承包商对这起安全事故应当承担使用塔式起重机的安全责任。原因如下：

① 承包商委托不具有安装塔式起重机资质的安装单位进行塔式起重机安装。

② 承包商在使用塔式起重机前，应当组织有关单位进行验收，也可以委托具有相应资质的检验检测机构进行验收。但本案中的承包商未对塔式起重机安装质量进行验收就投入使用，所以应当承担相应的安全责任。

(3) 法律责任

1) 未提供安全设施和装置的法律责任。为建设工程提供机械设备和配件的单位，未按照安全施工的要求配备齐全有效的保险、限位等安全设施和装置的，责令限期改正，处合同价款

1倍以上3倍以下的罚款;造成损失的,依法承担赔偿责任。

2)出租未经安全性能检测或者经检测不合格的机械设备的法律责任。出租单位出租未经安全性能检测或者经检测不合格的机械设备和施工机具及配件的,责令停业整顿,并处5万元以上10万元以下的罚款;造成损失的,依法承担赔偿责任。

3)违法安装、拆卸自升式架设设施的法律责任。施工起重机械和整体提升脚手架、模板等自升式架设设施安装、拆卸单位有下列行为之一的,责令限期改正,处5万元以上10万元以下的罚款;情节严重的,责令停业整顿,降低资质等级,直至吊销资质证书;造成损失的,依法承担赔偿责任:①未编制拆装方案、制定安全施工措施的;②未由专业技术人员现场监督的;③未出具自检合格证明或者出具虚假证明的;④未向施工单位进行安全使用说明,办理移交手续的。

施工起重机械和整体提升脚手架、模板等自升式架设设施安装、拆卸单位有上述规定的第①项、第③项行为,经有关部门或者单位职工提出后,对事故隐患仍不采取措施,因而发生重大伤亡事故或者造成其他严重后果,构成犯罪的,对直接责任人员,依照刑法有关规定追究刑事责任。

【案例7-3】

某高层办公楼,总建筑面积137500m²,地下3层,地上25层。业主与施工总承包单位签订了施工总承包合同,并委托了工程监理单位。

施工总承包单位完成桩基工程后,将深基坑支护工程的设计委托给了专业设计单位,并自行决定将基坑支护和土方开挖工程分包给了一家专业分包单位施工。专业设计单位根据业主提供的勘察报告完成了基坑支护设计后,即将设计文件直接给了专业分包单位。专业分包单位在收到设计文件后编制了基坑支护工程和降水工程专项施工组织方案,方案经施工总承包单位项目经理签字后即由专业分包单位组织了施工,专业分包单位在开工前进行了三级安全教育。

专业分包单位在施工过程中,由负责质量管理工作的施工人员兼职现场安全生产管理工作。土方开挖到接近基坑设计标高(自然地坪下8.5m)时,总监理工程师发现基坑四周地表出现裂缝,即向施工总承包单位发出书面通知,要求停止施工并要求立即撤离现场,待查明原因后再恢复施工。但总承包单位认为地表裂缝属正常现象,没有予以理睬。不久基坑发生了严重坍塌,并造成4名施工人员被掩埋,最终3人死亡、1人重伤。

事故发生后,专业分包单位立即向有关安全生产监督管理部门上报了事故情况。经事故调查组调查,造成坍塌事故的主要原因是地质勘察资料中未表明地下存在古河道,基坑支护设计中未能考虑这一因素。事故造成直接经济损失80万元,于是专业分包单位要求设计单位赔偿事故损失80万元。

【问题】

(1)请指出上述整个事件中有哪些做法不妥?写出正确的做法。

(2)这起事故的主要责任者是谁?请说明理由。

【分析】

(1)整个事件中下列做法不妥:

1) 施工总承包单位自行决定将基坑支护和土方开挖工程分包给专业分包单位施工不妥，正确做法是按合同规定的程序选择专业分包单位或得到业主同意后分包。

2) 专业设计单位将设计文件直接交给专业分包单位不妥。正确做法是设计单位将设计文件提交给总承包单位，经总承包单位组织专家进行论证、审查同意后，由总承包单位交给专业分包单位实施。

3) 专业分包单位编制的基坑支护工程和降水工程专项施工组织方案，经由施工总承包单位项目经理签字后即由专业分包单位组织施工不妥。正确做法是专项施工组织方案应先经总承包单位技术负责人审核签字，再经总监理工程师审核签字后由专业分包单位组织施工。

4) 专业分包单位在施工过程中，由负责质量管理工作的施工人员兼职现场安全生产监督工作不妥。按照《建设工程安全生产管理条例》规定，正确做法是在施工过程中，安排专职安全生产管理人员负责现场安全生产监督工作。

5) 当基坑四周地表出现裂缝，总承包单位收到监理单位要求停止施工的书面通知而不予理睬、拒不执行不妥。正确做法是总承包单位在收到总监理工程师发出的停工通知后，应该立即停止施工，查明原因，采取有效措施消除安全隐患。

6) 事故发生后，专业分包单位立即向有关安全生产监督管理部门上报事故情况的做法不妥。正确做法是事故发生后专业分包单位应立即向总承包单位报告，由总承包单位立即向有关安全生产监督管理部门报告。

7) 工程质量安全事故造成经济损失后，专业分包单位要求设计单位赔偿事故损失不妥。正确做法是专业分包单位向总承包单位提出损失赔偿，由总承包单位再向业主提出损失赔偿要求。

(2) 这起事故的主要责任是施工总承包单位。因为当基坑四周地表出现裂缝，总监理工程师书面通知总承包单位停止施工，要求撤离现场施工人员并查明原因时，施工总承包单位拒不执行总监理工程师指令，没有及时采取有效措施避免基坑严重坍塌事故的发生。

7.5 生产安全事故的调查处理与应急救援

《安全生产法》确立了事故应急救援和调查处理制度，对事故发生前应急救援的准备和事故发生后调查处理的组织分别进行了规范，体现了重在预防的指导思想。事故应急和处理制度主要包括事故应急预案的制定和事故应急体系的建立、高危生产经营单位的应急救援、事故报告、重大事故的应急抢救、调查处理的原则、事故责任的追究、事故统计和公布等内容。

7.5.1 建筑工程安全事故报告处理程序

1. 事故等级

2007年3月28日国务院颁布《生产安全事故报告和调查处理条例》，自2007年6月1日起施行，后于2011年11月1日修改并施行，本条例对工程安全事故及处理做了相应规定。根据生产安全事故（以下简称事故）造成的人员伤亡或者直接经济损失，事故一般分为以下等级：

1) 特别重大事故，指造成30人以上死亡，或者100人以上重伤（包括急性工业中毒，下同),或者 1 亿元以上直接经济损失的事故。

2) 重大事故,指造成 10 人以上 30 人以下死亡,或者 50 人以上 100 人以下重伤,或者 5000 万元以上 1 亿元以下直接经济损失的事故。

3) 较大事故,指造成 3 人以上 10 人以下死亡,或者 10 人以上 50 人以下重伤,或者 1000 万元以上 5000 万元以下直接经济损失的事故。

4) 一般事故,指造成 3 人以下死亡,或者 10 人以下重伤,或者 1000 万元以下直接经济损失的事故。

所称的"以上"包括本数,所称的"以下"不包括本数。

2. 生产安全事故报告

迅速、及时、准确地报告发生生产安全事故,是生产经营单位和各级地方人民政府及其负有安全生产监督管理职责的部门的法定义务和责任。只有这样,才能尽快组织救援,防止扩大事故,挽回或者减少人员和财产损失。《安全生产法》对此做出了明确的法律规定。

(1) 事故报告 事故发生后,事故现场有关人员应当立即向本单位负责人报告;单位负责人接到报告后,应当于 1 小时内向事故发生地县级以上人民政府安全生产监督管理部门和负有安全生产监督管理职责的有关部门报告。

情况紧急时,事故现场有关人员可以直接向事故发生地县级以上人民政府安全生产监督管理部门和负有安全生产监督管理职责的有关部门报告。

安全生产监督管理部门和负有安全生产监督管理职责的有关部门接到事故报告后,应当依照下列规定上报事故情况,并通知公安机关、劳动保障行政部门、工会和人民检察院:

1) 特别重大事故、重大事故逐级上报至国务院安全生产监督管理部门和负有安全生产监督管理职责的有关部门。

2) 较大事故逐级上报至省、自治区、直辖市人民政府安全生产监督管理部门和负有安全生产监督管理职责的有关部门。

3) 一般事故上报至设区的市级人民政府安全生产监督管理部门和负有安全生产监督管理职责的有关部门。

安全生产监督管理部门和负有安全生产监督管理职责的有关部门依照上述规定上报事故情况,应当同时报告本级人民政府。国务院安全生产监督管理部门和负有安全生产监督管理职责的有关部门以及省级人民政府接到发生特别重大事故、重大事故的报告后,应当立即报告国务院。

必要时,安全生产监督管理部门和负有安全生产监督管理职责的有关部门可以越级上报事故情况。

安全生产监督管理部门和负有安全生产监督管理职责的有关部门逐级上报事故情况,每级上报的时间不得超过 2 小时。

事故发生地有关地方人民政府、安全生产监督管理部门和负有安全生产监督管理职责的有关部门接到事故报告后,其负责人应当立即赶赴事故现场,组织事故救援。

事故发生后,有关单位和人员应当妥善保护事故现场以及相关证据,任何单位和个人不得破坏事故现场、毁灭相关证据。

因抢救人员、防止事故扩大以及疏通交通等原因,需要移动事故现场物件的,应当做出标志,绘制现场简图并做出书面记录,妥善保存现场重要痕迹、物证。

事故发生地公安机关根据事故的情况,对涉嫌犯罪的,应当依法立案侦查,采取强制措施和侦查措施。犯罪嫌疑人逃匿的,公安机关应当迅速追捕归案。

(2) 事故报告内容　报告事故应当包括下列内容:

1) 事故发生单位概况。
2) 事故发生的时间、地点以及事故现场情况。
3) 事故的简要经过。
4) 事故已经造成或者可能造成的伤亡人数(包括下落不明的人数)和初步估计的直接经济损失。
5) 已经采取的措施。
6) 其他应当报告的情况。

事故发生单位负责人接到事故报告后,应当立即启动事故相应应急预案,或者采取有效措施,组织抢救,防止事故扩大,减少人员伤亡和财产损失。

3. 事故调查处理的原则

应当按照实事求是、尊重科学的原则,及时、准确地查清事故原因,查明事故性质和责任,总结事故教训,提出整改措施,并对事故责任者提出处理意见。针对事故调查处理工作存在的地方保护、避重就轻、逃脱责任等突出问题,《安全生产法》规定,任何单位和个人不得阻挠和干涉对事故的依法调查处理。

(1) 事故责任的追究　《安全生产法》规定:"生产经营单位发生生产安全事故,经调查确定责任事故的,除了应当查明事故单位的责任并依法予以追究外,还应当查明对安全生产有关事项负有审查批准和监督职责的行政部门的责任,对有失职、渎职行为的,依照本法第八十八条的规定追究法律责任。"本条规定的责任主体包括生产经营单位的主要负责人、个人经营的投资人和负有安全生产监督管理职责的部门的工作人员。如果违反法律规定应予追究责任的,将要受到法律的制裁。

(2) 事故统计和公布　《安全生产法》规定:"县级以上各级地方人民政府负责安全生产监督管理的部门应当定期统计分析本行政区域内发生生产安全事故的情况,并定期向社会公布"。按照这条规定,凡是发生生产安全事故的单位及各有关部门,都应当依照有关事故报告、统计分析的规定,及时、准确地向当地安全生产监管部门报告,由县级以上地方人民政府安全生产监管部门逐级进行汇总、统计和分析,定期通过公共传媒予以公布。

7.5.2 应急救援工作职责

1. 地方政府的应急救援

《安全生产法》规定,"县级以上地方各级人民政府应当组织有关部门制定本行政区域内特大生产安全事故应急预案,建立应急救援体系","生产经营单位应当制定本单位生产安全事故应急救援预案,与所在地县级以上地方人民政府组织制定的生产安全事故应急救援预案相衔接,并定期组织演练"。

事故应急预案应当包括可能发生的特大事故的种类,事故发生的地区、地段、地点或者单位,事故波及地区的人员、道路交通、消防设施和通道,事故可能造成的危害及其应对措施,事故救援的组织指挥，抢救伤害人员的措施以及设施、设备、器材和物品的组织供应，事故现场秩序维持和后期处理措施等。

事故救援体系是实施应急预案的组织保证，应当明确各级救援组织机构的建立及其领导人员，确定内部分设的专门救援组织，如维持现场秩序、疏导交通、消防急救、现场处理、提供医疗和生活物品、发布信息的组织或者部门，明确各自的岗位及其职责，形成一个能够处理突发事故的救援体系。如果发生特大事故，这个体系立即启动，各级领导和工作人员能以最快速度各就各位，各司其职，统一领导，分工负责，有条不紊地开展救援工作，最大限度地救治人员和保护财产，减少损失。

2. 生产经营单位生产安全事故的应急救援

（1）高危生产经营单位的事故应急救援　法律将事故应急救援的重点放在高危生产经营单位，做出了强制性的规定。《安全生产法》规定，危险物品的生产、经营、储存单位以及矿山、金属冶炼、城市轨道交通运营、建筑施工单位应当建立应急救援组织；生产经营规模较小的，可以不建立应急救援组织，但应当指定兼职的应急救援人员。危险物品的生产、经营、储存、运输单位以及矿山、金属冶炼、城市轨道交通运营、建筑施工单位应当配备必要的应急救援器材、设备和物资，并进行经常性维护、保养，保证正常运转。对于这些生产经营单位来说，原则上都要设立应急救援组织，配备应急救援器材、设备，保证其经常处于完好状态。

（2）重大事故的应急抢救　《安全生产法》规定，负有安全生产监督管理职责的部门接到事故报告后，应当立即按照国家有关规定上报事故情况。负有安全生产监督管理职责的部门和有关地方人民政府对事故情况不得隐瞒不报、谎报或者迟报；有关地方人民政府和负有安全生产监督管理职责的部门的负责人接到生产安全事故报告后，应当按照生产安全事故应急救援预案的要求立即赶到事故现场，组织事故抢救。

参与事故抢救的部门和单位应当服从统一指挥，加强协同联动，采取有效的应急救援措施，并根据事故救援的需要采取警戒、疏散等措施，防止事故扩大和次生灾害的发生，减少人员伤亡和财产损失。事故抢救过程中应当采取必要措施，避免或者减少对环境造成的危害。任何单位和个人都应当支持、配合事故抢救，并提供一切便利条件。

【案例7-4】

建设单位通过公开招标与甲施工单位签订了某建筑工程施工总承包合同，依据合同，甲施工单位通过招标将钢结构工程分包给乙施工单位。施工过程中发生了下列事件：

事件1：甲施工单位项目经理安排技术员兼任施工现场安全员，并安排其负责编制深基坑支护（基坑深度超过5m）与降水工程专项施工方案，项目经理对该施工方案进行安全验算后，即组织现场施工，并将施工方案及验算结果报送项目监理机构。

事件2：乙施工单位采购的特殊规格钢板，因供应商未能提供出厂合格证明，乙施工单位按规定要求进行了检验，检验合格后向项目监理机构报验。为不影响工程进度，总监理工程师要求甲施工单位在监理人员的见证下取样复检，复验结果合格后，同意该批钢板进场使用。

事件3：为满足钢结构吊装施工的需要，甲施工单位向设备租赁公司租用了一台大型塔式起重机，委托一家有相应资质的安装单位进行塔式起重机安装。安装完成后，由甲、乙施工单位对该塔式起重机共同进行验收，验收合格后投入使用，并到有关部门办理了登记。

事件 4：钢结构工程施工中，专业监理工程师在现场发现乙施工单位使用的高强螺栓未经报验，存在严重的质量隐患，即向乙施工单位签发了工程暂停令，并报告了总监理工程师。甲施工单位得知后也要求乙施工单位立刻停工整改。乙施工单位为赶工期，边施工边报验，项目监理机构及时报告了有关主管部门。报告发出的当天，发生了因高强螺栓不符合质量标准导致的钢梁高空坠落事故，造成 1 人重伤，直接经济损失 4.6 万元。

【问题】

(1) 指出事件 1 中甲施工单位项目经理做法的不妥之处，写出正确做法。

(2) 事件 2 中，总监理工程师的处理是否妥当？说明理由。

(3) 指出事件 3 中塔式起重机验收中的不妥之处。

(4) 指出事件 4 中专业监理工程师做法的不妥之处，说明理由。

(5) 事件 4 中的质量事故，甲施工单位和乙施工单位各承担什么责任？说明理由。监理单位是否有责任？说明理由。

【分析】

(1) 事件 1 中甲施工单位项目经理做法的不妥之处如下：

1) 安排技术员兼任施工现场安全员。正确做法：应配备专职安全生产管理人员。

2) 对该施工方案进行安全验算后即组织现场施工。正确做法：安全验算合格后应组织专家进行论证（深基坑）、审查，并经施工单位技术负责人签字，报总监理工程师签字后才能安排现场施工。

(2) 事件 2 中总监理工程师的做法不妥。理由：没有出厂合格证明的原材料不得进场使用。

(3) 事件 3 中，只有甲、乙施工单位参加了验收，出租单位和安装单位未参加验收。

(4) 事件 4 中专业监理工程师做法的不妥之处：向乙施工单位签发工程暂停令。理由：工程暂停令应由总监理工程师向甲施工单位签发。

(5) 事件 4 中的责任划分：

1) 甲施工单位承担连带责任。因甲施工单位是总承包单位。乙施工单位承担主要责任。因质量事故是由于乙施工单位自身原因造成的（或：因质量事故是由于乙施工单位不服从甲施工单位管理造成的）。

2) 监理单位没有责任。项目监理机构已履行了监理职责（或：项目监理机构已及时向有关主管部门报告）。

【案例 7-5】

2010 年 10 月 25 日，某建筑公司承建的某市电视台演播中心裙楼工地发生一起施工安全事故。大演播厅舞台在浇筑顶部混凝土施工中，因模板支撑系统失稳导致屋盖坍塌，造成在现场施工的农民工和电视台工作人员共 6 人死亡、35 人受伤（其中重伤 11 人），直接经济损失 70 余万元。

事故发生后，该建筑公司项目经理部向有关部门紧急报告事故情况。闻讯赶到的有关领导，指挥公安民警等相关救援人员和现场工人实施了紧急抢险工作，将伤者立即送往医院进行救治。

【问题】

(1) 本案中的施工安全事故应定为哪种等级的事故？

(2) 事故发生后，施工单位应采取哪些措施？

【分析】

(1) 应定为较大事故。《生产安全事故报告和调查处理条例》规定："较大事故，是指造成3人以上10人以下死亡，或者10人以上50人以下重伤，或者1000万元以上5000万元以下直接经济损失的事故。"

(2) 事故发生后，依据《生产安全事故报告和调查处理条例》规定，施工单位应采取下列措施：

1) 报告事故。事故发生后，事故现场有关人员应当立即向本单位负责人报告；单位负责人接到报告后，应当于1小时内向事故发生地县级以上人民政府安全生产监督管理部门和负有安全生产监督管理职责的有关部门报告。情况紧急时，事故现场有关人员可以直接向事故发生地县级以上人民政府安全生产监督管理部门和负有安全生产监督管理职责的有关部门报告。

2) 启动事故应急预案，组织抢救。事故发生单位负责人接到事故报告后，应当立即启动事故相应应急预案，或者采取有效措施，组织抢救，防止事故扩大，减少人员伤亡和财产损失。

3) 事故现场保护。有关单位和人员应当妥善保护事故现场以及相关证据，任何单位和个人不得破坏事故现场、毁灭相关证据。因抢救人员、防止事故扩大以及疏通交通等原因，需要移动事故现场物件的，应当做出标志，绘制现场简图并做出书面记录，妥善保存现场重要痕迹、物证。

本章习题

一、单选题

1. 对于土方开挖工程，施工企业编制专项施工方案后，经（　　）签字后实施。

A. 施工企业项目经理、现场监理工程师

B. 施工企业技术负责人、建设单位负责人

C. 施工企业技术负责人、总监理工程师

D. 建设单位负责人、总监理工程师

2. 在施工现场安装、拆卸施工起重机械和整体提升脚手架、模板等自升式架设设备，必须由（　　）承担。

A. 设备使用单位　　　　　　　　B. 具有相应资质的单位

C. 设备出租单位　　　　　　　　D. 检验检测机构

3. 施工企业专职安全员在对安全生产进行现场监督检查时，发现安全隐患，可及时向（　　）报告。

A. 施工企业负责人　　　　　　　B. 建设安全主管部门

C. 项目负责人和安全生产管理机构　　D. 县级以上人民政府

4. 按照《建设工程安全生产管理条例》的规定，（　　）不属于建设单位安全责任范围。

A. 向建设行政主管部门提供安全施工措施资料

B. 向施工单位提供准确的地下管线资料

C. 对拆除工程进行备案

D. 向施工现场从事特种作业的施工人员提供安全保障

5. 甲建筑公司是某施工项目的施工总承包单位，乙建筑公司是其分包单位。2018年5月5日，乙建筑公司的施工项目发生了生产安全事故，应由（　　）向负有安全生产监督管理职责的部门报告。

A. 甲建筑公司或乙建筑公司　　　　B. 甲建筑公司

C. 乙建筑公司　　　　　　　　　　D. 甲建筑公司和乙建筑公司

6. 下列各项中，属于监理单位主要安全责任的是（　　）。

A. 组织专家论证、审查深基坑专项施工方案

B. 施工单位拒不整改安全隐患时，及时向有关主管部门报告

C. 申领施工许可证时，提供建设工程有关安全施工措施的资料

D. 提出保障施工作业人员安全和预防生产事故的措施建议

7. 下列人员中，不属于建筑施工企业特种作业人员的是（　　）。

A. 电工　　　B. 架子工　　　C. 钢筋工　　　D. 起重信号工

8. 施工单位与建设单位签订施工合同后，将其中的部分工程分包给分包单位，则施工现场的安全生产由（　　）负总责。

A. 建设单位　　B. 施工单位　　C. 分包单位　　D. 工程监理单位

9. 对于涉及（　　）工程的专项施工方案，施工单位依法应当组织专家进行论证、审查。

A. 地下暗挖　　B. 降水　　　　C. 脚手架　　　D. 起重吊装

10. 工程监理单位在实施建立过程中，发现存在安全事故隐患，情况严重的，应当要求施工单位（　　）。

A. 暂停施工，并及时报告建设单位　　B. 暂停施工，并及时报告有关主管部门

C. 整改，并及时报告建设单位　　　　D. 整改，并及时报告有关主管部门

二、多选题

1. 某机械设备租赁公司拟在施工现场安装施工起重机械。根据《建设工程安全生产管理条例》，该公司应（　　）。

A. 编制安装方案　　　　　　　　　　B. 出具自检合格证明

C. 具有起重设备安装工程专业承包资质

D. 自行验收　　　　　　　　　　　　E. 派出本单位专业技术人员现场监督

2. 某工程设备安装阶段，需要使用起吊能力为10t的起重机进行大型设备的吊装。承包商与设备租赁公司签订施工机械租赁合同时，应依据《建设工程安全生产管理条例》要求该设备租赁公司提供（　　）。

A. 生产厂家的起重机制造许可证　　　B. 起重机出厂的产品合格证明

C. 租赁公司自行测试的安全性能检测记录　　D. 机械燃油消耗定额证明

E. 具有资质检验检测机构出具的安全性能检测合格证明

3. 经过对某项目进行检查，发现存在下列情形，其中违反了《建设工程安全生产管理条例》的是(　　)。

A. 施工单位没有专职安全管理人员　　B. 特种作业人员没有持证上岗

C. 施工前没有进行安全技术交底　　D. 由于没有采取措施，施工时破坏了地下管线

E. 已经半年没有对特种作业人员进行安全生产教育培训

4. 建设单位的安全责任有(　　)。

A. 向施工单位提供真实、准确、完整的地下管线资料

B. 采取措施保护施工现场毗邻区域内地下管线

C. 提出保障施工作业人员安全的措施建议

D. 对安全技术措施进行审查

E. 提供安全生产费用

5. 甲装饰公司以100万元的价格承包了某大厦装饰工程，然后将此大厦全部装饰工程以90万元交由乙施工队施工。由于乙施工队操作不慎，引起火灾。下列说法中正确的是(　　)。

A. 甲装饰公司的行为构成了合同的分包

B. 甲装饰公司的行为构成了合同的转包

C. 甲装饰公司应对火灾损失承担责任

D. 甲装饰公司不应对火灾损失承担责任

E. 火灾损失应由乙施工队全部承担

第 8 章 建设工程质量管理法律制度

8.1 建设工程质量的概念

建设工程质量有广义和狭义之分。从狭义上说，建设工程质量仅指工程实体质量，是指在国家现行的有关法律法规、技术标准、设计文件和合同中，对工程的安全、适用、经济、美观等方面的综合要求。广义上的建设工程质量，还包括工程建设参与者的服务质量和工作质量，反映他们的服务是否及时、主动，态度是否诚恳、守信，管理水平是否先进，工作效率是否高等方面。应该说，工程实体质量的好坏是决策、计划、勘察、设计、施工等单位各方面、各环节工作质量的综合反映。现在，国内外都趋向于从广义上来理解建设工程质量，但本书中的建设工程质量是指狭义上的建设工程质量，即工程本身的质量。

影响建设工程质量的因素很多，如决策、设计、材料、机械、地形、地质、水文、气象、施工工艺、操作方法、技术措施、人员素质、管理制度等，归纳起来，可分为五大方面，即人员、机械、材料、方法和环境。在工程建设全过程中严格控制好这五大因素，是保证建设工程质量的关键。

8.1.1 建设工程质量的管理体系

建设工程质量的优劣直接关系到国民经济的发展和人民生命安全，因此，加强建设工程质量管理，是一个十分重要的问题。目前我国现行的建筑工程质量管理体系包括纵向管理和横向管理两个方面。

纵向管理是国家对建设工程质量所进行的监督管理，它具体由建设行政主管部门及其授权机构实施，这种管理贯穿在工程建设全过程和各个环节之中，它既对工程建设从设计、规划、土地管理、环保、消防等方面进行监督管理，又对工程建设主体从资质认定和审查，成果质量检测、奖罚等方面进行监督管理，还对工程建设中各种活动如工程建设招标投标、工程施工、验收、维修等进行监督管理。

横向管理包括两个方面：

1) 一是工程承包单位的管理，如勘察单位、设计单位、施工单位自己对所承担工作的质量管理。承包单位要按要求建立专门质检机构，配备相应的质检人员，建立相应的质量保证制度，如审核校对制、培训上岗制、质量抽检制、各级质量责任制和部门领导质量责任制等。

2) 二是建设单位对建设工程的管理。可成立相应的机构和人员，对所建工程的质量进行监督，也可委托社会监理单位对工程建设的质量进行监理。现在，世界上大多数国家都推行监理制度，我国也在推进和完善这一制度。

8.1.2 建设工程质量相关法律、法规

为了保证建设工程质量监督的有效进行，我国在建设工程质量管理方面以法律、法规的形式确立了建设工程质量标准化制度、建设工程质量监督制度、建设工程质量责任制、建设工程竣工验收备案管理制度、建筑质量保修制度及竣工验收备案管理制度。

我国现行规范建设工程质量管理的法律、法规主要有《建筑法》《标准化法》《产品质量法》，行政法规主要有《建设工程质量管理条例》《标准化法实施条例》，部门规章主要有《工程建设行业标准管理办法》《实施工程建设强制性标准监督规定》《工程建设标准强制性条文》《建设工程质量保证金管理暂行办法》等，为贯彻《建设工程质量管理条例》，强化工程质量终身责任落实，住房和城乡建设部于2014年8月25日发布《建筑工程五方责任主体项目负责人质量终身责任追究暂行办法》。

8.2 建设工程质量的监督管理

《建设工程质量管理条例》明确规定，国家实行建设工程质量监督管理制度。政府质量监督作为一项制度，以行政法规的性质在《建设工程质量管理条例》中加以明确，强调了建设工程质量必须实行政府监督管理。政府实行建设工程质量监督的主要目的是保证建设工程使用安全和环境质量，主要依据是法律、法规和强制性标准，主要方式是政府认可的第三方强制监督，主要内容是地基基础、主体结构、环境质量和与此相关的工程建设各方主体的质量行为，主要手段是施工许可制度和竣工验收备案制度。

建设工程质量监督管理特点：

1）权威性建设工程质量监督体现的是国家意志，任何单位和个人从事工程建设活动都应当服从这种监督管理。

2）强制性建设工程质量监督是由国家的强制力来保证的，任何单位和个人不服从这种监督管理都将受到法律的制裁。

3）综合性建设工程质量监督管理并不局限于某一个阶段或某一个方面，而是贯穿于建设活动的全过程，并适用于建设单位、勘察单位、设计单位、施工单位、工程建设监理单位。

8.2.1 建设工程质量监督管理的主体

对建设工程质量进行监督管理的主体是各级政府建设行政主管部门和其他有关部门。《建设工程质量管理条例》规定，国务院建设行政主管部门对全国的建设工程质量实施统一的监督管理。国务院交通、水利等有关部门按照国务院规定的职责分工，负责对全国的有关专业建设工程质量的监督管理。

《建设工程质量管理条例》规定各级政府有关主管部门应当加强对有关建设工程质量的法律、法规和强制性标准执行情况的监督检查；同时，规定政府有关主管部门履行监督检查职责时，有权采取下列措施：

1) 要求被检查的单位提供有关工程质量的文件和资料。
2) 进入被检查的施工现场进行检查。
3) 发现有影响工程质量的问题时，责令改正。

由于建设工程质量监督具有专业性强、周期长、程序繁杂等特点，政府部门通常不宜亲自进行日常检查工作。这就需要通过委托由政府认可的第三方，即建设工程质量监督机构，来依法代行工程质量监督职能，并对委托的政府部门负责。政府部门主要对建设工程质量监督机构进行业务指导和管理，不进行具体工程质量监督。

8.2.2 建设工程质量监督管理机构

从事房屋建筑工程和市政基础设施工程质量监督的机构，必须按照国家有关规定经国务院建设行政主管部门或者省、自治区、直辖市人民政府建设行政主管部门考核，经考核合格后方可实施质量监督。建设工程质量监督机构是经省级以上建设行政主管部门或有关专业部门考核认定的独立法人，接受县级以上地方人民政府建设行政主管部门或有关专业部门的委托，依法对建设工程质量进行强制性监督，并对委托部门负责。

建设工程质量监督机构在进行监督工作中发现有违反建设工程质量管理规定的行为和影响工程质量的问题时，有权采取责令改正、局部暂停施工等强制性措施，直至问题得到改正。需要给予行政处罚的，报告委托部门批准后实施。

8.2.3 建设工程质量监督内容

1. 对责任主体和有关机构履行质量责任的行为的监督检查

监督机构对责任主体和有关机构质量行为进行监督的一般原则：①抽查责任主体和有关机构执行有关法律、法规及工程技术标准的情况；②抽查责任主体和有关机构质量管理体系的建立和实施情况；③发现存在违法违规行为的，按建设行政主管部门委托的权限对违法违规事实进行调查取证、对责任单位、责任人提出处罚建议或按委托权限实施行政处罚。

(1) 对建设单位　监督机构应对建设单位下列行为进行抽查：①施工前办理质量监督注册、施工图设计文件审查、施工许可手续情况；②按规定委托监理情况；③组织图纸会审、设计交底、设计变更工作情况；④组织工程质量验收情况；⑤原设计有重大修改、变动的施工图设计文件重新报审情况；⑥及时办理工程竣工验收备案手续情况。

(2) 对勘察、设计单位　监督机构应对勘察、设计单位的下列行为进行抽查：①参加地基验槽、基础、主体结构及有关重要部位工程质量验收和工程竣工验收情况；②签发设计修改变更、技术洽商通知情况；③参加有关工程质量问题的处理情况。

(3) 对施工单位　监督机构应对施工单位的下列行为进行抽查：①施工单位资质、项目经理部管理人员的资格、配备及到位情况，主要专业工种操作上岗资格、配备及到位情况；②分包单位资质与对分包单位的管理情况；③施工组织设计或施工方案审批及执行情况；④施工现场施工操作技术规程及国家有关规范、标准的配置情况；⑤工程技术标准及经审查批准的施工图设计文件的实施情况；⑥检验批、分项、分部（子分部）、单位（子单位）工程质量的检验评定情况；⑦质量问题的整改和质量事故的处理情况；⑧技术资料的收集、整理情况。

(4) 对监理单位　监督机构应对监理单位的下列行为进行抽查：①监理单位资质、项目监理机构的人员资格、配备及到位情况；②监理规划、监理实施细则（关键部位和工序的确定及措施）的编制审批内容的执行情况；③对材料、构配件、设备投入使用或安装前进行审查情况；④对分包单位的资质进行核查情况；⑤见证取样制度的实施情况；⑥对重点部位、关键工序实施旁站监理情况；⑦质量问题通知单签发及质量问题整改结果的复查情况；⑧组织检验批、分项、分部（子分部）工程的质量验收、参与单位（子单位）工程质量的验收情况；⑨监理资料收集整理情况。

（5）对工程质量检测单位　监督机构应对工程质量检测单位的下列行为进行抽查：①是否超越核准的类别、业务范围承接任务；②检测业务基本管理制度情况；③检测内容和方法的规范性程度；④检测报告形成程序、数据及结论的符合性程度。

2. 对工程实体质量的监督检查

监督机构对工程实体质量监督的一般原则：①对工程实体质量的监督采取抽查施工作业面的施工质量与对关键部位重点监督相结合的方式；②重点检查结构质量、环境质量和重要使用功能，其中重点监督工程地基基础、主体结构和其他涉及结构安全的关键部位；③抽查涉及结构安全和使用功能的主要材料、构配件和设备的出厂合格证、试验报告、见证取样送检资料及结构实体检测报告；④抽查结构混凝土及承重砌体施工过程的质量控制情况；⑤实体质量检查要辅以必要的监督检测，由监督人员根据结构部位的重要程度及施工现场质量情况进行随机抽检。

（1）地基基础工程　监督机构应对地基基础工程的验收进行监督，并对下列内容进行重点抽查：①桩基、地基处理的施工质量及检测报告、验收记录、验槽记录；②防水工程的材料和施工质量；③地基基础子分部、分部工程的质量验收情况。

（2）主体结构工程　监督机构应对主体结构工程的验收进行监督，并对下列内容进行重点抽查：①对混凝土预制构件及预拌混凝土质量的监督检查；②钢结构、混凝土结构等重要部位及有特殊要求部位的质量及隐蔽验收；③混凝土、钢筋及砌体等工程关键部位，必要时进行现场监督检测；④主体结构子分部、分部工程的质量验收资料。

（3）装饰装修、安装工程　监督机构应根据实际情况对有关装饰装修、安装工程的下列部分内容进行抽查：①幕墙工程、外墙粘（挂）饰面工程、大型灯具等涉及安全和使用功能的重点部位施工质量的监督抽查；②安装工程使用功能的检测及试运行记录；③工程的观感质量；④分部（子分部）工程的施工质量验收资料。

（4）有关工程使用功能和室内环境质量　监督机构应根据实际情况对有关工程使用功能和室内环境质量的下列部分内容进行抽查：①有环保要求材料的检测资料；②室内环境质量检测报告；③绝缘电阻、防雷接地及工作接地电阻的检测资料，必要时可进行现场测试；④屋面、外墙和厕所、浴室等有防水要求的房间及卫生器具防渗漏试验的记录，必要时可进行现场抽查；⑤各种承压管道系统水压试验的检测资料。

（5）其他　监督机构可对涉及结构安全、使用功能、关键部位的实体质量或材料进行监督检测，检测记录应列入质量监督报告。监督检测的项目和数量应根据工程的规模、结构形式、施工质量等因素确定。监督检测的项目宜包括：①承重结构混凝土强度；②受力钢筋数量、位置及混凝土保护层厚度；③现浇楼板厚度；④砌体结构承重墙柱的砌筑砂浆强度；⑤安装工程中涉及安全及功能的重要项目；⑥钢结构的重要连接部位；⑦其他需要检测的项目。

3. 对工程竣工验收的监督检查

监督机构应对验收组成员组成及竣工验收方案进行监督，对工程实体质量进行抽检，对观感质量进行检查，对工程竣工验收文件进行审查。

8.3 竣工验收制度

1. 建设工程竣工验收的主体

《建设工程质量管理条例》规定，建设单位收到建设工程竣工报告后，应当组织设计、施工、工程监理等有关单位进行竣工验收。

2. 竣工验收应当具备的法定条件

《建筑法》规定，交付竣工验收的建筑工程，必须符合规定的建筑工程质量标准，有完整的工程技术经济资料和经签署的工程保修书，并具备国家规定的其他竣工条件。建筑工程竣工经验收合格后，方可交付使用，未经验收或者验收不合格的，不得交付使用。

《建设工程质量管理条例》进一步规定，建设工程竣工验收应当具备下列条件：

1）完成建设工程设计和合同约定的各项内容。
2）有完整的技术档案和施工管理资料。
3）有工程使用的主要建筑材料、建筑构（配）件和设备的进场试验报告。
4）有勘察、设计、施工、工程监理等单位分别签署的质量合格文件。
5）有施工单位签署的工程保修书。建设工程经验收合格的，方可交付使用。

3. 规划、消防、节能、环保、档案等验收的规定

《建设工程质量管理条例》规定，建设单位应当自建设工程竣工验收合格之日起15日内，将建设工程竣工验收报告和规划、公安消防、环保等部门出具的认可文件或者准许使用文件报建设行政主管部门或者其他有关部门备案。

（1）建设工程竣工规划验收 《城乡规划法》规定，县级以上地方人民政府城乡规划主管部门按照国务院规定对建设工程是否符合规划条件予以核实。未经核实或者经核实不符合规划条件的，建设单位不得组织竣工验收。建设单位应当在竣工验收后6个月内向城乡规划主管部门报送有关竣工验收资料。

《城乡规划法》还规定，建设单位未在建设工程竣工验收后6个月内向城乡规划主管部门报送有关竣工验收资料的，由所在地城市、县人民政府城乡规划主管部门责令限期补报；逾期不补报的，处1万元以上5万元以下的罚款。

（2）建设工程竣工消防验收 《消防法》规定，按照国家工程建设消防技术标准需要进行消防设计的建设工程竣工，依照下列规定进行消防验收、备案：

1）国务院住房城乡建设主管部门规定应当申请消防验收的建设工程，建设单位应当向住房城乡建设主管部门申请消防验收。

2）其他建设工程，建设单位在验收后应当报住房城乡建设主管部门备案，住房城乡建设主管部门应当进行抽查。依法应当进行消防验收的建设工程，未经消防验收或者消防验收不合格的，禁止投入使用；其他建设工程经依法抽查不合格的，应当停止使用。

公安部《建设工程消防监督管理规定》进一步规定，建设单位申请消防验收应当提供下列材料：建设工程消防验收申报表；工程竣工验收报告；消防产品质量合格证明文件；有防火性能要求的建筑构件、建筑材料、室内装修装饰材料符合国家标准或者行业标准的证明文件、出厂合格证；消防设施、电气防火技术检测合格证明文件；施工、工程监理、检测单位的合法身份证明和资质等级证明文件；其他依法需要提供的材料。

(3) 建设工程竣工环保验收　环境保护设施竣工验收，应当与主体工程竣工验收同时进行。需要进行试生产的建设项目，建设单位应当自建设项目投入试生产之日起3个月内，向审批该建设项目环境影响报告书、环境影响报告表或者环境影响登记表的环境保护行政主管部门，申请该建设项目需要配套建设的环境保护设施竣工验收。分期建设、分期投入生产或者使用的建设项目，其相应的环境保护设施应当分期验收。

环境保护行政主管部门应当自收到环境保护设施竣工验收申请之日起30日内，完成验收。建设项目需要配套建设的环境保护设施经验收合格，该建设项目方可正式投入生产或者使用。

(4) 建筑工程节能验收　建筑节能工程验收重点是检查建筑节能工程效果是否满足设计及规范要求，监理和施工单位应加强和重视节能验收工作，对验收中发现的工程实物质量问题及时解决。

工程项目存在以下问题之一的，不得组织节能工程验收：①未完成建筑节能工程设计内容的；②隐蔽验收记录等技术档案和施工管理资料不完整的；③工程使用的主要建筑材料、建筑构（配）件和设备未提供进场检验报告的，未提供相关的节能性检测报告的；④工程存在违反强制性条文的质量问题而未整改完毕的；⑤对监督机构发出的责令整改内容未整改完毕的；⑥存在其他违反法律、法规行为而未处理完毕的。

工程项目验收存在以下问题之一的，应重新组织建筑节能工程验收：①验收组织机构不符合法规及规范要求的；②参加验收人员不具备相应资格的；③参加验收各方主体验收意见不一致的；④验收程序和执行标准不符合要求的；⑤各方提出的问题未整改完毕的。

单位工程在办理竣工备案时应提交建筑节能相关资料，不符合要求的不予备案。

(5) 档案验收

2019年3月13日住房和城乡建设部修改了《城市建设档案管理规定》，规定列入城建档案馆档案接收范围的工程，城建档案管理机构按照建设工程竣工联合验收的规定对工程档案进行验收。同时修改《城市地下管线工程档案管理办法》，规定城建档案管理机构应当按照建设工程竣工联合验收的规定对地下管线工程档案进行验收。

4. 竣工验收备案制度

(1) 竣工验收备案的时间及须提交的文件　建设工程竣工后，建设单位应根据施工单位的竣工报告，组织勘察、设计、施工、监理等有关单位进行竣工验收，并于验收合格后15日内报竣工验收备案部门。申请备案应提交的资料：

1) 工程竣工验收备案表，一式两份。
2) 竣工验收报告（包括勘察、设计、施工、监理等单位分别签署的质量合格文件）。
3) 规划、消防、环保等部门出具的认可文件或准许使用文件。
4) 由施工单位签署工程质量保修书，住宅工程还应提供住宅使用说明书。
5) 有符合国家城建档案要求的竣工图和竣工归档技术资料。
6) 法规、规章规定的其他文件。

(2) 竣工验收备案文件的签收和处理　备案机关收到建设单位报送的竣工验收备案文件，验证文件齐全后，应当在工程竣工验收备案表上签署文件收讫。工程竣工验收备案表一式两份,一份由建设单位保存,一份留备案机关存档。

工程质量监督机构应当在工程竣工验收之日起 15 日内,向备案机关提交工程质量监督报告。

备案机关发现建设单位在竣工验收过程中有违反国家有关建设工程质量管理规定行为的,应当在收讫竣工验收备案文件 15 日内,责令停止使用,重新组织竣工验收。

8.4 建设工程质量责任主体及其法律责任

建设工程质量责任主体是指从事新建、扩建、改建房屋建筑工程和市政基础设施工程建设活动的单位中,有违反法律、法规、规章所规定的质量责任和义务的行为,以及勘察、设计文件和工程实体质量不符合工程建设强制性技术标准的情况的,无论是建设单位、勘察单位、设计单位、施工单位和施工图审查机构、工程质量检测机构、监理单位,都属建设工程质量责任主体。

建设工程质量责任主体违反法律规定,根据适用法律的不同,可以导致的法律责任的不同,主要分为民事责任、刑事责任、行政责任。

8.4.1 建设单位的质量责任和义务

1. 依法对工程进行发包的责任

建设单位应当依法行使工程发包权,建设单位应当将工程发包给具有相应资质等级的单位,不得将建设工程肢解发包。

2. 依法对材料设备进行招标的责任

《建设工程质量管理条例》规定,建设单位应当依法对工程建设项目的勘察、设计、施工、监理以及与工程建设有关的重要设备、材料等的采购进行招标。

3. 提供原始资料的责任

建设单位必须向有关的勘察、设计、施工、工程监理等单位提供与建设工程有关的原始资料。原始资料必须真实、准确、齐全。

4. 不得干预投标人的责任

建设工程发包单位不得迫使承包方以低于成本的价格竞标。承包方主要指勘察、设计和施工单位。建设单位也不得任意压缩合理工期,不得明示或者暗示设计单位或者施工单位违反工程建设强制性标准,降低建设工程质量。

5. 送审施工图的责任

建设单位应当将施工图设计文件报县级以上人民政府建设行政主管部门或者其他有关部门审查。施工图设计文件未经审查批准的,不得使用。

6. 确保提供的物资符合要求的责任

按照合同约定,由建设单位采购建筑材料、建筑构配件和设备的,建设单位应当保证建筑材料、建筑构配件和设备符合设计文件和合同要求。

如果建设单位提供的建筑材料、建筑构配件和设备不符合设计文件和合同要求,属于违约行为,应当向施工单位承担违约责任,施工单位有权拒绝接收这些货物。

7. 不得擅自改变主体和承重结构进行装修的责任

涉及建筑主体和承重结构变动的装修工程，建设单位应当在施工前委托原设计单位或者具有相应资质等级的设计单位提出设计方案；没有设计方案的，不得施工。

8. 依法组织竣工验收的责任

建设单位收到建设工程竣工报告后，应当组织设计、施工、工程监理等有关单位进行竣工验收。

建设工程经竣工验收合格的，方可交付使用。

如果建设单位有下列行为，根据《建设工程质量管理条例》将承担法律责任：

1）未组织竣工验收，擅自交付使用的。
2）验收不合格，擅自交付使用的。
3）对不合格的建设工程按照合格工程验收的。

《最高人民法院关于审理建设工程施工合同纠纷案件适用法律问题的解释》规定："建设工程未经竣工验收，发包人擅自使用后，又以使用部分质量不符合约定为由主张权利的，不予支持；但是承包人应当在建设工程的合理使用寿命内对地基基础工程和主体结构质量承担民事责任。"这是因为地基基础和主体结构的最低保修期限是设计的合理使用年限。

9. 移交建设项目档案的责任

建设单位还应当严格按照国家有关档案管理的规定，向建设行政主管部门或者其他有关部门移交建设项目档案。

8.4.2 施工单位的质量责任和义务

1. 依法承揽工程的责任

施工单位应当依法取得相应等级的资质证书，并在其资质等级许可的范围内承揽工程。

禁止施工单位超越本单位资质等级许可的业务范围或者以其他施工单位的名义承揽工程。禁止施工单位允许其他单位或者个人以本单位的名义承揽工程。施工单位不得转包或者违法分包工程。

2. 建立质量保证体系的责任

施工单位对建设工程的施工质量负责。施工单位应当建立质量责任制，确定工程项目的项目经理、技术负责人和施工管理负责人。

建设工程实行总承包的，总承包单位应当对全部建设工程质量负责；建设工程勘察、设计、施工、设备采购的一项或者多项实行总承包的，总承包单位应当对其承包的建设工程或者采购的设备的质量负责。

3. 分包单位保证工程质量的责任

总承包单位依法将建设工程分包给其他单位的，分包单位应当按照分包合同的约定对其分包工程的质量向总承包单位负责，总承包单位与分包单位对分包工程的质量承担连带责任。

4. 按图施工的责任

施工单位必须按照工程设计图和施工技术标准施工，不得擅自修改工程设计，不得偷工减料。施工单位在施工过程中发现设计文件和设计图有差错的，应当及时提出意见和建议。

建设单位、施工单位、监理单位不得修改建设工程勘察、设计文件；确需修改建设工程勘察、设计文件的，应当由原建设工程勘察、设计单位修改。经原建设工程勘察、设计单位书面同意，建设单位也可以委托其他具有相应资质的建设工程勘察、设计单位修改。修改单位对修改的勘察、设计文件承担相应责任。施工单位、监理单位发现建设工程勘察、设计文件不符合工程建设强制性标准、合同约定的质量要求的，应当报告建设单位，建设单位有权要求建设工程勘察、设计单位对建设工程勘察、设计文件进行补充、修改。建设工程勘察、设计文件内容需要进行重大修改的，建设单位应当报经原审批机关批准后，方可修改。

5. 对建筑材料、构配件和设备进行检验的责任

施工单位必须按照工程设计要求、施工技术标准和合同约定，对建筑材料、建筑构配件、设备和商品混凝土进行检验，检验应当有书面记录和专人签字；未经检验或者检验不合格的，不得使用。

6. 对施工质量进行检验的责任

施工单位必须建立、健全施工质量的检验制度，严格工序管理，做好隐蔽工程的质量检查和记录。隐蔽工程在隐蔽前，施工单位应当通知建设单位和建设工程质量监督机构。

7. 见证取样的责任

施工人员对涉及结构安全的试块、试件以及有关材料，应当在建设单位或者工程监理单位监督下现场取样，并送具有相应资质等级的质量检测单位进行检测。

检测机构是具有独立法人资格的中介机构。检测机构从事规定的质量检测业务，应当取得相应的资质证书。

8. 保修的责任

施工单位对施工中出现质量问题的建设工程或者竣工验收不合格的建设工程，应当负责返修。

在建设工程竣工验收合格前，施工单位应对质量问题履行返修义务；建设工程竣工验收合格后，施工单位应对保修期内出现的质量问题履行保修义务。《民法典》第八百零一条对施工单位的返修义务也有相应规定："因施工人原因致使建设工程质量不符合约定的，发包人有权要求施工人在合理期限内无偿修理或者返工、改建。经过修理或者返工、改建后，造成逾期交付的，施工人应当承担违约责任。"返修包括修理和返工。

【例题1】 施工企业在施工过程中发现设计文件和施工图有差错的，应当（　　）。

A. 继续按设计文件和施工图施工

B. 对设计文件和施工图进行修改，按修改后的设计文件和施工图进行施工

C. 对设计文件和施工图进行修改，征得设计单位同意后按修改后的设计文件和施工图进行施工

D. 及时提出意见和建议

【答案】 D

8.4.3 工程监理单位的质量责任和义务

1. 依法承揽业务

工程监理单位应当依法取得相应等级的资质证书，并在其资质等级许可的范围内承担工程监理业务。

禁止工程监理单位超越本单位资质等级许可的范围或者以其他工程监理单位的名义承担工程监理业务。禁止工程监理单位允许其他单位或者个人以本单位的名义承担工程监理业务。工程监理单位不得转让工程监理业务。

2. 独立监理

工程监理单位与被监理工程的施工承包单位以及建筑材料、建筑构配件和设备供应单位不得有隶属关系或者其他利害关系的，不得承担该项建设工程的监理业务。

独立是公正的前提条件，监理单位如果不独立是不可能保持公正的。

3. 依法监理

工程监理单位应当依照法律、法规以及有关技术标准、设计文件和建设工程承包合同，代表建设单位对施工质量实施监理，并对施工质量承担监理责任。

监理工程师应当按照工程监理规范的要求，采取旁站、巡视和平行检验等形式，对建设工程实施监理。

4. 确认质量

工程监理单位应当选派具备相应资格的总监理工程师和监理工程师进驻施工现场。

未经监理工程师签字，建筑材料、建筑构配件和设备不得在工程上使用或者安装，施工单位不得进行下一道工序的施工。未经总监理工程师签字，建设单位不拨付工程款，不进行竣工验收。

【例题2】 下列关于工程监理职责和权限的说法，正确的有(　　)。
A. 未经监理工程师签字，建筑材料不得在工程上使用
B. 未经监理工程师签字，施工企业不得进入下一道工序的施工
C. 未经专业监理工程师签字，建设单位不得拨付工程款
D. 未经总监理工程师签字，建设单位不得进行竣工验收
E. 未经监理工程师签字，建筑构配件不得在工程上使用
【答案】 ABDE

8.4.4 勘察、设计单位的质量责任和义务

1. 勘察、设计单位共同的责任

（1）依法承揽工程的责任　从事建设工程勘察、设计的单位应当依法取得相应等级的资质证书，并在其资质等级许可的范围内承揽工程。

禁止勘察、设计单位超越其资质等级许可的范围或者以其他勘察、设计单位的名义承揽工程。禁止勘察、设计单位允许其他单位或者个人以本单位的名义承揽工程。

勘察、设计单位不得转包或者违法分包所承揽的工程。

（2）执行强制性标准的责任　勘察、设计单位必须按照工程建设强制性标准进行勘察、设计，并对其勘察、设计的质量负责。注册建筑师、注册结构工程师等注册执业人员应当在设计文件上签字，对设计文件负责。

2. 勘察单位的质量责任

由于勘察单位提供的资料会影响到后续工作的质量，因此，勘察单位提供的地质、测量、水文等勘察成果必须真实、准确。

3. 设计单位的质量责任

(1) 科学设计的责任　设计单位应当根据勘察成果文件进行建设工程设计，脱离勘察成果文件的设计会为施工质量带来极大的隐患。

设计文件应当符合国家规定的设计深度要求，注明工程合理使用年限。

(2) 选择材料设备的责任　设计单位在设计文件中选用的建筑材料、建筑构配件和设备，应当注明规格、型号、性能等技术指标，其质量要求必须符合国家规定的标准。除有特殊要求的建筑材料、专用设备、工艺生产线等外，设计单位不得指定生产厂、供应商。

(3) 解释设计文件的责任　设计单位应当就审查合格的施工图设计文件向施工单位做出详细说明。

建设工程勘察、设计单位应当在建设工程施工前，向施工单位和监理单位说明建设工程勘察、设计意图，解释建设工程勘察、设计文件。建设工程勘察、设计单位应当及时解决施工中出现的勘察、设计问题。

(4) 参与质量事故分析的责任　设计单位应当参与建设工程质量事故分析，并对因设计造成的质量事故，提出相应的技术处理方案。

> 【例题3】　根据《建设工程质量管理条例》，设计单位在设计文件中选用的建筑材料、建筑构配件和设备，应当(　　)。
> A. 按照建设单位的指令确定　　　　B. 注明规格、型号、性能等技术指标
> C. 注明生产厂、供应商　　　　　　D. 征求施工企业的意见
> 【答案】　B
>
> 【例题4】　下列不属于发包人义务的情形是(　　)。
> A. 提供必要施工条件　　　　　　　B. 及时组织工程竣工验收
> C. 向有关部门移交建设项目档案
> D. 就审查合格的施工图设计文件向施工企业进行详细说明
> 【答案】　D

8.4.5 《建筑工程五方责任主体项目负责人质量终身责任追究暂行办法》简介

1. 建筑工程五方责任主体项目负责人

建筑工程五方责任主体项目负责人是指承担建筑工程项目建设的建设单位项目负责人、勘察单位项目负责人、设计单位项目负责人、施工单位项目经理、监理单位总监理工程师。

建筑工程五方责任主体项目负责人质量终身责任，是指参与新建、扩建、改建的建筑工程项目负责人按照国家法律法规和有关规定，在工程设计使用年限内对工程质量承担相应责任。

建设单位项目负责人对工程质量承担全面责任，不得违法发包、肢解发包，不得以任何理由要求勘察、设计、施工、监理单位违反法律法规和工程建设标准，降低工程质量，其违法违规或不当行为造成工程质量事故或质量问题应当承担责任。

勘察、设计单位项目负责人应当保证勘察设计文件符合法律法规和工程建设强制性标准的要求，对因勘察、设计导致的工程质量事故或质量问题承担责任。

施工单位项目经理应当按照经审查合格的施工图设计文件和施工技术标准进行施工，对因

施工导致的工程质量事故或质量问题承担责任。

监理单位总监理工程师应当按照法律法规、有关技术标准、设计文件和工程承包合同进行监理，对施工质量承担监理责任。

2. 追究项目负责人的质量终身责任的情形

符合下列情形之一的，县级以上地方人民政府住房和城乡建设主管部门应当依法追究项目负责人的质量终身责任：

1）发生工程质量事故。

2）发生投诉、举报、群体性事件、媒体报道并造成恶劣社会影响的严重工程质量问题。

3）由于勘察、设计或施工原因造成尚在设计使用年限内的建筑工程不能正常使用。

4）存在其他需追究责任的违法违规行为。

3. 项目负责人质量终身责任信息档案

建设单位应当建立建筑工程各方主体项目负责人质量终身责任信息档案，工程竣工验收合格后移交城建档案管理部门。项目负责人质量终身责任信息档案包括下列内容：

1）建设、勘察、设计、施工、监理单位项目负责人姓名，身份证号码，执业资格，所在单位，变更情况等。

2）建设、勘察、设计、施工、监理单位项目负责人签署的工程质量终身责任承诺书。

3）法定代表人授权书。

4. 责任追究

1）对项目负责人的责任追究。

a. 项目负责人为国家公职人员的，将其违法违规行为告知其上级主管部门及纪检监察部门，并建议对项目负责人给予相应的行政、纪律处分。对勘察单位项目负责人、设计单位项目负责人为注册建筑师、勘察设计注册工程师的，施工单位项目经理为相关注册执业人员的以及总监理工程师，对其责令停止执业1年；造成重大质量事故的，吊销执业资格证书，5年以内不予注册；情节特别恶劣的，终身不予注册。

b. 构成犯罪的，移送司法机关依法追究刑事责任。

c. 处单位罚款数额5%以上10%以下的罚款。

d. 向社会公布曝光。

2）项目负责人因调动工作等原因离开原单位后，被发现在原单位工作期间违反国家法律法规、工程建设标准及有关规定，造成所负责项目发生工程质量事故或严重质量问题的，仍应按上述规定依法追究相应责任。

3）项目负责人已退休的，被发现在工作期间违反国家法律法规、工程建设标准及有关规定，造成所负责项目发生工程质量事故或严重质量问题的，仍应按上述规定依法追究相应责任，且不得返聘从事相关技术工作。项目负责人为国家公职人员的，根据其承担责任依法应当给予降级、撤职、开除处分的，按照规定相应降低或取消其享受的待遇。

4）工程质量事故或严重质量问题相关责任单位已被撤销、注销、吊销营业执照或者宣告破产的，仍应按规定依法追究项目负责人的责任。

5）违反法律法规规定，造成工程质量事故或严重质量问题的，除依照规定追究项目负责人终身责任外，还应依法追究相关责任单位和责任人员的责任。

8.4.6 工程质量事故报告制度

工程质量事故,是指由于建设、勘察、设计、施工、监理等单位违反工程质量有关法律法规和工程建设标准,使工程产生结构安全、重要使用功能等方面的质量缺陷,造成人身伤亡或者重大经济损失的事故。

2010年8月19日住房和城乡建设部发布《关于做好房屋建筑和市政基础设施工程质量事故报告和调查处理工作的通知》。进一步规范房屋建筑和市政基础设施工程(简称工程)质量事故报告与调查处理工作。

根据工程质量事故造成的人员伤亡或者直接经济损失,工程质量事故分为4个等级:

(1) 特别重大事故 特别重大事故是指造成30人以上死亡,或者100人以上重伤,或者1亿元以上直接经济损失的事故。

(2) 重大事故 重大事故是指造成10人以上30人以下死亡,或者50人以上100人以下重伤,或者5000万元以上1亿元以下直接经济损失的事故。

(3) 较大事故 较大事故是指造成3人以上10人以下死亡,或者10人以上50人以下重伤,或者1000万元以上5000万元以下直接经济损失的事故。

(4) 一般事故 一般事故是指造成3人以下死亡,或者10人以下重伤,或者100万元以上1000万元以下直接经济损失的事故。

本等级划分所称的"以上"包括本数,所称的"以下"不包括本数。

建设工程发生质量事故,有关单位应当在24小时内向当地建设行政主管部门和其他有关部门报告。对重大质量事故,事故发生地的建设行政主管部门和其他有关部门应当按照事故类别和等级向当地人民政府和上级建设行政主管部门和其他有关部门报告。特别重大质量事故的调查程序按照国务院有关规定办理。

特别重大事故、重大事故应逐级上报至国务院安全生产监督管理部门和负有安全生产监督管理职责的有关部门。每级上报的时间不得超过2小时。必要时,安全生产监督管理部门和负有安全生产监督管理职责的有关部门可以越级上报事故情况。

发生重大工程质量事故隐瞒不报、谎报或者拖延报告期限的,对直接负责的主管人员和其他责任人员依法给予行政处分。

国家机关工作人员在建设工程质量监督管理工作中玩忽职守、滥用职权、徇私舞弊,构成犯罪的,依法追究刑事责任;尚不构成犯罪的,依法给予行政处分。

8.5 建设工程质量保修制度

建设工程质量保修制度是指建设工程在办理竣工验收手续后,在规定的保修期限内,因勘察、设计、施工、材料等原因造成的质量缺陷,应当由施工承包单位负责维修、返工或更换,由责任单位负责赔偿损失。质量缺陷是指建设工程的质量不符合工程建设强制性标准以及合同的约定。

建设工程实行质量保修制度是落实建设工程质量责任的重要措施。《建筑法》《建设工程质量管理条例》《房屋建筑工程质量保修办法》(2000年6月30日建设部令第80号发布)对该项制度做出规定。

8.5.1 工程质量保修书

建设工程承包单位在向建设单位提交工程竣工验收报告时，应当向建设单位出具质量保修书。质量保修书中应当明确建设工程的保修范围、保修期限和保修责任。

"有施工单位签署的工程保修书"是建设工程竣工验收应具备的条件之一。工程质量保修书是一种合同，是发承包双方就保修范围、保修期限和保修责任等设立权利义务的协议，集中体现了承包单位对发包单位的工程质量保修承诺。保修期自建设工程竣工验收合格之日起计算。

8.5.2 保修范围和最低保修期限

《建设工程质量管理条例》规定了保修范围及其在正常使用条件下各自对应的最低保修期限。

1）基础设施工程、房屋建筑的地基基础工程和主体结构工程，为设计文件规定的该工程的合理使用年限。

2）屋面防水工程、有防水要求的卫生间、房间和外墙面的防渗漏，为5年。

3）供热与供冷系统，为2个采暖期、供冷期。

4）电气管线、给水排水管道、设备安装和装修工程，为2年。

上述保修范围属于法律强制性规定。发承包双方约定的保修期限不得低于《建设工程质量管理条例》规定的期限，但可以延长。

【例题5】 在正常条件下，关于建设工程法定最低保修期限的说法，正确的是(　　)。
A. 屋面防水工程为5年
B. 给水排水管道为2年
C. 供热与供冷系统为2个采暖期、供冷期
D. 基础设施为设计文件规定的该工程的合理使用年限
E. 设备安装和装修工程为5年
【答案】 ABCD

8.5.3 保修责任

建设工程在保修范围和保修期内发生质量问题的，施工单位应当履行保修义务，并对造成的损失承担赔偿责任。

不属于保修范围的情况，分别是：

1）因使用不当造成的质量缺陷。
2）第三方造成的质量缺陷。
3）不可抗力造成的质量缺陷。

保修期内建设单位和施工单位应遵守以下程序：

1）建设工程在保修期限内出现质量缺陷，建设单位应当向施工单位发出保修通知。
2）施工单位接到保修通知后，应当到现场核查情况，在保修书约定的时间内予以保修。发生涉及结构安全或者严重影响使用功能的紧急抢修事故，施工单位接到保修通知后，应当立即到达现场抢修。

3）施工单位不按工程质量保修书约定保修的，建设单位可以另行委托其他单位保修，由原施工单位承担相应责任。

4）保修费用由造成质量缺陷的责任方承担。如果质量缺陷是由于施工单位未按照工程建设强制性标准和合同要求施工造成的，则施工单位不仅要负责保修，还要承担保修费用。但是，如果质量缺陷是由于设计单位、勘察单位或建设单位、监理单位的原因造成的，施工单位仅负责保修，其有权对由此发生的保修费用向建设单位索赔。建设单位向施工单位承担赔偿责任后，有权向造成质量缺陷的责任方追偿。

【例题6】 关于建设工程返修的说法，正确的是(   )。
A. 建设工程返修不包括竣工验收不合格的情形
B. 对竣工验收不合格的建设工程，若非施工企业原因造成的，施工企业不负责返修
C. 对施工中出现质量问题的建设工程，无论是否施工企业原因造成的，施工企业都应负责返修
D. 对竣工验收不合格的建设工程，若是施工企业原因造成的，施工企业负责有偿返修
【答案】 C

【例题7】 建设单位和施工企业经过平等协商确定某屋面防水工程的保修期限为3年，工程竣工验收合格移交使用后的第4年屋面出现渗漏，则承担该工程维修责任的是(   )。
A. 施工企业
B. 建设单位
C. 使用单位
D. 建设单位和施工企业协商确定
【答案】 A

【例题8】 关于施工企业返修义务的说法，正确的是(   )。
A. 施工企业仅对施工中出现质量问题的建设工程负责返修
B. 施工企业仅对竣工验收不合格的工程负责返修
C. 非施工企业原因造成的质量问题，相应的损失和返修费用由责任方承担
D. 对于非施工企业原因造成的质量问题，施工企业不承担返修的义务
【答案】 C

【例题9】 工程建设单位组织验收合格后投入使用，2年后外墙出现裂缝，经查是由于设计缺陷造成的，则下列说法正确的是(   )。
A. 施工单位维修，建设单位直接承担费用   B. 建设单位维修并承担费用
C. 施工单位维修并承担费用   D. 施工单位维修，设计单位直接承担费用
【答案】 A
【解析】 建设工程竣工时发现的质量问题或者质量缺陷，无论是建设单位的责任还是施工单位的责任，施工单位都有义务进行修复或返修。但是，对于非施工单位原因出现的质量问题或质量缺陷，其返修的费用和造成的损失是应由责任方承担的。施工单位在保修期内承担保修责任。外墙裂缝系主体结构工程，最低保修期为设计文件规定的合理使用期限，因此施工单位应承担保修责任，选项B错误；该质量问题是因为设计缺陷造成的，因此维修费由建设单位承担后可向设计单位追偿。

【例题10】 关于工程建设中使用建筑材料的说法，正确的是(   )。
A. 建筑材料应该由建设单位采购
B. 建设单位采购的建筑材料经施工企业检验不合格的，应当拒绝使用
C. 建设单位招标采购建筑材料的，可以指定三个以上品牌
D. 建设单位采购的建筑材料经施工企业检验合格，使用后被证实属于不合格材料的，应由施工企业承担责任

【答案】 B
【解析】 选项A错误，建筑材料的采购由建设和施工单位约定。

选项B正确，施工单位有对建筑材料、构配件进行检验检测的职责，对检测不合格的不得使用。

选项C错误，建设单位不得指定购买建筑材料、构配件及不得指定生产厂商、供应商。无论指定多少个都不可以。

选项D错误，建筑材料不合格导致建设工程质量不合格的，应按谁采购谁负责原则处理。

8.6 建设工程质量保证金

1. 质量保证金的含义

建设工程质量保证金（保修金）（简称保证金）是指发包人与承包人在建设工程承包合同中约定，从应付的工程款中预留，用以保证承包人在缺陷责任期内对建设工程出现的缺陷进行维修的资金。

缺陷是指建设工程质量不符合工程建设强制性标准、设计文件，以及承包合同的约定。

缺陷责任期从工程通过竣（交）工验收之日起计。由于承包人原因导致工程无法按规定期限进行竣（交）工验收的，缺陷责任期从实际通过竣（交）工验收之日起计。由于发包人原因导致工程无法按规定期限进行竣（交）工验收的，在承包人提交竣（交）工验收报告90天后，工程自动进入缺陷责任期。

缺陷责任期一般为1年，最长不超过2年，具体可由发、承包双方在合同中约定。

缺陷责任期内，由承包人原因造成的缺陷，承包人应负责维修，并承担鉴定及维修费用。如承包人不维修也不承担费用，发包人可按合同约定扣除保证金，并由承包人承担违约责任。承包人维修并承担相应费用后，不免除对工程的一般损失赔偿责任。缺陷责任期满，质量保证金会返还。

由他人原因造成的缺陷，发包人负责组织维修，承包人不承担费用，且发包人不得从保证金中扣除费用。

2. 质量保证金的数额

发包人应当在招标文件中明确保证金预留、返还等内容，并与承包人在合同条款中对涉及保证金的下列事项进行约定：

1) 保证金预留、返还方式。

2) 保证金预留比例、期限。
3) 保证金是否计付利息，如计付利息，利息的计算方式。
4) 缺陷责任期的期限及计算方式。
5) 保证金预留、返还及工程维修质量、费用等争议的处理程序。
6) 缺陷责任期内出现缺陷的索赔方式。

建设工程竣工结算后，发包人应按照合同约定及时向承包人支付工程结算价款并预留保证金。

全部或者部分使用政府投资的建设项目，按工程价款结算总额3%左右的比例预留保证金。社会投资项目采用预留保证金方式的，预留保证金的比例可参照执行。

在工程项目竣工前，已经缴纳履约保证金的，发包人不得同时预留工程质量保证金。

采用工程质量保证担保、工程质量保险等其他保证方式的，发包人不得再预留保证金。

3. 质量保证金的返还

缺陷责任期内，承包人认真履行合同约定的责任，到期后，承包人向发包人申请返还保证金。

发包人在接到承包人返还保证金申请后，应于14日内会同承包人按照合同约定的内容进行核实。如无异议，发包人应当在核实后14日内将保证金返还给承包人，逾期支付的，从逾期之日起，按照同期银行贷款利率计付利息，并承担违约责任。发包人在接到承包人返还保证金申请后14日内不予答复，经催告后14日内仍不予答复，视同认可承包人的返还保证金申请。

【案例8-1】

2015年10月17日，王某与北京市某物资公司签订了征收安置居民回迁购房合同书。王某原租住公房属于被征收范围，王某属于征收安置对象，根据此合同，某物资公司对广外南街回迁楼建设完毕以后，安置王某广外南街小区53号楼601号3居室楼房1套。2017年10月，某物资公司如约将回迁楼建设完毕并交付使用。王某在没有办理回迁入住手续的情况下，私自进入广外南街小区53号楼601号，在向某物资公司的房屋物业公司缴纳了装修押金1000元后，于2017年12月对该房进行了装修。装修过程中，雇用没有装修资质的装修人员对房屋内部结构进行拆改，将多处钢筋混凝土结构承重墙砸毁，并将结构柱主钢筋大量截断。其间，某物资公司曾多次向王某发出停工通知，并委托所属区房屋安全鉴定站对此房屋进行了鉴定，结论为：房屋墙体被拆改、移位，已对房屋承重结构造成破坏，应恢复原状。王某对此均未理睬。2018年4月，某物资源公司向某区人民法院提起诉讼，要求王某立即搬出强占的房屋，停止毁坏住宅楼主体结构的行为，排除妨碍，消除危险，承担对所破坏房屋由专业施工单位进行修复的费用47439.04元以及鉴定费240元和加固设计费10000元。

【问题】

此案应如何处理？

【分析】

《建筑法》规定："涉及建筑主体和承重结构变动的装修工程，建设单位应当在施工前委托原设计单位或者具有相应资质条件的设计单位提出设计方案；没有设计方案的，不得施工。房屋建筑使用者在装修过程中，不得擅自变动房屋建筑主体和承重结构。"

《建筑法》规定:"违反本法规定,涉及建筑主体或者承重结构变动的装修工程擅自施工的,责令改正,处以罚款;造成损失的,承担赔偿责任;构成犯罪的,依法追究刑事责任。"

《建设工程质量管理条例》规定:"违反本条例规定,涉及建筑主体或者承重结构变动的装修工程,没有设计方案擅自施工的,责令改正,处50万元以上100万元以下的罚款;房屋建筑使用者在装修过程中擅自变动房屋建筑主体和承重结构的,责令改正,处5万元以上10万元以下的罚款。有前款所列行为,造成损失的,依法承担赔偿责任。"

根据上述法律规定,在房屋建筑装饰装修过程中,不论是建设单位还是房屋建筑使用者都必须严格遵守法律强制性规定。本案中,王某作为房屋建筑使用者,擅自变动建筑主体和承重结构,是严重的违法行为,不仅要依法承担赔偿责任,还应当受到建设行政管理部门的行政处罚。

【案例 8-2】⊖

2017 年 4 月,某市甲单位与乙建筑工程公司签订了一份建筑工程承包合同。合同约定,甲的一幢职工宿舍楼由乙承包建筑与安装,定于 2017 年 7 月 1 日开工,2018 年 4 月 1 日验收。2018 年 3 月,一、二层的内装修刚刚完毕,因多年住房紧张,甲单位分到一、二层住房的职工便强行搬入,甲单位领导劝阻无效,便听之任之。以后每装修完一层甲单位职工便住进一层。到 4 月 1 日完工时,此楼已全部投入使用。这时甲对宿舍楼进行验收,发现一、二层墙皮剥落及门窗关启困难等问题,要求乙返工。乙遂将门窗进行检修,但拒绝重新粉刷墙壁,于是甲拒付剩余的 5 万元工程款。2018 年 7 月 5 日,乙向法院起诉,要求甲付清拖欠的工程款 5 万元及利息。

【问题】

(1) 该工程未验收,发包人便提前使用,验收时发现质量问题如何处理?

(2) 甲单位拒付剩余 5 万元工程款的行为是否合法?

【分析】

(1)《合同法》规定:"建筑工程竣工经验收合格后,方可交付使用;未经验收或验收不合格的,不得交付使用。"《最高人民法院关于审理建设工程施工合同纠纷案件适用法律问题的解释》规定:"建设工程未经竣工验收,发包人擅自使用后,又以使用部分质量不符合约定为由主张权利的,不予支持;但是承包人应当在建设工程的合理使用寿命内对地基基础工程和主体结构质量承担民事责任。"该建设工程竣工未经验收发包人就擅自使用,之后又以使用部分质量不符合约规定为由主张权利,且该工程出现的质量问题不属于地基基础工程和主体结构质量问题,根据上述法律的规定,本案的发包人甲单位应对该工程的质量承担责任。

(2) 基于问题 (1) 的分析可知,甲单位拒付 5 万元剩余工程款不合法。

【案例 8-3】

某监理单位与业主签订了某钢筋混凝土结构工程施工阶段的监理合同,监理部设总监理工程师 1 人和专业监理工程师若干人。专业监理工程师例行在现场检查、旁站实施监理工作。在监理过程中,发现以下一些问题:

⊖ 本案例因涉及发生时效,其处理依据还沿用《合同法》等《民法典》实施(2021 年 1 月 1 日)前适用的法律法规。

(1) 某层钢筋混凝土墙体，由于绑扎钢筋困难，无法施工，施工单位未通报监理工程师就把墙体钢筋门洞移动了位置。

(2) 某层一钢筋混凝土柱，钢筋绑扎已检查签证，模板经过预检验收，浇筑混凝土过程中及时发现模板胀模。

(3) 某层钢筋混凝土墙体，钢筋绑扎后未经检查验收，即擅自合模封闭，正准备浇筑混凝土。

(4) 某层楼板钢筋经监理工程师检查签证后，即进行楼板混凝土的浇筑，待混凝土浇筑完成后，发现楼板中设计的预埋电线暗管，未通知电气专业监理工程师检查签证。

(5) 施工单位把地下室内防水工程给一专业分包单位施工，该分包单位未经资质验证认可即进场施工，并已进行了 200m² 的防水工程。

(6) 某层钢筋骨架焊接正在进行中，监理工程师检查发现有 2 人未经技术资质审查认可。

【问题】

以上各项问题监理工程师应如何分别处理？

【分析】

(1) 指令停工，组织设计和施工单位共同研究处理方案，如需变更设计，指令施工单位按变更后的设计图施工，否则审核施工单位的新的施工方案，指令施工单位按原图施工。

(2) 指令停工，检查胀模原因，指示施工单位加固处理，经检查认可，通知继续施工。

(3) 指令停工，下令拆除封闭模板，以满足检查要求，经检查认可，通知复工。

(4) 指令停工，进行隐蔽工程检查，若隐检合格，签证复工；若隐检不合格，下令返工。

(5) 指令停工，检查分包单位资质。若审查合格，允许分包单位继续施工；若审查不合格，指令施工单位令分包单位立即退场。无论分包单位资质是否合格，均应对其已施工完的 200m² 防水工程进行质量检查。

(6) 通知该电焊工立场停止操作，检查其技术资质证明。若审查认可，可继续进行操作；若无技术资质证明，不得再进行电焊操作。对完成的焊接部分进行质量检查。

【案例8-4】

某建筑公司承揽了某开发公司的某住宅小区的施工项目，建筑面积为 19 万 m²。2018 年 7 月 18 日，在没有办理施工许可证的情况下开始施工，建筑公司为了减少施工任务，在未经建设单位认可的情况下将主体结构分包给了无相应资质条件的分包单位。在施工过程中，工程监理人员发现工程设计不符合建设工程质量标准，但并未提出任何异议。施工单位将原有的 3 位专职安全生产管理人员开除，另指定一位资料员王某来管理施工安全。在搭设脚手架的时候，王某要求有恐高症的刘某进行高空搭设，刘某给予拒绝，王某就以刘某不服从管理为由将其辞退。为了获得更多的效益，建设单位要求施工单位将合同中所约定的 2 年工期缩减为 1 年。施工单位为了力求进度，招收了一批新的作业人员，这批作业人员在未接受安全生产教育培训的情况下就直接上岗作业；施工单位还要求从业人员自己支付意外伤害保险费。工程竣工验收合格后，建设单位在 30 天后才到县级人民政府建设行政主管部门备案。小区运行 2 年后，建设单位发现楼房有漏水现象，要求施工单位进行保修，施工单位以合同约定保修期为 2 年为理由拒绝保修。

【问题】

此案中存在哪些违法行为？

【分析】

(1) 施工单位在建设单位没有办理施工许可证的情况下开始施工。

《建筑法》规定，建筑工程开工前，建设单位应当按照国家有关规定向工程所在县级以上人民政府建设行政主管部门申请领取施工许可证。

(2) 施工单位在未经建设单位认可的情况下将主体结构分包给了无相应资质的条件的分包单位。

《建筑法》规定，禁止总承包单位将工程分包给不具备相应资质条件的单位。建筑工程总承包单位可以将承包工程中的部分工程分包给具有相应资质条件的分包单位，但是，除总承包合同中的约定的分包外，必须经建设单位认可。施工总承包的建筑工程主体结构的施工必须由总承包单位自行完成。

(3) 工程监理人员发现工程设计不符合建筑工程质量标准，但并未提出异议。《建筑法》规定，工程监理人员发现工程设计不符合建筑工程质量标准或合同约定的应当报告建设单位要求设计单位改正。

(4) 施工单位指定一位资料员来管理施工安全。

《安全生产法》规定，建筑施工单位应当设置安全生产管理机构或者配备专职安全生产管理人员。

(5) 王某要求有恐高症刘某进行高空作业，刘某拒绝，王某就以不服从管理将刘某辞退。

《安全生产法》规定，从业人员有权利拒绝生产经营单位违章指挥，强令冒险作业。

(6) 为获得更多效益，建设单位要求施工单位缩短工期为1年。

《建设工程安全生产管理条例》规定，建设单位不得向施工单位提出不符合建设工程安全生产法律、法规和强制性标准规定要求，不得压缩合同约定工期。

(7) 新进作业人员在未经安全生产教育培训下就上岗作业。

《建设工程安全生产管理条例》规定，作业人员进入新的岗位或者新的施工现场前，应当接受安全生产教育培训，未经教育培训不得上岗作业。

(8) 施工单位要求从业人员自己支付意外伤害保险费。

《建设工程安全生产管理条例》规定，意外伤害保险费由施工单位支付。

(9) 工程竣工合格后，建设单位在30天后才到建设行政主管部门备案。

《建设工程质量管理条例》规定，建设单位应当在工程竣工合格后的15天内到县级以上人民政府建设主管部门备案。

(10) 施工单位以合同约定保修期为2年，拒绝对楼房漏水现象保修。

《建设工程质量管理条例》规定：屋面防水工程有防水要求的卫生间、房间和外墙面的防渗漏最低保修期为5年，因此该合同无效，施工单位应按规定进行保修。

【案例8-5】

2016年，中建系统某公司与上海某公司就某商业大厦的建设签订总承包合同，并由某境外建筑设计公司担任建筑设计和施工管理工作。2017年11月，在该商业大厦工程完工后验收时，虽然该工程通过了当地质量监督部门的验收，但发包人发现多项缺陷部位和需整改项目，因此没有直接核发竣工证明，而是要求承包商予以修缮并尽快完工。此后，2018年3月12日，建筑设计公司才向承包商发出"实际竣工证明书"，确认实际竣工期是2017年11月16日，保修期为1年，至2018年11月15日止。同时指出，未完善的项目应按期进行修缮，未调试的系统自系统测试通过之日起计算保修期。

2018年5月，发包人与承包人达成最终结算书，确认工程总价款，但之后发包人未按期履约。2018年12月20日，承包人以欠付工程款为由向法院起诉，发包人则以承包人质量缺陷造成的违约损失、租金损失、修复工作的费用以及其他费用提出反诉。本案起诉中的工程欠款，在司法鉴定后双方质证没有分歧，但是对本案的反诉则存在较大的争议。

【问题】

(1) 本案工程约定的保修期是否有效？
(2) 保修期内所发生的质量缺陷责任如何承担？
(3) 保修期届满后对于质量缺陷责任如何承担？

【分析】

(1) 本案工程质量保修期的约定是部分有效。

保修期约定一般分为两种情况：第一种情况是遵循法定的保修期，第二种情况是遵循约定的保修期。但是约定的保修期不得低于法定的保修期，若低于法定保修期，则以法定的保修期为准。法律规定，在正常使用条件下，房屋建筑工程的最低保修期限为：地基基础工程和主体结构工程，为设计文件规定的该工程的合理使用年限；屋面防水工程、有防水要求的卫生间、房间和外墙面的防渗漏，为5年；供热与供冷系统，为2个采暖期、供冷期；电气管线、给水排水管道、设备安装为2年；装修工程为2年。其他项目的保修期限由发包人和承包人约定。

双方约定建设工程保修期时，只能高于法律规定的标准，不能低于法律规定的标准。对此，本案双方的协议没有全部遵守法律的规定约定。按我国相关法律规定，对法律有明确规定的保修期限的部位，按法律规定的保修期；对法律没有明确规定保修期的部位，则按双方约定的保修期。法律规定，无论是法定的保修期，还是约定的保修期，保修期起算时间均自建设工程竣工验收合格之日起计算。

(2) 保修期内的质量缺陷的责任遵循"各负其责"的原则。

由此可见，对于在保修期内发现的质量缺陷，施工单位首先有责任进行维修，之后可确认缺陷的责任方并追究其责任。

(3) 保修期届满后因工程质量造成损害可提出侵权赔偿的要求。

《建设工程质量管理条例》没有对保修期届满后质量缺陷的赔偿责任应如何承担做出相应的规定，但是，《建筑法》规定："在建筑物的合理使用寿命内，因建筑工程质量不合格受到损害的，有权向责任者要求赔偿。"根据该条款的规定，不是所有的在保修期后出现的质量缺陷都可以要求赔偿，只有存在"损害"的质量缺陷才可能要求赔偿，也就是基于侵权责任要求责任人承担赔偿义务。

侵权责任必须具备四个必要条件：损害事实的客观存在；行为的违法性，即违反了强制性的法律规定；违法行为和损害事实之间的因果必然关系；行为人的过错。

因此保修期届满后对于质量缺陷责任的承担，必须证明这四个要件全部存在。若不能证明存在侵权行为，则不能就保修期届满后出现的质量缺陷要求责任方承担赔偿责任。

【案例8-6】

2018年4月初，昊翔建筑工程公司（实为未取得建筑施工企业资质的农民工施工队，以下简称昊翔公司）获悉新宇股份有限公司（以下简称新宇公司）欲建多功能楼的信息，便当即与其洽谈。新宇公司明知昊翔公司未取得建筑施工企业资质，但为压低工程价款，便于4月15日与其签订建设工程施工合同。合同约定昊翔公司承建多功能楼，6层砖混结构，总高20m，建筑面积约3000m²，工期从2018年4月20日至2018年7月30日，合同价款420万元，新宇公司不支付预付款，由昊翔公司垫资，工程竣工并经验收合格后，新宇公司按合同约定支付工程款。

合同签订后，昊翔公司如期开工。但开工仅半个月，新宇公司突然向昊翔公司提出，合同价款过高，本公司资金紧张，无力支付全额工程款，要求减少工程款，否则就解除合同。对新宇公司的无理要求，昊翔公司表示十分无奈：双方签订合同时，本公司已经做出极大让步，合同价款压得很低，本公司只能取得非常微薄的利润，如果再减少价款，肯定赔钱。昊翔公司遂与新宇公司协商，能否适当让步。新宇公司称，如昊翔公司不同意减少工程款，本公司将修改工程设计，并提供或者指定昊翔公司购买价格低的建筑材料、建筑构配件、设备，以减少成本。昊翔公司认为，合同规定的工程设计及建筑材料、建筑构配件、设备均符合国家要求及强制性标准，不能变更，否则将不能保证工程质量，而且极有可能发生重大工程事故。新宇公司则十分强硬地表示，要么减少工程款，要么变更工程设计及建筑材料、建筑构配件、设备，否则当即解除合同。昊翔公司迫于失去工程的压力，只得违心屈从。新宇公司修改了工程设计，并提供或者指定昊翔公司购买了价格低的建筑材料、建筑构配件、设备。

之后工程如期竣工，经验收，质量不合格。新宇公司要求昊翔公司修复。昊翔公司修复后经工程鉴定机构鉴定质量仍不合格，且已无法修复。昊翔公司请求新宇公司支付工程款。新宇公司以昊翔公司无建筑施工企业资质及工程质量不合格为由而拒绝。昊翔公司多次追索未果，遂诉至法院。

【问题】

法院应如何判理此案？

【分析】

《建筑法》规定，承包建筑工程的单位应当持有依法取得的资质证书，并在其资质等级许可的业务范围内承揽工程。原告昊翔公司未取得建筑施工企业资质，而与被告新宇公司签订建设工程施工合同的行为违反了该规定，所以该合同无效。

《建筑法》规定，建筑施工企业对工程的施工质量负责。建筑施工企业必须按照工程设计图和施工技术标准施工。第五十九条规定，建筑施工企业必须按照工程设计要求、施工技术标准和合同的约定，对建筑材料、建筑构配件和设备进行检验，不合格的不得使用。第五

⊖ 本案例因涉及发生时效，其处理依据还沿用《合同法》等《民法典》实施（2021年1月1日）前适用的法律法规。

十四条规定,建设单位不得以任何理由,要求建筑设计单位或者建筑施工企业在工程设计或者施工作业中,违反法律、行政法规和建筑工程质量、安全标准,降低工程质量。建筑设计单位和建筑施工企业对建设单位违反前款规定提出的降低工程质量的要求,应当予以拒绝。

《最高人民法院关于审理建设工程施工合同纠纷案件适用法律问题的解释》规定,修复后的建设工程经竣工验收不合格,承包人请求支付工程款的,不予支持。因建设工程不合格造成的损失,发包人有过错的,也应承担相应的民事责任。

本案中,新宇公司为降低工程成本而擅自修改工程设计,并提供或者指定昊翔公司购买价格低的建筑材料、建筑构配件、设备,昊翔公司明知该做法违反我国相关法律规定且必然导致工程质量降低,但迫于新宇公司的重压而未予以拒绝,致使合同所涉工程质量严重不合格,且无法修复。合同双方均违反了我国相关法律规定。因此,昊翔公司就质量不合格的工程请求支付工程款,不予支持。新宇公司的上述行为有严重过错,是造成工程质量严重不合格的主要原因,应当依法承担主要民事责任。

法院经审理查明后认为,原告昊翔公司未取得建筑施工企业资质,与被告新宇公司签订建设工程施工合同的行为违反了《建筑法》《建筑企业资质管理规定》的规定,原告与被告双方所签订的合同无效;根据《合同法》关于合同无效后的处理原则及《最高人民法院关于审理建设工程施工合同纠纷案件适用法律问题的解释》的规定,合同所涉工程经工程鉴定机构鉴定,质量严重不合格,且无法修复,故对原告支付工程价款的请求,不予支持。被告对工程质量不合格有严重过错,应承担主要民事责任,赔偿原告的损失300万元。被告新宇公司不服上诉,被二审法院依法驳回。

本章习题

一、单选题

1. 根据《建设工程质量管理条例》,下列关于勘察设计单位质量责任和义务的说法,错误的是(   )。

   A. 从事勘察、设计业务的单位应当依法取得相应等级的资质证书
   B. 勘察单位提供的地质、测量、水文等勘察成果必须真实、准确
   C. 设计单位应当根据勘察成果文件进行建设工程设计
   D. 勘察、设计单位不得分包所承揽的工程

2. 建设工程质量保修书的提交时间是(   )。

   A. 自提交工程竣工验收报告之日起 15 日内   B. 工程竣工验收合格之日
   C. 自工程竣工验收合格之日起 15 日内   D. 提交工程竣工验收报告时

3. 分包工程发生质量、安全、进度等问题给建设单位造成损失的,关于承担方的说法,正确的是(   )。

   A. 分包单位只对总承包单位负责
   B. 建设单位只能向给其造成损失的分包单位主张权利
   C. 总承包单位赔偿金额超过其应承担份额的,有权向有责任的分包单位追偿
   D. 建设单位与分包单位无合同关系,无权向分包单位主张权利

4. 甲公司与乙公司组成联合体共同承包了某大型建筑工程的施工。下列关于该联合体承包行为的说法，正确的是（　　）。
   A. 乙按照承担施工内容及工程量的比例对建设单位负责
   B. 建设单位应当与甲、乙分别签订承包合同
   C. 甲和乙就工程质量和安全对建设单位承担连带责任
   D. 该行为属于肢解工程发包的违法行为

5. 若施工过程中发现设计文件和设计图差错，施工企业的正确做法是（　　）。
   A. 有权进行修改　　　　　　　　　B. 可以按照规范施工
   C. 有权拒绝施工　　　　　　　　　D. 应当及时提出意见和建议

6. 涉及建筑主体和承重结构变动的装修工程，应当在施工前委托原设计单位或者（　　）提出设计方案。
   A. 其他设计单位　　　　　　　　　B. 具有相应资质等级的设计单位
   C. 监理单位　　　　　　　　　　　D. 装修施工单位

7. 根据《建设工程质量管理条例》，建设工程保修期自（　　）之日起计算。
   A. 竣工验收合格　　　　　　　　　B. 交付使用
   C. 发包方支付全部价款　　　　　　D. 竣工验收备案

8. 下列关于建设单位质量责任和义务的说法，错误的是（　　）。
   A. 不得明示或暗示设计单位或者施工企业违反工程建设强制性标准，降低建设工程质量
   B. 应当依法报审施工图设计文件
   C. 不得将建设工程肢解发包
   D. 在领取施工许可证或开工报告后，按照国家有关规定的办理工程质量监督手续

9. 甲建筑公司为项目总承包单位，按照合同约定将幕墙工程分包给乙施工单位，施工完毕交付后，在使用过程中幕墙密封出现质量问题，造成建设单位一定损失，则（　　）。
   A. 只能由乙施工单位自己承担责任
   B. 建设单位可以直接要求乙施工单位予以赔偿
   C. 建设单位只能要求甲建筑公司予以赔偿
   D. 在乙施工单位无力赔偿的情况下，建设单位才可以向甲建筑公司要求赔偿

10. 施工企业承建的办公大楼没有经过验收，建设单位就提前使用，2年后该办公楼主体结构出现质量问题。关于该大楼质量问题的说法，下列说法正确的是（　　）。
    A. 主体结构的最低保修期限是设计的合理使用年限，施工企业应当承担保修责任
    B. 由于建设单位提前使用，施工企业不需要承担保修责任
    C. 施工企业是否承担保修责任，取决于建设单位是否已经全额支付工程款
    D. 超过2年保修期后，施工企业不承担保修责任

11. 某办公大楼在保修期间出现外墙裂缝，经查是由于设计缺陷造成。原施工单位进行维修之后应向（　　）主张维修费用。
    A. 建设单位　　　　　　　　　　　B. 设计单位

C. 物业管理单位 D. 办公大楼使用者

12. 某施工单位为避免破坏施工现场区域原有地下管线，欲查明相关情况，需（　　）负责向其提供施工现场区域内地下管线资料。

A. 相关管线产权部门 B. 市政管理部门
C. 城建档案管理部门 D. 建设单位

13. 下列关于建设单位的质量责任和义务的表述中，错误的是（　　）。

A. 建设单位不得暗示施工单位违反工程建设强制性标准，降低建设工程质量
B. 建设单位不得任意压缩合理工期
C. 建设单位进行装修时不得变动建筑主体和承重结构
D. 建设工程发包单位不得迫使承包方以低于成本价格竞标

14. 根据《建设工程质量管理条例》，建设工程竣工验收应当具备的条件不包括（　　）。

A. 完成建设工程设计和合同约定的各项内容
B. 已签署的工程结算文件
C. 完整的技术档案和施工管理资料
D. 勘察、设计、施工、工程监理等单位已分别签署质量合格文件

15. 某建筑公司与安装公司组成联合体承包工程，并约定质量缺陷引起的赔偿责任由双方各自承担50%。施工中由于安装公司技术问题导致质量缺陷，造成工程20万元损失，则下列说法正确的是（　　）。

A. 建设单位可以向建筑公司索赔20万元
B. 建设单位只能向安装公司索赔20万元
C. 建设单位只能向建筑公司和安装公司分别索赔10万元
D. 建设单位不可以向安装公司索赔20万元

16. 施工人员对涉及结构安全的试块、试件以及有关材料应当在（　　）的监督下现场取样并送检。

A. 设计单位 B. 工程质量监督机构
C. 监理单位 D. 施工企业质量管理部门

17. 某商业写字楼工程竣工交付后，其地下车库汽车坡道挡土墙因倾斜而部分坍塌，后经鉴定确认是由于设计高厚比不符合要求造成的，则（　　）。

A. 应由施工单位承担维修责任
B. 应由建设单位负责维修，再向设计单位索赔
C. 应由设计单位负责维修
D. 应由施工单位负责维修，再通过建设单位向设计单位索赔

18. 根据《建筑法》，下列有关监理的说法正确的是（　　）。

A. 建设工程监理企业可以将监理业务部分转让给别的监理企业
B. 由于监理工作的失误给建设单位造成的损失由承包商承担
C. 建设工程监理企业可以与承包商隶属于一家单位的不同部门
D. 监理的权限要视建设单位的委托而定

二、多选题

1. (　　)和(　　)应当在工程质量保修书中约定保修范围、保修期限和保修责任等,双方约定的保修范围、保修期限必须符合国家有关规定。
   A. 建设单位　　　　　B. 施工单位　　　　　C. 项目经理
   D. 设计单位　　　　　E. 监理单位

2. 下列质量问题中,不属于施工单位在保修期内承担保修责任的有(　　)。
   A. 因使用不当造成的质量问题　　　　B. 质量监督机构没有发现的质量问题
   C. 第三方造成的质量问题　　　　　　D. 监理单位没有发现的质量问题
   E. 不可抗力造成的质量问题

3. 关于施工单位的质量责任与义务,下列说法中正确的是(　　)。
   A. 施工单位必须按其资质等级承担相应的工程任务,不得擅自越级承包工程
   B. 施工单位在施工过程中,根据需要可修改工程设计,不必事先征得建设单位的同意
   C. 实行分包的,总承包单位应当对分包工程的质量与分包单位承担连带责任
   D. 如果厂家提供合格证,施工单位对使用的建材可不进行检测
   E. 施工单位应接受工程质量监督机构的监督检查

4. 根据《建设工程质量管理条例》,工程监理单位与被监理工程的(　　)有隶属关系或者其他利害关系,不得承担该工程的监理业务。
   A. 建筑材料供应商　　　B. 勘察设计单位　　　C. 施工企业
   D. 建设单位　　　　　　E. 设备供应商

5. 下列情形中,属于设计单位相关质量责任和义务的是(　　)。
   A. 按照工程建设强制性标准进行设计
   B. 组织建设工程质量事故分析,提出技术处理方案
   C. 向建设单位详细说明施工图设计文件
   D. 设计文件选用的建筑材料必须符合国家规定的标准
   E. 设计文件应符合国家规定设计深度,注明工程合理使用年限

第 9 章　建设工程合同法律制度

建设工程项目管理的核心是合同管理。合同是业主（发包人）和承包人之间关系存在的法律依据，在工程实施过程中是双方的最高行为准则，也是双方争执判定的法律依据。现代的工程项目越来越大，所涉及的方面和关系也越来越多，越来越复杂，这就使合同的作用越来越重要，因为只有合同才能把项目各方复杂的关系明确下来，规范各方的行为，保证项目的成功。

我国《合同法》由第九届全国人民代表大会第二次会议于 1999 年 3 月 15 日通过，自 1999 年 10 月 1 日起施行。《民法典》自 2021 年 1 月 1 日起实施，原《民法通则》《民法总则》《担保法》《合同法》《物权法》等法律法规同时废止，这些部门法的相关内容都被《民法典》继承或有重要的修订、变更。因此《民法典合同编》是目前我国建设工程合同管理中最基本的，同时也是效力最高的法律依据。国务院和原建设部、国家工商行政管理总局等还先后颁发了许多建设工程管理相关的行政法规和部门规章，如《建设工程施工合同管理办法》《建设工程勘察设计合同管理办法》等。

为了规范工程合同格式及内容，住房和城乡建设部还先后制定发布了建设工程勘察合同、建设工程设计合同、建设工程施工合同、建筑装饰工程合同的示范文本，如《建设工程施工合同（示范文本）》（GF—2017—0201），《建设工程勘察合同（示范文本）》（GF—2016—0203）和《建设工程设计合同（示范文本）》（GF—2015—0209、GF—2015—0210），《建设工程监理合同（示范文本）》（GF—2012—0202）。

上述各种合同示范文本对我国建设工程中勘察、设计、施工、监理等合同的签订起了积极的规范和约束作用，是目前签订和管理建设工程合同的依据。在国际工程承包市场，FIDIC 合同条件是国际通用的建设工程合同示范文本。

本章将主要介绍《民法典合同编》通则的主要内容。

9.1　合同概述

1. 合同的概念

合同是平等主体的自然人、法人、其他组织之间设立、变更、终止民事权利义务关系的协议。

2. 合同法的基本原则

（1）平等原则　当事人无论是有什么身份，其在合同关系中相互之间的法律地位是平等的，都是独立的，享有平等主体资格的合法当事人。法律地位平等是自愿原则的前提。

(2) 自愿原则　合同当事人依法享有自愿订立合同的权利，不受任何单位和个人的非法干预，包括：合同当事人有订立合同或者不订立合同的自由；当事人有权选择合同相对人；合同当事人有权决定合同内容；合同当事人有权决定合同形式的自由。

(3) 公平原则　合同当事人应当遵循公平原则确定各方的权利和义务。在合同的订立和履行中，合同当事人应当正当行使合同权利和履行合同义务，兼顾他人利益，使当事人的利益能够均衡。

(4) 诚实信用原则　诚实信用即讲究信用，恪守诺言，诚实不欺。

(5) 遵守法律法规和公序良俗原则

1) 建设工程合同的当事人应当遵守法律法规。

2) 公序良俗原则要求当事人订立、履行合同时，不但应当遵守法律、行政法规，而且应当尊重社会公德，不得扰乱社会经济秩序，损害社会公共利益。这一原则在司法实践中体现为：如果出现了现行法律未能规定的情况或者按现行法律处理会损害社会公共利益，法官可据此进行价值补充。

3. 合同的种类

《民法典合同编》的基本分类为买卖合同，供用电、水、气、热力合同，赠与合同，借款合同，租赁合同，融资租赁合同，承揽合同，建设工程合同，运输合同，技术合同，保管合同，仓储合同，委托合同，行纪合同等共19种有名合同。

9.2　合同的订立

按照合同的表现形式，合同可分为书面合同、口头合同及其他形式。

合同形式上的要求是以不要式为原则的。当然，这种合同形式的不要式原则并不排除对于一些特殊的合同，法律要求应当采用规定的形式（这种规定形式往往是书面形式），比如建设工程合同。

合同的内容由当事人约定，但一般应当包括主体，标的，数量，质量，价款或酬金，履行期限、地点和方式，违约责任，争议的解决方法。

9.2.1　合同订立程序

《民法典合同编》规定："当事人订立合同，可以采取要约、承诺方式或者其他方式。"要约与承诺，是当事人订立合同必经的程序，也就是当事人双方就合同的一般条款经过协商一致并签署书面协议的过程。

1. 要约

(1) 要约　要约是指当事人一方向另一方提出合同条件，希望另一方订立合同的意思表示。提出要约的一方称为要约人，另一方则称为受要约人。要约是以签订合同为目的的一种意思表示，其内容必须具体明确，并应当包括合同应具备的主要条款，要约具有法律约束力，要约到达受要约人时生效，要约生效后，要约人不得擅自撤回或更改。

在建设工程合同签订过程中，承包人向发包人递交投标文件的投标行为就是一种要约行为，投标文件中应包含建设工程合同具备的主要条款，如工程造价、工程质量、工程工期等内容，作为要约的投标对承包人具有法律约束力，表现在承包人在投标生效后无权修改或撤回投标以及一旦中标就必须与发包人签订合同，否则要承担相应责任等。

（2）要约邀请　要约邀请是指希望他人向自己发出要约的意思表示。要约邀请并不是合同成立过程中的必经过程，它是当事人订立合同的预备行为，在法律上无须承担责任。这种意思表示的内容往往不确定，不含有合同得以成立的主要内容，也不含有相对人同意后受其约束的表示。

在建设工程合同签订的过程中，发包人发布招标公告或招标邀请书的行为就是一种要约邀请行为，其目的在于邀请承包人投标。

（3）要约撤回　要约撤回是指要约在发生法律效力之前，欲使其不发生法律效力而取消要约的意思表示。要约人可以撤回要约，撤回要约的通知应当在要约到达受要约人之前或同时到达受要约人。

（4）要约撤销　要约撤销是指要约在发生法律效力之后，要约人欲使其丧失法律效力而取消该项要约的意思表示。要约可以撤销，撤销要约的通知应当在受要约人发出承诺通知之前到达受要约人。

但有下列情形之一的，要约不得撤销：第一，要约人确定承诺期限或者以其他形式明示要约不可撤销；第二，受要约人有理由认为要约是不可撤销，并已经为履行合同做了准备工作。可以认为，要约撤销是一种特殊的情况，且撤销通知必须在受要约人发生承诺通知之前到达受要约人。

2. 承诺

（1）承诺　承诺是指受要约人完全同意要约的意思表示。

1）承诺必须由受要约人向要约人做出，它是受要约人愿意按照要约的内容与要约人订立合同的允诺。

2）承诺必须是在有效时间内做出。要约在其存续期间内才有效力，一旦受要约人承诺便可成立合同，因此承诺必须在此期间内做出。

3）承诺必须与要约的内容一致。

承诺不能对要约的内容做出实质性（如标的、数量、质量、价款和酬金、履行期限、履行地点和方式、违约责任和争议解决办法等）变更。做出实质性变更的，视为新要约。

承诺应当以通知的方式做出，但根据交易习惯或者要约表明可以通过行为做出承诺的除外。这里所说的行为，通常是指履行行为，如预付价款、装运货物或者在工地上开工等。

（2）承诺超期　承诺超期是指受要约人在超过承诺期限而发出的承诺，即迟发的承诺，超过有效的承诺期限，要约已经失效，对于失效的要约发出承诺，不能发生承诺的效力，应视为新要约。

（3）承诺延误　承诺延误是指受要约人在承诺期限内发出承诺，按照通常情形能够及时到达要约人，但因其他原因承诺到达要约人时超过承诺期限的，对这样的承诺，如果要约人不愿意接受，即负有对承诺人发迟到通知的义务。要约人及时发出迟到通知后，该迟到的承诺不生效力、合同不成立。如果要约人怠于发迟到通知，则该迟到的承诺视为未迟到的承诺，具有承诺的效力，合同成立。

（4）承诺生效　承诺应当在要约确定的期限内到达要约人。承诺不需要通知的，根据交易习惯或者要约的要求做出承诺的行为时生效，承诺的通知到达要约人时生效，承诺生效时合同成立。

（5）承诺撤回　承诺撤回是指承诺人阻止或者消灭承诺发生法律效力的意思表示。承诺可以撤回，撤回承诺的通知应当在承诺通知到达要约人之前或者与承诺通知同时到达要约人。

> **【例题1】** 某施工企业向某玻璃厂发出购买玻璃的要约。要求玻璃厂5月20日之前确认，玻璃厂于5月25日答复同意。玻璃厂同意的行为应视为( )。
> A. 要约邀请　　B. 承诺　　C. 承诺意向　　D. 新要约
> **【答案】** D

9.2.2 合同示范文本与格式条款合同

1. 合同示范文本

合同示范文本是指由一定机关事先拟订的对当事人订立相关合同起示范作用的合同文本，只对当事人在订立合同时起参考作用。国家鼓励参照相关合同示范文本签订合同。

2. 格式条款合同

格式条款合同是指当事人为了重复使用而预先拟订，并在订立合同时未与对方协商的条款。格式条款合同又称为标准合同，提供格式条款合同的相对人只能在接受格式条款合同和拒绝签订合同两者之间进行选择。为了维护社会公平，《民法典合同编》规定：

1) 提供格式条款合同的一方有告知义务，提供格式条款合同的一方免除其责任、加重对方责任、排除对方主要权利的，该条款无效。

2) 对格式条款的理解发生争议的，应当按照通常的理解予以解释，对格式条款有两种以上解释的，应当做出不利于提供格式条款合同的一方的解释。在格式条款与非格式条款不一致时，应当采用非格式条款。

9.2.3 缔约过失责任

在合同成立之前，就会产生诸如相互协助、相互照顾、相互保护、相互通知等义务，双方应遵循诚实信用原则，尽量达成协议，以使合同成立。违反这些基于诚实信用原则的义务的当事人，必须对对方的损失承担赔偿责任，这就是缔约过失责任。

因此，缔约过失责任是指在合同订立过程中，一方当事人因过错而致使另一方当事人利益的损失所应承担的民事责任。

根据《民法典合同编》规定，出现下列情况时，当事人应承担缔约过失责任：①假借订立合同，恶意进行磋商；②故意隐瞒与订立合同有关的重要事实或提供虚假情况；③违反缔约中的保密义务；④其他违背诚实信用原则的行为等。

9.3 合同的效力

9.3.1 合同成立与合同生效

1. 合同成立时间与地点

（1）合同成立的时间

1）通常情况下，承诺生效时合同成立。承诺是对要约的接受，承诺生效，双方意思表示取得一致，合同成立。

2）当事人采用合同书形式订立合同的，自双方当事人均签字、盖章或者按指印时合同成立。签字、盖章有其一即可。

3）应当采用书面形式订立合同，当事人未采用书面形式但一方已经履行主要义务，对方接受的，该合同成立。

【例题2】 甲公司向乙公司购买了一批钢材，双方约定采用合同书的方式订立合同，由于施工进度紧张，在甲公司的催促之下，双方在未签字盖章之前，乙公司将钢材送到了甲公司，甲公司接受并投入工程使用。甲、乙公司之间的买卖合同(　　)。

A. 无效　　　　B. 成立　　　　C. 可变更　　　　D. 可撤销

【答案】 B

（2）合同成立的地点

1）一般情况下，承诺生效的地点为合同成立的地点。

2）当事人采取合同书形式订立合同的，双方签字或盖章的地点为合同成立的地点。

2. 有效合同应具备的条件

1）当事人具有相应的民事行为能力。签订合同的当事人应当具有相应的民事权利能力和民事行为能力。若当事人为法人，应满足法人成立的条件；若当事人委托代理行为签订合同，则委托代理人应具备委托代理的条件。

2）意思表示真实。合同当事人订立合同是真正自愿的，不是强加的，不是在违背真实意思的情况下订立的。

3）不违反法律法规的强制性规定或不危害社会公共利益。

3. 合同成立与合同生效的区别

合同成立与合同生效是两个不同的法律概念。合同成立是指当事人完成签订合同过程，并就合同内容协商一致。合同生效是法律认可合同效力。

合同生效从合同成立之时起，当事人双方开始履行合同义务、实现合同目的，或者就存在着履行合同的权利义务与承担违约责任。合同成立以前的违约责任属于缔约过失责任；合同生效以后的违约属于违约责任。

合同成立的确认权属于当事人双方，是合同当事人的自主权力；合同生效的确认权属于人民法院或仲裁机构，是国家行使的司法权力。

一般情况下（指不需经过批准登记手续、也无条件或附期限的），合同成立的时间就是合同生效时间。

法律法规规定要办理批准或登记手续的，则自批准或登记之时就是合同生效时间。

当事人对合同的效力约定有"附条件或期限"的，自约定的"附条件"成就或"附期限"届满时，合同生效。

合同生效，合同当事人双方应按照合同的约定履行义务，不得擅自变更、解除；如果不履行约定义务或履行义务不当，当事人就应承担违约责任。

9.3.2 无效合同

无效合同是指合同虽已成立，但因违反法律法规的强制性规定，或者损害国家利益、集体利益或者第三者利益的，自始就不能产生法律约束力的合同。

合同无效的确认权属于人民法院或仲裁机构。合同无效，自始就没有法律约束力。但是合同无效并不影响合同中独立存在的、有关解决争议条款的效力。

合同无效分为整个无效和部分无效，如果合同只是部分无效，则不影响其他有效部分的效力。

根据《民法典合同编》规定，有下列情形之一的，合同无效：

1）违反法律、行政法规的强制性规定的合同。在建设工程领域，违反《建筑法》《城乡规划法》等订立的合同往往因为违反这些法律的强制性规定而导致合同无效。

2）违背公序良俗的合同。

3）行为人和相对人恶意串通，损害他人合法权益的合同。

4）以虚假的意思表示实施的合同。行为人与相对人以虚假的意思表示实施的民事法律行为无效。

5）无民事行为能力人实施的民事法律行为（订立的合同）。不能辨认自己行为的八周岁以上未成年人、成年人和不满八周岁的人为无民事行为能力人。

《民法典合同编》规定了无效免责条款：①造成对方人身伤害的；②因故意或者重大过失造成对方财产损失的。

因上述两种情形导致合同条款无效时，不影响整个合同的效力，原合同仍然有效。

【例题3】 下列关于无效合同的说法，正确的有(   )。
A. 无效合同不具有违法性
B. 无效合同具有违法性
C. 无效合同部分无效会影响其他部分的效力
D. 无效合同自订立之时就不具有法律效力
E. 无效合同自确认无效时起无效
【答案】 BD

9.3.3 可撤销的合同

可撤销的合同是指因当事人在订立合同的过程中意思表示不真实，经有撤销权人的请求，由人民法院或仲裁机构裁定采取撤销合同内容的合同。

可撤销合同与无效合同不同，在有撤销权的一方行使撤销权之前，合同对双方当事人都是有效的。已被撤销的可撤销合同与无效合同一样，自始就没有法律约束力。

合同无效或被撤销后，因该合同取得的财产，按缔约过失责任处理，应当予以返还；不能返还的或者没有必要返还的，应折价补偿。有过错的一方应当赔偿对方因此所受到的损失，双方都有过错的，应当各自承担相应的责任。合同不生效、无效、被撤销或者终止的，不影响合同中有关解决争议方法的条款的效力。

《民法典总则编》规定，有下列情形之一的，受损害方有权提请撤销合同：

1）因重大误解订立的合同。
2）在订立合同时显失公平的合同。

3）一方以欺诈、胁迫的手段或乘人之危，使对方在违背真实意思的情况下订立的合同。

当受损害的一方提请撤销时，人民法院或仲裁机构可以判决或者裁定其为可撤销；当事人没有提请撤销时，人民法院或仲裁机构不能判决或者裁定其为可撤销。

具有撤销权的当事人自知道或者应当知道撤销事由之日起1年内行使撤销权。

重大误解的当事人自知道或者应当知道撤销事由之日起90日内没有行使撤销权则撤销权消灭。

合同被确认无效后，合同规定的权利义务即为无效。应当终止履行，尚未履行的不得继续履行。合同被确定无效或被撤销后，自始没有法律效力。应当将当事人之间的关系恢复到没有订立合同的状态。

合同被确认无效或被撤销后后，当事人依据该合同所取得的财产，应当返还给对方；不能返还的，应当作价补偿。

合同被确认无效后，有过错的一方应赔偿对方因此而受到的损失。如果双方都有过错，应当根据过错的大小各自承担相应的责任。

【例题4】 甲公司以国产设备为样品，谎称进口设备，与乙施工企业订立设备买卖合同，后乙施工企业知悉实情。下列关于该合同争议处理的说法，正确的有(　　)。
A. 买卖合同被撤销后，有关争议解决条款也随之无效
B. 乙施工企业有权自主决定是否行使撤销权
C. 乙施工企业有权自合同订立之日起1年内主张撤销该合同
D. 该买卖合同被法院撤销，则该合同自始没有法律约束力
E. 乙施工企业有权自知道设备为国产之日起1年内主张撤销该合同
【答案】 BDE
【解析】 选项A错误，合同无效、被撤销或者终止的，不影响合同中独立存在的有关解决争议方法的条款的效力。

【例题5】 甲、乙企业于2013年8月12日签订了货物买卖合同，甲企业在8月25日向人民法院请求撤销该合同，原因是甲企业在8月20日发现自己对合同的标的有重大误解，8月30日人民法院依法撤销了该合同。关于该合同的效力，下列说法正确的是(　　)。
A. 该合同在8月30日被撤销前为无效合同
B. 该合同在8月30日被撤销，自8月30日起无效
C. 该合同在8月30日被撤销，自8月12日起无效
D. 该合同在8月30日被撤销，自8月20日起无效
【答案】 C
【解析】 可撤销合同的撤销权人可以选择撤销合同，也可以选择不撤销合同。该合同在8月30日被撤销前为有效合同，所以选项A错误；如果当事人不行使撤销权，该合同则属于有效合同，只有申请撤销且被撤销的合同，才没有法律效力。该行为一经撤销，其效力自签订合同时无效。

9.3.4 效力待定的合同

合同虽然已经成立，但因其不完全符合有关生效要件的规定，因此其效力能否发生，尚未确定，一般需经有权人表示承认才能生效。

1) 限制民事行为能力人订立的合同。自然人的行为能力分三种情况：完全行为能力、限制行为能力、无行为能力。十八周岁以上的自然人为成年人。成年人为完全民事行为能力人，可以独立实施民事法律行为。十六周岁以上的未成年人，以自己的劳动收入为主要生活来源的，视为完全民事行为能力人。八周岁以上的未成年人为限制民事行为能力人，实施民事法律行为应由其法定代理人代理或者经其法定代理人同意、追认，但是可以独立实施纯获利益的民事法律行为或者与其年龄、智力相适应的民事法律行为。不满八周岁的未成年人为无民事行为能力人，由其法定代理人代理实施民事法律行为。

2) 无代理权人订立的合同。行为人没有代理权、超越代理权或者代理权终止后以被代理人的名义订立的合同，未经被代理人追认，对被代理人不发生效力，由行为人承担责任。相对人可以催告被代理人在1个月内予以追认。被代理人未做表示的，视为拒绝追认。合同被追认之前，善意相对人有撤销的权利。撤销应当以通知的方式做出。

3) 表见代理人订立的合同。行为人没有代理权、超越代理权或者代理权终止后以被代理人的名义订立的合同，相对人有理由相信行为人有代理权的，该代理行为有效。"表见代理"是善意相对人通过"被代理人"的行为足以相信无权代理人具有代理权的"代理"。基于此信赖，该代理行为有效。善意第三人与无权代理人订立的合同，其后果由"被代理人"承担。如，采购员拿着盖有甲公司单位公章的空白合同文本，超越授权范围与乙公司订立的合同，乙公司并无过错，它属于善意第三人；甲公司与乙公司订立的合同有效，其后果由"被代理人"甲公司承担。

4) 法定代表人越权。根据《民法典》第六十一条规定："法定代表人以法人名义从事的民事活动，其法律后果由法人承受。法人章程或者法人权力机构对法定代表人代表权的限制，不得对抗善意相对人。"法律做出此规定，是因为：法定代表人就是法人单位的负责人，所代表的是法人，他是法人权利义务的担当者，他的决策代表了法人的意志；相对人并不知道他是否超越了法人章程规定的权利，也没有义务知道该法人单位的法人章程给其规定哪些权利；应当保护不知道该法人越权的善意相对人。

【例题6】 甲公司业务员王某被开除后，为报复甲公司，用盖有甲公司公章的空白合同书与乙公司订立一份购销合同。乙公司并不知情，并按时将货送至甲公司所在地，甲公司拒绝而引起纠纷。下列关于该案代理与合同效力的说法，正确的是（   ）。
A. 王某的行为为无权代理，合同无效
B. 王某的行为为表见代理，合同无效
C. 王某的行为为表见代理，合同有效
D. 王某的行为为委托代理，合同有效

【答案】 C

【例题7】 单位甲委托自然人乙采购特种水泥,乙持授权委托书向提供商丙采购,由于缺货,丙向乙说明无法供货,乙表示愿意购买普通水泥代替,向丙出示加盖甲公章的空白合同。经查,丙不知乙授权不足的情况。下列关于甲、乙行为的说法,正确的是( )。

A. 乙的行为属于法定代理
B. 甲有权拒绝接受这批普通水泥
C. 如果甲拒绝接受,应由乙承担付款义务
D. 甲承担付款义务

【答案】 D

【解析】 题中的代理属于表见代理,此代理行为有效,所以甲应承担付款义务。

9.4 合同的履行、变更、转让和终止

9.4.1 合同履行

合同履行是指合同各方当事人按照合同的约定,全面履行各自的义务,实现各自的权利,使各方的目的得以实现的行为。合同依法成立,合同当事人就应当按照合同的约定,全面履行自己的义务。

合同一经签订,即具有法律约束力,合同当事人必须坚决履行合同约定的内容,不得违反《民法典合同编》的规定。建设工程合同的履行必须遵守以下原则:

1) 全面履行原则。全面履行原则是指当事人按照合同规定的标的、质量和数量、履行地点、履行价格、履行时间和履行方式等全面地完成各自应当履行的义务。

2) 诚实信用原则。诚实信用原则是指当事人根据合同性质、目的和交易习惯履行通知、协助和保密的义务。

1. 合同内容约定不明确时的履行规则

合同的约定,应当有明确、具体的可行性标准,但是在实际订立合同的过程中,往往有不明确、不具体的合同条款,致使双方当事人在合同履行过程中产生歧义而发生合同争议纠纷和诉讼纠纷。在实践中,对这类约定不明的合同条款,首先可以协议补充,合同当事人不能达成补充协议,按照合同有关条款或者交易习惯确定。合同内容不明确,又不能达成补充协议时的法律适用如下:

1) 质量要求不明确的,按照国家标准、行业标准履行;没有上述标准的,按照通常标准或者符合合同目的的特定标准履行。

2) 价款或报酬不明确的,按照订立合同时履行地的市场价格履行,依法应当执行政府定价或指导价的,按照规定履行。

3) 履行地点不明确的,给付货币的,在接受货币一方所在地履行;交付不动产的,在不动产所在地履行;其他标的,在履行义务一方所在地履行。

4) 履行期限不明确的,债务人可以随时履行,债权人也可随时要求履行,但应当给对方

必要的准备时间。

5）履行方式不明确的，按照有利于实现合同目的的方式履行。

6）履行费用的负担不明确的，由履行义务一方负担。

2. 合同履行中的抗辩权

抗辩权是指当事人一方依法对抗对方要求和权利主张的权利。合同履行中的抗辩权是指在双务合同中，在满足一定法定条件时，合同当事人一方可以对抗对方当事人的履行要求，暂时拒绝履行合同约定的义务的权利。

（1）同时履行抗辩权　同时履行抗辩权又称不履行抗辩权，是指在合同中没有约定双方履行的先后顺序，而是在一定的期限内，双方当事人不分先后地履行各自的义务的行为。

《民法典合同编》规定："当事人互负债务，没有先后履行顺序的应当同时履行。一方在对方未履行之前有权拒绝其履行要求。一方在对方履行债务不符合约定时，有权拒绝其相应的履行要求。"

（2）异时履行抗辩权　异时履行是指合同已明确双方履行合同的先后顺序，此时，不论是先履行的一方，还是后履行的一方，都可以依法享有抗辩权。

1）后履行抗辩权。合同法规定，先履行的一方应当先履行自己的义务，当其未履行或者履行不符合同的约定时，后履行的一方可以行使抗辩权，即有权拒绝先履行一方的履行请求。

2）不安抗辩权。不安抗辩权是指按照合同规定，本应先履行义务的一方，在有确切证据证明对方的财产明显减少或难以对待给付时，有权拒绝履行的权利，即中止履行。

不安抗辩权是指有以下四种情形可以中止履行合同：①对方经营状况严重恶化；②对方有转移财产、抽逃资金以逃避债务的情形；③对方丧失商业信誉；④对方丧失或可能丧失履行债务的能力的其他情形。

有证据证明对方当事人不能或者可能不能履行合同义务时，应及时通知对方中止履行合同，而不是立即解除合同。只有在对方当事人在合理期限内未恢复履行能力并且未提供担保的，中止履行的一方可以解除合同并可以请求对方承担违约责任。

3. 合同的保全

合同的保全是指法律为防止合同债务人的财产不当减少，维护其财产状况，允许合同的债权人向债务人行使一定权利的制度。即债务人应以其所有的全部财产来保证其合同债务的履行。《民法典合同编》所设立的合同保全有代位权与撤销权两种。

（1）代位权　代位权是指因债务人怠于行使其到期债权，是指债务人不履行其对债权人的到期债务，又不以诉讼或者仲裁方式向其债务人（即次债务人）主张其享有的、具有金钱给付内容的到期债权，致使债权人的到期债权不能实现，对债权人造成损害的，债权人可以向人民法院请求以自己的名义代位行使债务人的债权的权利。代位权诉讼的原告是债权人。如甲欠乙一笔到期债务，同时丙欠甲一笔到期债务，甲怠于向丙主张债权，那么乙可以向人民法院请求以自己的名义代位行使甲对丙的债权。专属于债务人的债权（指基于扶养、抚养、赡养、继承关系所产生的给付请求权和劳动报酬、退休金、抚恤金、安置费、人寿保险、人身伤害赔偿请求的权利）除外。

代位权的行使范围以债权人的债权为限，债权人行使代位权的必要费用，由债务人负担。

（2）撤销权　撤销权是指因债务人放弃其到期债权或者无偿转让财产，对债权人造成损害的，债权人可以请求人民法院撤销债务人的行为。债务人以明显不合理的低价转让财产，对债权人造成损害,并且受让人知道该情形的,债权人也可请求人民法院撤销债务人的行为。

债权人行使撤销权,应当是债务人实施了减少自身财产的行为危及了债权人的利益。撤销权的行使范围以债权人的债权为限。债权人行使撤销权的必要费用,由债务人负担。撤销权自债权人知道或者应当知道撤销事由之日起 1 年内行使。自债务人的行为发生之日起五年内没有行使撤销权的,该撤销权消灭。撤销权的原告是债权人,撤销权必须通过法院起诉方式进行。

代位权和撤销权的区别:

1) 两者针对的对象不同。代位权针对的是债务人不行使债权的消极行为,通过行使代位权旨在保持债务人的财产;而撤销权针对的是债务人不当处分财产的积极行为,行使撤销权旨在恢复债务人的财产。

2) 两者的构成要件不同。撤销权的行使以债务人实施了处分财产逃避债务为构成要件,代位权行使要求债务人必须怠于行使其到期债权,且债权人对债务人的债权必须到期。

3) 两者在效果上不同。债权人行使代位权以后,债权人可以直接获得财产。债权人行使撤销权以后,只是恢复了债务人的履行能力,对撤销后的财产并无优先受偿权。

【例题8】 甲欠乙50万元贷款,乙又欠丙20万元贷款,因乙怠于行使到期债权,又不能清偿对丙的欠款,为此丙起诉甲要求支付欠款,下列说法正确的是(   )。
A. 丙不能以自己名义起诉甲　　B. 丙起诉甲是在行使代位权
C. 丙起诉甲以50万元为限　　D. 丙的起诉费用由自己支付
【答案】 B

【例题9】
甲公司欠乙公司30万元,一直无力偿付,现丙公司欠甲公司20万元,已经到期,但甲公司明示放弃对丙的债权。对甲公司的行为,乙公司可以采取的措施有(   )。
A. 行使代位权,要求丙偿还20万元
B. 请求人民法院撤销甲放弃债权的行为
C. 乙行使权利的必要费用可向甲主张
D. 乙应在知道或者应当知道甲放弃债权5年内行使撤销权
【答案】 BC
【解析】 本题考查撤销权。选项 A、B,债务人放弃到期债权的,债权人可以行使撤销权(而非代位权);选项 C,债权人行使撤销权所支付的律师代理费、差旅费等必要费用,由债务人负担;选项 D,自债权人知道或者应当知道撤销事由之日起1年内行使撤销权。

【例题10】 甲公司欠乙公司30万元,一直无力偿付,现丙公司欠甲公司20万元,已到期,但甲公司明示放弃对丙的债权。对甲公司的这一行为,乙公司可以采取下列(   )措施。
A. 行使代位权,要求丙偿还20万元
B. 请求人民法院撤销甲放弃债权的行为
C. 乙行使权利的必要费用可向甲主张
D. 乙行使权利的必要费用只能自己负担
E. 乙应在知道或应当知道甲放弃债权2年内行使权利
【答案】 BC

9.4.2 合同的变更、转让和终止

1. 合同的变更

合同变更是指当事人对已经发生法律效力,但尚未履行或者尚未完全履行的合同,进行修改或补充所达成的协议。《民法典合同编》规定,当事人协商一致可以变更合同。合同变更是狭义的,仅指合同内容和客体的变更,不包括合同主体的变更。合同主体的变更称为合同的转让。合同变更是合同关系的局部变化,如标的数量的增减、价款的变化、履行时间、地点、方式的变化。

例如,在某建筑工程承包合同中,建设单位与承包商在原合同中约定的工程项目是一个七层办公楼,后因规划要求,该楼调整为六层。这是合同标的的改变,属于合同变更。

合同变更必须针对有效合同,协商一致是合同变更的必要性条件,任何一方都不能擅自变更合同。当事人对合同内容变更取得一致意见时方为有效。当事人在变更合同时,以书面形式为宜。在施工合同中,一些合同的变更,如涉及变更、工程师的变更指令,一般都是书面的。

2. 合同的转让

合同转让是指合同一方将合同的权利、义务全部或部分转让给第三人的法律行为。合同的转让包括债权转让和债务承担(转让)两种情况,当事人也可将权利义务一并转让,这相当于"主体变更"。

(1) 债权转让 债权转让是指合同债权人通过协议其债权全部或部分转让给第三人的行为。债权人可以将合同的权利全部或者部分转让给第三人。

法律、行政法规定转让权利应当办理批准、登记手续的,应当办理批准、登记手续。但下列情形债权不可以转让:①根据合同性质不得转让;②根据当事人约定不得转让;③依照法律规定不得转让等。

债权人转让权利的,应当通知债务人。未经通知的,该转让对债务人不发生效力,受让人取得权利后,同时拥有与权利相对应的从权利。债务人对债权人的抗辩同样可以针对受让人。

(2) 债务承担(转让)

债务承担(转让)是指债务人将合同的义务全部或者部分转移给第三人的情况。债务人将合同的义务全部或部分转移给第三人的,必须经债权人的同意,否则,这种转移不发生法律效力。

承受人在受移转的债务范围内承担债务,成为新债务人,原债务人不再承担已移转的债务。债务人转移债务的,新债务人可以主张原债务人对债权人的抗辩。债务人转移义务的,新债务人应当承担与主债务有关的从债务,但该从债务专属于原债务人自身的除外。

(3) 权利和义务同时转让(概括转让)

当事人一方经对方同意,可以将自己在合同中的权利和义务一并转让给第三人。当事人订立合同后合并的,由合并后的法人或者其他组织行使合同权利,履行合同义务。合同的法定概括转让主要有两种情形:

1) 因继承而发生的。
2) 因法人的分立、合并而发生的。当事人订立合同后合并的,由合并后的法人或者其他组织行使合同权利,履行合同义务。当事人订立合同后分立的,除债权人和债务人另有约定的以外,由分立的法人或者其他组织对合同的权利和义务享有连带债权,承担连带债务。

3. 合同的终止

合同终止是指合同当事人双方依法使相互间的权利义务关系终止。合同终止是合同关系的消灭。权利义务的终止不影响合同中结算和清理条款的效力。

下列原因可导致合同终止：

（1）债务已按照约定履行 债务按照合同约定得到履行，一方面可使合同债权得到满足，另一方面也使得合同债务归于消灭，产生合同的权利义务终止的后果。

（2）合同解除 合同解除是指对已经发生法律效力，但尚未履行或者尚未完全履行的合同，因当事人一方的意思表示或者双方的协议而使债权债务关系提前归于消灭的行为。合同解除可分为约定解除和法定解除两类。

1）约定解除。约定解除是指当事人通过行使约定的解除权或者双方协商决定而进行的合同解除。当事人协商一致可以解除合同，即合同的协商解除。当事人也可以约定一方解除合同的条件，解除合同条件成熟时，解除权人可以解除合同，即合同约定解除权的解除。

2）法定解除。《民法典合同编》规定，有下列情形之一的，当事人可以解除合同：

a. 因不可抗力致使不能实现合同目的。不可抗力是指合同订立时不能预见、不能避免并不能克服的客观情况。不可抗力大致包括自然灾害、如台风、地震、洪水、冰雹；政府行为，如征收、征用；社会异常事件，如罢工、骚乱等方面。

b. 履行期限届满之前，当事人一方明确表示或者以自己的行为表明不履行主要债务。

一般情况下，只有在合同规定的履行期限届满之后，才会存在违约的问题。但是，如果在合同规定的履行期限届满之前，债务人明确表示拒绝履行主要债务或者债权人有确凿证据表明债务人将不履行主要债务，债权人的合同期待利益（期待债权）就此丧失，该合同也相应失去了存在的意义。为此，《民法典合同编》确立了先期违约制度，以督促当事人履行合同义务，使当事人可以从无益的合同拘束中早日解脱出来，以减少不必要的损失。

例如，某建材供应商与某承包商订立买卖合同，优惠供应一批螺纹钢。但在交付之前，供应商找到了新的买主，且出价更高，该供应商便将承包商订购的这批螺纹钢卖给了新的买主，而其仓库并无同样规格的螺纹钢库存。在这种情形下，该建材供应商实际上已经以其行为（将螺纹钢卖给新的买主）向承包商表明其在该买卖合同规定的履行期限届满时将不履行其在该买卖合同的主要债务，承包商基于该买卖合同的期待债权已经无法实现。因此，承包商已无再继续维持该买卖合同关系的必要，因而其可以解除合同。

c. 当事人一方迟延履行主要债务，经催告后在合理期限内仍未履行。根据合同的性质和当事人的意思表示，履行期限在合同的内容中非属特别重要时，即使债务人在履行期届满后履行，也不致使合同目的落空。在此情况下，原则上不允许当事人立即解除合同，而应由债权人向债务人发出履行催告，给予一定的履行宽限期。债务人在该履行宽限期届满时仍未履行的，债权人有权解除合同。

d. 当事人一方迟延履行债务或者有其他违法行为致使不能实现合同目的。通常情况下，合同当事人一方迟延履行债务并不必然导致合同目的不能实现，应根据时间对实现合同目的的重要性来判断合同当事人一方迟延履行债务是否会导致合同目的不能实现。有些合同的履行期限（时间）对于实现合同目的至关重要，一旦当事人一方迟延履行债务，其结果将导致无法实现合同目的，严重损害合同当事人另一方的合同利益，此种情况下，合同当事人另一方便享有合同解除权,这种解除权无须催告。

e. 法律规定的其他情形。

一方行使解除权解除合同的,应当通知对方。合同自通知到达对方时解除。对方有异议的,可以请求人民法院或仲裁机构确认解除合同的效力;法律没有规定或者当事人没有约定解除权行使期限,自解除权人知道或者应当知道解除事由之日起一年内不行使,或者经对方催告后在合理期限内不行使的,该权利消灭。

3)合同解除的法律结果。合同解除后,尚未履行的,终止履行;已经履行的,根据履行情况和性质,当事人可以要求恢复原状或采取补救措施,并有权要求赔偿损失。合同的权利义务终止,不影响合同中结算和清理条款的效力。

【例题11】
根据《民法典合同编》的规定,下列有关解除合同的表述正确的有(　　)。
A. 当事人必须全部履行各自义务后才能解除合同
B. 当事人协商一致可以解除合同
C. 因不可抗力致使不能实现合同目的
D. 一方当事人对解除合同有异议,可以按照约定的解决争议的方式处理
E. 合同解除后,当事人均不再要求对方承担任何责任
【答案】 BCD

(3) 债务相互抵消　抵消是指互负到期债务的当事人,根据法律的规定或双方的约定,消灭相互间所负相当额的债务的行为。

(4) 债务人依法将标的物提存　标的物提存是指由于债权人的原因致使债务人无法向其交付标的物,债务人可以将标的物交给有关机关保存,以此消灭合同的制度。由于债权人的原因致使债务人无法向其交付的标的物,标的物提存后,合同权利义务终止。

我国目前的提存机构为公证机关。

(5) 债权债务同归一方　也称混同,是指债权与债务同归于一人,而使合同关系消灭的事实。如合同的甲、乙方合并。

(6) 债权人免除债务　债务免除是指债权人免除债务人的债务而使合同权利义务部分或者全部消灭的意思表示。

(7) 合同的权利义务终止的其他情形　除了上述原因外,法律规定或者当事人约定合同终止的其他情形出现时,合同也告终止。如合同的撤销、作为合同主体的自然人死亡而其债务人又无人承担等。

9.5 合同履行的担保

担保是指依照法律规定,或由当事人双方经过协商一致而约定的,为保障合同债权实现的法律措施。担保的形式有保证、抵押、质押、留置和定金五种方式。

9.5.1 保证

保证是指第三人为债务人的债务做担保,由保证人和债权人约定,当债务人不履行债务

时，保证人按照约定履行债务或者承担责任的行为。

保证的方式有一般保证和连带责任保证两种。

当事人在保证合同中约定，在债务人不能履行债务时，由保证人承担保证责任的，为一般保证。

一般保证的保证人在主合同纠纷未经审判或者仲裁，并就债务人财产依法强制执行仍不能履行债务前，对债权人可以拒绝承担保证责任。

当事人在保证合同中约定保证人与债务人对债务承担连带责任的，为连带责任保证。

连带责任保证的债务人在主合同规定的债务履行期届满没有履行债务的，债权人可以要求债务人履行债务，也可以要求保证人在其保证范围内承担保证责任。当事人对保证方式没有约定或者约定不明确的，按照一般保证承担保证责任。

保证人与债权人约定保证期间的，按照约定执行。一般保证的保证人与债权人未约定保证期间的，保证期间为主债务履行期届满之日起6个月。在保证期间内，债权人未对债务人提起诉讼或者申请仲裁的，保证人免除保证责任。连带责任保证的保证人与债权人未约定保证期间的，债权人有权自主债务履行期届满之日起6个月内要求保证人承担保证责任。

保证期间，债权人转让全部或者部分债权，未通知保证人的，该转让对保证人不发生效力。

保证期间，债权人许可债务人转让债务的，应当取得保证人书面同意，保证人对未经其同意转让的债务，不再承担保证责任。

债权人与债务人未经保证人书面同意的，协商变更主债权债务合同内容，减轻债务的，保证人仍对变更后的债务承担保证责任；加重债务的，保证人对加重的部分不承担保证责任。

【例题12】 某建设单位和承包商签订了施工合同，承包商和分包商签订了分包合同，为保证施工合同的认真履行，建设单位要求承包商提供保证人，则保证合同的当事人是(   )。

A. 承包商和分包商　　　　　B. 承包商和保证人
C. 建设单位和保证人　　　　D. 建设单位和承包商

【答案】 C

【例题13】 甲施工企业与乙水泥厂签订了水泥采购合同，并由丙公司作为该合同的保证人，担保该施工企业按照合同约定支付货款，但是担保合同中并未约定保证方式。水泥厂供货后，甲施工企业迟迟不付款。那么，丙公司承担保证责任的方式应为(   )。

A. 一般保证　　　　　　　　B. 效力待定保证
C. 连带责任保证　　　　　　D. 无效保证

【答案】 A

工程担保已经为世界建筑行业普遍接受和应用的一种国际惯例。建设工程中的保证人往往是银行，也可能是信用较高的其他担保人，这种保证应当是采用书面形式的。目前在建设工程项目，一般主要有以下三种担保制度。

1. 投标保证担保

为了约束投标人的投标行为，保护招标人的利益，维护招标投标活动的正常秩序，特设立投标保证金制度,这也是国际上的一种习惯做法。投标保证金的收取和缴纳办法,应在招标文件中说明,并按招标文件的要求进行。

投标保证金的直接目的虽是保证投标人对投标活动负责,但其一旦缴纳和接受,对双方都有约束力。采用投标保证担保金的,在确定中标人后,招标人应当及时向没有中标的投标人退回其投标保证担保金,除不可抗拒因素外,中标人拒绝与招标人签订工程合同的,招标人可以将其投标保证担保金予以没收,除不可抗拒因素外,招标人不与中标人签订工程合同的,招标人应当按照投标保证担保金的两倍返还中标人。

2. 履约保证担保

履约保证担保就是保证合同的完成,即保证承包商承担合同义务并完成某项工程。对于履约担保,如果是非业主的原因,承包商没有履行合同义务,担保人应承担其担保责任,一是向该承包商提供资金、设备、技术援助,使其能继续履行合同义务;二是直接接管该工程或另觅经业主同意的其他承包商,负责完成合同的剩余部分,业主只按原合同支付工程款;三是按合同的约定,对业主蒙受的损失进行补偿。实施履约保证金的,应当按照《招标投标法》的规定执行。《招标投标法》规定:"招标文件要求中标人提供履约保证金的,中标人应当提交。"该法还规定:"中标人不履行与招标人订立的合同的,履约保证金不予退还,给招标人造成的损失超过履约保证金数额的,还应对超过部分予以赔偿。"

3. 工程款支付担保

《工程建设项目施工招标投标办法》规定,招标人要求中标人提供履约保证金或其他形式履约担保的,招标人应当同时向中标人提供工程款支付担保。

工程款支付担保是发包人向承包人提交的、保证按照合同约定支付工程款的担保,通常采用由银行出具保函的方式。

9.5.2 抵押

抵押是指为担保债务的履行,债务人或者第三人不转移财产的占有,将该财产抵押给债权人的,债务人不履行到期债务或者发生当事人约定的实现抵押权的情形,债权人有权就该财产优先受偿。

1. 抵押财产

(1) 可以设置抵押的财产 债务人或者第三人有权处分的下列财产可以抵押:
1) 建筑物和其他土地附着物。
2) 建设用地使用权。
3) 海域使用权。
4) 生产设备、原材料、半成品、产品。
5) 正在建造的建筑物、船舶、航空器。
6) 交通运输工具。
7) 法律、行政法规未禁止抵押的其他财产。

(2) 不得设置抵押的财产 下列财产不得抵押:
1) 土地所有权。
2) 宅基地、自留地、自留山等集体所有的土地使用权,但法律规定可以抵押的除外。

3) 学校、幼儿园、医院等以公益为目的的事业单位、社会团体的教育设施、医疗卫生设施和其他社会公益设施。
4) 所有权、使用权不明或者有争议的财产。
5) 依法被查封、扣押、监管的财产。
6) 法律、行政法规规定不得抵押的其他财产。

(3) "房地"联动抵押 以建筑物抵押的，该建筑物占用范围内的建设用地使用权一并抵押。以建设用地使用权抵押的，该土地上的建筑物一并抵押。乡镇、村企业的建设用地使用权不得单独抵押。以乡镇、村企业的厂房等建筑物抵押的，其占用范围内的建设用地使用权一并抵押。

2. 抵押物登记

以建筑物和其他土地附着物、建设用地使用权以及以招标、拍卖、公开协商等方式取得的荒地等土地承包经营权，或者正在建造的建筑物抵押的，应当办理抵押登记。抵押权自登记时设立。

以其他财产抵押的，可以自愿办理抵押物登记，抵押权自抵押合同生效时设立。当事人未办理抵押物登记的，不得对抗第三人。

以生产设备、原材料、半成品、产品、交通运输工具或者正在建造的船舶、航空器抵押的，抵押权自抵押合同生效时设立；未经登记，不得对抗善意第三人。

3. 抵押的效力

抵押人将已抵押的财产出租时，如果抵押人未书面告知承租人该财产已抵押的，抵押人对出租抵押物造成承租人的损失承担赔偿责任；如果抵押人已书面告知承租人该财产已抵押的，抵押权实现造成承租人的损失，由承租人自己承担。

抵押期间，抵押人可以转让抵押财产。当事人另有约定的，按照其约定。抵押财产转让的，抵押权不受影响。抵押人转让抵押财产的，应当及时通知抵押权人。可以将转让所得的价款向抵押权人提前清偿债务或者提存。转让的价款超过债权数额的部分归抵押人所有，不足部分由债务人清偿。

同一财产向两个以上债权人抵押的，拍卖、变卖抵押财产所得的价款依照下列规定清偿：
1) 抵押权已登记的，按照登记的先后顺序清偿。
2) 抵押权已登记的先于未登记的受偿。
3) 抵押权未登记的，按照债权比例清偿。

9.5.3 质押

质押分为动产质押和权利质押。

1. 动产质押

动产质押是指债务人或者第三人将其动产移交债权人占有，将该动产作为债权的担保，当债务人不履行债务时，债权人有权依照法律规定，以该动产折价或以拍卖、变卖该动产的价款优先受偿。该债务人或者第三人为出质人，债权人为质权人，移交的动产为质物。

2. 权利质押

债务人或者第三人有权处分的下列权利可以出质：①汇票、支票、本票；②债券、存款单；

③仓单、提单；④可以转让的基金份额、股权；⑤可以转让的注册商标专用权、专利权、著作权等知识产权中的财产权；⑥应收账款；⑦法律、行政法规规定可以出质的其他财产权利。

9.5.4 留置

留置是指债权人按照合同约定占有债务人的动产，是一种合同的担保方式。留置权是指债务人不履行到期债务，债权人可以留置已经合法占有的债务人的动产，并有权就该动产优先受偿。

留置权适用的范围包括因保管合同、运输合同、承揽合同以及法律规定可以留置的其他合同发生的债权，债务人不履行债务的，债权人有留置权。

留置权人与债务人应当约定留置财产后的债务履行期间；没有约定或者约定不明确的，留置权人应当给债务人两个月以上履行债务的期间。

9.5.5 定金

定金是指合同当事人约定一方向对方给付一定数额的货币（即定金）作为债权的担保。债务人履行债务后，定金抵作价款或者收回。

1）给付定金的一方不履行约定的债务的，无权要求返还定金；收受定金的一方不履行约定的债务的，应当双倍返还定金。

2）定金合同是实践性合同，从实际交付定金之日起生效，即如果当事人只达成合意而未交付定金，则定金合同不成立。

3）定金的数额由当事人约定，但不得超过主合同标的额的20%。当事人约定的定金数额超过主合同标的额20%的，超过的部分，人民法院不予支持。

9.6 违约责任

违约责任是指当事人任何一方不履行或者履行合同不符合约定的而应承担的法律责任。违约行为的表现形式包括不履行或者不适当履行。当事人一方不履行或者履行合同不符合约定的，应当承担继续履行、采取补救措施或者赔偿损失等违约责任；当事人双方都违反合同的，应当各自承担相应的责任。

合同法规定的承担违约责任是以补偿性为原则的，补偿性是指违约责任旨在弥补或者补偿因违约行为造成的损失。赔偿损失额应相当于因违约行为造成的损失，包括合同履行后可获得的利益。

1. 违约责任构成条件

违约责任采取了严格责任条件，而非过错责任，即只要当事人有违约行为（不履行合同或者履行合同不符合约定）就要承担违约责任。违反合同而承担违约责任，是以合同有效为前提的。对部分无效合同中有效条款的不履行，仍应承担违约责任。所以，当事人承担违约责任的前提，必须是违反了有效的合同或者合同条款的有效部分。

2. 违约责任承担方式

（1）继续履行　继续履行也称强制实际履行，是指对方当事人要求违约方继续履行合同规定的义务。继续履行旨在保护债权人实现其预期目标，它要求违约方按合同标的履行，而不得以违约金、赔偿损失代替履行。

继续履行的适用条件：
1) 债权人在合理期限内请求继续履行。
2) 继续履行须有可能。
3) 继续履行须有必要。
4) 债务的标的须适于强制履行。

(2) 赔偿损失　赔偿损失也称违约损害赔偿，是指违约方因不履行合同或者不完全履行合同而给对方造成的损失，应当依法承担赔偿责任。违约损害赔偿是违约救济中最广泛、最主要的方式。其基本目的是用金钱赔偿的方式弥补一方因违约给对方所造成的损害。

赔偿损失应遵循以下原则：
1) 完全赔偿原则。指因违约方的违约使受害人遭受的全部损失都应当由违约方负赔偿责任。当事人一方不履行合同义务或履行义务不符合约定，给对方造成损失的，损失赔偿额应相当于因违约所造成的损失，包括合同履行后可获得的利益。
2) 合理预见原则。根据我国《民法典合同编》规定，损害赔偿不得超过违反合同一方订立合同时预见到或应当预见到的，因违反合同可能造成的损失。
3) 减轻损失原则。即在一方违约并造成损失后，另一方应及时采取合理的措施以防止损失的扩大，否则，应对扩大部分的损失负责。

(3) 支付违约金　违约金是指当事人一方违反合同时应当向对方支付的一定数量的金钱或财物。

违约金是对损害赔偿的预先约定，既可能高于实际损失，也可能低于实际损失。畸高和畸低均会导致不公平结果。为此，各国法律规定法律对违约金具有变更权，我国《民法典合同编》规定："约定的违约金低于造成的损失的，当事人可以请求人民法院或者仲裁机构予以增加；约定的违约金过分高于造成的损失的，当事人可以请求人民法院或者仲裁机构予以适当减少。"

当事人既约定违约金又约定定金的，一方违约时，对方可以选择适用违约金或者定金条款。这两种违约责任不能合并使用。

(4) 采取补救措施　采取补救措施是指矫正合同不适当履行（质量不合格），使履行缺陷得以消除的具体措施。采取补救措施的具体方式为：修理、更换、重作、退货、减少价款或者报酬等。

3. 违约责任的免除

违约责任免责事由可分两类：一类是法律规定的免责条件；另一类是当事人在合同中约定的条件，一般称为免责条款。

不可抗力发生后，应免除债务人的责任。根据不可抗力影响范围，债务人不能履行合同义务时，既可全部免除其责任，也可部分免除其责任。

发生不可抗力虽可以免除责任，但发生不可抗力的一方当事人在不能履行合同义务时，应当及时通知对方当事人，以使对方当事人能及时采取措施避免损失的扩大，减轻可能给对方造成的损失。若不及时通知对方，使损失扩大的，就扩大的损失仍应承担责任。发生不可抗力一方当事人除应及时行使通知义务外，还应当在合理期限内提供有关机构出具的证明不可抗力发生的文件。

> 【例题 14】 甲公司与乙公司订立了一份建材买卖合同，乙按约定向甲支付了定金 4 万元，合同约定如任何一方不履行合同应向对方支付违约金 6 万元。交货日期届满，甲无法交付合同约定的建材。乙诉至法院提出的下列诉讼请求中，既能最大限度保护自己的利益，又能获得支持的是( )。
> A. 请求甲双倍返还定金 8 万元
> B. 请求甲支付违约金 6 万元，同时请求甲返还支付的定金 4 万元
> C. 请求甲双倍返还定金 8 万元，同时请求甲支付违约金 6 万元
> D. 请求甲支付违约金 6 万元
> 【答案】 B
> 【解析】 履约方可以要求违约方支付双倍定金或者返款定金并支付违约金，以上两个原则只可二选一。如适用定金罚则，乙可以得到 4 万元×2＝8 万元（其中 4 万元是乙先向甲支付的）；如适用违约金罚则，乙可以得到 6 万元。表面上看，适用定金罚则得到的金额高于适用违约金，但定金罚则中的 4 万元是乙先行支付的，所以从最大限度保护乙的利益出发，应选择选项 B。

9.7 与工程建设相关的几种合同

与工程建设相关的几种合同关系如图 9-1 所示。

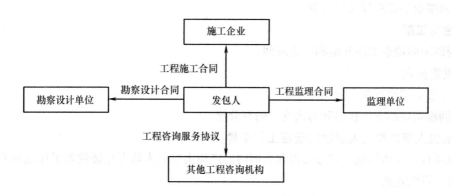

图 9-1 与工程建设相关的几种合同关系

9.7.1 建设工程勘察、设计合同

建设工程勘察、设计合同的主体一般应是法人。承包人承揽建设工程勘察、设计任务必须具有相应的权利能力和行为能力，必须持有国家颁发的勘察、设计证书。国家对设计市场实行从业单位资质、个人执业资格准入管理制度。委托工程设计任务的建设工程项目应当符合国家有关规定：①建设工程项目可行性研究报告或项目建议书已获批准；②已经办理了建设用地规

划许可证等手续；③法律、法规规定的其他条件。发包方应当持有上级主管部门批准的设计任务书等合同文件。

建设工程勘察、设计任务通过招标或设计方案的竞投确定勘察、设计单位后，应遵循工程项目建设程序，签订勘察、设计合同。

9.7.2 建设工程勘察合同的订立

依据示范文本订立建设工程勘察合同时，双方通过协商，应根据工程项目的特点，在相应条款内明确以下方面的具体内容：

1. 发包人应提供的勘察依据文件和资料

1）提供本工程批准文件（复印件），以及用地（附红线范围）、施工、勘察许可等批件（复印件）。
2）提供工程勘察任务委托书、技术要求和工作范围的地形图、建筑总平面布置图。
3）提供勘察工作范围已有的技术资料及工程所需的坐标与标高资料。
4）提供勘察工作范围地下已有埋藏物的资料（如电力、电信电缆、各种管道、人防设施、洞室等）及具体位置分布图。
5）其他必要的相关资料。

2. 委托任务的工作范围

1）工程勘察任务（内容）。可能包括自然条件观测，地形图测绘，资源探测，岩土工程勘察，地震安全性评价，工程水文地质勘察，环境评价，模型试验等。
2）技术要求。
3）预计的勘察工作量。
4）勘察成果资料提交的份数。

3. 合同工期

合同约定的勘察工作开始和终止时间。

4. 勘察费用

1）勘察费用的预算金额。
2）勘察费用的支付程序和每次支付的百分比。

5. 发包人应为勘察人提供的现场工作条件

根据项目的具体情况，双方可以在合同内约定应由发包人负责保证勘察工作顺利开展所提供的条件，可能包括：

1）落实土地征用、青苗树木赔偿。
2）拆除地上地下障碍物。
3）处理施工扰民及影响施工正常进行的有关问题。
4）平整施工现场。
5）修好通行道路、接通电源水源、挖好排水沟渠以及水上作业用船等。

6. 违约责任

1）承担违约责任的条件。
2）违约金的计算方法等。

7. 其他

合同争议的最终解决方式、约定仲裁委员会的名称。

9.7.3 建设工程设计合同的订立

依据示范文本订立民用建筑设计合同时，双方通过协商，应根据工程项目的特点，在相应条款内明确以下方面的具体内容：

1. 发包人应提供的文件和资料

（1）设计依据文件和资料　具体包括：

1）经批准的项目可行性研究报告或项目建议书。

2）城市规划许可文件。

3）工程勘察资料等。

发包人应向设计人提交的有关资料和文件在合同内需约定资料和文件的名称、份数、提交的时间和有关事宜。

（2）项目设计要求　具体包括：

1）工程的范围和规模。

2）限额设计的要求。

3）设计依据的标准。

4）法律、法规规定应满足的其他条件。

2. 委托任务的工作范围

1）设计范围。合同内应明确建设规模，详细列出工程分项的名称、层数和建筑面积。

2）建筑物的合理使用年限设计要求。

3）委托的设计阶段和内容。可能包括方案设计、初步设计和施工图设计的全过程，也可以是其中的某几个阶段。

4）设计深度要求。设计标准可以高于国家规范的强制性规定，发包人不得要求设计人违反国家有关标准进行设计。方案设计文件应当满足编制初步设计文件和控制概算的需要；初步设计文件应当满足编制施工招标文件、主要设备材料订货和编制施工图设计文件的需要；施工图设计文件应当满足设备材料采购、非标准设备制作和施工的需要，并注明建设工程合理使用年限。具体内容要根据项目的特点在合同内约定。

5）设计人配合施工工作的要求。包括向发包人和施工承包人进行设计交底；处理有关设计问题；参加重要隐蔽工程部位验收和竣工验收等事项。签订设计合同，除双方协商同意外，还必须具有上级机关批准的设计任务书。建设工程勘察、设计合同必须采用书面形式，并参照国家推荐使用的合同文本签订。

9.7.4 建设工程施工合同

1. 概述

建设工程施工合同是承包人进行工程建设施工，发包人支付价款的合同，是建设工程的主要合同，同时也是工程建设质量控制、进度控制、投资控制的主要依据。施工合同的当事人是发包人和承包人，双方是平等的民事主体。

建设工程施工合同有其自身的特点，主要表现在以下两个方面：

第一，建设工程施工合同不仅受《民法典合同编》的调整，而且还受到不同领域的多部法律及其他规范性文件调整。

从建设单位的层面来看，一项建设工程的完成，从土地使用权的取得、用地规划的审批、建设工程的招标投标、施工单位的确定、到规划设计的落实等一系列法律关系的发生，这些过程很可能涉及不同的领域如《土地管理法》《招标投标法》《建设工程质量管理条例》等，这都是建设工程施工合同的当事人不能回避的，而且合同双方当事人和合同本身都将不同程度地受到这些法律关系的制约，从这个角度来讲，建设工程施工合同涉及多领域受到多部法律和规范性文件调整。

第二，合同的签订、履行和终止有严格具体的程序限制。一般合同的签订经过"要约"和"承诺"两个阶段即可完成。但建设工程施工合同的签订有其特殊性，建设工程施工合同的签订则必须根据已被审批的工程项目计划、初步设计、双方办理土地等审批手续后签订。如遇变更设计方案或工程造价，还需另行订立补充协议。实行招标投标的工程项目应按相应的程序确定中标单位并向中标单位下达中标通知书后30日内签订合同。同时，在合同履行过程中要严格按照设计图、施工规范进行施工，并严格遵守合同约定的质量控制、投资控制、进度控制条款，还要接受预算和造价审查、竣工结算、质量监督部门的检查等。

《民法典合同编》规定的双方权利义务：

1）发包人在不妨碍承包人正常作业的情况下，可以随时对作业进度、质量进行检查。

2）隐蔽工程在隐蔽以前，承包人应当通知发包人检查。发包人没有及时检查的，承包人可以顺延工程日期，并有权要求赔偿停工、窝工等损失。

3）建设工程竣工后，发包人应当根据施工图及说明书、国家颁发的施工验收规范和质量检验标准及时进行验收。验收合格的，发包人应当按照约定支付价款，并接收该建设工程。建设工程竣工经验收合格后，方可交付使用；未经验收或者验收不合格的，不得交付使用。

4）因施工人的原因致使建设工程质量不符合约定的，发包人有权要求施工人在合理期限内无偿修理或者返工、改建。经过修理或者返工、改建后，造成逾期交付的，施工人应当承担违约责任。

5）因承包人的原因致使建设工程在合理使用期限内造成人身和财产损害的，承包人应当承担损害赔偿责任。

6）发包人未按照约定的时间和要求提供原材料、设备、场地、资金、技术资料的，承包人可以顺延工程日期，并有权要求赔偿停工、窝工等损失。

7）因发包人的原因致使工程中途停建、缓建的，发包人应当采取措施弥补或者减少损失，赔偿承包人因此造成的停工、窝工、倒运、机械设备调迁、材料和构件积压等损失和实际费用。

8）因发包人变更计划，提供的资料不准确，或者未按照期限提供必需的勘察、设计工作条件而造成勘察、设计的返工、停工或者修改设计，发包人应当按照勘察人、设计人实际消耗的工作量增付费用。

2.《建设工程施工合同（示范文本）》简介

住房城乡建设部、国家工商总局对《建设工程施工合同（示范文本）》（GF—2013—0201）

进行了修订，2017年10月1日起《建设工程施工合同（示范文本）》（GF—2017—0201）生效。

(1) 施工合同组成

《建设工程施工合同（示范文本）》（GF—2017—0201）主要由合同协议书、通用合同条款、专用合同条款三部分组成。

1) 合同协议书。《建设工程施工合同（示范文本）》合同协议书共计13条，主要包括：工程概况、合同工期、质量标准、签约合同价和合同价格形式、项目经理、合同文件构成、承诺以及合同生效条件等重要内容，集中约定了合同当事人基本的合同权利义务。

2) 通用合同条款。通用合同条款是合同当事人根据《建筑法》等法律法规的规定，就工程建设的实施及相关事项，对合同当事人的权利义务做出的原则性约定。

通用合同条款共计20条，具体条款分别为：一般约定、发包人、承包人、监理人、工程质量、安全文明施工与环境保护、工期和进度、材料与设备、试验与检验、变更、价格调整、合同价格、计量与支付、验收和工程试车、竣工结算、缺陷责任与保修、违约、不可抗力、保险、索赔和争议解决。前述条款安排既考虑了现行法律法规对工程建设的有关要求，也考虑了建设工程施工管理的特殊需要。

3) 专用合同条款。专用合同条款是对通用合同条款原则性约定的细化、完善、补充、修改或另行约定的条款。合同当事人可以根据不同建设工程的特点及具体情况，通过双方的谈判、协商对相应的专用合同条款进行修改补充。在使用专用合同条款时，应注意专用合同条款的编号应与相应的通用合同条款的编号一致，在专用合同条款中有横道线的地方，合同当事人可针对相应的通用合同条款进行细化、完善、补充、修改或另行约定。

《建设工程施工合同（示范文本）》为非强制性使用文本，适用于房屋建筑工程、土木工程、线路管道和设备安装工程、装修工程等建设工程的施工承发包活动，合同当事人可结合建设工程具体情况，根据《建设工程施工合同（示范文本）》订立施工合同，并按照法律法规规定和合同约定承担相应的法律责任及合同权利义务。

(2) 发包人的权利和义务

1) 许可和批准。发包人应遵守法律，并办理法律规定由其办理的许可、批准或备案，包括但不限于建设用地规划许可证，建设工程规划许可证，建设工程施工许可证，施工所需临时用水、临时用电、中断道路交通、临时占用土地等许可和批准。发包人应协助承包人办理法律规定的有关施工证件和批件。

因发包人原因未能及时办理完毕前述许可、批准或备案，由发包人承担由此增加的费用和（或）延误的工期，并支付承包人合理的利润。

2) 施工现场、施工条件和基础资料的提供。

a. 提供施工现场。发包人应最迟于开工日期7天前向承包人移交施工现场。

b. 提供施工条件。发包人应负责提供施工所需要的条件，包括：①将施工用水、电力、通信线路等施工所必需的条件接至施工现场内；②保证向承包人提供正常施工所需要的进入施工现场的交通条件；③协调处理施工现场周围地下管线和邻近建筑物、构筑物、古树名木的保护工作，并承担相关费用；④按照专用合同条款约定应提供的其他设施和条件。

c. 提供基础资料。发包人应当在移交施工现场前向承包人提供施工现场及工程施工所必需的毗邻区域内供水、排水、供电、供气、供热、通信、广播电视等地下管线资料,气象和水文观测资料,地质勘察资料,相邻建筑物、构筑物和地下工程等有关基础资料,并对所提供资料的真实性、准确性和完整性负责。

d. 逾期提供的责任。因发包人原因未能按合同约定及时向承包人提供施工现场、施工条件、基础资料的,由发包人承担由此增加的费用和(或)延误的工期。

3) 资金来源证明及支付担保。发包人应在收到承包人要求提供资金来源证明的书面通知后28天内,向承包人提供能够按照合同约定支付合同价款的相应资金来源证明。

4) 支付合同价款。发包人应按合同约定向承包人及时支付合同价款。

5) 组织竣工验收。发包人应按合同约定及时组织竣工验收。

6) 现场统一管理协议。发包人应与承包人、由发包人直接发包的专业工程的承包人签订施工现场统一管理协议,明确各方的权利义务。

(3) 承包人的义务

1) 办理法律规定应由承包人办理的许可和批准,并将办理结果书面报送发包人留存。

2) 按法律规定和合同约定完成工程,并在保修期内承担保修义务。

3) 按法律规定和合同约定采取施工安全和环境保护措施,办理工伤保险,确保工程及人员、材料、设备和设施的安全。

4) 按合同约定的工作内容和施工进度要求,编制施工组织设计和施工措施计划,并对所有施工作业和施工方法的完备性和安全可靠性负责。

5) 在进行合同约定的各项工作时,不得侵害发包人与他人使用公用道路、水源、市政管网等公共设施的权利,避免对邻近的公共设施产生干扰。承包人占用或使用他人的施工场地,影响他人作业或生活的,应承担相应责任。

6) 负责施工场地及其周边环境与生态的保护工作及治安保卫工作。

7) 采取施工安全措施,确保工程及其人员、材料、设备和设施的安全,防止因工程施工造成的人身伤害和财产损失。

8) 将发包人按合同约定支付的各项价款专用于合同工程,且应及时支付其雇用人员工资,并及时向分包人支付合同价款。

9) 按照法律规定和合同约定编制竣工资料,完成竣工资料立卷及归档,并按要求移交发包人。

10) 工程照管与成品、半成品保护。自发包人向承包人移交施工现场之日起,承包人应负责照管工程及工程相关的材料、工程设备,直到颁发工程接收证书之日止。

11) 应履行的其他义务。

因承包人的原因致使建设工程质量不符合约定的,承包人应承担以下责任:

1) 无偿修理或者返工、改建。这是违约责任中的实际履行责任。承包人根据不合格工程的具体情况,予以或修理或返工或改建,使之达到合同约定的质量要求。承包人修理、返工、改建所支出的费用,均由其自行承担。

2) 逾期违约责任。即因承包人的原因使工程质量不合格的,虽经承包人修理、返工、改建后,达到了合同约定的质量标准,但因修理、返工、改建导致工程逾期交付的,与一般的履行迟延相同,承包人应当承担迟延履行的违约责任,赔偿发包人因此而遭受的损失。

9.8 建设工程合同纠纷案件司法解释及运用

2020年12月,最高人民法院发布《关于审理建设工程施工合同纠纷案件适用法律问题的解释(一)》(简称《新解释一》),自2021年1月1日起施行。原《最高人民法院关于审理建设工程施工合同纠纷案件适用法律问题的解释》《最高人民法院关于审理建设工程施工合同纠纷案件适用法律问题的解释二》及《最高人民法院关于建设工程价款优先受偿权问题的批复》废止。

9.8.1 建设工程施工合同的效力问题

1. 无效合同的种类

1)承包人未取得建筑施工企业资质而签订的建设工程施工合同。
2)承包人承接的建设工程项目超越其资质等级所签订的建设工程施工合同。
3)没有资质的实际施工人借用有资质的建设施工企业名义所签订的建设工程施工合同。
4)建设工程必须进行招标或者中标无效而未招标所签订的建设工程施工合同。
5)违反工程建设规划审批导致建设工程施工合同无效。
6)违法分包、转包的建设工程施工合同。

根据《招标投标法》,无效的中标结果所签订的施工承包合同无效的情形有:

1)招标代理机构泄露应当保密的与招标投标有关的情况影响中标所签订的建设工程施工合同。
2)招标代理机构与招标人、投标人串通损害国家利益、社会公共利益或者他人利益并影响中标结果所签订的建设工程施工合同。
3)依法必须进行招标的项目的招标人向他人透露标底等情况影响中标结果所签订的建设工程施工合同。
4)投标人相互串通、投标人与招标人相互串通、投标人以向招标人或评标委员会成员行贿而中标所签订的建设工程施工合同。
5)投标人以他人名义投标或者以其他弄虚作假方式骗取中标所签订的建设工程施工合同。
6)依法必须进行招标的项目招标人违反规定与投标人就实质性内容进行谈判影响中标结果所签订的建设工程施工合同。
7)招标人在评标委员会推荐的中标候选人以外确定中标人所签订的建设工程施工合同。

2. 建设工程施工合同被认定无效后的处理原则

根据合同履行程度及已完在建工程质量这两个因素,建设工程施工合同无效处理可分为以下几种情形:

(1)工程项目尚未开工的情形 在签订了工程施工承包合同后,发现合同无效,若工程尚未开工(或开工不久),则可以采用恢复原状原则处理,双方返还因该合同取得的财产,发包方退还施工方质量保证金或承包方退还工程预付款等。

若完全是施工单位的过错造成施工合同无效(例如,施工方在招标投标过程中,使用虚假资质欺骗评标委员会而中标所签订的施工承包合同),则发包方可以向施工方提出要求赔偿所造成的损失。

(2) 工程项目已竣工的情形

1) 验收合格。工程质量是建筑工程的生命，因此，项目竣工验收合格的，其折价补偿的计算标准则参照该无效合同中约定的支付工程款的标准来计算。

2) 验收不合格。分为以下几种情况：

a. 修复后验收合格。法律法规规定，建设工程经验收不合格的，承包人应当承担返修义务，返修费用由承包人自行承担。如果承包人拒绝承担返修义务或者双方基于丧失合作基础的情况，可以由第三人进行修复工作，发包人可以要求承包人承担修复费用。

建设工程质量验收不合格的，但经承包人或第三人修复合格后，发包人应当参照无效合同中约定的支付工程款的标准来支付工程款。若修复是由承包人完成的，则修复费用由承包人自己承担。

b. 不合格的已完工程质量经修复后仍然不合格的。施工合同解除后，承包人已完成的建设工程质量不合格的，经承包人或第三人修复后仍不合格的，出现这种情况，承包人没有请求支付工程价款的权利。

(3) 情况类似但不属于无效合同的情形

《新解释一》同时规定了不予支持的无效合同请求：

1) 竣工前取得相应资质的。由于企业的资质并不是一成不变的，有的时候可能会出现承包商在超越资质承揽工程后取得相应资质的情形。对于这种情况，需要区分其资质取得的时间来分别予以处理：如果该资质是在工程竣工后取得，则该承包合同依然按照上述无效合同处理；如果该资质是在工程竣工前取得，适用《新解释一》第五条的规定："承包人超越资质等级许可的业务范围签订建设工程施工合同，在建设工程竣工前取得相应资质等级，当事人请求按照无效合同处理的，人民法院不予支持。"

2) 承揽全部劳务作业的劳务分包合同。劳务作业分包，是指施工总承包企业或者专业承包企业将其承包工程中的劳务作业发包给劳务分包企业完成的活动，其签订的分包合同即是劳务分包合同。

劳务分包的分包单位仅仅提供劳务作业，不涉及工程建设的技术问题。因此，我国工程建设法律、法规并没有限制劳务作业的分包人承揽全部建设工程的劳务作业。因此，《新解释一》规定："具有劳务作业法定资质的承包人与总承包人、分包人签订的劳务分包合同，当事人以转包建设工程违反法律规定为由请求确认无效的，人民法院不予支持"。

3) 发包人在起诉前取得建设工程规划许可证等规划审批手续。

9.8.2 建设工程质量纠纷及处置办法

1. 因承包人过错导致质量不符合约定的处理

《新解释一》规定："因承包人的过错造成建设工程质量不符合约定，承包人拒绝修理、返工或者改建，发包人请求减少支付工程价款的，人民法院应予支持。"

常见承包人应当承担工程质量责任情况包括：

1) 偷工减料，或者因材料不合格导致工程质量不合格。
2) 未按图施工，未按施工技术标准施工。
3) 工人技能低、质量管理差。
4) 对于发包人供应材料，未经检验合格或者明知不合格而使用。

5）对于设计方案和设计图，应当能够判断其缺陷，没有判断或者没有提出。
6）承包人不具备施工资质，因资金、技术、设备、管理造成工程质量问题。

2. 发包人对质量缺陷的责任

《新解释一》规定，发包人具有下列情形之一，造成建设工程质量缺陷，应当承担过错责任：

1）提供的设计有缺陷。
2）提供或者指定购买的建筑材料、建筑构配件、设备不符合强制性标准。
3）直接指定分包人分包专业工程。

承包人有过错的，也应当承担相应的过错责任。

这里所说承包人的过错是指：

1）承包人知道或应当知道工程设计缺陷，没有提出，继续施工的。
2）承包人对发包人提供或指定购买的建筑材料、建筑构配件和设备，未进行检验或经检验不合格仍然使用的。
3）对发包人提出的违反法律、法规和建筑工程质量安全标准规定，降低工程质量的要求不予拒绝的。

因勘察、设计造成的工程质量缺陷，属于承包人的免责范围，应当由发包人先对承包人承担责任，再由发包人依据约定向勘察、设计方主张权利。

对于工程质量缺陷原因不明的，要通过鉴定，查明原因，分清责任主体。

3. 发包人擅自使用建设工程后出现质量问题的处理

《新解释一》规定："建设工程未经竣工验收，发包人擅自使用后，又以使用部分质量不符合约定为由主张权利的，人民法院不予支持；但是承包人应当在建设工程的合理使用寿命内对地基基础工程和主体结构质量承担民事责任。"

【例题15】 下列关于建设工程未经竣工验收，发包人擅自使用后又以使用部分质量不符合约定为由主张权利的说法，正确的是(　　)。
A. 发包人以装饰工程质量不符合约定主张索赔的，应予支持
B. 凡不符合合同约定或者验收规范的工程质量问题，承包人均应当承担责任
C. 承包人应当在工程的合理使用寿命内对地基基础和主体结构质量承担责任
D. 承包人的保修责任可以免除
【答案】 C

9.8.3 实际竣工时间的确定

由于确定实际竣工日期涉及发包人和承包人的利益，对于工程竣工日期的争议时有发生。我国《建设工程施工合同（示范文本）》（GF—2017—0201）规定，工程经竣工验收合格的，以承包人提交竣工验收申请报告之日为实际竣工日期，并在工程接收证书中载明；因发包人原因，未在监理人收到承包人提交的竣工验收申请报告42天内完成竣工验收，或完成竣工验收不予签发工程接收证书的，以提交竣工验收申请报告的日期为实际竣工日期。但是在实际操作过程中却容易出现一些特殊的情形并最终导致关于竣工日期的争议的产生。

1）由于建设单位和施工单位对于工程质量是否符合合同约定产生争议而对竣工日期产生

争议。

《新解释一》规定："建设工程竣工前，当事人对工程质量发生争议，工程质量经鉴定合格的，鉴定期间为顺延工期期间。"从这个规定可以看出，应该以提交竣工验收报告之日为实际竣工日期。

2) 由于发包人拖延验收而产生的对实际竣工日期的争议。

由于主观或者客观原因，发包人没能按照约定的时间组织竣工验收，施工单位和建设单位就实际竣工之日产生争议。

《新解释一》规定："建设工程经竣工验收合格的，以竣工验收合格之日为竣工日期。承包人已经提交竣工验收报告，发包人拖延验收的，以承包人提交验收报告之日为竣工日期。"

3) 由于发包人擅自使用工程而产生的对实际竣工验收日期的争议。

《新解释一》规定："建设工程未经竣工验收，发包人擅自使用的，以转移占有建设工程之日为竣工日期。"

9.8.4 对计价方法的争议问题

在建设工程合同中，当事人双方会约定计价方法，这是发包人向承包人支付工程款的基础。如果合同双方对于计价方法产生了纠纷且不能得到及时妥善的解决，必然会影响到当事人的切身利益。

1. 因变更引起的纠纷

（1）工程量的变化导致价格的纠纷　调整单价时会涉及两个因素：一是工程量增减幅度达到多少就要调整单价；二是将单价调整到多少。如果在承包合同中没有对此进行约定，就会导致纠纷。

（2）工程质量标准的变化导致价格的纠纷　由于工程质量标准的多样性，就会导致工程标准发生变化而导致纠纷的产生。

对于由于变更而引起的计价方法的纠纷，《新解释一》规定："当事人对建设工程的计价标准或者计价方法有约定的，按照约定结算工程价款。因设计变更导致建设工程的工程量或者质量标准发生变化，当事人对该部分工程价款不能协商一致的，可以参照签订建设工程施工合同时当地建设行政主管部门发布的计价方法或者计价标准结算工程价款。"

（3）其他　当事人约定按照固定价结算工程价款，一方当事人请求对建设工程造价进行鉴定的，人民法院不予支持。

2. 工程拖欠款利息

所谓工程价款是指发包人用以支付承包人按时保质完成建设工程的物化劳动和活劳动以及承担质量保修责任的合理造价。一般工程价款包括工程预付款、工程进度款和工程竣工结算余款。

发包人按时足额支付工程款，应该理解为按时足额支付预付款、进度款和竣工结算余款。法律规定，当发包人未按时足额支付工程款，则除支付工程款外，还应支付应欠付工程款的利息。

3. 工程垫资款利息

所谓工程垫资是指承包方在合同签订后，未要求发包方先支付工程款或者支付部分工程款，而是利用自有资金或融资资金先进场进行施工，待工程施工到一定阶段或者工程全部完成后，由发包方再支付垫付的工程款。施工方垫资则是国际建筑行业的惯例，因此，《解释》中肯定了垫资的合法性。

在处理垫资及利息返还上，分三种情况处理：

1）当事人对垫资和垫资利息有约定的按约定处理，但约定的利息计算标准，不得超过中国人民银行发布的同期同类贷款利率，超过部分无效，法律不予支持。

2）当事人对垫资没有约定的，按照工程欠款处理。

3）当事人对垫资利息没有约定的，视为不支付利息，当事人就此起诉到人民法院的，人民法院不予支持。

4. 计息时间

1）若建设工程已实际交付的，工程竣工结算欠款的应付时间为建设工程实际交付之日。

2）若建设工程没有交付的，工程竣工结算欠款的应付时间为提交竣工结算文件之日。

3）若建设工程既没有交付，又没有完成工程价款的结算，工程竣工结算欠款的应付时间为当事人起诉之日。

由此可见，施工企业应该注意建设工程实际交付日期；如果建设工程没有交付的，应该特别注意提交竣工结算文件日期；如果建设工程既没有交付，工程价款也未结算的，施工企业应该尽快向人民法院提起民事诉讼，以维护自己的合法权益。

【例题16】 根据《新解释一》。关于解决工程价款结算争议的说法，正确的是（　　）。
A. 欠付工程款的利息从当事人起诉之日起算
B. 当事人约定垫资利息，承包人请求按照约定支付利息的，不予支持
C. 发包人拖欠工程款，不支付工程款利息
D. 当事人对欠付工程款利息计付标准没有约定的，按照中国人民银行发布的是同期同类贷款利率计息

【答案】 D

【解析】 选项A错误，利息从应付工程价款之日计付。选项B错误，当事人对垫资和垫资利息有约定，承包人请求按照约定返还垫资及其利息的，应予支持，但是约定的利息计算标准高于中国人民银行发布的同期同类贷款利率的部分除外。当事人对垫资利息没有约定，承包人请求支付利息的，人民法院不予支持。选项C错误，应支付利息。

9.8.5 阴阳合同问题

阴阳合同是指在建设工程招标投标中，当事人在签订中标合同前后，就同一工程项目又签订一份或多份与中标合同的工程价款等主要内容不一致的合同。《新解释一》规定"当事人签订的建设工程施工合同与招标文件、投标文件、中标通知书载明的工程范围、建设工期、工程质量、工程价款不一致，一方当事人请求将招标文件、投标文件、中标通知书作为结算工程价款的依据的，人民法院应予支持。"如果当事人在签订承包合同后，合同在实际履行中发生了变更合同的法定事由，双方协商一致后，可以变更合同内容，作为结算工程款的依据。这里的

变更合同内容，是指"实质性内容不一致"，主要包括工程价款、工程质量和工程期限，至于其他内容的修改、变更，不会涉及双方利益的重大调整，一般不认为属于"阴阳合同"的问题。

9.8.6 建设工程价款优先受偿权问题

《民法典合同编》第八百零七条规定："发包人未按照约定支付价款的，承包人可以催告发包人在合理期限内支付价款。发包人逾期不支付的，除按照建设工程的性质不宜折价、拍卖的以外，承包人可以与发包人协议将该工程折价，也可以申请人民法院将该工程依法拍卖。建设工程的价款就该工程折价或者拍卖的价款优先受偿。"这就意味着，如果建设单位不及时支付工程款，则施工单位可以将建成的建设项目折价、拍卖并将所得占有。

1) 人民法院在审理房地产纠纷案件和办理执行案件中，应当依照《民法典合同编》第八百零七条的规定，认定建筑工程的承包人的优先受偿权优于抵押权和其他债权。

2) 消费者交付购买商品房的全部或者大部分款项后，承包人就该商品房享有的工程价款优先受偿权不得对抗买受人。

3) 建筑工程价款包括承包人为建设工程应当支付的工作人员报酬、材料款等实际支出的费用，不包括利息、违约金、赔偿金。

4) 建设工程承包人行使优先权的期限为最长不得超过 18 个月，自发包人应当给付建设工程价款之日起计算。

【例题 17】 发包人和承包人在合同中约定垫资但没有约定垫资利息，后双方因垫资返还发生纠纷诉至法院。关于该垫资的说法，正确的是（　　）。

A. 法律规定禁止垫资，双方约定的垫资条款无效
B. 发包人应返还承包人垫资，但可以不支付利息
C. 双方约定的垫资条款有效，发包人应返还承包人垫资并支付利息
D. 垫资违反相关规定，应予以没收

【答案】 B

【例题 18】 某商品房开发工程因故停建，承包人及时起诉要求结算工程款并胜诉。法院在对该项目进行拍卖执行中，有许多债权人主张权利。各债权人的清偿顺序依法应为（　　）。

A. 承包人、抵押权人、普通债权人、全款购房人
B. 抵押债权人、普通债权人、全款购房人、承包人
C. 普通债权人、全款购房人、承包人、抵押债权人
D. 全款购房人、承包人、抵押债权人、普通债权人

【答案】 D

【例题 19】 2021 年 10 月 20 日工程实际竣工。由于发包人未按约定支付工程款，承包人欲行使工程价款优先受偿权，其最迟必须在（　　）前行使。

A. 2023 年 9 月 1 日　　　　B. 2023 年 4 月 1 日
C. 2023 年 4 月 20 日　　　D. 2023 年 10 月 20 日

【答案】 C

【解析】 建设工程经竣工验收合格的，以竣工验收合格之日为竣工日期，建设工程承包人行使优先权的期限为最长不超过18个月，自发包人应当给付建设工程价款之日起计算。2021年10月20日实际竣工，到2023年4月20日为18个月。

案例分析

【案例9-1】⊖

S省某建筑工程公司因施工工期紧迫，而事先未能与有关厂家签订好供货合同，造成施工过程中水泥短缺，急需100t水泥。于是，该建筑工程公司同时向甲水泥厂和乙水泥厂发信，信件中称："如贵厂有×××标号水泥现货（袋装），吨价不超过1600元，请求接到信10天内发货100t，货到付款，运费由供货方自行承担。"甲水泥厂接信当天回信，表示愿以吨价1700元发货100t，并于第3天发货100t至S省建筑工程公司，建筑工程公司于当天验收并接收了货物。乙水泥厂接到要货的信件后，积极准备货源，于接信后第7天，将100t袋装×××标号水泥装车，直接送至某建筑工程公司，结果遭到对方的拒收。其理由是：本建筑工程仅需要100t水泥，至于给乙水泥厂发函，只是进行询问协商，不具有法律约束力。乙水泥厂不服，遂向人民法院提起了诉讼，要求依法处理。

【问题】

本案应如何处理？

【分析】

本案考查合同订立中的要约、承诺规则。本案中，某建筑工程公司发给乙水泥厂的信件中，对标的、数量、规格、价款、履行期、履行地点等有明确规定，应认为内容确定。而且从其内容中可以看出，一经乙水泥厂承诺，某建筑工程公司即受该意思表示约束，所以构成有效的要约。由于要约人某建筑工程公司未行使撤回权，则在其要约有效期内，某建筑工程公司应受其要约的约束。由于某建筑工程公司在其函电中要求受要约人在10天内直接发货，所以乙水泥厂在接到信件7天后发货的行为是以实际履行行为而对要约的承诺，因此可以认定在两当事人之间存在生效的合同关系。

由于某建筑工程公司与乙水泥厂的要约、承诺成立，两者之间存在有效的合同，则某建筑工程公司应履行其合同义务，其拒收乙水泥厂水泥的行为构成违约。

由于双方当事人没有约定违约金或损失赔偿额的计算方法，所以人民法院应根据实际情况确定损失赔偿额，其数额应相当于因某建筑工程公司违约给乙公司所造成的损失，包括合同履行后可以获得的利益，但不得超过某建筑工程公司在订立合同时应当预见到的因违反合同可能造成的损失。

【案例9-2】

原告：××房地产开发有限公司（以下简称甲公司）

被告：××设计咨询有限责任公司（以下简称乙公司）

⊖ 本章案例处理依据是《民法典》实施（2021年1月1日）前的《合同法》，下同。

甲公司与乙公司签订了一份勘察设计合同，合同约定：乙公司为甲公司筹建中的商业大厦进行勘察、设计，按照国家颁布的收费标准支付勘察设计费；乙公司应按甲公司的设计标准、技术规范等勘察设计要求，进行测量和工程地质、水文地质等勘察设计工作，并在1月9日前向甲公司提交勘察成果资料和设计文件。合同还约定了双方的违约责任、争议的解决方式。甲公司同时与某施工企业签订了建设工程施工合同，在合同中规定了开工日期。不料，乙公司迟迟不能按约定的日期提交出勘察设计文件，而原告已按建设工程施工合同的约定做好了开工准备，如期进驻施工场地。在甲公司的再三催促下，乙公司迟延25天提交勘察设计文件，此时原告已窝工18天。在施工期间，原告又发现设计图中的多处错误，不得不停工等候，甲公司请乙公司对设计图进行修改。某施工企业由于窝工、停工要求甲公司赔偿损失，否则不再继续施工。甲公司将乙公司诉至法院，要求乙公司赔偿损失。

【问题】

法院是否支持甲公司的诉讼要求，判决乙公司承担违约责任？

【分析】

《合同法》第二百八十条规定："勘察、设计的质量不符合要求或者未按照期限提交勘察、设计文件拖延工期，造成发包人损失的，勘察人、设计人应当继续完善勘察、设计，减收或者免收勘察费、设计费并赔偿损失。"

因此，当出现勘察、设计质量不符合要求，或者不能按照合同约定的期限提交勘察、设计文件的情况时，根据《合同法》第二百八十条的规定，承包人应当承担下列违约责任：根据实际情况继续完善勘察、设计；减少或免收勘察、设计费；如果给发包人造成经济损失的，还应赔偿损失。

本案中，乙公司不仅没有按照合同的约定提交勘察、设计文件，致使甲公司的建设工期受到延误，而且勘察、设计的质量也不符合要求，致使原告因修改施工图而停工、窝工。乙公司的上述违约行为已给甲公司造成了经济损失，使甲公司的建设工期被延误，而且还赔偿某施工企业窝工、停工的损失。因此，乙公司应当承担免收或减收勘察、设计费并赔偿甲公司损失的责任。

【案例9-3】

某建筑公司委派其职工张某向甲水泥厂求购高标号水泥5000t，要求一个月内提货。张某按建筑公司的要求将传真发到甲水泥厂，甲水泥厂给张某回电表示同意。接到电传后，张某将电传交给建筑公司。半个月后，甲水泥厂生产水泥的设备出现问题需要检修，便去电给张某，要求推迟半个月交货，并请建筑公司在三天之内答复。张某又将电传转给建筑公司，建筑公司考虑时间较紧，不能等，便指示张某回电取消订货，公司另派人到乙水泥厂订货。因当时市场水泥紧缺，张某顿生一念，何不乘此机会捞一把。打定主意后，张某第三天以建筑公司名义回电甲水泥厂，同意延期提货。一个月后，张某代表建筑公司将水泥提走，并以自己的名义将水泥卖给另一建筑队。张某交货后，因建筑队拖欠别人材料款过多，别的厂家立即通过司法途径将该批水泥拍卖还账。建筑队无力支付货款，张某无法支付甲水泥厂货款。为此，甲水泥厂要求建筑公司支付货款。建筑公司说我方已经取消订货，与甲水泥厂就没有买卖关系了，甲水泥厂将货让张某提走，这是张某与甲水泥厂之间的事，与建筑公司无关。甲水泥厂无奈，向法院提起诉讼。

【问题】

法院应如何判决？

【分析】

本案中，建筑公司向甲水泥厂订购 5000t 水泥，因此，建筑公司是要约人，甲水泥厂是受要约人，张某是建筑公司的代理人。建筑公司通过代理人发出要约，甲水泥厂承诺表示同意，买卖合同成立。后甲水泥厂要求延迟交货，甲水泥厂是要约人，建筑公司是受要约人。甲水泥厂的要约到达张某时，要约生效。这时，建筑公司决定拒绝承诺，并要求代理人提出取消原合同的要约。由于建筑公司代理人没有发出拒绝承诺的通知和取消合同这一要约的通知，反而代表建筑公司发出了承诺通知。因张某一直是以建筑公司代理人身份与甲水泥厂发生联系，甲水泥厂没有理由怀疑张某的行为不是建筑公司的真实意思表示，故张某代表建筑公司做出的承诺有效。后张某又代表建筑公司提走货物，甲水泥厂的合同义务已经履行。因此，甲水泥厂要求建筑公司支付货款的要求是正当的，理应得到法律的支持。至于建筑公司在向甲水泥厂履行义务后，享有对张某的追索权和对建筑队的代位追索权。法院据此判决建筑公司支付货款。

 【案例 9-4】

A 建筑公司挂靠于一资质较高的 B 建筑公司，以 B 建筑公司名义承揽了一项工程，并与建设单位 C 公司签订了施工合同。但在施工过程中，由于 A 建筑公司的实际施工技术力量和管理能力都较差，造成了工程进度的延误和一些工程质量缺陷。C 公司以此为由，不予支付余下的工程款。A 建筑公司以 B 建筑公司名义将建设单位 C 公司告上了法庭。

【问题】

(1) A 建筑公司以 B 建筑公司名义与建设单位 C 公司签订的施工合同是否有效？

(2) C 公司是否应当支付余下的工程款？

【分析】

(1)《解释》第四条规定："承包人非法转包、违法分包建设工程或者没有资质的实际施工人借用有资质的建筑施工企业名义与他人签订建设工程施工合同的行为无效。"A 建筑公司以 B 建筑公司名义与 C 公司签订的施工合同，是没有资质的实际施工人借用有资质的建筑施工企业名义签订的合同，属无效合同，不具有法律效力。

(2) C 公司是否应当支付余下的工程款要视该工程竣工验收的结果而定。根据《解释》的规定，建设工程施工合同无效，但建设工程经竣工验收合格，承包人请求参照约定支付工程价款的，应予支持；建设工程施工合同无效，且建设工程经竣工验收不合格的，按照以下情形分别处理：①修复后的建设工程经竣工验收合格，发包人请求承包人承担修复费用的，应予支持；②修复后的建设工程经竣工验收不合格的，承包人请求支付工程价款的，不予支持。

 【案例 9-5】

中建公司与多伦多医院建设工程合同纠纷一案经北京市仲裁委员会审理，于 2002 年 12 月 24 日做出裁决：多伦多医院于裁决书送达之日起 20 日内给付中建公司工程欠款 20997522.98 元及利息损失，库存材料和设备款 8436706 元及利息损失，停工损失 587185.87 元，仲裁费及鉴定费 436685 元。

因多伦多医院未按时履行裁决书确定的义务，中建公司于 2003 年 1 月 24 日向北京市大兴区人民法院申请执行，执行标的总金额 4687.5 万余元（包括利息损失）。法院于 2003 年 3 月 10 日查封了多伦多医院位于北京经济技术开发区荣华中路 1 号的国有土地使用权及地上建筑物，并于 2005 年 7 月 18 日对上述房地产进行拍卖，所得价款计人民币 6170 万元。

执行过程中发现，加拿大医保公司与多伦多医院于 2004 年 12 月在南京市中级人民法院的主持下就另案达成调解协议：多伦多医院于 2005 年 3 月 31 日之前分期归还加拿大医保公司欠款 600 万美元；多伦多医院承诺以其位于北京经济技术开发区荣华中路 1 号的 26353.20m^2 的国有土地使用权及 13050.60m^2 的地上建筑物，为加拿大医保公司此笔 6235900 美元债权设定抵押担保，并协助加拿大医保公司在 2005 年 1 月 15 日前办理了相应抵押登记手续。

因多伦多医院逾期未履行调解书确定的还款义务，加拿大医保公司遂申请执行，认为加拿大医保公司对拍卖多伦多医院房地产所得价款享有参与分配权及优先受偿权。

【问题】

中建公司和加拿大医保公司两家债权人是否都有优先受偿权？中建公司优先受偿权范围包括哪些？

【分析】

本案是执行阶段建设工程的承包人，对建设工程优先受偿于抵押权人和其他债权人的案例，明确优先受偿范围是指为建设工程支付的工作人员报酬、材料款等实际支出的费用，不包括利息、库存材料款、设备款、停工损失、仲裁费和鉴定费等。不属于优先受偿范围的，可以与其他债权人按比例受偿。

根据《担保法》和相关司法解释的规定，在没有其他优先权人的情况下，抵押权人对该房地产拍卖所得价款优先受偿。但是，《合同法》第二百八十六条规定："发包人未按照约定支付价款的，承包人可以催告发包人在合理期限内支付价款。发包人逾期不支付的，除按照建设工程的性质不宜折价、拍卖的以外，承包人可以与发包人协议将该工程折价，也可以申请人民法院将该工程依法拍卖。建设工程的价款就该工程折价或者拍卖的价款优先受偿。"对于建设工程价款优先权和抵押权的关系，《批复》第一条规定，人民法院在审理房地产纠纷案件和办理执行案件中，应当依照《合同法》第二百八十六条的规定，认定建筑工程的承包人的优先受偿权优于抵押权和其他债权。据此，中建公司的建设工程款债权优于享有抵押权的债权，抵押权人的债权仅优于普通债权。

《批复》第三条将《合同法》二百八十六条保护的范围，限定在承包人为建设工程支付的工作人员报酬、材料款等实际支出的费用。可以说，建设工程价款中，除预期利润和违约金之外的部分均享有优先受偿权。经工程造价鉴定，北京仲裁委员会裁决多伦多医院欠付中建公司工程款 20997522.98 元。此金额是用工程已完工部分造价减去债务人已付款所得，符合《批复》规定的建设工程价款范围。至于其他部分，包括利息、库存材料款、设备款、停工损失、仲裁费和鉴定费都是因发包人违约行为给中建公司造成的损失，依照《批复》规定，不属于优先受偿的范围。故中建公司只在 20997522.98 元范围内对拍卖价款享有优先受偿权。

中建公司应优先受偿的工程款为20997522.98元；对剩余价款，抵押权人加拿大医保公司按照抵押登记确定的金额优先受偿；如还有剩余价款，则由各债权人依普通债权金额按比例受偿。

【案例9-6】

A企业没有建筑施工企业资质，与某建设单位签订了一工程的承包合同，合同约定工程造价为1503万元，2018年12月5日竣工。工程按期竣工后，经验收不合格，A企业进行了修复，后经验收仍不合格，于是某建设单位拒绝支付工程价款。2019年2月6日，A企业诉至法院，要求建设单位支付工程价款。

【问题】 本案中合同是否有效？本案应如何处理？

【分析】

未取得建筑施工企业资质签订的建设工程施工合同无效。建设工程经竣工验收不合格的，修复后经竣工验收仍不合格，承包人请求支付工程价款的，不予支持。

【案例9-7】

某工程公司（以下简称为承包人）经竞标取得某大型住宅工程的施工承包权，然后以劳务分包的名义将工程施工合同转让给挂靠某建筑工程公司（以下简称为被挂靠企业）的另一施工企业（以下简称为实际施工人）。

在施工过程中，由于实际施工人力量薄弱、管理能力有限等原因，时常拖欠材料款和人工工资，造成工程进度一度不能达到合同的要求。承包人为了按时保质地完成建设工程，在不断督促实际施工人及时清偿相关债务无效的情况下，迫不得已为其垫付了部分材料款和人工工资，并为其部分材料采购提供了担保，致使承包人为实际施工人垫付材料款和人工工资以及担保责任执行款之和大于承包人欠付实际施工人的工程款项，实际施工人对承包人为其超付的款项予以确认。

在承包人多次向实际施工人讨要多支付的款项未果的情况下，承包人无奈于2014年2月以被挂靠企业为被告提起欠款的诉讼。在诉讼过程中，被挂靠企业提出的主要抗辩理由是：双方实系非法转包关系应属无效，要求法院因非法转包取得非法利益为由要求法院没收原告的非法所得，并以工程价款约定太低为由，要求重新鉴定工程价款。

【问题】

（1）承包人与被挂靠企业所签订的合同是否有效？

（2）如果承包人与被挂靠企业所签订的合同是有效的，则被挂靠企业所要求重新鉴定工程价款是否有法律依据；如果承包人与被挂靠企业所签订的合同是无效的，则工程款价款如何确定？

（3）如果承包人与被挂靠企业所签订的合同是无效的，被挂靠企业要求法院没收承包人的非法所得是否有法律依据？

【分析】

（1）承包人与挂靠企业所签订的工程合同是无效合同，不具法律效力。

承包人与挂靠企业所签订的合同名为劳务合同实为非法转包合同。虽然法律并没有限制承包人将其承包的工程中的劳务部分进行分包。但是对施工分包是有一定的限制的。本案件中的分包其实质就是非法转包。

所谓非法转包，是指工程施工合同的承包人不履行合同约定义务，将其承包的工程建设任务转让给第三人（即转承包人），其自身不对工程承担技术、质量、经济法律责任的行为。非法转包主要有两种情形：一种是承包人将全部工程转包；另一种是承包人将全部工程肢解后以分包的名义转包。本案中的非法转包则属于第一种情形。

所谓劳务分包，是指工程施工合同的承包人将其承包工程的劳务作业发包给有劳务资质的企业完成的行为。所以，两者在本质上有根本的区别，但在表现形式上两者均由第三人完成应由自己完成的建设工程的部分或全部工作，有一定相似之处。但是，非法转包的承包主体实际上已发生了变更，而劳务分包的承包主体并未发生变更，只是承包人将其劳务部分分包给劳务企业完成。

根据《解释》第四条规定，承包人非法转包、违法分包建设工程或者没有资质的实际施工人借用有资质的建筑施工企业名义与他人签订建设工程施工合同的行为无效。本案例的承包人与被挂靠企业所签订的合同，其实质是非法转包合同，所以是无效合同。

（2）施工承包合同被认定无效后的工程价款的确定。

《合同法》第五十八条规定："合同无效或者被撤销后，因该合同取得的财产应当予以返还；不能返还或者没有必要返还的，应当折价补偿。有过错的一方应当赔偿对方因此所受到的损失，双方都有过错的，应当各自承担相应的责任。"施工承包合同履行过程是劳动和建材等逐渐物化的过程，所以，当合同被认定为无效时，其物化的过程可能已达到相当程度，因此，没有必要、也不可能适用返还的方式使合同恢复到签订合同状态，只能采取折价补偿方式。

根据《解释》的第二条规定，建设工程施工合同无效，但建设工程经竣工验收合格，承包人请求参照合同约定支付工程价款的，应予支持。所以，本案因签订的是非法转包合同，因此是无效合同。如果确经工程竣工验收合格的，可以参照合同的约定来确定工程价款。

（3）施工合同被认定无效，法院没收承包人的非法所得有法律依据。

《建筑法》第六十七条规定："承包单位将承包的工程转包的，或者违反本法规定进行分包的，责令改正，没收违法所得，并处罚款，可以责令停业整顿，降低资质等级；情节严重的，吊销资质证书。"《解释》第四条规定，承包人非法转包、违法分包建设工程或者没有资质的实际施工人借用有资质的建筑施工企业名义与他人签订建设工程施工合同的行为无效。本案所签订的非法转包合同是无效合同，人民法院是可以根据《民法通则》的规定，收缴当事人已经取得的非法所得。所以，如果法院没收承包人的非法所得是有充分法律依据的。

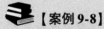【案例9-8】

经过招标，2018年5月31日上海某一能源有限公司（以下简称能源公司）与中标单位上海金桥某一建筑工程有限公司（以下简称金桥公司）签订了锅炉工程施工总承包合同。合同约定以下内容：承包范围包括锅炉房（3646.9m^2）、煤棚（一层钢结构，1478.8m^2）、80m高矩形烟囱、水处理间（一层钢结构，475.6m^2）、酸碱储存罐区（面积48.8m^2）；新建筑四周设消防环通道路，采用混凝土路面；质量标准为优良，要求2018年6月20日开工，

2018年12月20日竣工，计划工期为180天（日历天）；采用工程量清单计价，固定单价确定工程价款。

合同签订后，金桥公司按时保质地完成了建设工程，能源公司也按时足额支付了进度款。在进行竣工结算过程中，金桥公司向能源公司发出"关于锅炉工程材料补贴及延期付款利息"的律师函，提出由于材料暴涨及实际工程内容变化导致材料成本剧增，以《合同法》第一百一十三条作为法律依据，要求能源公司给予赔偿。此外，金桥公司要求能源公司支付工程款的利息，否则将提起诉讼，请求司法鉴定以证明其主张的正确。

【问题】

（1）如果施工承包合同约定按固定价计价，在施工过程中材料出现较大的涨价时，承包人提出要求给予补偿是否有法律依据？

（2）如果发包人不予补偿，而承包人提起诉讼并要求法院进行司法鉴定，一般情况下，法院是否会支持承包人的要求？

（3）承包人要求支付工程款利息是否有法律依据？

【分析】

（1）施工承包合同约定以固定价计价的，要求额外材料补差无法律依据。

固定价格合同可以分为固定总价合同（即量与价之积的总价不变）和固定单价合同（即量与价之积的总价中，价是不变的，量是按实计算）。因此，固定单价是指双方在合同中约定的单价，在未出现合同约定的调价情况下不做调整，竣工结算价则是在单价不变的前提下，计算承包单位按实际完成的工程量而计算的工程造价。

《建筑法》第十八条规定："建筑工程造价应当按照国家有关规定，由发包单位与承包单位在合同中约定。公开招标发包的，其造价的约定，须遵守招标投标法律的规定。"

《解释》第十六条第一款规定："当事人对建设工程的计价标准或者计价方法有约定的，按照约定结算工程价款。"

因此，施工承包合同若约定以固定单价计价的，要求额外材料补差是没有法律依据的。

（2）施工承包合同中约定按固定价结算工程价款，一方当事人要求造价鉴定，法院不予支持。

当事人在施工承包合同中约定按固定价结算价款的，如果在履行合同过程中，没有发生合同修改或者变更等情况，就应当按照合同约定的固定价进行结算工程款，根据《解释》第二十二条规定，如果一方当事人在上述条件下提出对工程造价进行鉴定的申请，不管什么理由，都不应予以支持。

但是，对于因设计变更等原因导致工程款数额发生增减变化而无法确定，当事人申请法院鉴定，应该予以同意。

（3）工程款本身无利息可言，只有工程欠款才有利息。

工程价款是指发包人用以支付承包人按时保质完成建设工程的物化劳动和活劳动以及承担质量保修责任的合理造价。一般工程价款包括工程预付款、工程进度款和工程竣工结算余款。

根据《解释》第十七条规定，当事人对欠付工程价款利息计付标准有约定的，按照约定处理；若没有约定的，则按中国人民银行发布的同期同类贷款利率计息。所以，工程款本身无利息可言，只有工程欠款才有利息。因为，发包人按时足额支付工程款，应该理解为按时足额支付预付款、进度款和竣工结算余款。只有发包人未按时足额支付工程款时，除支付相应工程款外，还应支付欠付工程款的利息。

【案例9-9】

甲建筑公司（以下简称甲公司）拟向乙建材公司（以下简称乙公司）购买一批钢材。双方经过口头协商，约定购买钢材100t，单价3500元/t，并拟订了的买卖合同文本。乙公司签字盖章后，交给了甲公司准备签字盖章。由于施工进度紧张，在甲公司催促下，乙公司在未收到甲公司签字盖章的合同文本情形下，将100t钢材送到甲公司工地现场。甲公司接收了并投入工程使用。后来拖欠货款，双方发生了纠纷。

【问题】 甲、乙公司的买卖合同是否成立？

【分析】

《合同法》规定："当事人采用合同书形式订立合同的，自双方当事人签字或者盖章时合同成立。"该法还规定："采用合同书形式订立合同，在签字或者盖章之前，当事人一方已经开始履行主要义务，对方接受的，该合同成立。"

双方当事人在合同中签字盖章十分重要。如果没有双方当事人的签字盖章，就不能最终确认当事人对合同的内容协商一致，也难以证明合同的成立有效。但是，双方当事人的签字盖章仅是形式问题。如果一个以书面形式订立的合同已经履行，仅仅是没有签字盖章，就认定合同不成立，则违背了当事人的真实意思。当事人既然已经履行，合同当然依法成立。

本章习题

一、单选题

1. 施工企业根据材料供应商寄送的价目表发出了一个建筑材料采购清单，后因故又发出加急通知取消了该采购清单。如果施工企业后发出的取消通知先于采购清单到达材料供应商处，则该取消通知从法律上称为(   )。

　　A. 要约撤回　　　　B. 要约撤销　　　　C. 承诺撤回　　　　D. 承诺撤销

2. 施工单位向电梯生产公司订购两部A型电梯，并要求5日内交货。电梯生产公司回函表示如果延长一周可如约供货。根据《民法典合同编》，电梯生产公司的回函属于(   )。

　　A. 要约邀请　　　　B. 承诺　　　　C. 新要约　　　　D. 部分承诺

3. 承包商为赶工期，向水泥厂发函紧急订购500t某强度等级的水泥，要求三日内运送至工地，并要求当日承诺。承包商的订购行为(   )。

　　A. 属于要约邀请，随时可以撤销
　　B. 属于要约，在水泥运抵施工现场前可以撤回
　　C. 属于要约，在水泥运抵施工现场前可以撤销
　　D. 属于要约，而且不可撤销

4. 水泥厂在承诺有效期内，对施工单位订购水泥的要约做出了完全同意的答复，

则该水泥买卖合同成立的时间为( )。
   A. 施工单位订购水泥的要约到达水泥厂时
   B. 水泥厂的答复文件达到施工单位时
   C. 施工单位发出订购水泥的要约时
   D. 水泥厂发出答复文件时

5. 下列关于格式条款的说法中，正确的是( )。
   A. 格式条款和非格式条款不一致的，应以格式条款为准
   B. 只要合同中写明，提供格式条款的一方无须提请对方注意限制其责任的条款
   C. 对格式条款的理解发生争议的，应当按通常理解予以解释
   D. 对格式条款有两种以上解释的，应做出有利于条款起草方的解释

6. 某贸易公司与某建材供应商签订合同，约定供应商于合同签订后7日内将3000t钢筋运至某工地，向施工单位履行交货义务。合同签署后，供应商未按合同约定交货，则( )。
   A. 施工单位与贸易公司应共同向供应商追究违约责任
   B. 供应商应向施工单位承担违约责任
   C. 供应商应向贸易公司承担违约责任
   D. 施工单位与贸易公司均可向供应商追究违约责任

7. 在施工合同履行过程中，当事人一方可以免除违约责任的情形是( )。
   A. 因为建设单位拖延提供设计图，导致建筑公司未能按合同约定时间开工
   B. 因为建筑公司自有设备损坏，导致工期拖延
   C. 因为发生洪灾，建筑公司无法在合同约定的工期内竣工
   D. 因为"三通一平"工期拖延，建设单位不能在合同约定的时间内提供施工场地

8. 某施工合同因承包人重大误解而属于可撤销合同时，则下列表述错误的是( )。
   A. 承包人可申请法院撤销合同
   B. 承包人可放弃撤销权继续认可该合同
   C. 承包人放弃撤销权后发包人享有该权利
   D. 承包人享有撤销权而发包人不享有该权利

9. 甲是乙的债务人，乙是丙的债务人，由于乙怠于行使自己对甲的到期的债权导致无法偿还对丙的债务，则下列说法正确的是( )。
   A. 丙可以行使代位权
   B. 丙必须以乙名义行使乙的债权
   C. 丙可以行使不安抗辩权
   D. 甲可以行使代位权，直接向丙偿还债务

10. 甲在受到欺诈的情况下与乙订立了合同，后经甲向人民法院申请，撤销了该合同，则该合同自( )起不发生法律效力。
    A. 人民法院决定撤销之日   B. 合同订立时
    C. 人民法院受理请求之日   D. 权利人知道可撤销之日

11. 建设工程未经竣工验收，发包人擅自使用后，在建设工程的合理使用寿命内对地基基础工程和主体结构质量承担民事责任的主体是(　　)。
   A. 发包人　　　　　　　　　　　　B. 承包人
   C. 监理单位　　　　　　　　　　　D. 实际施工人

12. 甲公司与乙公司经协商达成买卖合同，双方均未加盖公章或签字。不久甲公司交货，乙公司收货后付款。乙公司在使用中发现货物质量有问题，遂诉至法院。根据《民法典合同编》规定，下列表述中，正确的是(　　)。
   A. 合同无效，已履行部分双方返还
   B. 合同无效，但已履行部分双方不再返还
   C. 合同未成立，已履行部分双方相互返还
   D. 合同已成立，甲公司应承担违约责任

13. 某工程在9月10日发生了地震灾害迫使承包人停止施工。9月15日发包人与承包人共同检查工程的损害程度，并一致认为损害程度严重，需要拆除重建。9月17日发包人将依法单方解除合同的通知送达承包人，9月18日发包人接到承包人同意解除合同的回复。依据《民法典合同编》的规定，该施工合同解除的时间应为(　　)。
   A. 9月10日　　B. 9月15日　　C. 9月17日　　D. 9月18日

14. 下列属于应当承担缔约过失责任的情形是(　　)。
   A. 施工单位没有按照合同约定的时间完成工程
   B. 建设单位没有按照合同约定的时间支付工程款
   C. 施工单位在投标时借用了其他企业的资质，在资格审查时没有通过审查
   D. 建设单位在发出中标通知书后，改变了中标人

15. 保证合同是(　　)订立的合同。
   A. 债权人与债务人　　　　　　　　B. 债务人和保证人
   C. 债权人与保证人　　　　　　　　D. 债权人与债务人和保证人

16. 下列关于保证担保的说法，正确的是(　　)。
   A. 保证人须向债权人证明其有清偿能力
   B. 保证方式没有约定的，保证人承担连带保证责任
   C. 保证人可能是主合同的当事人
   D. 保证期间债务人转让债务的，须取得保证人书面同意

17. 甲乙双方签订买卖合同，丙为乙的债务提供保证，但保证合同中未约定保证方式及保证期间，下列说法正确的是(　　)。
   A. 丙的保证方式为一般保证
   B. 保证期间与买卖合同的诉讼时效相同
   C. 如果甲在保证期间内未要求丙承担保证责任，则丙免除保证责任
   D. 如果甲在保证期间内未经丙书面同意将主债务转让给丁，则丙继续承担保证责任

18. 某发包人负责材料采购，欠供应商100万元。在工程实施过程中，为了筹措资金又将工程抵押给银行。工程竣工后，施工单位经多次催促，发包人始终无法支付结算

价款,最后不得不向法院申请拍卖该工程。供应商和银行也起诉。在拍卖完成后,最先受偿的应是( )。

A. 甲材料供应商 B. 施工单位
C. 银行 D. 按生效判决先后确定

19. 发包人与承包人约定按照固定价结算工程款。因承包人投标报价时出现少算、漏项等情形导致亏损,承包人请求进行造价鉴定据实结算的,则人民法院对承包人的请求应( )。

A. 予以支持 B. 不予支持
C. 征求发包人意见 D. 要求承包人提供证据

20. 乙施工单位通过招标程序中标了某公司的一个施工项目。签约前,某公司要求乙让利5%,否则不签施工合同。后双方签订了让利5%的补充协议。竣工结算时,甲按让利协议扣减结算总价5%,乙以自己亏损为由不同意让利并向法院提起诉讼,要求按中标价结算。下列说法正确的是( )。

A. 应以中标价作为结算工程价款依据 B. 该补充协议属于可撤销合同
C. 应以补充协议作为结算工程价款依据 D. 乙的行为构成合同违约

二、多选题

1. 行为人超越代理权以被代理人名义订立的合同,未经被代理人追认,其法律后果是( )。

A. 由行为人承担责任 B. 善意相对人有撤销的权利
C. 该代理行为有效 D. 相对人应该相信行为人有代理权
E. 对被代理人不发生效力

2. 当事人一方可以解除合同的情形有( )。

A. 作为当事人一方的公民死亡
B. 由于不可抗力致使合同不能履行
C. 当事人一方延迟履行主要债务,经催告后在合理期限内仍未履行
D. 法定代表人变更
E. 当事人一方发生合并、分立

3. 甲施工企业与乙起重机厂签订了一份购置起重机的买卖合同,约定4月1日甲付给乙100万元预付款,5月12日乙向甲交付两辆起重机。但到了4月1日,甲经调查发现乙已全面停产,经营状况严重恶化。此时甲可以( ),以维护自己的合法权益。

A. 行使同时履行抗辩权 B. 终止合同
C. 中止履行合同并通知对方 D. 请求对方提供适当担保
E. 转让合同

4. 缔约过失责任的构成要件有( )。

A. 发生在订立合同过程中
B. 当事人违反了诚实信用原则所要求的义务
C. 在订立合同时显失公平
D. 受害方的信赖利益遭受损失

E. 合同被确认无效

5. 根据《民法典物权编》的有关规定，禁止抵押的财产有（　　）。
   A. 土地所有权
   B. 宅基地使用权
   C. 荒山承包经营权
   D. 学校图书馆
   E. 被扣押的汽车

6. 关于违约金条款的适用，下列说法正确的有（　　）。
   A. 约定的违约金低于造成的损失的，当事人可以请求人民法院或者仲裁机构予以增加
   B. 违约方支付迟延履行违约金后，另一方仍有权要求其继续履行
   C. 当事人既约定违约金，又约定定金，一方违约时，对方可以选择适用违约金条款或定金条款
   D. 当事人既约定违约金，又约定定金，一方违约时，对方可以同时适用违约金条款及定金条款
   E. 约定的违约金高于造成的损失的，当事人可以请求人民法院或者仲裁机构按实际损失金额调减

7. 工程施工合同履行过程中，建设单位迟延支付工程款，则施工单位要求建设单位承担违约责任的方式可以是（　　）。
   A. 继续履行合同
   B. 降低工程质量标准
   C. 提高合同价款
   D. 提前支付所有工程款
   E. 支付逾期利息

8. 因不可抗力不能履行合同的当事人的义务包括（　　）。
   A. 通知对方
   B. 继续履行
   C. 赔偿损失
   D. 解除合同
   E. 提供相关证明

9. 合同解除的法律后果包括（　　）。
   A. 终止履行
   B. 恢复原状
   C. 采取补救措施
   D. 赔偿损失
   E. 财产收归国有

10. 施工单位与建设单位签订施工合同，双方没有约定付款时间，后因利息计算产生争议，则下列有关工程价款应支付日期的表述正确的有（　　）。
    A. 建设工程没有交付的，为提交验收报告之日
    B. 建设工程已实际交付的，为交付之日
    C. 建设工程没有交付的，为提交竣工结算文件之日
    D. 建设工程未交付，工程价款也未结算的，为人民法院判决之日
    E. 建设工程未交付，工程价款也未结算的，为当事人起诉之日

三、案例分析

1. 某建筑公司急需一批钢筋，急电某物资公司，请求该公司在一周之内发货20t。物资公司接到电报后，立即回电承诺马上发货。一周后，货到建筑公司。一个月后，物资公司来电催建筑公司交付货款，并将每吨钢筋的单价和总货款数额一并提交建筑公司。建筑公司接电后，认为物资公司的单价超过以前购买同类钢筋的价格，去电要求按

原来的价格计算货款。物资公司不同意,称卖给建筑公司的钢筋是他们在钢厂提价后购买的,这次给建筑公司开出的单价只有微薄利润。鉴于此情况,建筑公司提出因双方价格不能达成一致,愿意将自己从其他地方购买的同类同型号钢筋退给物资公司。物资公司不允,为此诉至法院。

问题:试分析能否退货?货物单价如何计算?

2. 施工单位:广东省汕头市某建筑安装工程公司(下称原告)

建设单位:上海市某房地产开发公司(下称被告)

被告于2012年11月22日经批准进行工程招标,原告及另三家公司参加了投标。经评议,原告中标,被告于12月14日向原告发出中标通知书,并要求原告于12月25日签订工程承包合同,12月28日开工。中标通知书中载明中标合同造价为人民币8000万元。发出中标通知书后,被告指令原告先做开工准备,再签工程合同。原告按被告的要求平整了施工场地,进了打桩架等开工设备,并如期于28日打了两根桩,完成了开工仪式。工程开工后,被告借故迟迟不同意签订工程承包合同,至第2年3月1日,书面函告原告"将另行落实施工单位。"双方经多次协商未果,原告遂起诉至上海市中级人民法院,要求被告履行合同义务,并承担延误造成的经济损失。

问题:(1)原告的主张是否有法律依据?为什么?

(2)被告是否需要承担法律责任?应承担什么责任?理由是什么?

3. 甲公司与乙勘察设计单位签订了一份勘察设计合同,合同约定:乙单位为甲公司筹建中的商业大厦进行勘察、设计,甲公司按照国家颁布的收费标准支付勘察设计费;乙单位应按甲公司的设计标准、技术规范等提出勘察设计要求,进行测量和工程地质、水文地质等勘察设计工作,并在×××年5月1日前向甲公司提交勘察成果和设计文件。合同还约定了双方的违约责任、争议的解决方式。甲公司同时与丙建筑公司签订了建设工程承包合同,在合同中规定了开工日期。但是,后来乙单位迟迟不能提交出勘察设计文件。丙建筑公司按建设工程承包合同的约定做好了开工准备,如期进驻施工场地。在甲公司的再三催促下,乙单位迟延36天提交勘察设计文件。此时,丙公司已窝工18天。在施工期间,丙公司又发现设计图中的多处错误,不得不停工等候甲公司请乙单位对设计图进行修改。丙公司由于窝工、停工要求甲公司赔偿损失,否则不再继续施工。甲公司将乙单位起诉到法院,要求乙单位赔偿损失。

问题:法院能否支持甲公司的主张?

第10章 工程建设环境保护法律制度

10.1 工程建设环境保护法律制度概述

1. 环境保护基本概念

环境是指影响人类社会生存和发展的各种天然的和经过人工改造的自然因素总体,包括大气、水、海洋、土地、矿藏、森林、草原、野生动物、自然古迹、人文遗迹、自然保护区、风景名胜区、城市和乡村等。

环境保护是为了保证自然资源的合理开发利用,为防止环境污染和生态环境破坏,以协调人类与环境的关系,保障社会经济的持续发展为目的而采取的行政管理、经济、法律、科学技术以及宣传教育各种措施和行动的总称。

工程项目建设既要消耗大量的自然资源又要向自然界排放大量的废水、废气、废渣以及产生噪声等,是造成环境问题的主要根源之一。因此,加强工程项目建设的环境保护管理是整个环境保护工作的基础之一。

2. 环境保护的基本原则

(1) 环境保护同经济、社会协调发展原则 这是可持续发展理念、目标和追求在环境保护法领域的体现。习惯上,人们将该原则简称为"三项建设三同步和三统一"原则,是指为了实现经济社会的可持续发展,必须使环境保护同经济建设、社会发展相协调,将经济建设、城乡建设与环境建设一道同步规划、同步实施、同步发展,达到经济效益、社会效益、环境效益的统一。

(2) 预防为主、防治结合、综合治理原则 该原则是对防治环境问题的基本方式、措施以及组合运用的概括,要求环境保护的重点是事前预防环境污染和自然破坏,在"防"的同时顾及"治",还要统筹安排,综合运用多种方式来保护环境。

(3) 污染者负担原则 有利于环境开发利用者重视环境保护,积极预防和治理污染,同时,通过征收排污费、生态补偿费等有利于为环境保护筹集资金,在一定程度上减轻公众和政府的负担。

(4) 环境保护民主原则 这一原则是公民环境权、公民参与环境保护的集中体现。首先,公民有权通过一定的形式或途径参与一切与环境利益相关的决策活动;其次,要保证公众的知情权,有权获得各种环境资料的权利;最后,在公众的环境权受到侵害时,公民可以通过有效的法律途径得到赔偿或补偿，使环境权有切实的保障。

3. 环境保护法的基本制度

环境保护法是调整因保护环境和自然资源、防治污染和其他公害而产生的各种社会关系的法律规范的总称。1989年12月26日第七届全国人大常委会第十一次会议通过《中华人民共和国环境保护法》（简称《环境保护法》）。2014年4月24日第十二届全国人民代表大会常务委员会第八次会议修订，自2015年1月1日起施行。目前我国制定的与环境保护有关的法律还有《中华人民共和国环境影响评价法》（简称《环境影响评价法》）、《中华人民共和国水污染防治法》（简称《水污染防治法》）、《中华人民共和国大气污染防治法》（简称《大气污染防治法》）、《中华人民共和国环境噪声污染防治法》（简称《环境噪声污染防治法》）、《中华人民共和国固体废物污染环境防治法》（简称《固体废物污染环境防治法》）、《建设项目环境保护管理条例》《建设项目环境保护管理程序》《建设项目竣工环境保护验收管理办法》等。这些法律、法规是在建筑工程施工过程中必须遵守的。

（1）环境规划制度　环境规划制度是调整有关环境规划的编制、审批、实施等活动的实体和程序方面的法律规定的总称，是环境规划工作的制度化、法制化。

（2）环境标准制度　国家为维护环境质量，控制污染，从而保护人们健康、社会财富和生态平衡。我国的环境标准分为五大类：环境质量标准、污染物排放标准、环境基础标准、环境方法标准和环境样品标准。

（3）环境监测制度　依法从事环境监测的机构及其工作人员，运用物理、化学、生物等科学技术手段，对反映环境质量的各种物质和现象进行监督、测定的活动。

（4）环境影响评价制度　这个制度建立的目的在于预防因规划和建设项目实施后对环境造成的不良影响，促进经济、社会和环境的协调发展。环境影响评价制度是国家通过法定程序，以法律或规范性文件的形式确立的对环境影响评价活动进行规范的制度。

建设项目的环境影响评价文件未经法律规定的审批部门审查或者审查后未予批准的，该项目审批部门不得批准其建设，建设单位不得开工建设。

（5）"三同时"制度　这是指各种建设工程项目中对环境有影响的一切基本建设项目、技术改造项目和区域开发项目，其中的环境保护设施必须与主体工程同时设计、同时施工、同时投产的制度。它是我国环境管理的基本制度之一，也是我国所独创的一项环境法律制度，同时还是控制新污染的产生，实现预防为主原则的一条重要途径。

（6）环境许可证制度　凡是对于环境有不良影响的各种规划、开发、建设项目、排污设施或经营活动，其建设者或经营者需要事先提出申请，经主管部门批准，颁发许可证后才能从事该项活动的制度。

（7）排污收费制度　政府环境保护行政主管部门依法对向环境排放污染物或超过国家标准排放污染物的单位和个人，按污染物种类、数量和浓度征收一定数额费用的制度。其目的是促进排污者节约和综合利用资源，负担其因利用环境而给环境造成破坏的恢复治理费用，实现社会公平，减轻国家和社会负担。需要指出的是，排污费的性质是对因排放污染物所造成环境损失的补偿，并不因此而免除其应当承担的其他有关因污染环境造成他人人身、财产损害责任以及依法应当履行的其他有关环境保护法律规定的义务。

10.2 建设项目环境保护专项法的规定

10.2.1 固体废物污染环境防治法律制度

1) 产生固体废物的单位和个人,应当采取措施,防止或者减少固体废物对环境的污染。

2) 收集、储存、运输、利用、处置固体废物的单位和个人,必须采取防扬散、防流失、防渗漏或者其他防止污染环境的措施。不得在运输过程中沿途丢弃、遗撒固体废物。

3) 产品和包装物的设计、制造,应当遵守国家有关清洁生产的规定。防止过度包装造成环境污染。

4) 在国务院和国务院有关主管部门及省、自治区、直辖市人民政府划定的自然保护区、风景名胜区、生活饮用水源地和其他需要特别保护的区域内,禁止建设工业固体废物集中储存、处置设施、场所和生活垃圾填埋场。

5) 转移固体废物出省、自治区、直辖市行政区域储存、处置的,应当向固体废物移出地的省级人民政府环境保护行政主管部门报告,并经固体废物接受地的省级人民政府环境保护行政主管部门许可。

6) 禁止中国境外的固体废物进境倾倒、堆放、处置。

7) 国家禁止进口不能用作原料的固体废物,限制进口可以用做原料的固体废物。

8) 露天储存冶炼渣、化工渣、燃煤灰渣、废矿石、尾矿和其他工业固体废物的,应当设置专用的储存设施、场所。

9) 施工单位应当及时清运、处置建筑施工过程中产生的垃圾,并采取措施,防止污染环境。

10) 施工现场固体废物的减量化和回收再利用。

加强建筑垃圾的回收再利用,力争建筑垃圾的再利用和回收率达到30%,建筑物拆除产生的废弃物的再利用和回收率大于40%。对于碎石类、土石方类建筑垃圾,可采用地基填埋、铺路等方式提高再利用率,力争再利用率大于50%。

10.2.2 环境噪声污染防治法律制度

《环境噪声污染防治法》规定,新建、改建、扩建的建设项目,必须遵守国家有关建设项目环境保护管理的规定。

建设项目可能产生环境噪声污染的,建设单位必须提出环境影响报告书,规定环境噪声污染的防治措施,并按照国家规定的程序报环境保护行政主管部门批准。环境影响报告书中,应当有该建设项目所在地单位和居民的意见。

建设项目的环境噪声污染防治设施必须与主体工程同时设计、同时施工、同时投产使用。

第 10 章 工程建设环境保护法律制度

建设项目在投入生产或者使用之前,其环境噪声污染防治设施必须经原审批环境影响报告书的环境保护行政主管部门验收;达不到国家规定要求的,该建设项目不得投入生产或者使用。

噪声排放是指噪声源向周围生活环境辐射噪声。要做好以下施工现场环境噪声污染的防治工作:

1)排放建筑施工噪声应当符合建筑施工场界环境噪声排放标准。

《环境噪声污染防治法》规定,在城市市区范围内向周围生活环境排放建筑施工噪声的,应当符合国家规定的建筑施工场界环境噪声排放标准。

《建筑施工场界环境噪声排放标准》(GB 12523—2011)2011 年 12 月 5 日发布,2012 年 7 月 1 日实施,《建筑施工场界噪声限值》(GB 12523—1990)同时废止。标准规定了建筑施工场界环境噪声排放限值(表10-1)及测定方法。

表 10-1 建筑施工场界环境噪声排放限值　　　　　(单位:dB(A))

昼　间	夜　间
70	55

注:1. 夜间噪声最大声级超过限值的幅度不得高于 15 dB(A)。
　　2. 当场界距噪声敏感建筑物较近,其室外不满足测量条件时,可在噪声敏感建筑物室内测量,并将表 10-1 中相应的限值减 10 dB(A)作为评价依据。
　　3. 夜间是指晚上 22 点至早晨 6 点之间的期间。

2)使用机械设备可能产生环境噪声污染的申报。

《环境噪声污染防治法》规定,在城市市区范围内,建筑施工过程中使用机械设备,可能产生环境噪声污染的,施工单位必须在工程开工 15 日以前向工程所在地县级以上地方人民政府环境保护行政主管部门申报该工程的项目名称、施工场所和期限、可能产生的环境噪声值以及所采取的环境噪声污染防治措施的情况。

国家对环境噪声污染严重的落后设备实行淘汰制度。国务院经济综合主管部门应当会同国务院有关部门公布限期禁止生产、禁止销售、禁止进口的环境噪声污染严重的设备名录。

3)禁止夜间进行产生环境噪声污染施工作业的规定。

《环境噪声污染防治法》规定,在城市市区噪声敏感建筑物集中区域内,禁止夜间进行产生环境噪声污染的建筑施工作业,但抢修、抢险作业和因生产工艺上要求或者特殊需要必须连续作业的除外。

因特殊需要必须连续作业的,必须有县级以上人民政府或者其有关主管部门的证明。

以上规定的夜间作业,必须公告附近居民。

噪声敏感建筑物集中区域是指医疗区、文教科研区和以机关或者居民住宅为主的区域。噪声敏感建筑物是指医院、学校、机关、科研单位、住宅等需要保持安静的建筑物。

4)建设经过已有噪声敏感建筑物集中区域的高速公路和城市高架,轻轨道路,有可能造成环境噪声污染的,应当设置噪声屏障或者采取其他有效控制环境噪声污染的措施。

5)在已有的城市交通干线两侧建设噪声敏感建筑物的,建设单位应当按照国家规定间隔一定距离,并采取减轻、避免交通噪声影响的措施。

6)在已竣工交付使用的住宅室内装修活动,应当限制作业时间,并采取其他有效措施,以减轻、避免对周围居民造成环境噪声污染。

【案例10-1】

2010年4月19日夜23时，某市环境保护行政主管部门接到居民投诉，称某项目工地有夜间施工噪声扰民情况。执法人员立刻赶赴施工现场，并在施工场界进行了噪声测量。经现场勘查，施工噪声源主要是商品混凝土运输车、混凝土输送泵和施工电梯等设备的施工作业噪声，施工场界噪声经测试为72.4dB。通过调查，执法人员核实了此次夜间施工作业既不属于抢修、抢险作业，也不属于因生产工艺要求必须进行的连续作业，并且没有有关主管部门出具的因特殊需要必须连续作业的证明。

【问题】
(1) 本案中，施工单位的夜间施工作业行为是否合法？
(2) 对本案中施工单位夜间施工作业的行为应如何处理？

【分析】
(1) 本案中，施工单位夜间施工作业的行为构成了环境噪声污染违法行为。《环境噪声污染防治法》第三十条规定："在城市市区噪声敏感建筑物集中区域内，禁止夜间进行产生环境噪声污染的建筑施工作业，但抢修、抢险作业和因生产工艺上要求或者特殊需要必须连续作业的除外。因特殊需要必须连续作业的，必须有县级以上人民政府或者其有关主管部门的证明。前款规定的夜间作业，必须公告附近居民。"经执法人员核实，该施工单位夜间作业既不属于抢修、抢险作业，也不属于因生产工艺上要求必须进行的连续作业，并且没有有关主管部门出具的因特殊需要必须连续作业的证明。

另外，《环境噪声污染防治法》第二十八条规定："在城市市区范围内向周围生活环境排放建筑施工噪声的，应当符合国家规定的建筑施工场界环境噪声排放标准。"经执法人员检测，施工场界噪声为72.4dB，超过了《建筑施工场界环境噪声排放标准》（GB 12523—2011）关于夜间噪声限制55dB的标准。

(2) 依据《环境噪声污染防治法》第五十六条规定："在城市市区噪声敏感建筑物集中区域内，夜间进行禁止进行的产生环境噪声污染的建筑施工作业的，由工程所在地县级以上地方人民政府环境保护行政主管部门责令改正，可以并处罚款。"据此，应由该市环境保护行政主管部门依法对该施工单位责令改正，可以并处罚款。

10.2.3 施工现场废气污染防治

1. 建设项目大气污染的防治

《大气污染防治法》规定，新建、扩建、改建向大气排放污染物的项目，必须遵守国家有关建设项目环境保护管理的规定。

建设项目的环境影响报告书，必须对建设项目可能产生的大气污染和对生态环境的影响做出评价，规定防治措施，并按照规定的程序报环境保护行政主管部门审查批准。

建设项目投入生产或者使用之前，其大气污染防治设施必须经过环境保护行政主管部门验收，达不到国家有关建设项目环境保护管理规定的要求的建设项目，不得投入生产或者使用。

2. 施工现场大气污染的防治

《大气污染防治法》规定，城市人民政府应当采取绿化责任制、加强建设施工管理、扩大地面铺装面积、控制渣土堆放和清洁运输等措施，提高人均占有绿地面积，减少市区裸露地面和地面尘土，防治城市扬尘污染。

在城市市区进行建设施工或者从事其他产生扬尘污染活动的单位，必须按照当地环境保护的规定，采取防治扬尘污染的措施。运输、装卸、储存能够散发有毒有害气体或者粉尘物质的，必须采取密闭措施或者其他防护措施。

在人口集中地区存放煤炭、煤矸石、煤渣、煤灰、砂石、灰土等物料，必须采取防燃、防尘措施，防止污染大气。严格限制向大气排放含有毒物质的废气和粉尘；确需排放的，必须经过净化处理，不超过规定的排放标准。

施工现场大气污染的防治，重点是防治扬尘污染。对于扬尘控制，原建设部《绿色施工导则》有关规定如下：

1) 运送土方、垃圾、设备及建筑材料等，不污损场外道路。运输容易散落、飞扬、流漏的物料的车辆，必须采取措施封闭严密，保证车辆清洁。施工现场出口应设置洗车槽。

2) 土方作业阶段，采取洒水、覆盖等措施，达到作业区目测扬尘高度小于1.5m，不扩散到场区外。

3) 结构施工、安装装饰装修阶段，作业区目测扬尘高度小于0.5m。对易产生扬尘的堆放材料应采取覆盖措施；对粉末状材料应封闭存放；场区内可能引起扬尘的材料及建筑垃圾搬运应有降尘措施，如覆盖、洒水等；浇筑混凝土前清理灰尘和垃圾时尽量使用吸尘器，避免使用吹风器等易产生扬尘的设备；机械剔凿作业时可用局部遮挡、掩盖、水淋等防护措施；高层或多层建筑清理垃圾应搭设封闭性临时专用道或采用容器吊运。

4) 施工现场非作业区达到目测无扬尘的要求。对现场易飞扬物质采取有效措施，如洒水、围挡、密网覆盖、封闭等，防止扬尘产生。

5) 构筑物机械拆除前，做好扬尘控制计划。可采取清理积尘、拆除体洒水、设置隔挡等措施。

6) 构筑物爆破拆除前，做好扬尘控制计划。可采用清理积尘、淋湿地面、预湿墙体、屋面敷水袋、楼面蓄水、建筑外设高压喷雾状水系统、搭设防尘排栅和直升机投水弹等综合降尘。选择风力小的天气进行爆破作业。

7) 在场界四周隔挡高度位置测得的大气总悬浮颗粒物月平均浓度与城市背景值的差值不大于 $0.08\ mg/m^3$。

3. 对向大气排放污染物单位的监管

《大气污染防治法》规定，向大气排放污染物的单位，必须按照国务院环境保护行政主管部门的规定向所在地的环境保护行政主管部门申报拥有的污染物排放设施、处理设施和在正常作业条件下排放污染物的种类、数量、浓度，并提供防治大气污染方面的有关技术资料。排污单位排放大气污染物的种类、数量、浓度有重大改变的，应当及时申报；其大气污染物处理设施必须保持正常使用，拆除或者闲置大气污染物处理设施的，必须事先报经所在地的县级以上地方人民政府环境保护行政主管部门批准。

向大气排放污染物的，其污染物排放浓度不得超过国家和地方规定的排放标准。在人口集中地区和其他依法需要特殊保护的区域内，禁止焚烧沥青、油毡、橡胶、塑料、皮革、垃圾以及其他产生有毒有害烟尘和恶臭气体的物质。

10.2.4 水污染的防治

《水污染防治法》规定，水污染防治应当坚持预防为主、防治结合、综合治理的原则，优先保护饮用水水源，严格控制工业污染、城镇生活污染，防治农业面源污染，积极推进生态治理工程建设，预防、控制和减少水环境污染和生态破坏。

水污染，是指水体因某种物质的介入而导致其化学、物理、生物或者放射性等方面特性的改变，从而影响水的有效利用，危害人体健康或者破坏生态环境，造成水质恶化的现象。

水污染防治包括江河、湖泊、运河、渠道、水库等地表水体以及地下水体的污染防治。

1. 建设项目水污染的防治

《水污染防治法》规定，新建、改建、扩建直接或者间接向水体排放污染物的建设项目和其他水上设施，应当依法进行环境影响评价。

建设单位在江河、湖泊新建、改建、扩建排污口的，应当取得水行政主管部门或者流域管理机构同意；涉及通航、渔业水域的，环境保护主管部门在审批环境影响评价文件时，应当征求交通、渔业主管部门的意见。

建设项目的水污染防治设施，应当与主体工程同时设计、同时施工、同时投入使用。水污染防治设施应当经过环境保护主管部门验收，验收不合格的，该建设项目不得投入生产或者使用。

禁止在饮用水水源一级保护区内新建、改建、扩建与供水设施和保护水源无关的建设项目；已建成的与供水设施和保护水源无关的建设项目，由县级以上人民政府责令拆除或者关闭。禁止在饮用水水源二级保护区内新建、改建、扩建排放污染物的建设项目；已建成的排放污染物的建设项目，由县级以上人民政府责令拆除或者关闭。

禁止在饮用水水源准保护区内新建、扩建对水体污染严重的建设项目；改建建设项目，不得增加排污量。

2. 施工现场水污染的防治

《水污染防治法》规定，排放水污染物，不得超过国家或者地方规定的水污染物排放标准和重点水污染物排放总量控制指标。

直接或者间接向水体排放污染物的企业事业单位和个体工商户，应当按照国务院环境保护主管部门的规定，向县级以上地方人民政府环境保护主管部门申报登记拥有的水污染物排放设施、处理设施和在正常作业条件下排放水污染物的种类、数量和浓度，并提供防治水污染方面的有关技术资料。

禁止向水体排放油类、酸液、碱液或者剧毒废液。禁止在水体清洗装储过油类或者有毒污染物的车辆和容器。禁止向水体排放、倾倒放射性固体废物或者含有高放射性和中放射性物质的废水。向水体排放含低放射性物质的废水，应当符合国家有关放射性污染防治的规定和标准。

禁止向水体排放、倾倒工业废渣、城镇垃圾和其他废弃物。禁止将含有汞、镉、砷、铬、铅、氰化物、黄磷等的可溶性剧毒废渣向水体排放、倾倒或者直接埋入地下。存放可溶性剧毒废渣的场所，应当采取防水、防渗漏、防流失的措施。禁止在江河、湖泊、运河、渠道、水库最高水位线以下的滩地和岸坡堆放、存储固体废弃物和其他污染物。

在饮用水水源保护区内，禁止设置排污口。在风景名胜区水体、重要渔业水体和其他具有特殊经济文化价值的水体的保护区内，不得新建排污口。在保护区附近新建排污口，应当保证保护区水体不受污染。

禁止利用渗井、渗坑、裂隙和溶洞排放、倾倒含有毒污染物的废水、含病原体的污水和其他废弃物。禁止利用无防渗措施的沟渠、坑塘等输送或者存储含有毒污染物的废水、含病原体的污水和其他废弃物。

兴建地下工程设施或者进行地下勘探、采矿等活动，应当采取防护性措施，防止地下水污染。人工回灌补给地下水，不得恶化地下水质。

《绿色施工导则》进一步规定水污染控制：

1）施工现场污水排放应达到《污水综合排放标准》（GB 8978—1996）的要求。
2）在施工现场应针对不同的污水设置相应的处理设施，如沉淀池、隔油池、化粪池等。
3）污水排放应委托有资质的单位进行废水水质检测，提供相应的污水检测报告。
4）保护地下水环境。采用隔水性能好的边坡支护技术。在缺水地区或地下水位持续下降的地区，基坑降水尽可能少地抽取地下水；当基坑开挖抽水量大于 50 万 m³时应进行地下水回灌，并避免地下水被污染。
5）对于化学品等有毒材料、油料的储存地，应有严格的隔水层设计，做好渗漏液收集和处理。

3. 发生事故或者其他突发性事件的规定

《水污染防治法》规定，企业事业单位发生事故或者其他突发性事件，造成或者可能造成水污染事故的，应当立即启动本单位的应急方案，采取应急措施，并向事故发生地的县级以上地方人民政府或者环境保护主管部门报告。

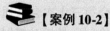

【案例10-2】

2004 年 12 月 7 日，某市环保局执法人员巡查发现某路段有大面积的积水，便及时上报该局。不久，市政部门派人来疏通管道，从管道中清出大量的泥沙、水泥块，还发现井口内有一个非市政部门设置的排水口，其方向紧靠某工地一侧。经执法人员调查确认，该工地的排水管道于 2003 年 1 月份打桩时铺设，工地内设有沉淀池，施工废水通过沉淀后排放到工地外，工地的排污口是通向该路段一侧的雨水井，但未办理任何审批手续。

【问题】

（1）本案中，施工单位向道路雨水井排放施工废水的行为是否构成水污染违法行为？
（2）施工单位向道路雨水井排放施工废水的行为应受到何种处罚？

【分析】

（1）施工单位向道路雨水井排放施工废水的行为构成了水污染违法行为。《水污染防治法》第二十一条规定，"直接或者间接向水体排放污染物的企业事业单位和个体工商户，应当按照国务院环境保护主管部门的规定，向县级以上地方人民政府环境保护主管部门申报登记拥有的水污染物排放设施、处理设施和在正常作业条件下排放水污染物的种类、数量和浓度,并提供防治水污染方面的有关技术资料。企业事业单位和个体工商户排放水污染物的种类、数量和浓度有重大改变的,应当及时申报登记;其水污染物处理设施应当保持正常使用;拆除或者闲置水污染物处理设施的,应当事先报县级以上地方人民政府环境保护主管部门批准。"本案中的施工单位,没有依法申报登记水污染物的情况和提供防治水污染方面的有关技术资料。

《水污染防治法》规定,"向水体排放污染物的企业事业单位和个体工商户,应当按照法律、行政法规和国务院环境保护主管部门的规定设置排污口;在江河、湖泊设置排污口的,还应当遵守国务院水行政主管部门的规定。禁止私设暗管或者采取其他规避监管的方式排放水污染物。"本案中的施工单位私自设置排水口排放水污染物,没有办理相应的审批手续。

《水污染防治法》规定,"禁止向水体排放、倾倒工业废渣、城镇垃圾和其他废弃物。"本案中的施工单位虽然设置了沉淀池,但其向雨水井中排放的施工废水含有大量的泥沙、水泥块等废弃物。

(2) 依据《水污染防治法》的规定,市环保局应当责令该施工单位限期改正,限期拆除私自设置的排污口,并可对该施工单位处2万元以上10万元以下的罚款;逾期不拆除的,强制拆除,所需费用由违法者承担,处10万元以上50万元以下的罚款。

10.3 建设项目环境保护的其他法律制度

10.3.1 环境影响评价法律制度

《建设项目环境保护管理条例》1998年11月18日国务院第十次常务会议通过,本条例于2017年修订。《环境影响评价法》2002年10月28日第九届全国人大常委会第三十次会议通过,以法律形式确立环境影响评价制度。本法于2018年修正。环境影响评价制度是指对规划和建设项目实施后可能造成的环境影响进行分析、预测和评估,提出预防或者减轻不良环境影响的对策和措施,进行跟踪监测的方法与制度。

1. 建设项目对环境影响评价分级管理

国家根据建设项目对环境影响程度,按照下列规定对建设项目的环境保护实行分类管理:

1) 建设项目对环境可能造成重大影响的,应当编制建设项目环境影响报告书,对建设项目产生的污染和对环境的影响进行全面、详细的评价。

2) 建设项目对环境可能造成轻度影响的,应当编制环境影响报告表,对建设项目产生的污染和对环境的影响进行分析或者专项评价。

3) 项目对环境影响很小,不需要进行环境影响评价的,应当填报环境影响登记表。

2. 建设项目环境影响报告书的内容

建设项目环境影响报告书应当包括下列内容:

1) 建设项目概况。

2) 建设项目周围环境现状。

3）建设项目对环境可能造成影响的分析和预测。
4）环境保护措施及其经济、技术论证。
5）环境影响经济损益分析。
6）对建设项目实施环境监测的建议。
7）环境影响评价结论。

涉及水土保持的建设项目，还必须有经水行政主管部门审查同意的水土保持方案。

3. 建设项目环境影响评价文件的审批及管理

环境保护行政主管部门审批环境影响报告书、环境影响报告表，应当重点审查建设项目的环境可行性、环境影响分析预测评估的可靠性、环境保护措施的有效性、环境影响评价结论的科学性等，并分别自收到环境影响报告书之日起 60 日内、收到环境影响报告表之日起 30 日内，做出审批决定并书面通知建设单位。

建设项目环境影响报告书、环境影响报告表经批准后，建设项目的性质、规模、地点、采用的生产工艺或者防治污染、防止生态破坏的措施发生重大变动的，建设单位应当重新报批建设项目环境影响报告书、环境影响报告表。

建设项目环境影响报告书、环境影响报告表自批准之日起满 5 年，建设项目方开工建设的，其建设项目环境影响报告书、环境影响报告表应当报原审批机关重新审核。原审批机关应当自收到建设项目环境影响报告书、环境影响报告表之日起 10 日内，将审核意见书面通知建设单位。逾期未通知的，视为审核同意。

依法应当编制环境影响报告书、环境影响报告表的建设项目，建设单位应当在开工建设前将环境影响报告书、环境影响报告表报有审批权的环境保护行政主管部门审批；建设项目的环境影响评价文件未依法经审批部门审查或者审查后未予批准的，建设单位不得开工建设。

环境保护行政主管部门应当对建设项目投入生产或者使用后所产生的环境影响进行跟踪检查，对造成严重环境污染或者生态破坏的，应当查清原因、查明责任。对属于为建设项目环境影响评价提供技术服务的机构编制不实的环境影响评价文件的，或属于审批部门工作人员失职、渎职，对依法不应批准的建设项目环境影响评价文件予以批准的，依法追究其法律责任。

10.3.2 "三同时"制度

建设项目需要配套建设的环境保护设施，必须与主体工程同时设施、同时施工、同时投产使用。《建设项目环境保护管理条例》对此具体规定：

1）建设项目的初步设计，应当按照环境保护设计规范的要求，编制环境保护篇章，落实防治环境污染和生态破坏的措施以及环境保护设施投资概算。

2）编制环境影响报告书、环境影响报告表的建设项目竣工后，建设单位应当按照国务院环境保护行政主管部门规定的标准和程序，对配套建设的环境保护设施进行验收，编制验收报告。

3）分期建设、分期投入生产或者使用的建设项目，其相应的环境保护设施应当分期验收。

4）编制环境影响报告书、环境影响报告表的建设项目，其配套建设的环境保护设施经验收合格，方可投入生产或者使用；未经验收或者验收不合格的，不得投入生产或者使用。

10.3.3 建设项目竣工环境保护验收

《建设项目竣工环境保护验收管理办法》由国家环保总局 2001 年 12 月 11 日发布，自 2002 年 2 月 1 日起施行。2010 年根据环境保护部第 16 号令修改。

建设项目竣工环境保护验收是指建设项目竣工后，环境保护行政主管部门依据环境保护验收监测或调查结果，并通过现场检查等手段，考核该建设项目是否达到环境保护要求的活动。

1. 建设项目竣工环境保护验收范围

1）与建设项目有关的各项环境保护设施，包括为防治污染和保护环境所建成或配备的工程、设备、装置和监测手段，各项生态保护设施。

2）环境影响报告书（表）或者环境影响登记表和有关项目设计文件规定应采取的其他各项环境保护措施。

国务院环境保护行政主管部门负责制定建设项目竣工环境保护验收管理规范，指导并监督地方人民政府环境保护行政主管部门的建设项目竣工环境保护验收工作，并负责对其审批的环境影响报告书（表）或者环境影响登记表的建设项目竣工环境保护验收工作。

县级以上地方人民政府环境保护行政主管部门按照环境影响报告书（表）或环境影响登记表的审批权限负责建设项目竣工环境保护验收。

环境保护行政主管部门应自接到试生产申请之日起 30 日内，组织或委托下一级环境保护行政主管部门对申请试生产的建设项目环境保护设施及其他环境保护措施的落实情况进行现场检查，并做出审查决定。

2. 建设项目竣工环境保护验收条件

1）建设前期环境保护审查、审批手续完备，技术资料与环境保护档案资料齐全。

2）环境保护设施及其他措施等已按批准的环境影响报告书（表）或者环境影响登记表和设计文件的要求建成或者落实，环境保护设施经负荷试车检测合格，其防治污染能力适应主体工程的需要。

3）环境保护设施安装质量符合国家和有关部门颁发的专业工程验收规范、规程和检验评定标准。

4）具备环境保护设施正常运转的条件，包括：经培训合格的操作人员、健全的岗位操作规程及相应的规章制度，原料、动力供应落实，符合交付使用的其他要求。

5）污染物排放符合环境影响报告书（表）或者环境影响登记表和设计文件中提出的标准及核定的污染物排放总量控制指标的要求。

6）各项生态保护措施按环境影响报告书（表）规定的要求落实，建设项目建设过程中受到破坏并可恢复的环境已按规定采取了恢复措施。

7）环境监测项目、点位、机构设置及人员配备，符合环境影响报告书（表）和有关规定的要求。

8）环境影响报告书（表）提出需对环境保护敏感点进行环境影响验证，对清洁生产进行指标考核，对施工期环境保护措施落实情况进行工程环境监理的，已按规定要求完成。

9）环境影响报告书（表）要求建设单位采取措施削减其他设施污染物排放，或要求建设项目所在地地方政府或者有关部门采取"区域削减"措施满足污染物排放总量控制要求的，其相应措施得到落实。

对符合上述规定的验收条件的建设项目，环境保护行政主管部门批准建设项目竣工环境保护验收申请报告、建设项目竣工环境保护验收申请表或建设项目竣工环境保护验收登记卡。

国家对建设项目竣工环境保护验收实行公告制度。环境保护行政主管部门应当定期向社会公告建设项目竣工环境保护验收结果。

3. 建设项目竣工环境保护验收组织

环境保护行政主管部门在进行建设项目竣工环境保护验收时，应组织建设项目所在地的环境保护行政主管部门和行业主管部门等成立验收组（或验收委员会）。验收组（或验收委员会）应对建设项目的环境保护设施及其他环境保护措施进行现场检查和审议，提出验收意见。

建设项目的建设单位、设计单位、施工单位、环境影响报告书（表）编制单位、环境保护验收监测（调查）报告（表）的编制单位应当参与验收。

4. 建设项目竣工环境保护验收应提交材料

建设单位申请建设项目竣工环境保护验收，应当向有审批权的环境保护行政主管部门提交以下验收材料：

1）对编制环境影响报告书的建设项目，为建设项目竣工环境保护验收申请报告，并附环境保护验收监测报告或调查报告。

2）对编制环境影响报告表的建设项目，为建设项目竣工环境保护验收申请表，并附环境保护验收监测表或调查表。

3）对填报环境影响登记表的建设项目，为建设项目竣工环境保护验收登记卡。

环境保护验收监测报告（表），由建设单位委托经环境保护行政主管部门批准有相应资质的环境监测站或环境放射性监测站编制。

环境保护验收调查报告（表），由建设单位委托经环境保护行政主管部门批准有相应资质的环境监测站或环境放射性监测站，或者具有相应资质的环境影响评价单位编制。承担该建设项目环境影响评价工作的单位不得同时承担该建设项目环境保护验收调查报告（表）的编制工作。

承担环境保护验收监测或者验收调查工作的单位，对验收监测或验收调查结论负责。

10.4 《环境保护法》规定的法律责任

1）企业事业单位和其他生产经营者违法排放污染物，受到罚款处罚，被责令改正，拒不改正的，依法做出处罚决定的行政机关可以自责令改正之日的次日起，按照原处罚数额按日连续处罚。前款规定的罚款处罚，依照有关法律法规按照防治污染设施的运行成本、违法行为造成的直接损失或者违法所得等因素确定的规定执行。

地方性法规可以根据环境保护的实际需要，增加上述规定的按日连续处罚的违法行为的种类。

2）企业事业单位和其他生产经营者超过污染物排放标准或者超过重点污染物排放总量控制指标排放污染物的，县级以上人民政府环境保护主管部门可以责令其采取限制生产、停产整治等措施；情节严重的，报经有批准权的人民政府批准，责令停业、关闭。

3）建设单位未依法提交建设项目环境影响评价文件或者环境影响评价文件未经批准，擅自开工建设的，由负有环境保护监督管理职责的部门责令停止建设，处以罚款，并可以责令恢复原状。

4）违反《环境保护法》规定，重点排污单位不公开或者不如实公开环境信息的，由县级以上地方人民政府环境保护主管部门责令公开，处以罚款，并予以公告。

5）企业事业单位和其他生产经营者有下列行为之一，尚不构成犯罪的，除依照有关法律法规规定予以处罚外，由县级以上人民政府环境保护主管部门或者其他有关部门将案件移送公安机关，对其直接负责的主管人员和其他直接责任人员，处10日以上15日以下拘留；情节较轻的，处5日以上10日以下拘留：

　　a. 建设项目未依法进行环境影响评价，被责令停止建设，拒不执行的。
　　b. 违反法律规定，未取得排污许可证排放污染物，被责令停止排污，拒不执行的。
　　c. 通过暗管、渗井、渗坑、灌注或者篡改、伪造监测数据，或者不正常运行防治污染设施等逃避监管的方式违法排放污染物的。
　　d. 生产、使用国家明令禁止生产、使用的农药，被责令改正，拒不改正的。

6）因污染环境和破坏生态造成损害的，应当依照我国《侵权责任法》的有关规定承担侵权责任。

7）环境影响评价机构、环境监测机构以及从事环境监测设备和防治污染设施维护、运营的机构，在有关环境服务活动中弄虚作假，对造成的环境污染和生态破坏负有责任的，除依照有关法律法规规定予以处罚外，还应当与造成环境污染和生态破坏的其他责任者承担连带责任。

8）提起环境损害赔偿诉讼的时效期间为三年，从当事人知道或者应当知道其受到损害时起计算。

9）上级人民政府及其环境保护主管部门应当加强对下级人民政府及其有关部门环境保护工作的监督。发现有关工作人员有违法行为，依法应当给予处分的，应当向其任免机关或者监察机关提出处分建议。

依法应当给予行政处罚，而有关环境保护主管部门不给予行政处罚的，上级人民政府环境保护主管部门可以直接做出行政处罚的决定。

10）地方各级人民政府、县级以上人民政府环境保护主管部门和其他负有环境保护监督管理职责的部门有下列行为之一的，对直接负责的主管人员和其他直接责任人员给予记过、记大过或者降级处分；造成严重后果的，给予撤职或者开除处分，其主要负责人应当引咎辞职：

　　a. 不符合行政许可条件准予行政许可的。
　　b. 对环境违法行为进行包庇的。
　　c. 依法应当做出责令停业、关闭的决定而未做出的。
　　d. 对超标排放污染物、采用逃避监管的方式排放污染物、造成环境事故以及不落实生态保护措施造成生态破坏等行为，发现或者接到举报未及时查处的。
　　e. 违反本法规定，查封、扣押企业事业单位和其他生产经营者的设施、设备的。
　　f. 篡改、伪造或者指使篡改、伪造监测数据的。
　　g. 应当依法公开环境信息而未公开的。
　　h. 将征收的排污费截留、挤占或者挪作他用的。

i. 法律法规规定的其他违法行为。

j. 违反本法规定，构成犯罪的，依法追究刑事责任。

【案例 10-3】

某化工厂是一家生产化学添加剂的企业。2004年，该厂通过了区环保局环境影响评估审批。在废水处理设施验收合格后，正式投入生产。2007年，该化工厂为了扩大生产规模、增加企业利润，在未向环保局申报的情况下扩建了加工精制 3-硝基、4-氨基苯酚（NAP）的工艺设备，但是，因原废水处理设施无法处理大量的新增废水，造成处理池废水外溢和直接排放，污染了附近的河道。区环保局接到举报后对化工厂进行了现场检查。但化工厂以保守技术秘密为由阻拦环保人员进入生产车间，并拒绝提供扩建工程的任何资料。经环保局对排污口污水排放进行监测，表明污染物排放严重超过规定的排放标准。

【问题】

请说明该化工厂的行为违反了我国哪些环境保护基本法律制度。

【分析】

（1）该化学厂违反了环境影响评价制度，即对可能影响环境的工程建设、开发活动和各项规划，预先进行调查、预测和评价，提出环境影响及防治方案的报告，经主管当局批准才能进行建设的环境保护法律制度。该厂扩建的加工精制 3-硝基、4-氨基苯酚（NAP）工艺设备属于对环境会产生影响的工程，应当按照法律规定，提出环境影响及防治方案的报告，经主管当局批准才能动工建设。

（2）该化学厂违反了"三同时"制度，即一切新建、改建和扩建的基本建设项目（包括小型建设项目）、技术改造项目、自然开发项目，以及可能对环境造成损害的其他工程，其中防治污染和其他公害的设施和其他环境保护设施，必须与主体工程同时设计、同时施工、同时投产。该化学厂扩建加工精制 3-硝基、4-氨基苯酚（NAP）的工艺设备，但是污染防治设施没有相应予以改造，违反了"三同时"制度。

（3）该化学厂违反了环境许可证制度。即凡是对环境有不良影响的各种规划、开发、建设项目、排污设施或经营活动，其建设者或经营者必须事先提出申请，经主管部门审查批准，颁发许可证后才可以从事该项活动的环境保护法律制度。该厂在扩建有关设备以前并在未向环保局申报，获得许可证。

【案例 10-4】

某化工总厂（甲厂）建于2018年1月。东临海滩，厂外是环乡河，有乙水产养殖场坐落于此（乙有几千亩鱼塘，是渔业养殖密集区）。甲厂建厂时按设计规划的要求，投资安装了废水处理装置，废水经处理后排入东海。设计中只允许有一个排污口往东海排污，连生活污水也不准排入内河。但甲厂在施工时却设置了三个排污口，一个排向东海，另外两个排向环乡河。农民丙承包了养殖场200亩鱼塘。养鱼用水除雨水外，全部从环乡河中抽取。2018年3月初，丙投入鱼苗1万多公斤，几天内发现鱼苗相继大量死亡，损失共计20万元。丙立即向环保局门报告，要求调查处理。环保部门在调查中发现，甲厂在环保设施没有验收的情况下，于2018年2月进行试生产，致使硝基苯车间每小时排出的100t冷却水中带有毒性物质硝基苯。经测定，环乡河及某丙承包的鱼塘中，硝基苯含量超过渔业标准5~7倍。调查过程中,3月中旬甲厂又发生硝基苯物溢漏流入地沟事故,最终也排入环乡河。事故发生后,甲厂即通知乙水产养殖场停止抽水,丙的鱼塘因得不到及时供水又造成大量鱼死亡泛塘,损失共计15万元。对此,环保部门做出决定,对甲厂罚款5000元,并要求甲厂赔偿丙的全部损失共35万元。甲厂不服,理由是:①排入环乡河的是冷却水,仅含少量硝基苯,没有超过排放标准,某丙的鱼苗死亡是其经营不善造成的;②甲厂只对溢漏事故造成的15万元损失承担责任。因事故发生后已及时通知了渔场,所以应只承担部分赔偿责任。

【问题】

(1) 甲厂的理由成立吗?为什么?丙的35万元损失应由谁承担?为什么?

(2) 本案中甲厂的行为有哪些是违反环境法的?应分别承担什么法律责任?

(3) 从预防为主的环境法律要求看,本案有哪些不合法之处?找出其责任主体,并简要说明。

【分析】

(1) 甲厂的理由不成立。因为甲厂排污污染了环乡河和某丙的鱼塘,造成鱼的死亡,根据无过错责任原则,即使合法排污也要承担民事责任。事故发生后及时通知是排污者的义务,不构成减免责任的条件。所以丙前后损失的35万元应当全部由甲厂承担,赔偿全部损失。

(2) 本案中甲厂有以下违法行为:

1) 擅自改变设计,将废水直接排入内河,造成渔业水体污染,使用环保设施未达到国家规定要求,违反了环境影响评价制度项目建成未经环保部门验收即投入生产,违反了"三同时"制度。

2) 没有采取措施防治生产中产生的废水,造成有毒有害物质污染,事故发生后也未采取应急措施进行处理。

3) 排污行为造成水体污染和财产损失是一种民事侵权行为。

(3) 从预防为主的环境法律要求看,甲厂设在渔业养殖密集区,规划选址是不合法的。法律规定,渔业水体等重要用水保护区不得新建排污口。责任主体包括:审批环境影响报告书并负有监督检查职责的环保部门,未执行设计方案及未采取防治措施的建设单位(甲厂),上级主管部门及其主管领导人。

本章习题

一、单选题

1. 某施工单位在城市市区内进行夜间施工影响周围居民休息,市环保部门接到投诉后对施工现场噪声进行测量,确认场界噪声为58dB(A)。则环保部门的正确做法应是( )。

A. 向周围居民解释后可继续施工 B. 要求办理手续后继续施工
C. 要求施工单位增加补偿费 D. 责令立即停止施工

2. 某建筑工程在城市住宅区内,主体结构施工阶段建筑公司拟进行混凝土浇筑,使用的机械设备可能产生噪声污染,建筑公司必须在浇筑施工( )日以前向工程所在地县级以上地方人民政府环境保护行政主管部门申报该工程的相关情况。

A. 3　　　　　　　B. 5　　　　　　　C. 10　　　　　　　D. 15

3. 下列不属于《环境噪声污染防治法》规定的在城市市区噪声敏感建筑物集中区域内，禁止夜间产生环境噪声污染的施工行为是(　　)。

A. 在业主支付赶工费情况下施工　　　B. 征得周围居民同意后施工
C. 城市供水主管线断裂修复施工　　　D. 混凝土需要连续浇筑的施工

4. 某工厂向附近一小河排放工业污水，已取得排污许可证，并向环保行政部门交纳排污费。某日，厂技术人员赵某错误操作，致使一次排出污水中的有害化学物质含量超标。以下是对随后发生的各种事件的责任判断，哪个是正确的？(　　)。

A. 附近某村甲因自己看管不严，其养的牛越过围栏河边饮此水而亡，该厂不承担赔偿责任
B. 数日后，该河段水质渐趋恢复正常，附近某村民乙的一条牛因饮水后患病，致失去耕作能力，该厂须承担赔偿责任
C. 该厂将污染的河水流入村民某丙承包的农田，造成秧苗损失2000元，丙欲起诉，应将该厂与赵某列为共同被告
D. 该厂超标排污致附近丁村农作物大面积死亡，由此只发生民事赔偿责任而不发生刑事责任

5. 直接体现预防为主原则的环境法基本制度是(　　)。

A. 排污收费制度　　　　　　　　B. 限期治理制度
C. "三同时"制度　　　　　　　　D. 环境事故报告制度

6. 根据环境质量影响评价制度，大中型开发建设项目必须编制(　　)。

A. 环境影响报告书　　　　　　　B. 环境影响报告表
C. 环境保护方案　　　　　　　　D. 环境污染防治方案

7. 征收排污费的对象包括(　　)。

A. 一切开发建设项目　　　　　　B. 一切对环境有影响的开发建设项目
C. 一切排放污染物的企事业单位　　D. 一切超标排污的企事业单位

二、多选题

1. 在市区施工产生环境噪声污染的下列情形中，可以在夜间进行施工作业而不需要有关主管部门证明的是(　　)。

A. 混凝土连续浇筑
B. 特殊需要必须连续作业
C. 自来水管道爆裂抢修
D. 由于施工单位计划向国庆献礼而抢进度的施工
E. 路面塌陷抢修

2. 单位因排放污水而致附近十余户农户的庄稼遭受损失。下列有关表述中哪些是错误的？(　　)

A. 若该单位能证明其污水排放标准是符合有关排污标准规定的，则该单位不承担民事责任

B. 若该单位能证明主观上确无任何过失，则不承担民事责任
C. 若造成财产的重大损失，可对直接责任人员追究刑事责任
D. 受害农户提请损害赔偿的诉讼时效期间为 2 年，自其知道受到污染损害时起计算

3. 根据我国有关法律的规定，环境影响评价按建设项目环境影响评价的深度分为(　　)。

　　A. 环境影响报告书　　　　　　　　B. 环境影响报告表
　　C. 环境状况公报　　　　　　　　　D. 环境保护规划

4. 存放可溶性剧毒废渣的场所，必须采取(　　)措施。

　　A. 防水　　　　B. 防渗漏　　　　C. 防污染
　　D. 防废气　　　E. 防流失

5. 正常作业条件下，间接向水体排放污染物的企业事业单位应当申报登记的内容包括(　　)。

　　A. 拥有的污染物排放设施　　　　　B. 污染物排放处理措施
　　C. 排放污染物的种类　　　　　　　D. 排放污染物的质量
　　E. 排放污染物的浓度

第11章 工程建设其他相关法律制度

1.1 土地管理法

为了加强土地管理，维护土地的社会主义公有制，保护、开发土地资源，合理利用土地，切实保护耕地，促进社会、经济的可持续发展，1986年6月25日，全国人大常委会通过了《中华人民共和国土地管理法》（简称《土地管理法》），并在1988年、1998年和2004年进行了三次修改，2019年8月26日第十三届全国人大常委会第十二次会议通过对《中华人民共和国土地管理法》做出修改，自2020年1月1日起施行。1998年国务院还发布了《土地管理法实施条例》《基本农田保护条例》等配套法规。

11.1.1 我国土地所有法律制度

我国的土地所有权分为国家所有土地和集体所有土地两种。

国家所有土地包括：城市市区的土地；农村和城市郊区被国家依法没收、征收、征购的土地；国家依法征用的集体所有的土地；依法不属于集体所有的林地、草地、荒地、滩涂及其他土地；农村集体经济组织全部成员转为城镇居民的，原属于其成员集体所有的土地；因国家组织移民、自然灾害等原因，农民成建制的集体迁移后，不再使用的原属于迁移农民集体所有的土地。

国家土地所有权的主体由《宪法》规定，国家土地所有权由国务院代表国家行使，国务院可以通过制定行政法规或发布行政命令授权地方人民政府或其职能部门行使国家土地所有权。

集体所有土地包括农村和城市郊区的土地，除由法律规定属于国家所有的以外，集体土地所有权是以符合法律规定的农村集体经济组织的农民集体为所有权人，对归其所有的土地所享有的受法律限制的支配性权利。集体土地所有权的主体及其代表有三个层次：

1）农民集体所有的土地依法属于村农民集体所有的，由村集体经济组织或者村民委员会经营、管理。

2）已经分别属于村内两个以上农村集体经济组织的农民集体所有的，由村内各该农村集体经济组织或者村民小组经营、管理。

3）已经属于乡（镇）农民集体所有的，由乡（镇）农村集体经济组织经营、管理。

单位和个人依法使用的国有土地，由县级以上人民政府登记造册，核发证书，确认使用权；其中，中央国家机关使用的国有土地的具体登记发证机关，由国务院确定。

11.1.2 土地流转和使用制度

1. 国家对集体所有土地的征用

征用土地是指国家为公共利益的需要，依法将原来属于集体所有的土地，转为国有土地的过程。国家征用权，是国家固有、强制将一切产业用于公共目的的权力，是主权国家固有的权力。国家在行使这一权力时，通常予以合理的补偿。在我国，征用土地权，是指国家为公共利益的需要，依法将农民集体所有的土地征为国家所有。

（1）征地批准权限　征收下列土地的，由国务院批准：

1）永久基本农田。

2）永久基本农田以外的耕地超过35公顷的。

3）其他土地超过70公顷的。

征收上述规定以外的土地的，由省、自治区、直辖市人民政府批准。

征收农用地的，应当先行办理农用地转用审批。其中，经国务院批准农用地转用的，同时办理征地审批手续，不再另行办理征地审批；经省、自治区、直辖市人民政府在征地批准权限内批准农用地转用的，同时办理征地审批手续，不再另行办理征地审批，超过其征地批准权限的，应当另行办理征地审批。

（2）征用程序

1）公告拟征用方案。县级以上地方人民政府拟申请征收土地的，应当开展拟征收土地现状调查和社会稳定风险评估，并将征收范围、土地现状、征收目的、补偿标准、安置方式和社会保障等在拟征收土地所在的乡（镇）和村、村民小组范围内公告至少30日，听取被征地的农村集体经济组织及其成员、村民委员会和其他利害关系人的意见。

2）必要时召开听证会。多数被征地的农村集体经济组织成员认为征地补偿安置方案不符合法律、法规规定的，县级以上地方人民政府应当组织召开听证会，并根据法律、法规的规定和听证会情况修改方案。

3）办理补偿登记。拟征收土地的所有权人、使用权人应当在公告规定期限内，持不动产权属证明材料办理补偿登记。县级以上地方人民政府应当组织有关部门测算并落实有关费用，保证足额到位，与拟征收土地的所有权人、使用权人就补偿、安置等签订协议；个别确实难以达成协议的，应当在申请征收土地时如实说明。

4）申请征收土地。相关前期工作完成后，县级以上地方人民政府方可申请征收土地。

征收土地应当给予公平、合理的补偿，保障被征地农民原有生活水平不降低、长远生计有保障。征收土地应当依法及时足额支付土地补偿费、安置补助费以及农村村民住宅、其他地上附着物和青苗等的补偿费用，并安排被征地农民的社会保障费用。

征收农用地的土地补偿费、安置补助费标准由省、自治区、直辖市通过制定公布区片综合地价确定。制定区片综合地价应当综合考虑土地原用途、土地资源条件、土地产值、土地区位、土地供求关系、人口以及经济社会发展水平等因素，并至少每三年调整或者重新公布一次。征收农用地以外的其他土地、地上附着物和青苗等的补偿标准，由省、自治区、直辖市制定。

《土地管理法实施条例》规定，土地补偿费归农村集体经济组织所有，地上附着物及青苗补偿费归地上附着物及青苗的所有者所有。

5) 交付被征收土地。征收土地的各项费用应当自征地补偿、安置方案批准之日起 3 个月内全额支付。被征地的土地所有权和使用权人应当自征地各项费用付清之日起 30 日内交付被征用的土地。对于征收农民承包的土地的，应当依法办理土地承包合同变更或解除手续。

2. 土地使用制度

（1）土地转让制度　《土地管理法》规定："任何单位和个人不得侵占、买卖或者以其他形式非法转让土地。土地使用权可以依法转让。"

（2）国有土地有偿使用制度　国有土地有偿使用，是指国家作为土地所有者通过有偿的方式向单位和个人提供土地使用权的行为。目前，国有土地有偿使用的形式包括三种：国有土地使用权出让；国有土地租赁；国有土地使用权作价入股，可以依法转让、出租和抵押。

（3）土地用途管制制度　土地用途管制，是指国家为保证土地资源的合理利用，经济、社会和环境的协调发展，通过编制土地利用规划划定土地利用区，确定土地使用限制条件，土地的所有者、使用者必须严格按照国家确定的用途利用土地，违者将受到严厉处罚的制度。国家编制土地利用总体规划，划定土地用途，将土地分为农用地、建设用地和未利用地，严格限制农用地转为建设用地，控制建设用地总量，对耕地实行特殊保护。农用地是指直接用于农业生产的土地，包括耕地、林地、草地、农田水利用地、养殖水面等；建设用地是指建造建筑物、构筑物的土地、包括城乡住宅和公共设施用地、工矿用地、交通水利设施用地、旅游用地、军事设施用地等；未利用地是指农用地和建设用地以外的土地。使用土地的单位和个人必须严格按照土地利用总体规划确定的用途使用土地。

（4）土地使用权　具体包括：

1) 国有土地使用权。《土地管理法》规定，国有土地可以依法出让、划拨给单位或者个人使用，单位或者个人依法取得国有土地使用权，在法律规定的范围和限度内行使其使用权。

2) 集体土地使用权。《土地管理法》规定，集体土地使用权可以确定给个人使用，同时，也可以确定给单位使用。这一规定使我国农村普遍存在的乡镇企业使用集体所有土地的现象在法律上得到了认可，为乡镇企业的进一步发展和农村经济的振兴提供了法律保障。

11.1.3　建设用地

建设用地是指建造建筑物、构筑物的土地，建设用地按其使用土地性质的不同，可分为农业建设用地和非农业建设用地；按其土地权属、建设内容不同，又分为国家建设用地、乡（镇）建设用地、外商投资企业用地和其他建设用地。建设用地供应，分为存量和增量两部分。增量部分，主要通过农地转为建设用地的供应，即所谓"一级市场"；存量部分即通过现有土地使用者之间的交易的供应，即所谓"二级市场"。

1. 国有建设用地使用权的取得

（1）农用地转为建设用地的审批

1) 永久基本农田转为建设用地的，由国务院审批。

2) 在土地利用总体规划确定的城市和村庄、集镇建设用地规模范围内，为实施该规划而将农用地转为建设用地的，按土地利用年度计划分批次由原批准土地利用总体规划的机关批准。在已批准的农用地转用范围内，具体建设项目用地可以由市、县人民政府批准。

3）上述两种情形以外的建设项目占用土地，涉及农用地转为建设用地的，由省、自治区、直辖市人民政府批准。

（2）有偿使用国有土地及划拨使用

1）使用国有土地原则上以有偿使用方式取得。《土地管理法》规定："建设单位使用国有土地，应当以出让等有偿使用方式取得。"土地有偿使用方式，包括土地使用权的出让，也包括租赁制等。

2）适用划拨使用国有土地的条件。土地使用权划拨，是指县级以上人民政府依法批准，在土地使用者缴纳补偿、安置等费用后将该幅土地交付其使用，或者将土地使用权无偿交付给土地使用者使用的行为。下列建设用地，经县级以上人民政府依法批准，可以以划拨方式取得：①国家机关用地和军事用地；②城市基础设施用地和公益事业用地；③国家重点扶持的能源、交通、水利等基础设施用地；④法律、行政法规规定的其他用地。

（3）土地收益的缴纳和使用　《土地管理法》规定："以出让等有偿使用方式取得国有土地使用权的建设单位，按照国务院规定的标准和办法，缴纳土地使用权出让金等土地有偿使用费和其他费用后，方可使用土地。自本法施行之日起，新增建设用地的土地有偿使用费，30%上缴中央财政，70%留给有关地方人民政府。"

（4）其他　建设单位使用国有土地的，应当按照土地使用权出让等有偿使用合同的约定或者土地使用权划拨批准文件的规定使用土地；确需改变该幅土地建设用途的，应当经有关人民政府土地行政主管部门同意，报原批准用地的人民政府批准。其中，在城市规划区内改变土地用途的，在报批前，应当先经有关城市规划行政主管部门同意。

2. 乡（镇）村建设用地

乡（镇）村建设用地是指兴办乡镇企业、村民建设住宅或者进行乡（镇）村公共设施和公益事业建设所需要的农民集体所有土地。包括原有的农村集体土地中的建设用地、经依法办理了农用地转用手续的农用地。申请乡（镇）村建设用地，应按《土地管理法》的有关规定办理审批手续。农村村民一户只能拥有一处宅基地，农村村民出卖、出租住房后，再申请宅基地的，不予批准。

土地利用总体规划、城乡规划确定为工业、商业等经营性用途，并经依法登记的集体经营性建设用地，土地所有权人可以通过出让、出租等方式交由单位或者个人使用，并应当签订书面合同，载明土地界址、面积、动工期限、使用期限、土地用途、规划条件和双方其他权利义务。

通过出让等方式取得的集体经营性建设用地使用权可以转让、互换、出资、赠与或者抵押，但法律、行政法规另有规定或者土地所有权人、土地使用权人签订的书面合同另有约定的除外。

集体经营性建设用地的出租，集体建设用地使用权的出让及其最高年限、转让、互换、出资、赠与、抵押等，参照同类用途的国有建设用地执行。具体办法由国务院制定。

3. 临时建设用地

临时建设用地是指在建设项目施工和地质勘察中需要暂时使用，使用完毕后即恢复土地原状，归还给土地所有人或者使用人的土地。临时用地既包括使用国有土地，也包括使用集体所有的土地。

临时使用土地，一是要经过县级以上人民政府的土地行政主管部门的批准；二是临时使用人要根据土地权属，与土地行政主管部门或者农村集体经济组织、村民委员会签订临时使用土地的合同，并按照合同的约定支付临时使用土地的土地补偿费。

对任何一块临时用地，用地单位都只有临时的使用权，而没有长期的使用权。因此，临时使用土地的使用者，应当按照临时使用土地的合同的约定用途使用土地，并不得修建永久性建筑物。

临时使用土地的期限一般不超过2年。

11.1.4 国有土地使用权的收回

1. 国有土地使用权收回

国有土地使用权收回，是指政府依法收回用地单位和个人国有土地使用权的行为。根据《土地管理法》的规定，对于下列五种情形之一的，由有关人民政府自然资源主管部门报经原批准用地的人民政府或者有批准权的人民政府批准，可以收回国有土地使用权：

1）为实施城市规划进行旧城区改建以及其他公共利益需要，确需使用土地的。
2）土地出让等有偿使用合同约定的土地使用期限届满，土地使用者未申请续期或者申请续期未获批准的。
3）因单位撤销、迁移等原因，停止使用原划拨的国有土地的。
4）公路、铁路、机场、矿场等经核准报废的。

对以上第1）种情形下收回国有土地使用权的，对土地使用人应当给予适当的补偿。

2. 因土地使用者不履行土地使用权出让合同而收回土地使用权

土地使用者不履行土地使用权出让合同而收回土地使用权有两种情况：一是未如期支付地价款的，在签约时应缴地价款的一定比例作为定金，60日内应支付全部地价款，逾期未全部支付地价款的，出让方依照法律和合同约定，收回土地使用权并不退定金；二是土地使用者未按合同约定的期限和条件开发和利用土地，由县以上人民政府土地管理部门予以纠正，并根据情节可以给予警告、罚款，直至无偿收回土地使用权，这是对不履行合同的义务人采取的无条件取消其土地使用权的处罚形式。

3. 司法机关决定收回土地使用权

土地使用者触犯国家法律，不能继续履行合同或司法机关决定没收其全部财产，收回土地使用权。

11.1.5 集体土地使用权的收回

《土地管理法》规定，有下列情形之一的，农村集体经济组织经原批准用地的人民政府批准，可以收回土地使用权：

1）不按照批准的用途使用土地的。
2）因撤销、迁移等原因而停止使用土地的。
3）为乡（镇）村公共设施和公益事业建设，需要使用土地的。但是，在此种情形下收回农民集体所有的土地的，对土地使用权人应当给予适当补偿。

11.1.6 法律责任

1) 买卖或者以其他形式非法转让土地的,由县级以上人民政府自然资源主管部门没收违法所得;对违反土地利用总体规划擅自将农用地改为建设用地的,限期拆除在非法转让的土地上新建的建筑物和其他设施,恢复土地原状,对符合土地利用总体规划的,没收在非法转让的土地上新建的建筑物和其他设施;可以并处罚款;对直接负责的主管人员和其他直接责任人员,依法给予处分;构成犯罪的,依法追究刑事责任。

2) 违反《土地管理法》规定,占用耕地建窑、建坟或者擅自在耕地上建房、挖砂、采石、采矿、取土等,破坏种植条件的,或者因开发土地造成土地荒漠化、盐渍化的,由县级以上人民政府自然资源、农业农村主管部门责令限期改正或者治理,可以并处罚款;构成犯罪的,依法追究刑事责任。

3) 违反《土地管理法》规定,拒不履行土地复垦义务的,由县级以上人民政府自然资源主管部门责令限期改正;逾期不改正的,责令缴纳复垦费,专项用于土地复垦,可以处以罚款。

4) 未经批准或者采取欺骗手段骗取批准,非法占用土地的,由县级以上人民政府自然资源主管部门责令退还非法占用的土地,对违反土地利用总体规划擅自将农用地改为建设用地的,限期拆除在非法占用的土地上新建的建筑物和其他设施,恢复土地原状,对符合土地利用总体规划的,没收在非法占用的土地上新建的建筑物和其他设施,可以并处罚款;对非法占用土地单位的直接负责的主管人员和其他直接责任人员,依法给予处分;构成犯罪的,依法追究刑事责任。超过批准的数量占用土地,多占的土地以非法占用土地论处。

5) 农村村民未经批准或者采取欺骗手段骗取批准,非法占用土地建住宅的,由县级以上人民政府农业农村主管部门责令退还非法占用的土地,限期拆除在非法占用的土地上新建的房屋。超过省、自治区、直辖市规定的标准,多占的土地以非法占用土地论处。

6) 无权批准征收、使用土地的单位或者个人非法批准占用土地的,超越批准权限非法批准占用土地的,不按照土地利用总体规划确定的用途批准用地的,或者违反法律规定的程序批准占用、征收土地的,其批准文件无效,对非法批准征收、使用土地的直接负责的主管人员和其他直接责任人员,依法给予处分;构成犯罪的,依法追究刑事责任。非法批准、使用的土地应当收回,有关当事人拒不归还的,以非法占用土地论处。非法批准征收、使用土地,对当事人造成损失的,依法应当承担赔偿责任。

7) 侵占、挪用被征收土地单位的征地补偿费用和其他有关费用,构成犯罪的,依法追究刑事责任;尚不构成犯罪的,依法给予行政处分。

8) 依法收回国有土地使用权当事人拒不交出土地的,临时使用土地期满拒不归还的,或者不按照批准的用途使用国有土地的,由县级以上人民政府自然资源主管部门责令交还土地,处以罚款。

9) 擅自将农民集体所有的土地通过出让、转让使用权或者出租等方式用于非农业建设,或者违反本法规定,将集体经营性建设用地通过出让、出租等方式交由单位或者个人使用的,由县级以上人民政府自然资源主管部门责令限期改正,没收违法所得,并处罚款。

10) 依照《土地管理法》规定,责令限期拆除在非法占用的土地上新建的建筑物和其他设施的,建设单位或者个人必须立即停止施工,自行拆除;对继续施工的,做出处罚决定的机

第 11 章 工程建设其他相关法律制度

关有权制止。建设单位或者个人对责令限期拆除的行政处罚决定不服的，可以在接到责令限期拆除决定之日起 15 日内，向人民法院起诉；期满不起诉又不自行拆除的，由做出处罚决定的机关依法申请人民法院强制执行，费用由违法者承担。

11）自然资源、农业农村主管部门的工作人员玩忽职守、滥用职权、徇私舞弊，构成犯罪的，依法追究刑事责任；尚不构成犯罪的，依法给予行政处分。

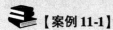

【案例 11-1】

某县法院受理一起土地征用补偿费分配纠纷案件，被告以原告在被征用地上没有承包地为由拒绝发放补偿费。2018 年初，某村民小组的 10.60 亩土地被某糖业有限公司征用，共获得土地补偿费 418700 元。该村民小组成员共为 105 人。村民小组在分配土地补偿费时以许家一户在被征地处没有承包地为由把许家 6 人排除在外，许家 6 人未分得任何款项。许家 6 人多次要求支付应得的土地补偿费，但都以种种理由拒绝。许某遂反映至政府，该县人民政府于 2018 年 4 月 25 日专门召开会议，建议村民小组及时将土地征用补偿费许某等 6 人应得的部分发放到位，但村民小组并未履行。

为维护自己合法权益，许家 6 人上诉至县人民法院，要求支付所得补偿费共 24395 元。被告某村民小组辩称，许家一户在被征地上没有承包地，分给补偿费不符合国家政策规定，征地补偿费方案是经全体村民开会讨论决定，符合国家政策及村民利益。

【问题】

土地补偿费应归谁所有？

【分析】

根据《土地管理法实施条例》"土地补偿费归农村集体经济组织所有"的规定，农村土地被征用后的土地补偿费，其性质是对集体土地所有权的补偿。土地补偿费在土地被征用后，统一支付给作为被征用单位的农村集体经济组织。本案中，因糖业有限公司征用而取得的土地补偿费，是属于村民小组集体土地所有权的补偿，土地被征用取得的补偿费应属于全体村民小组所有。原告 6 人属于村民小组成员，应与本小组其他成员享有平等的权利义务。虽然原告一户在被征用地上没有承包地，但土地补偿费只能被分配给本集体组织成员，而地上附着物和青苗补偿费则是针对物的所有人和青苗的实际投入人的补偿，被补偿人可以是集体经济组织成员以外的人。被告排除原告 6 人而分配补偿费显失公平，违反法律规定。

判决如下：被告某村民小组支付给原告 6 人土地补偿款应得份额共计 24395 元。

11.2 建筑节能法规

11.2.1 建筑节能法规概述

目前我国调整建筑节能的法律体系主要有《建筑法》和《中华人民共和国节约能源法》（简称《节约能源法》）。除法律以外，与建筑节能相关的法规、规章制度还有 2008 年 7 月 23

日国务院第 18 次常务会议通过的《民用建筑节能条例》（自 2008 年 10 月 1 日起施行）。这是一部专门规范建筑节能的行政法规，从新建建筑节能、既有建筑节能、建筑用能系统节能以及法律责任等方面具体规范建筑节能的行为，是一部操作性、实用性很强的行政法规。有关建筑节能的部门规章有《民用建筑节能管理规定》和《建设领域推广应用新技术管理规定》，根据《中华人民共和国标准化法》（简称《标准化法》）和《实施工程建设强制性标准监督规定》，建设领域的强制性标准也属于调整建筑节能的规范性文件，主要包括国家标准《公共建筑节能设计标准》，以及覆盖各气候区的居住建筑节能设计标准。另外，在招标投标、房地产开发、资质管理等法律法规、规范和部门规章中还有一系列可能采取调控手段规范建筑节能的规定。

《民用建筑节能条例》规定，民用建筑节能是指在保证民用建筑使用功能和室内热环境质量的前提下，降低其使用过程中能源消耗的活动。民用建筑在规划、设计、建造和使用过程中，通过采用新型墙体材料，执行建筑节能标准，加强建筑物用能设备的运行管理，合理设计建筑围护结构的热工性能，提高采暖、制冷、照明、通风、给水排水和通道系统的运行效率，以及利用可再生能源，在保证建筑物使用功能和室内热环境质量的前提下，降低建筑能源消耗，合理、有效地利用能源的活动。

《民用建筑节能条例》的主要内容如下：

1）国家推广使用民用建筑节能的新技术、新工艺、新材料和新设备，限制使用或者禁止使用能源消耗高的技术、工艺、材料和设备。国务院节能工作主管部门、建设主管部门应当制定、公布并及时更新推广使用、限制使用、禁止使用目录。

国家限制进口或者禁止进口能源消耗高的技术、材料和设备。建设单位、设计单位、施工单位不得在建筑活动中使用列入禁止使用目录的技术、工艺、材料和设备。

2）编制城市详细规划、镇详细规划，应当按照民用建筑节能的要求，确定建筑的布局、形状和朝向。城乡规划主管部门依法对民用建筑进行规划审查，应当就设计方案是否符合民用建筑节能强制性标准征求同级建设主管部门的意见；建设主管部门应当自收到征求意见材料之日起 10 日内提出意见。征求意见时间不计算在规划许可的期限内。对不符合民用建筑节能强制性标准的，不得颁发建设工程规划许可证。

3）施工图设计文件审查机构应当按照民用建筑节能强制性标准对施工图设计文件进行审查；经审查不符合民用建筑节能强制性标准的，县级以上地方人民政府建设主管部门不得颁发施工许可证。

4）建设单位不得明示或者暗示设计单位、施工单位违反民用建筑节能强制性标准进行设计、施工，不得明示或者暗示施工单位使用不符合施工图设计文件要求的墙体材料、保温材料、门窗、采暖制冷系统和照明设备。按照合同约定由建设单位采购墙体材料、保温材料、门窗、采暖制冷系统和照明设备的，建设单位应当保证其符合施工图设计文件要求。

5）设计单位、施工单位、工程监理单位及其注册执业人员，应当按照民用建筑节能强制性标准进行设计、施工、监理。

6）施工单位应当对进入施工现场的墙体材料、保温材料、门窗、采暖制冷系统和照明设备进行查验；不符合施工图设计文件要求的，不得使用。

工程监理单位发现施工单位不按照民用建筑节能强制性标准施工的，应当要求施工单位改正；施工单位拒不改正的，工程监理单位应当及时报告建设单位，并向有关主管部门报告。

墙体、屋面的保温工程施工时，监理工程师应当按照工程监理规范的要求，采取旁站、巡视和平行检验等形式实施监理。未经监理工程师签字，墙体材料、保温材料、门窗、采暖制冷系统和照明设备不得在建筑上使用或者安装，施工单位不得进行下一道工序的施工。

7）建设单位组织竣工验收，应当对民用建筑是否符合民用建筑节能强制性标准进行查验；对不符合民用建筑节能强制性标准的，不得出具竣工验收合格报告。

8）实行集中供热的建筑应当安装供热系统调控装置、用热计量装置和室内温度调控装置；公共建筑还应当安装用电分项计量装置。居住建筑安装的用热计量装置应当满足分户计量的要求。

9）建筑的公共走廊、楼梯等部位应当安装、使用节能灯具和电气控制装置。

10）对具备可再生能源利用条件的建筑，建设单位应当选择合适的可再生能源，用于采暖、制冷、照明和热水供应等；设计单位应当按照有关可再生能源利用的标准进行设计。

建设可再生能源利用设施，应当与建筑主体工程同步设计、同步施工、同步验收。

11）国家机关办公建筑和大型公共建筑的所有权人应当对建筑的能源利用效率进行测评和标识，并按照国家有关规定将测评结果予以公示，接受社会监督。国家机关办公建筑应当安装、使用节能设备。

12）房地产开发企业销售商品房，应当向购买人明示所售商品房的能源消耗指标、节能措施和保护要求、保温工程保修期等信息，并在商品房买卖合同和住宅质量保证书、住宅使用说明书中载明。

13）在正常使用条件下，保温工程的最低保修期限为 5 年。保温工程的保修期，自竣工验收合格之日起计算。

保温工程在保修范围和保修期内发生质量问题的，施工单位应当履行保修义务，并对造成的损失依法承担赔偿责任。

11.2.2 法律责任

1）违反《民用建筑节能条例》规定，县级以上人民政府有关部门有下列行为之一的，对负有责任的主管人员和其他直接责任人员依法给予处分；构成犯罪的，依法追究刑事责任：

a. 对设计方案不符合民用建筑节能强制性标准的民用建筑项目颁发建设工程规划许可证的。

b. 对不符合民用建筑节能强制性标准的设计方案出具合格意见的。

c. 对施工图设计文件不符合民用建筑节能强制性标准的民用建筑项目颁发施工许可证的。

d. 不依法履行监督管理职责的其他行为。

2）违反《民用建筑节能条例》规定，各级人民政府及其有关部门、单位违反国家有关规定和标准，以节能改造的名义对既有建筑进行扩建、改建的，对负有责任的主管人员和其他直接责任人员，依法给予处分。

3）违反《民用建筑节能条例》规定，建设单位有下列行为之一的，由县级以上地方人民政府建设主管部门责令改正，处 20 万元以上 50 万元以下的罚款：

a. 明示或者暗示设计单位、施工单位违反民用建筑节能强制性标准进行设计、施工的。

b. 明示或者暗示施工单位使用不符合施工图设计文件要求的墙体材料、保温材料、门窗、采暖制冷系统和照明设备的。

　　c. 采购不符合施工图设计文件要求的墙体材料、保温材料、门窗、采暖制冷系统和照明设备的。

　　d. 使用列入禁止使用目录的技术、工艺、材料和设备的。

　　4）违反《民用建筑节能条例》规定，建设单位对不符合民用建筑节能强制性标准的民用建筑项目出具竣工验收合格报告的，由县级以上地方人民政府建设主管部门责令改正，处民用建筑项目合同价款2%以上4%以下的罚款；造成损失的，依法承担赔偿责任。

　　5）违反《民用建筑节能条例》规定，设计单位未按照民用建筑节能强制性标准进行设计，或者使用列入禁止使用目录的技术、工艺、材料和设备的，由县级以上地方人民政府建设主管部门责令改正，处10万元以上30万元以下的罚款；情节严重的，由颁发资质证书的部门责令停业整顿，降低资质等级或者吊销资质证书；造成损失的，依法承担赔偿责任。

　　6）违反《民用建筑节能条例》规定，施工单位未按照民用建筑节能强制性标准进行施工的，由县级以上地方人民政府建设主管部门责令改正，处民用建筑项目合同价款2%以上4%以下的罚款；情节严重的，由颁发资质证书的部门责令停业整顿，降低资质等级或者吊销资质证书；造成损失的，依法承担赔偿责任。

　　7）违反《民用建筑节能条例》规定，施工单位有下列行为之一的，由县级以上地方人民政府建设主管部门责令改正，处10万元以上20万元以下的罚款；情节严重的，由颁发资质证书的部门责令停业整顿，降低资质等级或者吊销资质证书；造成损失的，依法承担赔偿责任：

　　a. 未对进入施工现场的墙体材料、保温材料、门窗、采暖制冷系统和照明设备进行查验的。

　　b. 使用不符合施工图设计文件要求的墙体材料、保温材料、门窗、采暖制冷系统和照明设备的。

　　c. 使用列入禁止使用目录的技术、工艺、材料和设备的。

　　8）违反《民用建筑节能条例》规定，工程监理单位有下列行为之一的，由县级以上地方人民政府建设主管部门责令限期改正；逾期未改正的，处10万元以上30万元以下的罚款；情节严重的，由颁发资质证书的部门责令停业整顿，降低资质等级或者吊销资质证书；造成损失的，依法承担赔偿责任：

　　a. 未按照民用建筑节能强制性标准实施监理的。

　　b. 墙体、屋面的保温工程施工时，未采取旁站、巡视和平行检验等形式实施监理的。

　　对不符合施工图设计文件要求的墙体材料、保温材料、门窗、采暖制冷系统和照明设备，按照符合施工图设计文件要求签字的，依照《建设工程质量管理条例》第六十七条的规定处罚。

　　9）违反《民用建筑节能条例》规定，房地产开发企业销售商品房，未向购买人明示所售商品房的能源消耗指标、节能措施和保护要求、保温工程保修期等信息，或者向购买人明示的所售商品房能源消耗指标与实际能源消耗不符的，依法承担民事责任；由县级以上地方人民政府建设主管部门责令限期改正；逾期未改正的，处交付使用的房屋销售总额2%以下的罚款；情节严重的，由颁发资质证书的部门降低资质等级或者吊销资质证书。

　　10）违反《民用建筑节能条例》规定，注册执业人员未执行民用建筑节能强制性标准的，由县级以上人民政府建设主管部门责令停止执业3个月以上1年以下；情节严重的，由颁发资格证书的部门吊销执业资格证书，5年内不予注册。

1.3 工程建设消防法规

1998年4月29日,第九届全国人民代表大会常务委员会第二次会议通过了《中华人民共和国消防法》(简称《消防法》),2008年10月28日第十一届全国人民代表大会常务委员会第五次会议修订,自2009年5月1日起施行。2019年4月23日,全国人大常委会第十次会议对《消防法》做出修改,修改后的《消防法》将公安部指导建设工程消防设计审查职责划入住房和城乡建设部。建设工程的消防设计、施工必须符合国家工程建设消防技术标准。建设、设计、施工、工程监理等单位依法对建设工程的消防设计、施工质量负责。

11.3.1 建设工程消防设计审查验收制度

按照国家工程建设消防技术标准需要进行消防设计的建设工程,实行建设工程消防设计审查验收制度。

国务院住房和城乡建设主管部门规定的特殊建设工程,建设单位应当将消防设计文件报送住房和城乡建设主管部门审查,住房和城乡建设主管部门依法对审查的结果负责。其他建设工程,建设单位申请领取施工许可证或者申请批准开工报告时应当提供满足施工需要的消防设计图及技术资料。

特殊建设工程未经消防设计审查或者审查不合格的,建设单位、施工单位不得施工;其他建设工程,建设单位未提供满足施工需要的消防设计图及技术资料的,有关部门不得发放施工许可证或者批准开工报告。

11.3.2 建筑工程消防设计的验收和公众聚集场所使用的安全检查

国务院住房和城乡建设主管部门规定应当申请消防验收的建设工程竣工,建设单位应当向住房和城乡建设主管部门申请消防验收。其他建设工程,建设单位在验收后应当报住房和城乡建设主管部门备案,住房和城乡建设主管部门应当进行抽查。

依法应当进行消防验收的建设工程,未经消防验收或者消防验收不合格的,禁止投入使用;其他建设工程经依法抽查不合格的,应当停止使用。

公众聚集场所在投入使用、营业前,建设单位或者使用单位应当向场所所在地的县级以上地方人民政府消防救援机构申请消防安全检查。消防救援机构应当自受理申请之日起10个工作日内,根据消防技术标准和管理规定,对该场所进行消防安全检查。未经消防安全检查或者经检查不符合消防安全要求的,不得投入使用、营业。

11.3.3 工程建设中应采取的消防安全措施

1) 机关、团体、企业、事业单位应当履行下列消防安全职责:

a. 落实消防安全责任制,制定本单位的消防安全制度、消防安全操作规程,制定灭火和应急疏散预案。

b. 按照国家标准、行业标准配置消防设施、器材,设置消防安全标志,并定期组织检验、维修,确保完好有效。

c. 对建筑消防设施每年至少进行一次全面检测，确保完好有效，检测记录应当完整准确，存档备查。

　　d. 保障疏散通道、安全出口、消防车通道畅通，保证防火防烟分区、防火间距符合消防技术标准。

　　e. 组织防火检查，及时消除火灾隐患。

　　f. 组织进行有针对性的消防演练。

　　2）生产、储存、经营易燃易爆危险品的场所不得与居住场所设置在同一建筑物内，并应当与居住场所保持安全距离。生产、储存、经营其他物品的场所与居住场所设置在同一建筑物内的，应当符合国家工程建设消防技术标准。

　　3）禁止在具有火灾、爆炸危险的场所吸烟、使用明火。因施工等特殊情况需要使用明火作业的，应当按照规定事先办理审批手续，采取相应的消防安全措施；作业人员应当遵守消防安全规定。

　　进行电焊、气焊等具有火灾危险作业的人员和自动消防系统的操作人员，必须持证上岗，并遵守消防安全操作规程。

　　4）生产、储存、运输、销售、使用、销毁易燃易爆危险品，必须执行消防技术标准和管理规定。

　　5）消防产品必须符合国家标准；没有国家标准的，必须符合行业标准。禁止生产、销售或者使用不合格的消防产品以及国家明令淘汰的消防产品。

　　6）建筑构件、建筑材料和室内装修、装饰材料的防火性能必须符合国家标准；没有国家标准的，必须符合行业标准。人员密集场所室内装修、装饰，应当按照消防技术标准的要求，使用不燃、难燃材料。

　　7）电器产品、燃气用具的产品标准，应当符合消防安全的要求。电器产品、燃气用具的安装、使用及其线路、管路的设计、敷设、维护保养、检测，必须符合消防技术标准和管理规定。

　　8）任何单位、个人不得损坏、挪用或者擅自拆除、停用消防设施、器材，不得埋压、圈占、遮挡消火栓或者占用防火间距，不得占用、堵塞、封闭疏散通道、安全出口、消防车通道。人员密集场所的门窗不得设置影响逃生和灭火救援的障碍物。

　　同一建筑物由两个以上单位管理或者使用的，应当明确各方的消防安全责任，并确定责任人，对共用的疏散通道、安全出口、建筑消防设施和消防车通道进行统一管理。

　　住宅区的物业服务企业应当对管理区域内的共用消防设施进行维护管理，提供消防安全防范服务。

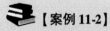
【案例11-2】

　　上海市静安区胶州路728号公寓大楼所在的胶州路教师公寓小区于2010年9月24日开始实施节能综合改造项目施工，建设单位为上海市静安区建设和交通委员会，总承包单位为上海市静安区建设总公司，设计单位为上海静安置业设计有限公司，监理单位为上海市静安建设工程监理有限公司。施工内容主要包括外立面搭设脚手架、外墙喷涂聚氨酯硬泡体保温材料、更换外窗等。

　　上海市静安区建设总公司承接该工程后，将工程转包给其子公司上海佳艺建筑装饰工程公司（以下简称佳艺公司），佳艺公司又将工程拆分成建筑保温、窗户改建、脚手架搭建、拆除窗户、外墙整修和门厅粉刷、线管整理等，分包给7家施工单位。其中上海亮迪化工科技有限公司出借资质给个体人员张某分包外墙保温工程，上海迪姆物业管理有限公司（以下称迪姆公司）出借资质给个体人员支某和沈某合伙分包脚手架搭建工程。支某和沈某合伙借用迪姆公司资质承接脚手架搭建工程后，又进行了内部分工，其中支某负责胶州路728号公寓大楼的脚手架搭建，同时支某与沈某又将胶州路教师公寓小区三栋大楼脚手架搭建的电焊作业分包给个体人员工某。

2010年11月15日13时，该节能改造工程在北侧外立面进行电焊作业。14时14分，金属熔融物溅落在大楼电梯前室北窗9楼平台，引燃堆积在外墙的聚氨酯保温材料碎屑。火势随后迅猛蔓延，因烟囱效应引发大面积立体火灾，最终造成58人死亡、71人受伤的严重后果，建筑物过火面积达12000m^2，直接经济损失约1.58亿元。

事故调查组查明，该起特别重大火灾事故是一起因企业违规造成的责任事故。

事故的直接原因：在胶州路728号公寓大楼节能综合改造项目施工过程中，施工人员违规在10层电梯前室北窗外进行电焊作业，电焊溅落的金属熔融物引燃下方9层位置脚手架防护平台上堆积的聚氨酯保温材料碎块、碎屑引发火灾。

事故的间接原因：一是建设单位、投标企业、招标代理机构相互串通、虚假招标和转包、违法分包；二是工程项目施工组织管理混乱；三是设计企业、监理机构工作失职；四是市、区两级建设主管部门对工程项目监督管理缺失；五是静安区公安消防机构对工程项目监督检查不到位；六是静安区政府对工程项目组织实施工作领导不力。

依照有关规定，对54名事故责任人做出严肃处理，其中，26名责任人被移送司法机关依法追究刑事责任，28名责任人受到党纪、政纪处分。此事故涉及滥用职权罪、受贿罪、行贿罪、重大责任事故罪，处罚最重的是静安区建交委主任高某，被判处有期徒刑16年，罪名为滥用职权罪和受贿罪；另外一个是上海佳艺法人代表黄某判处有期徒刑16年，罪名为重大事故责任罪和受贿罪。

【问题】
分析本次火灾的原因及暴露的问题。

【分析】
事故暴露五大问题：

（1）电焊工无特种作业人员资格证，严重违反操作规程，引发大火后逃离现场。

（2）装修工程违法违规招标，层层多次分包，导致安全责任不落实。

（3）施工作业现场管理混乱，安全措施不落实，存在明显的抢工期、抢进度、突击施工的行为。

（4）事故现场违规使用大量尼龙网、聚氨酯泡沫等易燃材料，导致大火迅速蔓延。

（5）安全监管不力，致使多次分包、多家作业和无证电焊工上岗，对停产后复工的项目安全管理不到位。

《建筑法》规定，从事建筑活动的专业技术人员，应当依法取得相应的执业资格证书，并在执业资格证书许可的范围内从事建筑活动。而此工程的电焊工无特种作业人员资格证，严重违反操作规程，引发大火后逃离现场，这样是严重违反了《建筑法》的规定。

《建筑法》规定，建筑工程监理应当依照法律、行政法规及有关的技术标准、设计文件和建筑工程承包合同，对承包单位在施工质量、建设工期和建设资金使用等方面，代表建设单位实施监督。因此，工程监理人员在本次事故当中也应负一定的责任。

施工单位的项目负责人应当由取得相应执业资格的人员担任，对建设工程项目的安全施工负责，落实安全生产责任制度、安全生产规章制度和操作规程，确保安全生产费用的有效使用，并根据工程的特点组织制定安全施工措施，消除安全事故隐患，及时、如实报告生产安全事故。本次事故中佳艺公司没有落实安全生产责任、安全生产制度和操作规程，导致电焊工违规操作。

《建筑工程安全生产管理条例》规定："施工单位应当在施工现场建立消防安全责任制度，确定消防安全责任人，制定用火、用电、使用易燃易爆材料等各项消防安全管理制度和操作规程，设置消防通道、消防水源，配备消防设施和灭火器材，并在施工现场入口处设置明显标志。"本案中现场的防火措施并不完善，事故现场违规使用大量尼龙网、聚氨酯泡沫等易燃材料，《安全网》（GB 5725）明确规定密目式安全立网必须具备阻燃性能。安全平网和安全立网阻燃型的产品在标识中要求明确标出"阻燃"，并且要"永久地标识"在网上。此工程施工方在这方面也触及了相关的条款，应受到相应的处罚。

【案例 11-3】

2009 年 2 月 9 日晚 20 时 27 分，北京市朝阳区东三环中央电视台新址园区在建的附属文化中心大楼工地发生火灾，熊熊大火在燃烧 3 个半小时之后得到有效控制。火灾救援中有 1 名消防队员牺牲、6 名消防队员和 2 名施工人员受伤。建筑物过火、过烟面积达 21333m^2，其中过火面积为 8490m^2，楼内十几层的中庭已经坍塌，位于楼内南侧演播大厅的数字机房被烧毁，造成直接经济损失 16383 万元。经调查处理，71 名事故责任人被追究责任。

【问题】

本次火灾的原因和教训是什么？

【分析】

(1) 本次火灾事故的发生主要有以下几方面的原因：

1) 建设单位：违反烟花爆竹安全管理相关规定，组织大型礼花焰火燃放活动。

2) 有关施工单位：大量使用不合格保温板，配合建设单位违法燃放烟花爆竹。

3) 监理单位：对违法燃放烟花爆竹和违规采购、使用不合格保温板的问题监理不力。

4) 有关政府职能部门：对非法销售、运输、储存和燃放烟花爆竹，以及工程中使用不合格保温板问题监管不力。

(2) 有必要加强火灾事故防范措施，具体如下：

1) 按有关规定建设完善消防设施。建设单位所有装饰、装修材料均应符合消防的相关规定。要设置火灾自动报警系统、消火栓系统、自动喷水灭火系统、防烟排烟系统等各类消防设施，并设专人操作维护，定期进行维修保养。要按照规范要求设置防火、防烟分区、疏散通道及安全出口。安全出口的数量，疏散通道的长度、宽度及疏散楼梯等设施的设置，必须符合规定，严禁占用、阻塞疏散通道和疏散楼梯间，严禁在疏散楼梯间及其通道上设置其他用途和堆放物资。

2）建立健全消防安全制度。要落实消防安全责任制，明确各岗位、部门的工作职责，建立健全消防安全工作预警机制和消防安全应急预案，完善值班巡视制度，成立消防义务组织，组织消防安全演习，加大消防安全工作的管理力度。

3）强化对重点区域的检查和监控。消防安全责任人要加强日常巡视，发现火灾隐患及时采取措施。应建立健全用火、用电、用气管理制度和操作规范，管道、仪表、阀门必须定期检查。

4）加强对员工的消防安全教育。要加强对员工的消防知识培训，提高员工的防火灭火知识，使员工能够熟悉火灾报警方法、熟悉岗位职责、熟悉疏散逃生路线。要定期组织应急疏散演习，加强消防实战演练，完善应急处置预案，确保突发情况下能够及时有效地进行处置。

5）加大消防监管力度。消防部门要按照《消防法》的规定和国家有关消防技术标准要求，加强对建筑施工企业的监督和检查。

1.4 城市建设有关法规

1. 城市道路管理中的禁止行为

城市道路，是指城市供车辆、行人通行的，具备一定技术条件的道路、桥梁及其附属设施。为了保障城市道路完好，充分发挥城市道路功能，《城市道路管理条例》（1996年10月1日施行，2019年修订）中规定城市道路范围内禁止下列行为：

1）擅自占用或者挖掘城市道路。
2）履带车、铁轮车或者超重、超高、超长车辆擅自在城市道路上行驶。
3）机动车在桥梁或者非指定的城市道路上试刹车。
4）擅自在城市道路上建设建筑物、构筑物。
5）在桥梁上架设压力在 $4kg/cm^2$（0.4MPa）以上的煤气管道、10kV 以上的高压电力线和其他易燃易爆管线。
6）擅自在桥梁或者路灯设施上设置广告牌或者其他挂浮物。
7）其他损害、侵占城市道路的行为。

2. 城市道路管理中的挖掘、占用审批管理

履带车、铁轮车或者超重、超高、超长车辆需要在城市道路上行驶的，事先须征得市政工程行政主管部门同意，并按照公安交通管理部门指定的时间、路线行驶。

依附于城市道路建设各种管线、杆线等设施的，应当经市政工程行政主管部门批准，方可建设。未经市政工程行政主管部门和公安交通管理部门批准，任何单位或者个人不得占用或者挖掘城市道路。

因特殊情况需要临时占用城市道路的，须经市政工程行政主管部门和公安交通管理部门批准，方可按照规定占用。

新建、扩建、改建的城市道路交付使用后5年内、大修的城市道路竣工后3年内不得挖掘；因特殊情况需要挖掘的，须经县级以上城市人民政府批准。

经批准挖掘城市道路的,应当在施工现场设置明显标志和安全防围设施;竣工后,应当及时清理现场,通知市政工程行政主管部门检查验收。

3. 城市地下管线包含的范围

城市地下管线工程,是指城市新建、扩建、改建的各类地下管线(含城市供水、排水、燃气、热力、电力、电信、工业等的地下管线)及相关的人防、地铁等工程。

4. 建设单位在城市地下管线管理中的责任

建设单位在申请领取建设工程规划许可证前,应当到城建档案管理机构查询施工地段的地下管线工程档案,取得该施工地段地下管线现状资料。

建设单位应当在地下管线工程覆土前,委托具有相应资质的工程测量单位,按照现行《城市地下管线探测技术规程》进行竣工测量,形成准确的竣工测量数据文件和管线工程测量图。

建设单位应当在地下管线工程竣工验收前,提请城建档案管理机构对地下管线工程档案进行专项预验收。

建设单位在地下管线工程竣工验收备案前,应当向城建档案管理机构移交符合现行《建设工程文件归档整理规范》要求的下列资料:

1)地下管线工程项目准备阶段文件、监理文件、施工文件、竣工验收文件和竣工图。
2)地下管线竣工测量成果。
3)其他应当归档的文件资料(电子文件、工程照片、录像等)。

5. 施工单位或地下管线专业管理单位的责任

施工单位在地下管线工程施工前应当取得施工地段地下管线现状资料;施工中发现未建档的管线,应当及时通过建设单位向当地县级以上人民政府建设主管部门或者规划主管部门报告。

地下管线专业管理单位应当将更改、报废、漏测部分的地下管线工程档案,及时修改补充到本单位的地下管线专业图上,并将修改补充的地下管线专业图及有关资料向城建档案管理机构移交。

11.5 劳动合同法

我国的劳动法是《中华人民共和国劳动法》(简称《劳动法》),于1995年1月1日起施行。《中华人民共和国劳动合同法》(简称《劳动合同法》)由第十届全国人大常委会第二十八次会议于2007年6月29日通过,自2008年1月1日起施行,本法于2012年修订。

11.5.1 劳动合同的订立

劳动合同是劳动者与用人单位确立劳动关系、明确双方权利和义务的协议。

1. 劳动合同当事人

劳动合同的当事人为用人单位和劳动者。

劳动者是具有劳动能力,以从事劳动获取合法劳动报酬的自然人。根据《劳动法》的规定,劳动者的法定最低就业年龄为16周岁。除法律另有规定以外(指文艺、体育和特种工艺单位招用未满16周岁的未成年人），任何单位不得与未满16周岁的未成年人发生劳动法律关系。

用人单位是指依法使用和管理劳动者并付给其报酬的单位。在我国，用人单位可以是依法成立的企业、国家机关、事业组织、社会团体以及个体经济组织。

2. 订立劳动合同的时间限制

已建立劳动关系，未同时订立书面劳动合同的，应当自用工之日起一个月内订立书面劳动合同。

（1）因劳动者的原因未能订立劳动合同的法律后果　自用工之日起一个月内，经用人单位书面通知后，劳动者不与用人单位订立书面劳动合同的，用人单位应当书面通知劳动者终止劳动关系，无需向劳动者支付经济补偿，但是应当依法向劳动者支付其实际工作时间的劳动报酬。

（2）因用人单位的原因未能订立劳动合同的法律后果　用人单位自用工之日起超过一个月不满一年未与劳动者订立书面劳动合同的，应当依照《劳动合同法》规定向劳动者每月支付两倍的工资，并与劳动者补订书面劳动合同；劳动者不与用人单位订立书面劳动合同的，用人单位应当书面通知劳动者终止劳动关系，并依照《劳动合同法》的规定支付经济补偿。

用人单位自用工之日起满一年未与劳动者订立书面劳动合同的，自用工之日起满一个月的次日至满一年的前一日应当依照《劳动合同法》的规定向劳动者每月支付两倍的工资，并视为自用工之日起满一年的当日已经与劳动者订立无固定期限劳动合同，应当立即与劳动者补订书面劳动合同。

3. 劳动合同的生效

劳动合同由用人单位与劳动者协商一致，并经用人单位与劳动者在劳动合同文本上签字或者盖章生效。

4. 劳动合同的类型

劳动合同分为固定期限劳动合同、无固定期限劳动合同和以完成一定工作任务为期限的劳动合同。

5. 劳动合同的条款

劳动合同应当具备以下条款：

1）用人单位的名称、住所和法定代表人或者主要负责人。
2）劳动者的姓名、住址和居民身份证或者其他有效身份证件号码。
3）劳动合同期限。
4）工作内容和工作地点。
5）工作时间和休息休假。
6）劳动报酬。
7）社会保险。
8）劳动保护、劳动条件和职业危害防护。
9）法律、法规规定应当纳入劳动合同的其他事项。

劳动合同除前款规定的必备条款外，用人单位与劳动者可以约定试用期、培训、保守秘密、补充保险和福利待遇等其他事项。

劳动合同对劳动报酬和劳动条件等标准约定不明确，引发争议的，用人单位与劳动者可以重新协商；协商不成的，适用集体合同规定；没有集体合同或者集体合同未规定劳动报酬的，实行同工同酬；没有集体合同或者集体合同未规定劳动条件等标准的，适用国家有关规定。

6. 试用期

（1）试用期的时间长度限制　劳动合同期限3个月以上不满1年的，试用期不得超过1个月，劳动合同期限1年以上不满3年的，试用期不得超过2个月；3年以上固定期限和无固定期限的劳动合同，试用期不得超过6个月。

（2）试用期的次数限制　同一用人单位与同一劳动者只能约定一次试用期。

以完成一定工作任务为期限的劳动合同或者劳动合同期限不满3个月的，不得约定试用期。

试用期包含在劳动合同期限内。劳动合同仅约定试用期的，试用期不成立，该期限为劳动合同期限。

（3）试用期内的最低工资　《劳动合同法》规定，劳动者在试用期的工资不得低于本单位相同岗位最低档工资或者劳动合同约定工资的80%，并不得低于用人单位所在地的最低工资标准。

（4）试用期内合同解除条件的限制　在试用期中，劳动者患病或者非因工负伤，在规定的医疗期满后不能从事原工作，也不能从事由用人单位另行安排的工作的；劳动者不能胜任工作，经过培训或者调整工作岗位，仍不能胜任工作的。除上述情形外，用人单位不得在试用期内解除劳动合同。用人单位在试用期解除劳动合同的，应当向劳动者说明理由。

7. 服务期

用人单位为劳动者提供专项培训费用，对其进行专业技术培训的，可以与该劳动者订立协议，约定服务期。劳动合同期满，但是用人单位与劳动者依照《劳动合同法》的规定约定的服务期尚未到期的，劳动合同应当续延至服务期满；双方另有约定的，从其约定。

劳动者违反服务期约定的，应当按照约定向用人单位支付违约金。违约金的数额不得超过用人单位提供的培训费用。用人单位要求劳动者支付的违约金不得超过服务期尚未履行部分所应分摊的培训费用。

《劳动合同法实施条例》对于培训费用进一步做出了规定：包括用人单位为了对劳动者进行专业技术培训而支付的有凭证的培训费用、培训期间的差旅费用以及因培训产生的用于该劳动者的其他直接费用。

用人单位与劳动者约定了服务期，劳动者依照《劳动合同法》规定解除劳动合同的，不属于违反服务期的约定，用人单位不得要求劳动者支付违约金。

有下列情形之一，用人单位与劳动者解除约定服务期的劳动合同的，劳动者应当按照劳动合同的约定向用人单位支付违约金：

1）劳动者严重违反用人单位的规章制度的。

2）劳动者严重失职，营私舞弊，给用人单位造成重大损害的。

3）劳动者同时与其他用人单位建立劳动关系，对完成本单位的工作任务造成严重影响，或者经用人单位提出，拒不改正的。

4）劳动者以欺诈、胁迫的手段或者乘人之危。使用人单位在违背真实意思的情况下订立或者变更劳动合同的。

5）劳动者被依法追究刑事责任的。

用人单位与劳动者约定服务期的，不影响按照正常的工资调整机制提高劳动者在服务期期间的劳动报酬。

8. 保密协议与竞业限制条款

用人单位与劳动者可以在劳动合同中约定保守用人单位的商业秘密和与知识产权相关的保密事项。

对负有保密义务的劳动者，用人单位可以在劳动合同或者保密协议中与劳动者约定竞业限制条款，并约定在解除或者终止劳动合同后，在竞业限制期限内按月给予劳动者经济补偿。劳动者违反竞业限制约定的，应当按照约定向用人单位支付违约金。

竞业限制的人员限于用人单位的高级管理人员、高级技术人员和其他负有保密义务的人员。竞业限制的范围、地域、期限由用人单位与劳动者约定，竞业限制的约定不得违反法律、法规的规定。

在解除或者终止劳动合同后。上述规定的人员到与本单位生产或者经营同类产品，从事同类业务的有竞争关系的其他用人单位，或者自己开业生产或者经营同类产品、从事同类业务的竞业限制期限，不得超过两年。

除关于服务期规定和关于保密协议与竞业限制条款规定的情形外，用人单位不得与劳动者约定由劳动者承担违约金。

9. 劳动合同的无效

下列劳动合同无效或者部分无效：

1）以欺诈、胁迫的手段或者乘人之危，使对方在违背真实意思的情况下订立或者变更劳动合同的。

2）用人单位免除自己的法定责任、排除劳动者权利的。

3）违反法律、行政法规强制性规定的。

对劳动合同的无效或者部分无效有争议的，由劳动争议仲裁机构或者人民法院确认。

劳动合同部分无效，不影响其他部分效力的，其他部分仍然有效。

劳动合同被确认无效，劳动者已付出劳动的，用人单位应当向劳动者支付劳动报酬。劳动报酬的数额，参照本单位相同或者相近岗位劳动者的劳动报酬确定。

11.5.2 劳动合同的履行和变更

1. 劳动合同的履行

用人单位与劳动者应当按照劳动合同的约定，全面履行各自的义务。

用人单位应当按照劳动合同约定和国家规定，向劳动者及时足额支付劳动报酬。

用人单位拖欠或者未足额支付劳动报酬的，劳动者可以依法向当地人民法院申请支付令，人民法院应当依法发出支付令。

用人单位应当严格执行劳动定额标准，不得强迫或者变相强迫劳动者加班。用人单位安排加班的，应当按照国家有关规定向劳动者支付加班费。

劳动者拒绝用人单位管理人员违章指挥、强令冒险作业的，不视为违反劳动合同。

劳动者对危害生命安全和身体健康的劳动条件，有权对用人单位提出批评、检举和控告。

2. 劳动合同的变更

用人单位变更名称、法定代表人、主要负责人或者投资人等事项，不影响劳动合同的履行。

用人单位发生合并或者分立等情况，原劳动合同继续有效，劳动合同由承继其权利和义务的用人单位继续履行。

用人单位与劳动者协商一致，可以变更劳动合同约定的内容。变更劳动合同，应当采用书面形式。

变更后的劳动合同文本由用人单位和劳动者各执一份。

11.5.3 劳动合同的解除

用人单位与劳动者协商一致，可以解除劳动合同。用人单位向劳动者提出解除劳动合同并与劳动者协商一致解除劳动合同的，用人单位应当向劳动者给予经济补偿。

劳动者提前30日以书面形式通知用人单位，可以解除劳动合同。劳动者在试用期内提前3日通知用人单位，可以解除劳动合同。

1. 劳动者可以解除劳动合同的情形

《劳动合同法》规定，用人单位有下列情形之一的，劳动者可以解除劳动合同，用人单位应当向劳动者支付经济补偿：

1）未按照劳动合同约定提供劳动保护或者劳动条件的。

2）未及时足额支付劳动报酬的。

3）未依法为劳动者缴纳社会保险费的。

4）用人单位的规章制度违反法律、法规的规定，损害劳动者权益的。

5）因以欺诈、胁迫的手段或者乘人之危，使对方在违背真实意思的情况下订立或者变更劳动合同的规定的情形致使劳动合同无效的。

6）法律、行政法规规定劳动者可以解除劳动合同的其他情形。用人单位以暴力、威胁或者非法限制人身自由的手段强迫劳动者劳动的，或者用人单位违章指挥、强令冒险作业危及劳动者人身安全的，劳动者可以立即解除劳动合同，不需要事先告知用人单位。

2. 用人单位可以解除劳动合同的情形

用人单位单方解除劳动合同，应当事先将理由通知工会。用人单位违反法律、行政法规规定或者劳动合同约定的，工会有权要求用人单位纠正。用人单位应当研究工会的意见，并将处理结果书面通知工会。

除用人单位与劳动者协商一致，用人单位可以与劳动者解除合同外，下列情形，用人单位也可以与劳动者解除合同。

（1）随时解除　劳动者有下列情形之一的，用人单位可以解除劳动合同：

1）在试用期间被证明不符合录用条件的。

2）严重违反用人单位的规章制度的。

3）严重失职，营私舞弊，给用人单位造成重大损害的。

4）劳动者同时与其他用人单位建立劳动关系，对完成本单位的工作任务造成严重影响，或者经用人单位提出，拒不改正的。

5）因以欺诈、胁迫的手段或者乘人之危，使对方在违背真实意思的情况下订立或者变更劳动合同的情形致使劳动合同无效的。

6）被依法追究刑事责任的。

（2）预告解除　有下列情形之一的，用人单位提前30日以书面形式通知劳动者本人或者额外支付劳动者1个月工资后，可以解除劳动合同，用人单位应当向劳动者支付经济补偿：

1）劳动者患病或者非因工负伤，在规定的医疗期满后不能从事原工作，也不能从事由用人单位另行安排的工作的。

2）劳动者不能胜任工作，经过培训或者调整工作岗位，仍不能胜任工作的。

3）劳动合同订立时所依据的客观情况发生重大变化，致使劳动合同无法履行，经用人单位与劳动者协商，未能就变更劳动合同内容达成协议的。

用人单位依照此规定，选择额外支付劳动者1个月工资解除劳动合同的，其额外支付的工资应当按照该劳动者上1个月的工资标准确定。

（3）经济性裁员　有下列情形之一，需要裁减人员20人以上或者裁减不足20人但占企业职工总数10%以上的，用人单位提前30日向工会或者全体职工说明情况，听取工会或者职工的意见后，裁减人员方案经向劳动行政部门报告，可以裁减人员，用人单位应当向劳动者支付经济补偿：

1）依照企业破产法规定进行重整的。

2）生产经营发生严重困难的。

3）企业转产、重大技术革新或者经营方式调整，经变更劳动合同后，仍需裁减人员的。

4）其他因劳动合同订立时所依据的客观经济情况发生重大变化，致使劳动合同无法履行的。

裁减人员时，应当优先留用下列人员：

1）与本单位订立较长期限的固定期限劳动合同的。

2）与本单位订立无固定期限劳动合同的。

3）家庭无其他就业人员，有需要扶养的老人或者未成年人的。

用人单位依照规定裁减人员，在6个月内重新招用人员的，应当通知被裁减的人员，并在同等条件下优先招用被裁减的人员。

3. 用人单位不得解除劳动合同的情形

劳动者有下列情形之一的，用人单位不得解除劳动合同：

1）从事接触职业病危害作业的劳动者未进行离岗前职业健康检查，或者疑似职业病病人在诊断或者医学观察期间的。

2）在本单位患职业病或者因工负伤并被确认丧失或者部分丧失劳动能力的。

3）患病或者非因工负伤，在规定的医疗期内的。

4）女职工在孕期、产期、哺乳期的。

5）在本单位连续工作满15年，且距法定退休年龄不足5年的。

6）法律、行政法规规定的其他情形。

【例题1】 劳动者的下列情形中,用人单位可以随时解除劳动合同的是(　　)。
A. 在试用期后被证明不符合录用条件
B. 严重违反用人单位的规章制度
C. 被起诉有大量欠债
D. 经常生病不能从事岗位工作
【答案】 B

【例题2】 下列情形中,用人单位可以解除劳动合同的是(　　)。
A. 职工患病,在规定的医疗期内　　　B. 女职工在孕期内
C. 女职工在哺乳期内　　　　　　　　D. 在试用期间被证明不符合录用条件
【答案】 D

【例题3】 劳动合同履行过程中,劳动者不需事先告知用人单位,可以立即与用人单位解除劳动合同的情形有(　　)。
A. 在试用期内
B. 用人单位濒临破产
C. 用人单位未依法缴纳社会保险费
D. 用人单位违章指挥、强令冒险作业危及劳动者人身安全
E. 用人单位以暴力、威胁手段强迫劳动者劳动
【答案】 DE

【例题4】 用人单位可以解除劳动合同,但是应当提前30日以书面形式通知劳动者本人或者额外支付劳动者一个月工资的情况有(　　)。
A. 严重违反用人单位规章制度的
B. 劳动者患病或者非因工负伤,在规定的医疗期满后不能从事原工作,也不能从事由用人单位另行安排工作的
C. 严重失职,营私舞弊,对用人单位造成重大损害的
D. 劳动者不能胜任工作,经过培训或者调整工作岗位,仍不能胜任工作的
E. 劳动合同订立时所依据的客观情况发生重大变化,致使劳动合同无法履行,经当事人协商不能就变更劳动合同内容达成协议的
【答案】 BDE

11.5.4　劳动合同终止

《劳动合同法》规定,有下列情形之一的,劳动合同终止。用人单位与劳动者不得在《劳动合同法》规定的劳动合同终止情形之外约定其他的劳动合同终止条件:

1) 劳动者达到法定退休年龄的,劳动合同终止。
2) 劳动合同期满的。除用人单位维持或者提高劳动合同约定条件续订劳动合同,劳动者不同意续订的情形外,依照本项规定终止同定期限劳动合同的,用人单位应当向劳动者支付经济补偿。
3) 劳动者开始依法享受基本养老保险待遇的。
4) 劳动者死亡,或者被人民法院宣告死亡或者宣告失踪的。

5）用人单位被依法宣告破产的；依照本项规定终止劳动合同的，用人单位应当向劳动者支付经济补偿。

6）用人单位被吊销营业执照、责令关闭、撤销或者用人单位决定提前解散的；依照本项规定终止劳动合同的，用人单位应当向劳动者支付经济补偿。

7）法律、行政法规规定的其他情形。

11.5.5 终止劳动合同的经济补偿

1. 经济补偿的情形

（1）以完成一定工作任务为期限的劳动合同终止的补偿 以完成一定工作任务为期限的劳动合同因任务完成而终止的，用人单位应当依照规定向劳动者支付经济补偿。

（2）工伤职工的劳动合同终止的补偿 用人单位依法终止工伤职工的劳动合同的，除依照规定支付经济补偿外，还应当依照国家有关工伤保险的规定支付一次性工伤医疗补助金和伤残就业补助金。

（3）违反劳动合同法的规定解除或者终止劳动合同的补偿 用人单位违反劳动合同法的规定解除或者终止劳动合同，依照《劳动合同法》规定的经济补偿标准的2倍向劳动者支付赔偿金的，不再支付经济补偿。赔偿金的计算年限自用工之日起计算。

2. 补偿标准

经济补偿按劳动者在本单位工作的年限，每满1年支付1个月工资的标准向劳动者支付。6个月以上不满1年的，按1年计算；不满6个月的，向劳动者支付半个月工资的经济补偿。

劳动者月工资高于用人单位所在直辖市、设区的市级人民政府公布的本地区上年度职工月平均工资3倍的，向其支付经济补偿的标准按职工月平均工资3倍的数额支付，向其支付经济补偿的年限最高不超过12年。

月工资是指劳动者在劳动合同解除或者终止前12个月的平均工资。按照劳动者应得工资计算，包括计时工资或者计件工资以及奖金、津贴和补贴等货币性收入。劳动者在劳动合同解除或者终止前12个月的平均工资低于当地最低工资标准的，按照当地最低工资标准计算。劳动者工作不满12个月的，按照实际工作的月数计算平均工资。

11.5.6 违约与赔偿

用人单位违反《劳动合同法》规定解除或者终止劳动合同，劳动者要求继续履行劳动合同的，用人单位应当继续履行；劳动者不要求继续履行劳动合同或者劳动合同已经不能继续履行的，用人单位应当依照《劳动合同法》规定的经济补偿标准的2倍向劳动者支付赔偿金。

11.5.7 劳动争议的处理

2008年5月1日开始施行的《中华人民共和国劳动争议调解仲裁法》（简称《劳动争议调解仲裁法》）规定："发生劳动争议，当事人不愿协商、协商不成或者达成和解协议后不履行的，可以向调解组织申请调解；不愿调解、调解不成或者达成调解协议后不履行的，可以向劳动争议仲裁委员会申请仲裁；对仲裁裁决不服的，除本法另有规定的外，可以向人民法院提起诉讼。"

1. 协商解决

发生劳动争议，劳动者可以与用人单位协商，也可以请工会或者第三方共同与用人单位协商，达成和解协议。

2. 调解解决

发生劳动争议，当事人可以到下列调解组织申请调解：

1）企业劳动争议调解委员会。
2）依法设立的基层人民调解组织。
3）在乡镇、街道设立的具有劳动争议调解职能的组织。

经调解达成协议的，应当制作调解协议书。

调解协议书由双方当事人签名或者盖章，经调解员签名并加盖调解组织印章后生效，对双方当事人具有约束力，当事人应当履行。

自劳动争议调解组织收到调解申请之日起 15 日内未达成调解协议的，当事人可以依法申请仲裁。

达成调解协议后，一方当事人在协议约定期限内不履行调解协议的，另一方当事人可以依法申请仲裁。

因支付拖欠劳动报酬、工伤医疗费、经济补偿或者赔偿金事项达成调解协议，用人单位在协议约定期限内不履行的，劳动者可以持调解协议书依法向人民法院申请支付令。人民法院应当依法发出支付令。

3. 劳动争议仲裁

（1）劳动争议仲裁的原则

1）一次裁决原则。即劳动争议仲裁实行一次裁决制度，一次裁决即为终局裁决。当事人如不服仲裁裁决，只能依法向人民法院起诉，不得向上一级仲裁委员会申请复议或要求重新处理。

2）合议原则。仲裁庭裁决劳动争议案件，实行少数服从多数的原则。合议原则是民主集中制在仲裁工作中的体现，其目的是为了保证仲裁裁决的公正性。

3）强制原则。劳动争议仲裁实行强制原则，主要表现为：当事人申请仲裁无须双方达成一致协议，只要一方申请，仲裁委员会即可受理；在仲裁庭对争议调解不成时，无须得到当事人的同意，可直接行使裁决权；对发生法律效力的仲裁文书，可申请人民法院强制执行。

（2）劳动争议仲裁的申请与受理

1）申请。劳动争议申请仲裁的时效期间为一年。仲裁时效期间从当事人知道或者应当知道其权利被侵害之日起计算。

仲裁时效，因当事人一方向对方当事人主张权利，或者向有关部门请求权利救济，或者对方当事人同意履行义务而中断。从中断时起，仲裁时效期间重新计算。

因不可抗力或者有其他正当理由，当事人不能在规定的仲裁时效期间申请仲裁的，仲裁时效中止。从中止时效的原因消除之日起，仲裁时效期间继续计算。

劳动关系存续期间因拖欠劳动报酬发生争议的，劳动者申请仲裁不受规定的仲裁时效期间的限制；但是，劳动关系终止的，应当自劳动关系终止之日起 1 年内提出。

申请人申请仲裁应当提交书面仲裁申请。

2) 受理。劳动争议仲裁委员会收到仲裁申请之日起 5 日内，认为符合受理条件的，应当受理，并通知申请人；认为不符合受理条件的，应当书面通知申请人不予受理，并说明理由。对劳动争议仲裁委员会不予受理或者逾期未做出决定的，申请人可以就该劳动争议事项向人民法院提起诉讼。

被申请人收到仲裁申请书副本后，应当在 10 日内向劳动争议仲裁委员会提交答辩书。劳动争议仲裁委员会收到答辩书后，应当在 5 日内将答辩书副本送达申请人。被申请人未提交答辩书的，不影响仲裁程序的进行。

(3) 审理　申请人收到书面通知，无正当理由拒不到庭或者未经仲裁庭同意中途退庭的，可以视为撤回仲裁申请。被申请人收到书面通知，无正当理由拒不到庭或者未经仲裁庭同意中途退庭的，可以缺席裁决。

仲裁庭裁决劳动争议案件，应当自劳动争议仲裁委员会受理仲裁申请之日起 45 日内结束。案情复杂需要延期的，经劳动争议仲裁委员会主任批准，可以延期并书面通知当事人，但是延长期限不得超过 15 日。逾期未做出仲裁裁决的，当事人可以就该劳动争议事项向人民法院提起诉讼。

(4) 执行　当事人对仲裁裁决不服的，自收到裁决书之日起 15 日内，可以向人民法院起诉；期满不起诉的，裁决书即发生法律效力。但是，下列劳动争议，除《劳动争议调解仲裁法》另有规定的外，仲裁裁决为终局裁决，裁决书自做出之日起发生法律效力：

1) 追索劳动报酬、工伤医疗费、经济补偿或者赔偿金，不超过当地月最低工资标准 12 个月金额的争议。

2) 因执行国家的劳动标准在工作时间、休息休假、社会保险等方面发生的争议。

当事人对发生法律效力的调解书和裁决书，应当依照规定的期限履行。一方当事人逾期不履行的，另一方当事人可以依照民事诉讼法的有关规定向人民法院申请强制执行。

4. 诉讼

人民法院受理劳动争议案件的条件有两个：其一是争议案件已经过劳动争议仲裁委员会仲裁；其二是争议案件的当事人在接到仲裁决定书之日起 15 日内向法院提起。人民法院处理劳动争议适用《民事诉讼法》规定的程序，由各级人民法院民庭受理，实行两审终审。

11.6 建设档案管理法规

11.6.1 档案法概述

1987 年 9 月 5 日第六届全国人大常委会第二十二次会议通过了《中华人民共和国档案法》（简称《档案法》），本法于 1996 年、2016 年两次修正。

依据《档案法》，2014 年 7 月 13 日住房和城乡建设部发布《建设工程文件归档规范》，编号为 GB/T 50328—2014，自 2015 年 5 月 1 日起实施，原《建设工程文件归档整理规范》（GB/T 50328—2001）同时废止。

为了加强重大建设项目档案管理，规范建设项目档案专项验收工作，使档案工作更好地为建设项目的建设、运行和管理服务，2006 年 6 月 14 日，国家档案局和国家发改委根据《档案法》及有关规定，联合制定了《重大建设项目档案验收办法》，该办法对重大建设项目档案验收的组织、验收申请和验收要求都做出了更具体的规定。

2019年3月13日住房和城乡建设部修改了《城市建设档案管理规定》《城市地下管线工程档案管理办法》。

11.6.2 建设工程档案相关术语

(1) 建设工程 指经批准按照一个总体设计进行施工，经济上实行统一核算，行政上具有独立组织形式，实行统一管理的建设工程基本单位。它由一个或若干个具有内在联系的单位工程所组成。

(2) 建设工程文件 指在工程建设过程中形成的各种形式的信息记录，包括工程准备阶段文件、监理文件、施工文件、竣工图和竣工验收文件，简称为工程文件。

(3) 工程准备阶段文件 指工程开工以前，在立项、审批、征地、勘察、设计、招标投标等工程准备阶段形成的文件。

(4) 监理文件 指监理单位在工程设计、施工等监理过程中形成的文件。

(5) 施工文件 指施工单位在施工过程中形成的文件。

(6) 竣工图 指工程竣工验收后，真实反映建设工程项目施工结果的图样。

(7) 竣工验收文件 指建设工程项目竣工验收活动中形成的文件。

(8) 建设工程档案 指在工程建设活动中直接形成的具有归档保存价值的文字、图表、声像等各种形式的历史记录，也可简称工程档案。

(9) 建设工电子文件 指在工程建设过程中通过数字设备及环境生成，以数码形式存储于磁带、磁盘或光盘等载体，依赖计算机等数字设备阅读、处理，并可在通信网络上传送的文件。

(10) 建设工程电子档案 指在工程建设过程中形成的，具有参考和利用价值并作为档案保存的电子文件及其元数据。

(11) 建设工程声像档案 指记录工程建设活动，具有保存价值的，用照片、影片、录音带、录像带、光盘、硬盘等记载的声音、图片和影像等历史记录。

(12) 案卷 指由互有联系的若干文件组成的档案保管单位。

(13) 立卷 指按照一定的原则和方法，将有保存价值的文件分门别类地整理成案卷，也称组卷。

(14) 归档 指文件形成部门或形成单位完成其工作任务后，将形成的文件整理立卷后，按规定向本单位档案室或向城建档案管理机构移交的过程。

(15) 城建档案管理机构 指管理本地区城建档案工作的专门机构，以及接收、收集、保管和提供利用城建档案的城建档案馆、城建档案室。

(16) 永久保管 工程档案保管期限的一种，指工程档案无限期地、尽可能长远地保存下去。

(17) 长期保管 工程档案保管期限的一种，指工程档案保存到该工程被彻底拆除。

(18) 短期保管 工程档案保管期限的一种，指工程档案保存10年以下。

11.6.3 应归档的建设工程文件

根据《建设工程文件归档规范》（GB/T 50328—2014），应当归档的建设工程文件主要包括以下内容。

1. 工程准备阶段文件（A 类）

（1）立项文件

1）项目建议书批复文件及项目建议书。

2）可行性研究报告批复文件及可行性研究报告。

3）专家论证意见、项目评估文件。

4）关于立项的会议纪要、领导批示。

（2）建设用地、拆迁文件

1）选址申请及选址规划意见通知书。

2）建设用地批准书。

3）拆迁安置意见、协议、方案等。

4）建设用地规划许可证及其附件。

5）土地使用证明文件及其附件。

6）建设用地钉桩通知单。

（3）勘察、设计文件

1）工程地质勘察报告。

2）水文地质勘察报告。

3）初步设计文件（说明书）。

4）设计方案审查意见。

5）人防、环保、消防等有关主管部门（对设计方案）审查意见。

6）设计计算书。

7）施工图设计文件审查意见。

8）节能设计备案文件。

（4）招标投标文件

1）勘察、设计招标投标文件。

2）勘察、设计合同。

3）施工招投标文件。

4）施工合同。

5）工程监理招投标文件。

6）监理合同。

（5）开工审批文件

1）建设工程规划许可证及其附件。

2）建设工程施工许可证。

（6）工程造价文件

1）工程投资估算材料。

2）工程设计概算材料。

3）招标控制价格文件。

4）合同价格文件。

5）结算价格文件。

(7) 工程建设基本信息
1) 工程概况信息表。
2) 建设单位工程项目负责人及现场管理人员名册。
3) 监理单位工程项目总监及监理人员名册。
4) 施工单位工程项目经理及质量管理人员名册。

2. 监理文件（B类）

(1) 监理管理文件
1) 监理规划。
2) 监理实施细则。
3) 监理月报。
4) 监理会议纪要。
5) 建立工作日志。
6) 监理工作总结。
7) 工作联系单。
8) 监理工程师通知。
9) 监理工程师通知回复单。
10) 工程暂停令。
11) 工程复工报审表。

(2) 进度控制文件
1) 工程开工报审表。
2) 施工进度计划报审表。

(3) 质量控制文件
1) 质量事故报告及处理资料。
2) 旁站监理记录。
3) 见证取样和送检人员备案表。
4) 见证记录。
5) 工程技术文件报审表。

(4) 造价控制文件
1) 工程款支付。
2) 工程款支付证书。
3) 工程变更费用报审表。
4) 费用索赔申请表。
5) 费用索赔审批表。

(5) 工期管理文件
1) 工程延期申请表。
2) 工程延期审批表。

(6) 监理验收文件
1) 竣工移交证书。

2）监理资料移交书。

3. 施工文件（C 类）

(1) 施工管理文件

1）工程概况表。

2）施工现场质量管理检查记录。

3）企业资质证书及相关专业人员岗位证书。

4）分包单位资质报审表。

5）建设单位质量事故勘查记录。

6）建设工程质量事故报告书。

7）施工检测计划。

8）见证试验检测汇总表。

9）施工日志。

(2) 施工技术文件

1）工程技术文件报审表。

2）施工组织设计及施工方案。

3）危险性较大分部分项工程施工方案。

4）技术交底记录。

5）图纸会审记录。

6）工程洽商记录（技术核定单）。

(3) 进度造价文件

1）工程开工报审表。

2）工程复工报审表。

3）施工进度计划报审表。

4）施工进度计划。

5）人、机、料动态表。

6）工程延期申请表。

7）工程款支付申请表。

8）工程变更费用报审表。

9）费用索赔申请表。

(4) 施工物资出厂质量证明及进场检测文件 具体如下：

1）出厂质量证明文件及检测报告。

2）进场检验通用表格。

3）进场复试报告。

(5) 施工记录文件（略）

(6) 施工试验记录及检测文件（略）

(7) 施工质量验收记录（略）

(8) 施工验收文件

1）单位（子单位）工程竣工预验收报验表。

2) 单位（子单位）工程质量竣工验收记录。
3) 单位（子单位）工程质量控制资料核查记录。
4) 单位（子单位）工程安全和功能检验资料核查及主要功能抽查记录。
5) 单位（子单位）工程观感质量检查记录。
6) 施工资料移交书。
7) 其他施工验收文件。

4. 竣工图（D类）（略）

5. 工程竣工验收文件（E类）

(1) 竣工验收与备案文件
1) 勘察单位工程质量检查报告。
2) 设计单位工程质量检查报告。
3) 施工单位工程竣工报告。
4) 监理单位工程质量评估报告。
5) 工程竣工验收报告。
6) 工程竣工验收会议纪要。
7) 专家组竣工验收意见。
8) 工程竣工验收证书。
9) 规划、消防、环保、民防、防雷等部门出具的认可文件或准许使用文件。
10) 房屋建筑工程质量保修书。
11) 住宅质量保证书、住宅使用说明书。
12) 建设工程竣工验收备案表。
13) 建设工程档案预验收意见。
14) 城市建设档案移交书。

(2) 竣工决算文件
1) 施工决算文件。
2) 监理决算文件。

(3) 工程声像资料等
1) 开工前原貌、施工阶段、竣工新貌照片。
2) 工程建设过程的录音、录像资料（重大工程）。

11.6.4 建设工程文件归档整理基本规定

1) 工程文件中的形成和积累应纳入工程建设管理的各个环节和有关人员的职责范围。
2) 在工程文件与档案的整理、归档、验收、移交工作中，建设单位应履行下列职责：

a. 在工程招标及勘察、设计、施工、监理等单位签订协议、合同时，应明确竣工图的编制单位、工程档案的编制套数、编制费用及承担单位、工程档案的质量要求和移交时间等内容。

b. 收集和整理工程准备阶段形成的文件，并进行立卷归档。

c. 组织、监督和检查勘察、设计、施工、监理等单位的工程文件的形成、积累和立卷归档工作。

d. 收集和汇总勘察、设计、施工、监理等单位立卷归档的工程档案。

e. 收集和整理竣工验收文件，并进行立卷归档。

f. 在组织工程竣工验收前，提请当地的城建档案管理机构对工程档案进行预验收；未取得工程档案验收认可文件，不得组织工程竣工验收。

g. 对列入城建档案管理机构接收范围的工程，工程竣工验收后3个月内，应向当地城建档案管理机构移交一套符合规定的工程档案。

3）勘察、设计、施工、监理等单位应将本单位形成的工程文件立卷后向建设单位移交。

4）建设工程项目实行总承包的，总包单位负责收集、汇总各分包单位形成的工程档案，并应及时向建设单位移交；各分包单位应将本单位形成的工程文件整理、立卷后及时移交总包单位。建设工程项目由几个单位承包的，各承包单位负责收集、整理立卷其承包项目的工程文件，并应及时向建设单位移交。

5）城建档案管理机构应对工程文件的立卷归档工作进行监督、检查、指导。在工程竣工验收前，应对工程档案进行预验收，验收合格后，必须出具工程档案认可文件。2019年3月13日，住房和城乡建设部修改了《城市建设档案管理规定》和《城市地下管线工程档案管理办法》。将《城市建设档案管理规定》第八条"列入城建档案馆档案接收范围的工程，建设单位在组织竣工验收前，应当提请城建档案管理机构对工程档案进行预验收。预验收合格后，由城建档案管理机构出具工程档案认可文件"修改为"列入城建档案馆档案接收范围的工程，城建档案管理机构按照建设工程竣工联合验收的规定对工程档案进行验收"。删去第九条，即"建设单位在取得工程档案认可文件后，方可组织工程竣工验收。建设行政主管部门在办理竣工验收备案时，应当查验工程档案认可文件"。

11.6.5 工程文件的归档文件范围及质量要求

1. 收集齐全

对与工程建设有关的重要活动、记载工程建设主要过程和现状、具有保存价值的各种载体的文件，均应收集齐全，整理立卷后归档。

工程文件的具体归档范围应符合《建设工程文件归档规范》的要求。

声像资料的归档范围和质量要求应符合现行行业标准《城建档案业务规范》（CJJ/T 158）的要求。

2. 归档文件质量要求

归档的纸质工程文件应为原件。

工程文件的内容及其深度必须符合国家有关工程勘察、设计、施工、监理等标准的规定。

工程文件的内容必须真实、准确，与工程实际相符合。

工程文件应采用碳素墨水、蓝黑墨水等耐久性强的书写材料，不得使用红色墨水、纯蓝墨水、圆珠笔、复写纸、铅笔等易褪色的书写材料。计算机输出文字和图件应使用激光打印机，不应使用色带式打印机、水性墨打印机和热敏打印机。

工程文件应字迹清楚，图样清晰，图表整洁，签字盖章手续应完备。

工程文件中文字材料幅面尺寸规格宜为A4幅面（297mm×210mm）。图纸宜采用国家标准图幅。

工程文件的纸张应采用能够长期保存的韧力大、耐久性强的纸张。

3. 所有竣工图均应加盖竣工图章

竣工图章的基本内容应包括："竣工图"字样、施工单位、编制人、审核人、技术负责人、编制日期、监理单位、现场监理、总监。

竣工图章尺寸应为：50mm×80mm。

竣工图章应使用不易褪色的印泥，应盖在图标栏上方空白处。

竣工图的绘制与改绘应符合国家现行有关制图标准的规定。

归档的建设工程电子文件应采用工程电子文件存储格式表格式或通用格式进行存储。专用软件产生的非通用格式的电子文件应转换成通用格式。

归档的建设工程电子文件应包含元数据，保证文件的完整性和有效性。元数据应符合现行行业标准《建设电子档案元数据标准》（CJJ/T 187）的规定。

归档的建设工程电子文件应采用电子签名等手段，所载内容应真实和可靠。

归档的建设工程电子文件的内容必须与其纸质档案一致。

离线归档的建设工程电子档案载体，应采用一次性写入光盘，光盘不应有磨损、划伤。

存储移交电子档案的载体应经过检测，应无病毒、无数据读写故障，并应确保接收方能通过适当设备读出数据。

11.6.6 工程文件的归档要求

1）归档文件范围和质量应符合《建设工程文件归档规范》规定。归档的文件必须经过分类整理，并应符合《建设工程文件归档规范》的规定。

2）电子文件归档应包括在线式归档和离线式归档两种方式。可根据实际情况选择其中一种或两种方式进行归档。

3）归档的时间应符合下列规定：

a. 根据建设程序和工程特点，归档可以分阶段分期进行，也可以在单位或分部工程通过竣工验收后进行。

b. 勘察、设计单位应当在任务完成时，施工、监理单位应当在工程竣工验收前，将各自形成的有关工程档案向建设单位归档。

c. 勘察、设计、施工单位在收齐工程文件并整理立卷后，建设单位、监理单位应根据城建档案管理机构的要求对档案文件完整、准确、系统情况和案卷质量进行审查。审查合格后向建设单位移交。

d. 工程档案一般不少于两套，一套由建设单位保管，一套（原件）移交当地城建档案馆（室）。

e. 勘察、设计、施工、监理等单位向建设单位移交档案时，应编制移交清单，双方签字、盖章后方可交接。

f. 设计、施工及监理单位需要向本单位归档的文件，应按国家有关规定和《建设工程文件归档整理规范》附录A、附录B的要求立卷归档。

11.6.7 工程档案的验收与移交

《建设工程质量管理条例》规定："建设单位应当严格按照国家有关档案管理的规定，及时收集、整理建设项目各环节的文件资料，建立、健全建设项目档案，并在建设工程竣工验收后，及时向建设行政主管部门或者其他有关部门移交建设项目档案。"

《建设工程文件归档规范》有如下规定：

1）列入城建档案管理机构档案接收范围的工程，竣工验收前，城建档案管理机构应对工程档案进行预验收。

2）城建档案管理机构在进行工程档案预验收时，应查验下列主要内容：①工程档案齐全、系统、完整，全面反映工程建设活动和工程实际状况；②工程档案已整理立卷，立卷符合本规范的规定；③竣工图绘制方法、图式及规格等符合专业技术要求，图面整洁，盖有竣工图章；④文件的形成、来源符合实际，要求单位或个人签章的文件，其签章手续完备；⑤文件材质、幅面、书写、绘图、用墨、托裱等符合要求；⑥电子档案格式、载体等符合要求；⑦声像档案内容、质量、格式符合要求。

3）列入城建档案管理机构接收范围的工程，建设单位在工程竣工验收后3个月内，必须向城建档案管理机构移交一套符合规定的工程档案。

4）停建、缓建建设工程的档案，可暂由建设单位保管。

5）对改建、扩建和维修工程，建设单位应当组织设计、施工单位对改变的部位据实编制工程档案，并在工程竣工验收后3个月内向城建档案管理机构移交。

6）建设单位向城建档案管理机构移交工程档案时，应提交移交案卷目录，办理移交手续，双方签字、盖章后方可交接。

【案例 11-4】

某大厦是一座现代化的智能型建筑，框架剪力墙结构，地下3层，地上28层，建筑面积5.8万 m²，施工总承包单位是该市第三建筑公司，由于该工程设备先进，要求高，因此，该公司将机电设备安装工程分包给具有相应资质的某大型安装公司。在工程档案归档中，发生以下事件：

事件一：安装公司将机电设备分包部分的竣工资料直接交给监理单位。

事件二：发包人要求设计、监理及施工总承包单位将工程档案直接移交给市档案馆。

【问题】

(1) 事件一的做法是否妥当？为什么？
(2) 事件二的做法是否妥当？为什么？

【分析】

(1) 不妥。因为，建设工程项目实行总承包的，总包单位负责收集、汇总各分包单位形成的工程档案，并应及时向建设单位移交；各分包单位应将本单位形成的工程文件，整理、立卷后及时移交总包单位。

(2) 不妥。因为，建设单位应收集和汇总勘察、设计、施工、监理等单位立卷归档的工程档案，并向当地档案馆（室）移交一套符合规定的工程档案。

【案例 11-5】

张某2004年12月1日加入深圳某公司担任工程师职务，公司与张某每年均签订一份一年期的劳动合同，最后两次签订的劳动合同期限分别为2007年12月1日~2008年11月30

及 2008 年 12 月 1 日~2009 年 11 月 30 日，张某月平均工资为 7000 元。2009 年 11 月 30 日，公司通知张某终止劳动合同，不再续订，告知张某公司将支付两个月工资的经济补偿即 14000 元。但张某认为自己是 2004 年 12 月 1 日入职的，公司应当支付经济补偿 35000 元（7000 元×5），公司不同意，双方发生纠纷。

【问题】

经济补偿应如何计算？

【分析】

本案中公司支付经济补偿的年限从张某入职日开始计算还是从 2008 年 1 月 1 日《劳动合同法》实施之日开始计算？依据《劳动合同法》的规定，应当从 2008 年 1 月 1 日开始计算。劳动部 1995 年 8 月 4 日发布的《关于贯彻执行〈中华人民共和国劳动法〉若干问题的意见》第三十八条规定，劳动合同期满或者当事人约定的劳动合同终止条件出现，劳动合同即行终止，用人单位可不支付劳动者经济补偿金。2008 年 1 月 1 日起施行的《劳动合同法》第四十六和第四十七条规定，终止固定期限劳动合同的，除用人单位维持或者提高劳动合同约定条件续订劳动合同，劳动者不同意续订的情形外，用人单位应当向劳动者支付经济补偿，经济补偿按劳动者在本单位工作的年限，每满 1 年支付 1 个月工资的标准向劳动者支付。6 个月以上不满 1 年的，按 1 年计算；不满 6 个月的，向劳动者支付半个月工资的经济补偿。由此可见，固定期限劳动合同终止需支付经济补偿是《劳动合同法》的最新规定，根据法不溯及既往原则，《劳动合同法》第九十七条第三款规定，该法施行之日存续的劳动合同在该法施行后解除或者终止，依照该法第四十六条规定应当支付经济补偿的，经济补偿年限自该法施行之日起计算；该法施行前按照当时有关规定，用人单位应当向劳动者支付经济补偿的，按照当时有关规定执行。本案中公司与张某的劳动合同于 2009 年 11 月 30 日终止，公司支付经济补偿的年限从 2008 年 1 月 1 日开始计算，至 2009 年 11 月 30 日超过一年半不足两年，因此，应该向劳动者支付两个月工资的经济补偿，张某 2004 年 12 月至 2007 年 12 月 31 日之间的工作年限，不能适用《劳动合同法》的规定，只能适用《劳动法》的相关规定，根据劳动部《关于贯彻执行〈中华人民共和国劳动法〉若干问题的意见》，劳动合同终止的，用人单位可不支付劳动者经济补偿金，因此，对该段工作年限，公司可不支付经济补偿金。有些劳动者对《劳动合同法》的规定发生误解，认为是《劳动合同法》的规定将其 2008 年 1 月 1 日之前的工作年限"清零"了，这是不对的，2008 年 1 月 1 日之前的工作年限按照《劳动法》的规定本来就不计经济补偿，《劳动合同法》并未改变原来的规定。

【案例 11-6】

李某是一公司的管理人员，已经工作 5 年。2009 年 12 月 31 日，她与公司之间的劳动合同到期，公司征求李某关于续订劳动合同的意见，李某觉得在该公司发展空间不大，想年后再去找一个好一点的公司，因此，答复公司决定终止劳动合同，不再续订。

【问题】

李某能否获得劳动合同终止的经济补偿？

【分析】

依据《劳动合同法》第四十六条的规定，用人单位维持或者提高劳动合同约定条件续订劳动合同，劳动者不同意续订的，用人单位可不支付经济补偿。本案中用人单位在征求李某续订劳动合同的意思表示时，李某明确答复不再续订劳动合同，因此，公司可不支付终止劳动合同的经济补偿金。这里需注意，如果用人单位降低了原劳动合同约定的条件，导致劳动者不愿意续订的，用人单位不能免除支付经济补偿的义务。比如，用人单位增加劳动者的工作量，但是劳动报酬不变，这实际上是变相降低了原劳动合同约定的条件，还比如用人单位要求降低工资，劳动者不同意而不续订劳动合同，用人单位均需支付经济补偿。

本章习题

一、单选题

1. 建设占用土地，涉及农用地转为建设用地的，应当办理农用地（　　）审批手续。
   A. 征用　　　　　　　　　　B. 转让
   C. 转用　　　　　　　　　　D. 划拨

2. 下列各类土地中，不属于国有土地的是（　　）。
   A. 被依法征用后的土地
   B. 依法不属于集体所有的林地、草地、荒地、滩涂
   C. 城市市区的土地
   D. 农民宅基地

3. 某开发公司开发一项目，需征用土地30hm^2，为保证该项目的整体性，需征永久用基本农田内的耕地103hm^2，那么，这一项目的土地批准权为（　　）。
   A. 省级政府
   B. 国务院
   C. 项目所在的地县政府
   D. 项目所在的市政府

4. 按照国家工程建筑消防技术标准需要进行消防设计的建筑工程，建设单位应当将建筑工程的消防设计文件报送（　　）审查。
   A. 住房城乡建设主管部门
   B. 公安消防机构
   C. 消防检测机构
   D. 质量监督机构

5. 根据《劳动合同法》，劳动者的下列情形中，用人单位不得解除劳动合同的是（　　）。
   A. 在试用期间被证明不符合录用条件的
   B. 严重违反用人单位
   C. 患病或非因工负伤，在规定的医疗期内的
   D. 被依法追究刑事责任的

6. 劳动者可以立即解除劳动合同且无须事先告知用人单位的情形是（　　）。

A. 用人单位未按照劳动合同约定提供劳动保护或者劳动条件
B. 用人单位以暴力、威胁或者非法限制人身自由的手段强迫劳动者劳动
C. 用人单位未及时足额支付劳动报酬
D. 用人单位制定的规章制度违反法律、法规的规定，损害劳动者的权益

7. 张某因不能胜任工作，公司经理办公会研究决定，从 8 月 1 日起解除与张某的劳动合同。根据《劳动法》的规定，该公司最迟应于(　　)前以书面形式通知张某。

A. 6 月 1 日　　　　　　　　　　B. 6 月 16 日
C. 7 月 2 日　　　　　　　　　　D. 7 月 16 日

8. 根据《劳动合同法》的规定，下列表述中不符合试用期规定的是(　　)。
A. 劳动合同的期限在 3 个月以下的，可以不做试用期的约定
B. 劳动合同的期限在 3 个月以上不满 1 年的，试用期不得超过 1 个月
C. 劳动合同的期限在 1 年以上不满 3 年的，试用期不得超过 2 个月
D. 劳动合同的期限在 3 年以上的，试用期不得超过 6 个月

二、多选题

1. 下列关于我国土地制度的表述中，正确的有(　　)。
A. 全部土地都为社会主义公有
B. 大部分土地为社会主义公有，少部分土地为私有
C. 城市市区的土地属于国家所有
D. 农村和城市郊区的土地一般属于农村集体经济组织所有
E. 农村宅基地、自留地、自留山可以属于农民（农户）私有

2. 下列选项中，用人单位可以单方解除合同的情形包括(　　)。
A. 劳动者在试用期内迟到、早退、不符合录用条件
B. 劳动者因为犯盗窃罪，被依法追究刑事责任
C. 劳动者因工负伤，成为残疾人
D. 劳动者同时与其他用人单位签订了劳动合同且不愿改正
E. 用人单位经济性裁员

3. 下列关于工程文件与档案的整理立卷、验收移交要求的说法，符合《建设工程文件归档规范》的有(　　)。
A. 在工程招标及与勘察、设计、施工、监理等单位签订协议、合同时，应明确竣工图的编制单位、工程档案的编制套数、编制费用及承担单位、工程档案的质量要求和移交时间等内容
B. 建设工程项目由几个单位承包的，各承包单位形成的文件由主要施工任务的施工单位收集、整理立卷，并及时向建设单位移交
C. 列入城建档案馆接收范围的工程，城建档案馆按照建设工程联合验收的规定对工程档案进行验收
D. 工程竣工后 3 个月内，建设单位向当地城建档案管理机构移交工程档案
E. 建设工程实行总承包的，各分包单位汇总手里的档案直接向建设单位移交

4. 某建设项目实行施工总承包，总承包单位将该建设项目依法分包，则关于工程

档案的整理、移交，下列说法中正确的有( )。

A. 总承包单位负责汇总各分包单位形成的工程档案，整理无误后向城建档案馆移交
B. 分包单位自行整理本单位形成的工程文件，并向总承包单位移交
C. 建设单位负责对档案文件的审查，审查合格后向城建档案馆移交
D. 勘察、设计等单位立卷归档后，向总承包单位移交
E. 分包单位自行整理的工程文件由本单位档案管理部门保存，不向其他单位移交

第12章 建设工程纠纷的解决方式及法律责任

建设工程纠纷是指在工程建设过程中，有关当事人对建设过程中的权利和义务产生了不同的理解，进而使得当事人之间以及当事人与有关行政管理机关之间所产生的纠纷。就工程建设当事人与有关行政管理机关而言，其纠纷主要体现为工程当事人不服相关行政机关的处罚，进而产生的分歧。就工程建设当事人之间，其纠纷主要表现在合同履行上。

在工程建设的过程中，纠纷是普遍存在的，因此在工程建设过程中需要通过正确的法律途径和一套完善的程序来规范建设工程市场，及时处理纠纷，以维护当事人的权益，为工程建设的顺利进行和社会良好的经济秩序提供稳固的保障。就工程当事人和有关行政机关间的争议，主要通过行政复议和行政诉讼来解决。就工程当事人间的争议，主要的处理办法有和解、调解、争议评审、仲裁和诉讼。

12.1 建设工程纠纷的解决方式

12.1.1 和解

和解是指当事人在自愿互谅的基础上，就已经发生的争议进行协商并达成协议，自行解决争议的一种方式。

和解达成的协议不具有强制执行的效力。但是可以成为原合同的补充部分。当事人不按照和解达成的协议执行，另一方当事人不可以申请强制执行，但是却可以追究其违约责任。

和解的应用很灵活，可以在多种情形下达成和解协议。

(1) 诉讼前的和解　诉讼前和解是指当事人之间就争议的事项，自愿达成协议、解决纠纷。

(2) 诉讼中的和解　诉讼中的和解在法院做出判决前，当事人都可以进行。诉讼阶段的和解没有法律效力。当事人和解后，可以请求法院调解，制作调解书，经当事人签名盖章产生法律效力。

(3) 执行中的和解　执行中的和解是在发生法律效力的民事判决、裁定后，法院在执行中，当事人互相协商，达成协议，解决双方的争执。

《民事诉讼法》规定，在执行中，双方当事人自行和解达成协议的，执行员应当将协议内容记入笔录，由双方当事人签名或者盖章。一方当事人不履行和解协议的，人民法院可以根据对方当事人的申请，恢复对原生效法律文书的执行。

(4) 仲裁中的和解 《仲裁法》规定，当事人申请仲裁后，可以自行和解。

和解是双方当事人的自愿行为，不需要仲裁庭的参与。达成和解协议的，可以请求仲裁庭根据和解协议做出裁决书，也可以撤回仲裁申请。当事人达成和解协议，撤回仲裁申请后又反悔的，可以根据原仲裁协议重新申请仲裁。

【例题1】 和解( )进行。
A. 可以在民事纠纷的任何阶段 B. 只能在诉讼阶段
C. 只能在诉讼之前 D. 只能在诉讼之后
【答案】 A
【例题2】 下列关于和解的说法，错误的是( )。
A. 和解是当事人自行解决争议的一种方式
B. 当事人在申请仲裁或提起民事诉讼后仍然可以和解
C. 和解协议具有强制执行的效力
D. 和解可以发生在民事诉讼的任何阶段
【答案】 C
【解析】 本题考查的是民事纠纷的法律解决途径。和解达成的协调不具有强制执行力，性质上属当事人之间的约定，只相当于签订了一个补充协议。

12.1.2 调解

1. 调解的概念

调解是指第三人（即调解人）应纠纷当事人的请求，依法或依合同约定，对双方当事人进行说服教育，居中调停，使其在互相谅解、互相让步的基础上解决其纠纷的一种途径。

和解与调解的区别在于：和解是当事人之间自愿协商，达成协议，没有第三人参加，而调解是在第三人主持下进行疏导、劝说，使之相互谅解，自愿达成协议。

2. 调解的形式

(1) 民间调解 这类调解是指在当事人以外的第三人或组织的主持下，通过相互谅解，使纠纷得到解决的方式。民间调解达成的协议不具有强制约束力。

(2) 行政调解 这类调解是指在有关行政机关的主持下，依据相关法律、行政法规、规章及政策，处理纠纷的方式。行政调解达成的协议也不具有强制约束力。

(3) 法院调解 法院调解是指在人民法院的主持下，在双方当事人自愿的基础上，以制作调解书的形式，从而解决纠纷的方式。调解书经双方当事人签收后，即具有法律效力。

(4) 仲裁调解 仲裁调解是指仲裁庭在做出裁决前进行调解的解决纠纷的方式。当事人自愿调解的，仲裁庭应当调解。仲裁调解达成协议，仲裁庭应当制作调解书或者根据协议的结果制作裁决书。调解书与裁决书具有同等法律效力，调解书经双方当事人签收后即发生法律效力。

【例题3】
下列纠纷解决途径中，可以获得具有强制执行效力的法律文书是( )。
A. 诉讼 B. 法院调解 C. 和解 D. 行政调解 E. 仲裁
【答案】 ABE

12.1.3 争议评审

建设工程争议评审（以下称争议评审），是指在工程开始时或工程进行过程中当事人选择的独立于任何一方当事人的争议评审专家（通常是3人，小型工程1人）组成评审小组，就当事人发生的争议及时提出解决问题的建议或者做出决定的实时争议解决方式。

争议评审制度起于美国，其概念在20世纪60年代美国华盛顿州Boundary大坝工程中首次应用，当时的联合国技术咨询组针对一些争议问题提出了建议。建设工程争议评审委员会（现称DRB）制度最早在1975年美国科罗拉多州艾森豪威尔隧道工程中采用，取得成功。美国由14个建筑业有关机构和代表组成的美国建筑业争议解决委员会，协助美国仲裁委员会（AAA）指定了一种可供建筑业选择使用的非诉讼纠纷解决程序（简称ADR）。

1995年1月，世界银行开始在其招标文件中强制要求有其贷款的项目必须采用争议评审制度。同年，国际咨询工程师协会在《设计–建造与交钥匙工程合同条件》中提出了"评审争议"的概念，并相继在其他类型合同条件中引入"评审争议"机制。

2007年11月1日国家发改委、建设部、信息产业部等9部门联合颁布了《中华人民共和国标准施工招标文件》，其中"通用合同条款"的争议解决条款部分规定了争议评审内容，即当事人之间的争议在提交仲裁或者在诉讼前可以申请专家组成的评审组进行评审。

《中华人民共和国标准施工招标文件》中规定，采用争议评审的，发包人和承包人应在开工日后的28天内或在争议发生后，协商成立争议评审组。争议评审组由有合同管理和工程实践经验的专家组成。

发包人和承包人接受评审意见的，由监理人根据评审意见拟定执行协议。经争议双方签字后作为合同的补充文件，并遵照执行。发包人或承包人不接受评审意见，并要求提交仲裁或提起诉讼的，应在收到评审意见后的14天内将仲裁或起诉意向书面通知另一方，并抄送监理人。但在仲裁或诉讼结束前应暂按总监理工程师的确定执行。

《建设工程施工合同（示范文本）》参照FIDIC合同条件中的"争端裁决委员会"（DAB）和"争议评审委员会"（DRB）制度，并结合我国工程管理实际，提出了专家解决工程争端的"争议评审"制度。通用条款约定，合同当事人可以共同选择一名或三名争议评审员，组成争议评审小组。合同当事人可在任何时间将与合同有关的任何争议共同提请争议评审小组进行评审。争议评审小组做出的书面决定经合同当事人签字确认后，对双方具有约束力，双方应遵照执行。任何一方当事人不接受争议评审小组决定或不履行争议评审小组决定的，双方可选择采用其他争议解决方式。

12.1.4 仲裁

1. 仲裁的概念

仲裁指发生争议的当事人（申请人与被申请人），根据其达成的仲裁协议，自愿将该争议提交中立的第三者（仲裁机构）进行裁判的争议解决的方式。仲裁也是解决民事纠纷的重要途径，由于仲裁本身的特点，在建设工程纠纷的解决过程中更是被广泛选用。仲裁可使得纠纷解决得更及时、快捷、高效，也有利于争议双方继续合作。

在我国，《中华人民共和国仲裁法》（简称《仲裁法》）是调整和规范仲裁制度的基本法律,但《仲裁法》的调整范围仅限于民商事仲裁,即"平等主体的公民、法人和其他组织之间发生的合同纠纷和其他财产权纠纷"仲裁,劳动争议仲裁和农业承包合同纠纷仲裁不受《仲裁法》的调整。此外,根据《仲裁法》第三条的规定下列纠纷不能仲裁:

1) 婚姻、收养、监护、扶养、继承纠纷。
2) 依法应当由行政机关处理的行政争议。

2. 仲裁的特点

作为一种解决财产权益纠纷的民间性裁判制度,仲裁既不同于解决同类争议的司法、行政途径,也不同于人民调解委员会的调解和当事人的自行和解。具有以下特点:

(1) 自愿性 当事人的自愿性是仲裁最突出的特点。仲裁以双方当事人的自愿为前提。即当事人之间的纠纷是否提交仲裁,交与谁仲裁,仲裁庭如何组成,由谁组成,以及仲裁的审理方式、开庭形式等都是在当事人自愿的基础上,由双方当事人协商确定的。因此,仲裁是最能充分体现当事人意思自治原则的争议解决方式。

(2) 专业性 民商事纠纷往往涉及特殊的知识领域,会遇到许多复杂的法律、经济贸易和有关的技术性问题,故专家裁判更能体现专业权威性。因此,具有一定专业水平和能力的专家担任仲裁员,对当事人之间的纠纷进行裁决是仲裁公正性的重要保障。专家仲裁是民商事仲裁的重要特点之一。

(3) 灵活性 由于仲裁充分体现当事人的意思自治,仲裁中的许多具体程序都是由当事人协商确定和选择的,因此,与诉讼相比,仲裁程序更加灵活更具弹性。

(4) 保密性 仲裁以不公开审理为原则。有关的仲裁法律和仲裁规则也同时规定了仲裁员及仲裁秘书人员的保密义务。仲裁的保密性较强。

(5) 快捷性 仲裁实行一裁终局制,仲裁裁决一经仲裁庭做出即发生法律效力。这使当事人之间的纠纷能够迅速得以解决。

(6) 经济性 时间上的快捷性使得仲裁所需费用相对减少;仲裁一次裁决,所以仲裁费往往低于诉讼费;仲裁的自愿性、保密性使当事人之间通常没有激烈的对抗,且商业秘密不必公之于世,对当事人之间今后的商业机会影响较小。

(7) 独立性 仲裁机构独立于行政机构,仲裁机构之间也无隶属关系,仲裁庭独立进行仲裁,不受任何机关、社会团体和个人的干涉。显示出最大的独立性。

3. 仲裁协议

仲裁协议是仲裁的前提,没有仲裁协议,就不存在有效的仲裁。

(1) 仲裁协议的概念 仲裁协议是指当事人自愿将他们之间已经发生或者可能发生的争议提交仲裁解决的协议。

仲裁协议法律效力表现为以下几个方面:

1) 对双方当事人的法律效力。仲裁协议是双方当事人就纠纷解决方式达成的一致意思表示。发生纠纷后,当事人只能通过向仲裁协议中所确定的仲裁机构申请仲裁的方式解决纠纷,而丧失了就该纠纷提起诉讼的权利。如果一方当事人违背仲裁协议就该争议起诉的,另一方当事人有权要求法院停止诉讼,法院也应当驳回当事人的起诉。

2) 对法院的法律效力。有效的仲裁协议可以排除法院对订立了仲裁协议中的争议事项的司法管辖权。这是仲裁协议法律效力的重要体现。

3) 对仲裁机构的效力。仲裁协议是仲裁委员会受理仲裁案件的依据。没有仲裁协议就没有仲裁机构对案件的管辖权。同时，仲裁机构的管辖权又受到仲裁协议的严格限制。仲裁庭只能对当事人在仲裁协议中约定的争议事项进行仲裁，而对仲裁协议约定范围之外的其他争议无权仲裁。

(2) 仲裁协议的内容　合法有效的仲裁协议应当具备以下法定内容：
1) 请求仲裁的意思表示。
2) 仲裁事项。
3) 选定的仲裁委员会。

(3) 仲裁程序　仲裁程序即仲裁委员会对当事人提请仲裁的争议案件进行审理并做出仲裁裁决，以及当事人为解决争议案件进行仲裁活动所遵守的程序规定。

1) 申请与受理。当事人申请仲裁必须符合下列条件：①存在有效的仲裁协议；②有具体的仲裁请求、事实和理由；③属于仲裁委员会的受理范围。

当事人申请仲裁，应当向仲裁委员会递交仲裁协议、仲裁申请书及副本。

仲裁委员会收到仲裁申请书之日起5日内经审查认为符合受理条件的，应当受理，并通知当事人；认为不符合受理条件的，应当书面通知当事人不予受理，并说明理由。

2) 组成仲裁庭。仲裁庭是行使仲裁权的主体。在我国，仲裁庭的组成形式有两种，即合议仲裁庭和独任仲裁庭。仲裁庭的组成必须按照法定程序进行。

根据《仲裁法》，当事人约定由3名仲裁员组成仲裁庭的，应当各自选定或者各自委托仲裁委员会主任指定1名仲裁员，第三名仲裁员由当事人共同选定或者共同委托仲裁委员会主任指定。第三名仲裁员是首席仲裁员。

独任仲裁员应当由当事人共同选定或者共同委托仲裁委员会主任指定。当事人没有在规定期限内选定的，由仲裁委员会主任指定。

3) 仲裁审理。仲裁审理的主要任务是审查、核实证据，查明案件事实，分清是非责任，正确适用法律，确认当事人之间的权利义务关系，解决当事人之间的纠纷。

4) 仲裁和解、调解。仲裁和解，是指仲裁当事人通过协商，自行解决已提交仲裁的争议事项的行为。《仲裁法》规定，当事人申请仲裁后，可以自行和解。当事人达成和解协议的，可以请求仲裁庭根据和解协议做出裁决书，也可以撤回仲裁申请。如果当事人撤回仲裁申请后反悔，则可以仍根据原仲裁协议申请仲裁。

仲裁调解，是指在仲裁庭的主持下，仲裁当事人在自愿协商、互谅互让基础上达成协议从而解决纠纷的一种制度。《仲裁法》规定，在做出裁决前可以先行调解。当事人自愿调解的，仲裁庭应当调解。调解不成的，应当及时做出裁决。

经仲裁庭调解，双方当事人达成协议的，仲裁庭应当制作调解书，经双方当事人签收后即发生法律效力。如果在调解书签前当事人反悔的，仲裁庭应当及时做出裁决。仲裁庭除了可以制作仲裁调解书之外，也可以根据协议的结果制作裁决书。调解书与裁决书具有同等的法律效力。

5) 仲裁裁决。仲裁裁决是指仲裁庭对当事人之间所争议的事项进行审理后所做出的终局的权威性判定。仲裁裁决的做出标志着当事人之间的纠纷的最终解决。

仲裁裁决是由仲裁庭做出的。独任仲裁庭审理的案件由独任仲裁员做出仲裁裁决；合议仲裁庭审理的案件由3名仲裁员集体做出仲裁裁决。当仲裁庭成员不能形成一致意见时，按多数仲裁员的意见做出仲裁裁决；在仲裁庭无法形成多数意见时，按首席仲裁员的意见做出裁决。

仲裁裁决从裁决书做出之日起发生法律效力。其效力体现在以下几点：

① 当事人不得就已经裁决的事项再行申请仲裁，也不得就此提起诉讼。

② 仲裁机构不得随意变更已经生效的仲裁裁决。

③ 其他任何机关或个人均不得变更仲裁裁决。

④ 仲裁裁决具有执行力。

6) 仲裁裁决的执行　在裁决履行期限内，若义务方不履行仲裁裁决，权利方可申请人民法院强制执行。

【例题4】　关于仲裁的说法，正确的是(　　)。
A. 仲裁委员会隶属行政机关
B. 仲裁以公开审理为原则
C. 仲裁委员会由当事人协商确定
D. 仲裁裁决做出后可以上诉
【答案】　C

【例题5】　关于我国仲裁基本制度，正确的是(　　)。
A. 当事人对仲裁不服的，可以提起诉讼
B. 当事人达成仲裁协议，一方向法院起诉的，人民法院不予受理
C. 当事人没有仲裁协议而申请仲裁的，仲裁委员会应当受理
D. 仲裁协议不能排除法院对案件的司法管辖权
【答案】　B
【解析】　选项A错误，仲裁一裁终局，当事人对仲裁不服的不能提起诉讼。选项C、D错误，有效的仲裁协议排除了法院对案件的司法管辖权。

【例题6】　关于仲裁裁决的说法，正确的有(　　)。
A. 仲裁裁决应当根据仲裁员的意见做出，形不成多数意见的，由仲裁委员会讨论决定
B. 仲裁裁决没有强制执行力
C. 当事人可以请求仲裁庭根据双方的和解协议做出裁决
D. 仲裁实行一裁终局，当事人不可以就已经裁决的事项再次申请仲裁
E. 仲裁裁决一经做出立即发生法律效力
【答案】　CDE

【例题7】　某建设工程施工合同纠纷案件在仲裁过程中，首席仲裁员甲认为应该裁决合同无效，仲裁员乙和仲裁员丙认为应裁决合同继续履行，则仲裁庭应(　　)做出裁决。
A. 重新组成仲裁庭经评议后　　　　B. 请示仲裁委员会主任并按其意见
C. 按乙和丙的意见　　　　　　　　D. 按甲的意见
【答案】　C

12.1.5　民事诉讼

1. 民事诉讼的概念

民事诉讼，是指人民法院在当事人和其他诉讼参与人的参加下，以审理、裁判、执行等方

式解决民事纠纷的活动。民事诉讼是以司法方式解决平等主体之间的纠纷,是由法院代表国家行使审判权解决民事争议的方式。民事诉讼是解决民事纠纷的最终方式,只要没有仲裁协议的民事纠纷最终都是可以通过民事诉讼解决的。

在我国,《中华人民共和国民事诉讼法》(简称《民事诉讼法》)是调整和规范法院和诉讼参与人的各种民事诉讼活动的基本法律。

诉讼参与人包括原告、被告、第三人、证人、鉴定人、勘验人等。

2. 民事诉讼的基本特点

与调解、仲裁这些非诉讼解决纠纷的方式相比,民事诉讼有如下特征:

(1) 公权性 民事诉讼是由法院代表国家行使审判权解决民事争议。它既不同于群众自治组织性质的人民调解委员会以调解方式解决纠纷,也不同于由民间性质的仲裁委员会以仲裁方式解决纠纷。

(2) 强制性 民事诉讼的强制性表现在案件的受理上和判决的执行上。调解、仲裁均建立在当事人自愿的基础上,只要有一方不愿意选择上述方式解决争议,调解、仲裁就无从进行。而民事诉讼的特点是,只要原告起诉符合民事诉讼法规定的条件,无论被告是否愿意,诉讼均会发生。同时,若当事人不自动履行生效裁判所确定的义务,法院可以依法强制执行。

(3) 程序性 民事诉讼是依照法定程序进行的诉讼活动,无论是法院还是当事人或者其他诉讼参与人,都应按照《民事诉讼法》设定的程序实施诉讼行为,违反诉讼程序常常会引起一定的法律后果。而人民调解没有严格的程序规则,仲裁虽然也需要按预先设定的程序进行,但其程序相当灵活,当事人对程序的选择权也较大。

3. 民事诉讼基本制度

(1) 公开审判制度 公开审判制度是指人民法院审理民事案件,除法律规定的情况外,审判过程及结果应当向社会公开的制度。

(2) 回避制度 回避制度是指为了保证案件的公正审判而要求与案件有一定利害关系的审判人员或其他有关人员不得参与本案的审理活动或诉讼活动的审判制度。

(3) 合议制度 合议制度是指由3人以上单数人员组成合议庭,对民事案件进行集体审理和评议裁判的制度。合议庭评议案件,实行少数服从多数的原则。在民事诉讼过程中,除适用简易程序由审判员一人独任审判以外,均采用合议制度。

(4) 两审终审制度 两审终审制度是指一个民事案件经过两级法院审理就宣告终结的制度。

4. 民事诉讼参加人

民事诉讼参加人包括当事人和诉讼代理人。

(1) 当事人 当事人,是指因民事权利和义务发生争议,以自己的名义进行诉讼,请求人民法院进行裁判的公民、法人或其他组织。民事诉讼当事人主要包括原告和被告。

建设工程纠纷案诉讼主体的选择:

1) 建设单位内部不具备法人条件的职能部门或下属机构签订的建筑承包合同,产生纠纷后,应以该建设单位为诉讼主体,起诉或应诉。

2) 建筑施工企业的分支机构(分公司、工程处、工区、项目经理部、建筑队等)签订的建筑承包合同,产生纠纷后,一般以该分支机构作为诉讼主体,如该分支机构不具有独立的财产,则应追加该建筑企业为共同诉讼人。

3)借用营业执照、资质证书及他人名义签订的建筑承包合同,涉诉后,由借用人和出借人为共同诉讼人,起诉或应诉。

4)共同承包或联合承包的建筑工程项目,产生纠纷后,应以共同承包人为共同诉讼人,起诉或应诉;如共同承包人组成联营体,且具备法人资格的,则以该联营体为诉讼主体。两个以上的法人、其他经济组织或个人合作建设工程并对合作建设工程享有共同权益的,其中合作一方因与工程的承包人签订建设工程合同发生纠纷的,其他合作建设方应列为共同原、被告。

5)实行总分包办法的建筑工程,因分包工程产生纠纷后,总承包人和分包人作为共同诉讼人起诉或应诉;如果分包人起诉总承包人,则以分包合同主体做诉讼主体,是否列建设单位为第三人,视具体案情而定。

6)涉及个体建筑队或个人合伙建筑队签订的建筑承包合同,产生纠纷后,一般应以个体建筑队或个人合伙建筑队为诉讼主体。

7)挂靠经营关系的建筑施工企业以自己的名义或以被挂靠单位的名义签订的承包合同,一般应以挂靠经营者和被挂靠单位为共同诉讼人,起诉或应诉。《最高人民法院关于适用〈中华人民共和国民事诉讼法〉若干问题的意见》第四十三条规定:"个体工商户、个人合伙或私营企业挂靠集体企业并以集体企业的名义从事生产经营活动的,在诉讼中,该个体商户、个人合伙或私营企业与其挂靠的集体企业为共同诉讼人。"施工人挂靠其他建筑施工企业,并以被挂靠施工企业名义签订建设工程合同,而被挂靠建筑施工企业不愿起诉的,施工人可作为原告起诉,不必将被挂靠建筑施工企业列为共同原告。

8)因转包产生的合同纠纷,如发包人起诉,应列转包人和被转包人作为共同被告;如因转包合同产生纠纷,以转包人和被转包人为诉讼主体,建设单位列为第三人;多层次转包的,除诉讼当事人外,应将其他列为第三人。

9)以筹建或临时机构的名义发包工程,涉讼后,如果该单位已经合法批准成立,应由其作为诉讼主体起诉或应诉;如该单位仅是临时的机构,尚未办理正式审批手续的,或该临时机构被撤销的,由成立或开办该单位的组织进行起诉或应诉。

10)实行承包经营的施工企业,产生纠纷后,如果该企业是法人组织,则由该企业为诉讼主体,起诉或应诉;如果该企业不是法人组织,则列为发包人和承包企业为共同当事人,参加诉讼。

11)因拖欠工程款引起的纠纷,承包人将承包的建设工程合同转包而实际承包人起诉承包人的,可不将发包人列为案件的当事人;承包人提出将发包人列为第三人,并对其主张权利而发包人对承包人又负有义务的,可将发包人列为第三人,当事人根据不同的法律关系承担相应的法律责任;如转包经过发包人同意,即属合同转让,应直接列发包人为被告。

12)因工程质量引起的纠纷,发包人只起诉承包人,在审查中查明有转包的,应追加实际施工人为被告,实际施工人与承包人对工程质量承担连带责任。

实际施工人以发包人为被告主张权利的,人民法院可以追加转包人或者违法分包人为当事人。发包人只在欠付工程价款范围内对实际施工人承担责任。

(2)诉讼代理人 诉讼代理人,是指根据法律规定或当事人的委托,在民事诉讼活动中为维护当事人的合法权益而代为进行诉讼活动的人。民事诉讼代理人可分为法定诉讼代理人与委托诉讼代理人。

5. 审判程序

审判程序是民事诉讼法规定的最为重要的内容，它是人民法院审理案件适用的程序，可以分为第一审程序、第二审程序和审判监督程序。

(1) 第一审程序

第一审程序包括普通程序和简易程序，普通程序是指人民法院审理第一审民事案件通常适用的程序。普通程序是第一审程序中最基本的程序，具有独立性和广泛性，是整个民事审判程序的基础。普通程序分以下几个阶段：

1) 起诉。起诉是指公民、法人和其他组织在其民事权益受到侵害或者发生争议时，请求人民法院通过审判给予司法保护的诉讼行为。起诉是当事人获得司法保护的手段，也是人民法院对民事案件行使审判权的前提。

起诉的条件如下：

① 原告是与本案有直接利害关系的公民、法人和其他组织。
② 有明确的被告。
③ 有具体的诉讼请求、事实和理由。
④ 属于人民法院受理民事诉讼的范围和受诉人民法院管辖的范围。

2) 审查与受理。人民法院对原告的起诉情况进行审查后，认为符合起诉条件的，即应在7日内立案，并通知当事人。认为不符合起诉条件的，应当在7日内裁定不予受理，原告对不予受理裁定不服的，可以提起上诉。如果人民法院在立案后发现起诉不符合法定条件的，裁定驳回起诉，当事人对驳回起诉不服的，可以上诉。

3) 审理前的准备。审理前的准备是指人民法院接受原告起诉并决定立案受理后，在开庭审理之前，由承办案件的审判员依法所做的各种准备工作。

4) 开庭审理。开庭审理是指人民法院在当事人和其他诉讼参与人参加下，对案件进行实体审理的诉讼活动。

人民法院适用普通程序审理的案件，应在立案之日起6个月内审结，有特殊情况需延长的，由本院院长批准，可延长6个月；还需要延长的，报请上级人民法院批准。

(2) 第二审程序

第二审程序又叫终审程序，是指民事诉讼当事人不服地方各级人民法院未生效的第一审裁判，在法定期限内向上级人民法院提起上诉，上一级人民法院对案件进行审理所适用的程序。第二审程序并不是每一个民事案件的必经程序，如果当事人在案件第一审过程中达成调解协议或者在上诉期内未提起上诉，第一审法院的裁判就发生法律效力，第二审程序也因无当事人的上诉而无从发生，当事人的上诉是第二审程序发生的前提。

第二审法院经过审理后根据案件的情况分别做出以下处理：

1) 维持原判，即原判认定事实清楚，适用法律正确的，判决驳回上诉，维持原判。
2) 依法改判，如原判决适用法律错误的，依法改判。
3) 发回重审，即原判决违反法定程序，可能影响案件正确判决的，裁定撤销原判决，发回原审人民法院重审。
4) 发回重审或查清事实后改判，原判决认定事实错误或原判决认定事实不清，证据不足，裁定撤销原判，发回原审人民法院重审，或查清事实后改判。

我国实行两审终审制度，第二审法院对上诉案件做出裁判后，该裁判发生如下效力：
1）当事人不得再行上诉。
2）不得就同一诉讼标的，以同一事实和理由再行起诉。
3）对具有给付内容的裁判具有强制执行的效力。

(3) 审判监督程序

审判监督程序即再审程序，是指由有审判监督权的法定机关和人员提起，或由当事人申请，由人民法院对发生法律效力的判决、裁定、调解书再次审理的程序。

12.2 行政复议与行政诉讼

行政复议是指行政机关根据上级行政机关对下级行政机关的监督权，在当事人的申请和参加下，按照行政复议程序对具体行政行为进行合法性和适当性审查，并做出裁决解决行政侵权争议的活动。行政复议的基本法律依据是《中华人民共和国行政复议法》（简称《行政复议法》）。

行政诉讼是指人民法院应当事人的请求，通过审查行政行为合法性的方式，解决特定范围内行政争议的活动。行政诉讼的基本法律依据是《中华人民共和国行政诉讼法》（简称《行政诉讼法》）。行政诉讼和民事诉讼、刑事诉讼构成我国基本诉讼制度。

除法律、法规规定必须先申请行政复议的以外，行政纠纷当事人可以自由选择申请行政复议还是提起行政诉讼。行政将纠纷当事人对行政复议决定不服的，除法律规定行政复议决定为最终裁决的以外，可以依照《行政诉讼法》的规定向人民法院提起行政诉讼。

12.2.1 行政复议

1. 可以申请行政复议的事项

行政复议保护的是公民、法人或其他组织的合法权益。行政争议当事人认为行政机关的行政行为侵犯其合法权益的，有权依法提出行政复议申请。根据《行政复议法》第六条的有关规定，当事人可以申请复议的情形通常包括：

1）行政处罚，即当事人对行政机关做出的警告、罚款、没收违法所得、没收非法财物、责令停产停业、暂扣或者吊销许可证、暂扣或者吊销执照、行政拘留等行政处罚决定不服的。

2）行政强制措施，即当事人对行政机关做出的限制人身自由或者查封、扣押、冻结财产等行政强制措施决定不服的。

3）行政许可，包括：当事人对行政机关做出的有关许可证、执照、资质证、资格证等证书变更、中止、撤销的决定不服的，以及当事人认为符合法定条件，申请行政机关颁发许可证、执照、资质证、资格证等证书，或者申请行政机关审批、登记等有关事项，行政机关没有依法办理的。

4）认为行政机关侵犯其合法的经营自主权的。

5）认为行政机关违法集资、征收财物、摊派费用或者违法要求履行其他义务的。

6）认为行政机关的其他具体行政行为侵犯其合法权益的。

2. 不得申请行政复议的事项

下列事项应按规定的纠纷处理方式解决，而不能提起行政复议：

1）行政机关的行政处分或者其他人事处理决定。当事人不服行政机关做出的行政处分的，应当依照有关法律、行政法规的规定（如《中华人民共和国公务员法》等）提起申诉。

2）行政机关对民事纠纷做出的调解或者其他处理。当事人不服行政机关对民事纠纷做出的调解或者处理，如建设行政管理部门对有关建设工程合同争议进行的调解、劳动部门对劳动争议的调解、公安部门对治安争议的调解等，当事人应当依法申请仲裁，或者向法院提起民事诉讼。

3. 行政复议程序

根据《行政复议法》的有关规定，行政复议应当遵守如下程序规则：

（1）行政复议申请　当事人认为具体行政行为侵犯其合法权益的，可以自知道该具体行政行为之日起60日内提出行政复议申请，但法律规定的申请期限超过60日的除外。因不可抗力或者其他正当理由耽误法定申请期限的，申请期限自障碍消除之日起继续计算。

申请人对县级以上地方各级人民政府工作部门的具体行政行为不服的，申请人可以向该部门的本级人民政府申请行政复议，也可以向上一级主管部门申请行政复议。

【例题8】　某企业对H市甲县环保局做出的罚款行为不服，可以向下列行政机关提起行政复议的有(　　)。

A. H市环保局　　　　　　　B. H市人民政府
C. 甲县环保局　　　　　　　D. 甲县人大常委会
E. 甲县人民政府

【答案】　AE

【解析】　对县级以上地方各级人民政府工作部门的具体行政行为不服的，由申请人选择，可以向该部门的本级人民政府申请行政复议，也可以向上一级主管部门申请行政复议。

（2）行政复议受理　行政复议机关收到复议申请后，应当在法定期限内进行审查。对不符合法律规定的行政复议申请，决定不予受理的，应书面告知申请人。行政复议期间具体行政行为不停止执行。但是，有下列情形之一的，可以停止执行：

1）被申请人认为需要停止执行的。
2）行政复议机关认为需要停止执行的。
3）申请人申请停止执行，行政复议机关认为其要求合理，决定停止执行的。
4）法律规定停止执行的。

（3）行政复议决定

1）具体行政行为认定事实清楚，证据确凿，适用法律正确，程序合法，内容适当的，决定维持。

2）被申请人不履行法定职责的，决定其在一定期限内履行。

3）具体行政行为有下列情形之一的，决定撤销、变更或者确认该具体行政行为违法。决定撤销或者确认该具体行政行为违法的，可以责令被申请人在一定期限内重新做出具体行政行为：①主要事实不清、证据不足的；②适用依据错误的；③违反法定程序的；④超越或者滥用职权的；⑤具体行政行为明显不当的。

4）被申请人不按照法律规定提出书面答复，不提交当初做出具体行政行为的证据、依据和其他材料的，视为该具体行政行为没有证据、依据，决定撤销该具体行政行为。

《行政复议法》还规定，申请人在申请行政复议时，可以一并提出行政赔偿请求。行政复议机关对于符合法律规定的赔偿要求，在做出行政复议决定时，应当同时决定被申请人依法给予赔偿。

除非法律另有规定，行政复议机关一般应当自受理申请之日起60日内做出行政复议决定。行政复议决定书一经送达，即发生法律效力。申请人不服行政复议决定的，除法律规定为最终裁决的行政复议决定外，可以根据《行政诉讼法》的规定，在法定期间内提起行政诉讼。

12.2.2 行政诉讼

行政诉讼是国家审判机关为解决行政争议，运用司法程序而依法实施的整个诉讼行为及其过程。它包括第一审程序、第二审程序和审判监督程序。

在行政诉讼的双方当事人中，行政诉讼的被告只能是行政管理中的管理方，即作为行政主体的行政机关和法律、法规授权的组织。行政诉讼的原告只能是行政管理中的相对方，即公民、法人或者其他组织。他们在行政管理活动中处于被管理者的地位。两者之间的关系是管理者与被管理者之间从属性行政管理关系。但是，双方发生行政争议依法进入行政诉讼程序后，他们之间就由原来的从属性行政管理关系，转变为平等性的行政诉讼关系，成为行政诉讼的双方当事人，在整个诉讼过程中，原告与被告的诉讼法律地位是平等的。

1. 第一审程序

（1）起诉　提起行政诉讼应符合以下条件：

1）原告是认为具体行政行为侵犯其合法权益的公民、法人或者其他组织。

2）有明确的被告。

3）有具体的诉讼请求和事实根据。

4）属于人民法院受案范围和受诉人民法院管辖。

申请人不服行政复议决定的，可以在收到行政复议决定书之日起15日内向人民法院提起诉讼。复议机关逾期不作决定的，申请人可以在复议期满之日起15日内起诉，法律另有规定的从其规定。公民、法人或者其他组织直接向人民法院提起公诉的，应当在知道做出具体行政行为之日起3个月内提出，法律另有规定的除外。起诉应以书面形式进行。

（2）受理　人民法院接到起诉状后应当在7日内审查立案或者裁定不予受理。原告对裁定不服的可以提起上诉。

（3）开庭审理　开庭审理分为：审理开始阶段、法庭调查阶段、法庭辩论阶段、合议庭评议阶段、判决裁定阶段。

（4）第一审判决　人民法院做出第一审判决可分为以下四种形式：

1）维持原判。具体行政行为证据确凿，适用法律正确，符合法定程序的，判决维持。

2）撤销判决。即撤销或者部分撤销并责令重新做出具体行政行为。撤销判决的条件是：主要证据不足的；适用法律、法规错误的；违反法定程序的；超越职权、滥用职权的；有上述情况之一的，可做出撤销判决。

3）履行判决。即责令被告限期履行法定职责的判决。

4）变更判决。即变更显失公平的行政处罚的判决。当事人对第一审判决不服的，有权在判决书送达之日起 15 日内向上一级人民法院提起上诉，逾期不上诉的，第一审判决即发生法律效力。

2. 第二审程序

第二审程序是人民法院对下级人民法院第一审案件所做出的判决、裁定在发生法律效力之前，基于当事人的上诉，依据事实和法律，对案件进行审理的程序。第二审法院审理上诉案件，除《行政诉讼法》有特别规定外，均适用第一审程序的规定。

3. 执行

当事人必须履行人民法院发生法律效力的判决、裁定。原告拒绝履行判决、裁定的，被告行政机关可以向第一审法院申请强制执行，或者依法强制执行。被告行政机关拒绝履行判决、裁定的，第一审法院可以采取以下措施：

1）对应当归还的罚款或者应当给付的赔偿金，通知银行从该行政机关的账户内划拨。

2）在规定期限内不履行的，从期满之日起，对该行政机关按日处以罚款。

3）向该行政机关的上一级行政机关或者监察、人事机关提出司法建议。接受司法建议的机关，根据有关规定进行处理，并将处理情况告知人民法院。

4）拒不履行判决、裁定，情节严重构成犯罪的，依法追究主管人员和直接责任人员的刑事责任。

12.2.3 建筑行政法律责任

行政法律责任，是指有违反有关行政管理的法律规范的规定，但尚未构成犯罪的行为所依法应当受到的法律制裁。行政法律责任主要包括行政处罚和行政处分。

1. 行政处分

行政处分，是指国家机关、企事业单位和社会团体依据行政管理法规、规章、章程、纪律等，对其所属人员或者职工的违法失职行为所做的处罚。

对国家公务员的行政处分形式包括：警告、记过、记大过、降级、撤职、开除等。

对职工的行政处分形式包括：警告、记过、记大过、降级、撤职、留用察看、开除等。

建筑行政法律责任中，关于行政处分的主要包括以下情形：

1）在工程发包与承包中索贿、受贿、行贿，不构成犯罪的，对直接负责的主管人员和其他直接责任人员给予行政处分。

2）违反法律规定，对不具备相应资质等级条件的单位颁发该登记资质证书，不构成犯罪的，对直接负责的主管人员和其他直接责任人员给予行政处分。

3）负责颁发建筑工程施工许可证的部门及其工作人员对不符合施工条件的建筑工程颁发施工许可证的，负责工程质量监督检查或者竣工验收的部门及其工作人员对不合格的建筑工程出具质量合格文件或者按合格工程验收的，由上级机关责令改正，不构成犯罪的，对责任人员给予行政处分。

4）在招标投标活动中，任何单位违反法律规定干涉招标投标活动的，对单位直接负责的主管人员和其他直接责任人员依法给予行政处分。

5）依法必须进行招标的项目，不招标或规避招标的，招标人向他人泄漏可能影响公平竞争的有关情况的，招标人与投标人违反法律规定就实质性内容进行谈判的，招标人在评标委员会否决所有投标后自行确定中标人的,对单位直接负责的主管人员和其他直接责任人员依法给予行政处分。

6)对招标投标活动、建筑工程勘察、设计活动、建筑工程质量监督管理、建筑工程安全生产监督管理负有行政监督职责的国家机关工作人员徇私舞弊、滥用职权、玩忽职守,不构成犯罪的,依法给予行政处分。

2. 行政处罚

行政处罚是指行政主体依据法定权限和程序,对违反行政法规的行政相对人给予的法律制裁。

《中华人民共和国行政处罚法》(简称《行政处罚法》)明确规定,公民、法人或者其他组织违反行政管理秩序的行为。应当根据法律、法规或规章给予行政处罚的,行政机关应当依法定程序实施,"没有法定依据或者不遵守法定程序的,行政处罚无效"。据此,具有法定依据和遵守法定程序,是行政机关实施的行政处罚具备合法性所必须满足的前提条件。另一方面,《行政处罚法》还明确规定,公民、法人或者其他组织对行政机关所给予的行政处罚,享有陈述权、申辩权;对行政处罚不服的,有权依法申请行政复议或者提起行政诉讼。公民、法人或者其他组织因行政机关违法给予行政处罚造成损害的,有权依法提出赔偿要求。

为保障和监督建设行政执法机关有效实施行政管理,保护公民、法人和其他组织的合法权益,促进建设行政执法工作程序化、规范化,根据《行政处罚法》,1999年2月3日建设部发布实施了《建设行政处罚程序暂行规定》(建设部令第66号)。结合《行政处罚法》和《建设行政处罚程序暂行规定》的有关规定,建设行政处罚的有关规定介绍如下。

(1)建筑行政处罚的种类 行政处罚的种类有:警告,罚款,没收违法所得、没收非法财物,责令停产停业,暂扣或者吊销许可证、暂扣或者吊销执照,行政拘留,法律、行政法规规定的其他行政处罚。

建筑行政处罚的种类包括:警告,罚款,没收违法所得、没收违法建筑物、构筑物和其他设施,责令停业整顿、吊销资质证书、吊销执业资格证书和其他许可证、执照,法律、行政法规规定的其他行政处罚。

1)罚款。罚款是指强制违反建筑法规的行为人缴纳一定数额的货币的处罚。

可以处以罚款的情形:未取得施工许可证或者开工报告未经批准擅自施工的;建筑施工企业违反规定,对建筑安全事故隐患不采取措施予以消除的;建设单位违反规定,要求建筑设计单位或者建筑施工企业违反建筑工程质量、安全标准,降低工程质量的;建筑施工企业违反规定,不履行保修义务或者拖延履行保修义务的。

应当处以罚款的情形:

a. 发包单位将工程发包给不具有相应资质等级的承包单位的,或者违反规定将建筑工程肢解发包的;超越本单位资质等级承揽工程的或者以欺骗手段取得资质证书的。

b. 建筑施工企业转让、出借资质证书或者以其他方式允许他人以本企业的名义承揽工程的。

c. 承包单位将承包的工程转包的,或者违反规定进行分包的。

d. 在工程分包与承包中索贿、受贿、行贿,尚未构成犯罪的。

e. 工程监理单位与建设单位或者建筑施工企业串通,弄虚作假、降低工程质量的。

f. 涉及建筑主体或者承重结构变动的装修工程擅自施工的。

g. 建筑设计单位不按照建筑工程质量、安全标准进行设计的。

h. 建筑施工企业在施工中偷工减料的，使用不合格的建筑材料、建筑构配件和设备的，或者有其他不按照工程设计图或者施工技术标准施工的行为的。

2）没收违法所得。没收违法所得是指对违反建筑法规的行为人因其违法行为获得的财产，强制收归国有的处罚。

a. 超越本单位资质等级承揽工程，或者未取得资质证书承揽工程，有违法所得的。

b. 建筑施工企业转让、出借资质证书或者以其他方式允许他人以本企业的名义承揽工程，有违法所得的。

c. 承包单位将承包的工程转包，或者违反规定进行分包，有违法所得的。

d. 在工程分包与承包中索贿、受贿、行贿的。

e. 工程监理单位与建设单位或者建筑施工企业串通，弄虚作假、降低工程质量，有违法所得的；或者工程监理单位转让监理业务的。

f. 建筑设计单位不按照建筑工程质量、安全标准进行设计，有违法所得的。

3）责令停业整顿、降低资质等级、吊销资质证书：①责令停业整顿，是指强制违反建筑法规的行为人停止生产经营活动，并要求其整顿的处罚；②降低资质等级，是指对违反建筑法规的行为人剥夺其部分资格能力的处罚；③吊销资质证书，是指对违反建筑法规的行为人剥夺其资格能力的处罚。

具体规定如下：

a. 超越本单位资质等级承揽工程的，可以责令停业整顿，降低资质等级；情节严重的，吊销资质证书。

b. 建筑施工企业转让、出借资质证书或者以其他方式允许他人以本企业的名义承揽工程的，可以责令停业整顿，降低资质等级；情节严重的，吊销资质证书。

c. 承包单位将承包的工程转包的，或者违反规定进行分包的，可以责令停业整顿，降低资质等级；情节严重的，吊销资质证书。

d. 在工程承包中行贿的承包单位，可以责令停业整顿，降低资质等级或者吊销资质证书。

e. 工程监理单位与建设单位或者建筑施工企业串通，弄虚作假、降低工程质量的，降低资质等级或者吊销资质证书；工程监理单位转让监理业务的，可以责令停业整顿，降低资质等级；情节严重的，吊销资质证书。

f. 建筑施工企业违反规定，对建筑安全事故隐患不采取措施予以消除，情节严重的，责令停业整顿，降低资质等级或者吊销资质证书。

g. 建筑设计单位不按照建筑工程质量、安全标准进行设计，造成工程质量事故的，责令停业整顿，降低资质等级或者吊销资质证书。

h. 建筑施工企业在施工中偷工减料，使用不合格的建筑材料、建筑构配件和建设设备，或者有其他不按照工程设计图或者施工技术标准施工的行为，情节严重的，责令停业整顿，降低资质等级或者吊销资质证书。

【例题9】 下列法律责任中，属于行政处罚的有（　　）。

A. 降低资质等级　　B. 罚金　　C. 记过　　D. 没收财产　　E. 罚款

【答案】 AE

（2）建筑行政处罚的实施机关和行政处罚的决定程序　建筑行政处罚的实施机关是建设行政执法机关，即依法取得行政处罚权的建设行政主管部门、建设系统的行业管理部门以及依法取得委托执法资格的组织。

1）一般规则。具体如下：

a. 公民、法人或者其他组织违反行政管理秩序的行为，依法应当给予行政处罚的，行政机关必须查明事实。违法事实不清的，不得给予行政处罚。

b. 行政机关在做出行政处罚决定之前，应当告知当事人做出行政处罚决定的事实理由和依据，并告知当事人依法享有的权利。行政机关及其执法人员违反该规定，未向当事人告知行政处罚的事实、理由和依据的，行政处罚决定不能成立。

c. 当事人有权进行陈述和申辩。行政机关必须充分听取当事人的意见，对当事人提出的事实、理由和证据，应当进行复核；当事人提出的事实、理由或者证据成立的，行政机关应当采纳。行政机关不得因当事人申辩而加重处罚。行政机关及其执法人员违反该规定，拒绝听取当事人的陈述、申辩的，行政处罚决定不成立。

2）程序种类。具体如下：

a. 简易程序。具有行政处罚权的行政机关对于违法事实清楚、证据确凿并有法定依据，对公民处以50元以下、对法人和其他组织处以1000元以下罚款或者警告的行政处罚的，可以当场做出行政处罚决定。

b. 一般程序：①立案；②调查取证；③向当事人告知给予行政处罚的事实、理由和依据；④听取当事人的陈述和申辩或举行听证；⑤审查调查结果，做出行政处罚决定，制作行政处罚决定书；⑥送达行政处罚决定书。

c. 听证程序。听证程序，是指针对行政执法机关做出吊销资质证书、执业资格证书，责令停产停业，责令停业整顿（包括属于停业整顿性质的，责令在规定的时限内不得承接新的业务），责令停止执业业务，没收违法建筑物、构筑物和其他设施以及处以较大数额罚款等行政处罚，而设定的行政处罚程序。对于适用听证程序的行政处罚，行政机关在做出行政处罚决定前，应当告知当事人有要求举行听证的权利；当事人要求听证的，行政机关应当组织听证。当事人不承担行政机关组织听证的费用。

d. 行政处罚的执行程序。行政处罚的执行程序，是指确保行政处罚决定所确定的内容得以实现的程序。行政处罚决定一旦做出，就具有法律效力，当事人应当在行政处罚决定的期限内予以履行。当事人对行政处罚决定不服申请行政复议或者提起行政诉讼的，除法律另有规定的以外，行政处罚不停止执行。

（3）行政赔偿　行政赔偿，是指行政机关及其工作人员在行使行政职权过程中，因其行为或者不作为违法而侵犯了公民、法人或者其他组织的合法权益并造成实际损害，由国家给予受害人赔偿的法律制度。

建设行政主管部门和其他相关部门及其工作人员，在对建筑活动实施监督管理的过程中，不履行其职责或不正当行使权力，侵犯公民、法人或其他组织的合法利益并造成损失的，应当承担赔偿责任。

1）负责颁发建筑工程施工许可证的部门及其工作人员对不符合施工条件的建筑工程颁发施工许可证，负责工程质量监督检查或竣工验收的部门及其工作人员对不合格的建筑工程出具质量合格文件或者按合格工程验收，造成损失的，由该部门承担相应的赔偿责任。

2）具有行政处罚权的建设行政主管部门或其他有关部门，违法实施罚款、责令停产整顿、降低资质等级、吊销许可证和执照等行政处罚，侵犯管理相对人的财产权，受害人有取得赔偿的权利。

3. 建筑民事法律责任

（1）民事法律责任种类　民事法律责任是指由于违反民事法律、违约或者由于民法规定所应承担的一种法律责任。

根据各责任人之间的共同关系、可将共同责任分为按份责任、连带责任。

1）按份责任是指各责任人按照法律的规定或者合同的约定各自向外承担一定份额的民事责任。

2）连带责任是因违反连带债务或法律规定等而对外承担共同的连带责任，各个责任人之间具有连带关系。而连带关系是指各个责任人对外不分责任份额，不分先后次序，而是根据权利人的请求承担责任。连带责任的承担必须由法律规定或当事人约定。

我国《建筑法》中有关连带责任的归纳。

对权利人而言，连带责任相比按份责任更充分、更便利也更有效保护权利人的利益。在法律责任的规定中，《建筑法》规定了大量的连带责任，以下是建筑法中连带责任的总结。

1）共同承包方连带向发包人承担责任。联合共同承包人对承包合同的履行承担连带责任。

2）总承包人与分包人连带向发包人承担责任。分包人就其完成的工作成果与总承包人向发包人承担连带责任。

3）勘察、设计和施工总承包人与分包人连带向发包人承担责任。总承包人与分包人向发包人承担连带责任。

4）实际施工人与接受分包人或出借资质单位向发包人连带承担责任。违法分包、非法转包与接受分包人或出借资质的单位共同向发包人承担连带责任。

5）监理单位与承包单位向发包人承担连带责任。工程监理单位与承包单位串通，为承包单位谋取非法利益，给建设单位造成损失的，应当与承包单位承担连带赔偿责任。

6）监理单位与采购者共同向被侵害者承担连带责任。如果监理单位将不合格的结果按照合格签字确认，造成损失，与采购者共同向被侵害者承担连带责任。

7）监理单位与建设单位共同向被侵害者承担连带责任。监理单位与建设单位串通、弄虚作假、降低工程质量造成损失的，监理单位与建设单位共同向被侵害者承担连带责任。

（2）承担建筑民事法律责任的方式　《民法典》总则将承担民事责任的方式规定为：①停止侵害；②排除妨害；③消除危险；④返还财产；⑤恢复原状；⑥修理、重做、更换；⑦赔偿损失；⑧支付违约金；⑨消除影响，恢复名誉；⑩赔礼道歉。

承担建筑民事法律责任的情形主要包括：

1）建筑施工企业转让、出借资质证书或者以其他方式允许他人以本企业名义承揽工程，因该项承揽工程不符合规定的质量标准造成的损失，建筑施工企业与使用本企业名义的单位或者个人承担连带赔偿责任。

2）承包单位将承包的工程转包的，或者违反法律规定进行分包的，对因转包工程或者违法分包的工程不符合规定的质量标准造成的损失，承包单位与接受转包或者分包的单位承担连带赔偿责任。

3）工程监理单位与建设单位或者建筑施工企业串通，弄虚作假、降低工程质量造成损失的，工程监理单位与建设单位或者建筑施工企业承担连带赔偿责任。

4）违反法律规定，对涉及建筑主体或者承重结构变动的装修工程擅自施工，给他人造成损失的，承担赔偿责任。

5）建筑设计单位不按照建筑工程质量、安全标准进行设计，造成损失的，设计单位承担赔偿责任。

6）建筑施工企业在施工中偷工减料，使用不合格的建筑材料、建筑构配件和设备，或者有其他不按照工程设计图或者施工技术标准施工的行为，造成建筑工程质量不符合规定的质量标准的，负责返工、修理，并赔偿因此造成的损失。

7）建筑施工企业对在工程保修期内因屋顶、墙面渗漏、开裂等质量缺陷造成的损失，承担赔偿责任。

8）负责颁发建筑工程施工许可证的部门及其工作人员对不符合施工条件的建筑工程颁发施工许可证的，负责工程质量监督检查或者竣工验收的部门及其工作人员对不合格的建筑工程出具质量合格文件或者按合格工程验收，造成损失的，由该部门承担相应的赔偿责任。

9）在建筑物的合理使用寿命内，因建筑工程质量不合格受到损害的，受损害方有权向责任者要求赔偿。

10）工程监理单位不按照委托监理合同的约定履行监理义务，对应当监督检查的项目不检查或者不按规定检查，该建设单位造成损失的，应当承当相应的赔偿责任。工程监理单位与承包单位串通，为承包单位谋取非法利益，给建设单位造成损失的，应当与承包单位承担连带赔偿责任。

11）建筑施工企业应当在施工现场采取维护安全、防范危险、预防火灾等措施，有条件的，应当对施工现场实行封闭管理。施工现场对毗邻的建筑物、构筑物和特殊作业环境可能造成损害的，建筑施工企业应当采取安全防护措施。未采取相应措施的，对方有权要求消除危险，造成损失的，对方有权要求赔偿。

12）建设单位应当向建筑施工企业提供与施工现场有关的地下管线资料，建筑施工企业应当采取措施加以保护。否则，受损害方有权要求停止侵害，造成损失的，建筑施工企业应当承担赔偿责任。

13）建筑施工企业应当遵守有关环境保护和安全生产的法律、法规的规定，采取控制和处理施工现场的各种粉尘、废气、废水、固体废物以及噪声、振动对环境的污染和危害的措施。未采取措施给他人造成损害的，受损害方有权要求停止侵害，造成损失的，建筑施工企业应当承担赔偿责任。

4. 建筑刑事法律责任

刑事法律责任是指犯罪主体因违反刑法规定，实施犯罪行为应承担的法律责任。

刑事法律责任的承担方式是刑罚，刑罚是刑法规定的由国家审判机关依法对犯罪分子所适用的剥夺或限制其某种权益的最严厉的法律强制方法。

（1）索贿、受贿、行贿的刑事法律责任

1）公司、企业人员受贿罪　公司、企业人员受贿罪是指公司、企业的工作人员利用职务上的便利，索取他人财物或者非法收受他人财物，为他人谋取利益，数额较大的行为。

2）对公司、企业人员行贿罪　对公司、企业人员行贿罪是指为谋取不正当利益，给予公司、企业的工作人员以财物，数额较大的行为。

3）受贿罪　受贿罪是指国家工作人员利用职务上的便利，索取他人财物的，或者非法收受他人财物，为他人谋取利益的行为。

4）行贿罪　行贿罪是指为谋取不正当利益，给予国家工作人员财物的行为。

(2) 工程重大安全事故的刑事法律责任　工程重大安全事故罪是指建设单位、设计单位、施工单位、工程监理单位违反国家规定，降低工程质量标准，造成重大安全事故的行为。

重大安全事故是指建筑工程在建设中及交付使用后，由于达不到质量标准或者存在严重问题，导致工程倒塌或报废等后果，致人伤亡或者造成重大经济损失。

(3) 重大劳动安全事故的刑事法律责任　重大劳动安全事故罪是指工厂、矿山、林场、建筑企业或者其他企业、事业单位的劳动安全设施不符合国家规定，经有关部门或单位职工提出后，对事故隐患仍不采取措施，因而发生重大伤亡事故或者造成其他严重后果的行为。

重大伤亡事故是指造成3人以上重伤或1人以上死亡的事故。其他严重后果，主要是指造成重大经济损失，产生极坏的影响，引起单位职工强烈不满导致停工等。

(4) 重大责任事故的刑事法律责任　重大责任事故罪是指工厂、矿山、林场、建筑企业或者其他企业、事业单位的职工，由于不服管理，违反规章制度，或者强令工人违章冒险作业，因而发生重大伤亡事故或者造成其他严重后果的行为。

(5) 滥用职权、玩忽职守的刑事法律责任　滥用职权罪、玩忽职守罪是指国家机关工作人员滥用职权或者玩忽职守，致使公共财产、国家和人民利益遭受重大损失的行为。

滥用职权的表现形式主要有两种：一是非法行使本人职务范围内的权力；二是行为人超越其职权范围而实施有关行为。

玩忽职守，是指行为人不履行或者不正确履行职务，可以表现为作为，也可以表现为不作为。

(6) 参与建设工程项目有关主体可能涉及的刑事法律责任　建筑业是一个以建筑产品为生产对象，从事建筑生产经营活动的行业，是国民经济五大产业之一。根据行业的业务范围的不同，建筑业主要包括勘察设计业、建筑安装业、建设工程咨询业（包括招标投标代理机构、工程造价咨询机构、工程建设监理机构等）三大类。由于建设工程项目具有投资大、不确定性因素多等因素，其参与主体可能会涉及以下刑事责任：

1）工程重大安全事故罪。本罪的犯罪主体是特殊主体并属于单位犯罪，但实行的是单罚制，即对建设单位、设计单位、施工单位、工程监理单位的直接责任人员进行处罚。

2）串通投标罪。串通投标罪是指在招标投标过程中，投标人相互串通投标报价，损害招标人或者其他投标人的利益，情节严重，或者投标人与招标人串通投标，损害国家、集体、公民的合法利益的行为。

3）中介组织人员提供虚假证明文件罪。中介组织人员提供虚假证明文件罪是指承担资产评估、会计、审计、法律服务等职责的中介组织的人员，故意提供虚假证明文件，情节严重的行为。

4）中介组织人员出具文件重大失实罪。中介组织人员出具文件重大失实罪是指承担资产评估、会计、审计、法律服务等职责的中介组织的人员,严重不负责任,出具的证明文件有重大失实,造成严重后果的行为。

5)公司、企业人员受贿罪。公司、企业人员受贿罪是指公司、企业的工作人员利用职务上的便利,索取他人财物或者非法收受他人财物,为他人谋取利益,数额较大的行为。

6)向公司、企业人员行贿罪。向公司、企业人员行贿罪是指为谋取不正当利益,给予公司、企业的工作人员以财物,数额较大的行为。

7)行贿罪。行贿罪是指为谋取不正当利益,给予国家工作人员以财物的行为。

8)对单位行贿罪。对单位行贿罪是指为谋取不正当利益,给予国家机关、国有公司、企业、事业单位、人民团体以财物的,或者在经济往来中,违反国家规定,给予上述单位各种名义的回扣、手续费的行为。

9)单位行贿罪。单位行贿罪是指公司、企业、事业单位、机关、团体为谋取不正当利益而行贿,或者违反国家规定,给予国家工作人员以回扣、手续费,情节严重的行为。

【案例12-1】

甲公司开发某商业地产项目,乙建筑公司(简称乙公司)经过邀请招标程序中标并签订了施工总承包合同。施工中,乙公司将水电安装工程分包给丙水电设备建筑安装公司(简称丙公司)。丙公司又将部分水电安装的施工劳务作业违法分包给包工头蔡某。施工中,因甲公司拖欠乙公司的工程款,继而乙公司拖欠丙公司工程款,丙公司拖欠蔡某的劳务费。当蔡某知道这个情况后,在起诉丙公司的同时,将甲公司也起诉到法院,要求支付被拖欠的劳务费。甲公司认为自己与蔡某没有合同关系,遂提出诉讼主体异议;丙公司认为蔡某没有劳务施工资质,不具备签约能力,合同无效,也不能成为原告。

【问题】
蔡某可否起诉丙公司的同时,也起诉甲公司即发包人?

【分析】
根据《最高人民法院关于审理建设工程施工合同纠纷案件适用法律问题的解释》的规定,"实际施工人以转包人、违法分包人为被告起诉的,人民法院应当依法受理。实际施工人以发包人为被告主张权利的,人民法院可以追加转包人或者违法分包人为本案当事人。发包人只在欠付工程价款范围内对实际施工人承担责任。"据此,本案中蔡某作为实际施工人,不仅可以起诉违法分包的丙公司,也可以起诉作为发包人的甲公司。但甲公司只在欠付工程价款范围内对实际施工人蔡某承担责任。

【案例12-2】

被告人顾某(杭州市余杭区运河镇个体建筑工匠)在没有资质承建工业厂房的情况下,超越承建范围,与某搪瓷制品有限公司法定代表人签订协议,承建该公司的球磨车间。在施工过程中,被告人顾某违反规章制度,没有按照规定要求的施工图施工,且没有采取有效的安全防范措施,冒险作业,留下事故隐患。工程施工的某一天,工人完成球磨车间西墙的砌筑后,在墙身顶部浇筑天沟时,由于墙身全部采用五斗一盖砌筑,且中间没有立柱或砖墩加固,天沟模板没有落地支撑,致使墙身失稳倒塌,造成工人高某被墙体压住而死亡、沈某等3人轻伤、韩某轻微伤的重大伤亡事故。

某法院审理认为，被告人顾某在无建筑资质的情况下承建工业厂房，超越承建范围，且在施工过程中违章作业，造成一起1人死亡4人受伤的重大伤亡事故，其行为已构成重大责任事故罪。法院同时考虑到被告人顾某在案发后认罪态度较好，且已对各受害人的经济损失进行了赔偿，确有悔罪表现等情节，依法做出如下判决：被告人顾某犯重大责任事故罪，判处有期徒刑1年，缓刑1年。

【问题】

重大责任事故罪及其处罚是如何规定的？

【分析】

我国《刑法》第一百三十四条规定："在生产、作业中违反有关安全管理的规定，因而发生重大伤亡事故或者造成其他严重后果的，处三年以下有期徒刑或者拘役；情节特别恶劣的，处三年以上七年以下有期徒刑。"重大责任事故罪的成立以行为人在生产、作业过程中违反规章制度或者强令工人违章冒险作业，发生了"重大伤亡事故"或者造成了"其他严重后果"为必备条件。本案中，被告人顾某在无建筑资质的情况下承建工业厂房，超越承建范围，且在施工过程中违章作业，造成一起1人死亡4人受伤的重大伤亡事故，其行为已构成重大责任事故罪，依法应受到刑事追究。

【案例12-3】

某施工企业承接某高校实验楼的改造工程，后因工程款发生纠纷。施工企业按照合同的约定提起仲裁，索要其工程款。期间实验楼因规划要求已被拆除，很难通过造价鉴定对工程款数额做出认定。仲裁庭在审理期间主持调解。双方均接受调解结果，并当庭签署调解协议。

【问题】

(1) 当事人不愿调解的，仲裁庭可否强制调解？

(2) 仲裁庭调解不成的应该怎么办？

(3) 调解书的法律效力如何？

(4) 调解书何时发生法律效力？

【分析】

(1)《仲裁法》规定，仲裁庭在做出裁决前，可以先行调解。当事人自愿调解的，仲裁庭应当调解。但是，仲裁庭不能强行调解。

(2) 按照《仲裁法》的规定，调解不成的，应当及时做出裁决。

(3)《仲裁法》规定，调解达成协议的，仲裁庭应当制作调解书或者根据协议的结果制作裁决书。调解书与裁决书具有同等法律效力。

(4) 按照《仲裁法》的规定，调解书经双方当事人签收后，即发生法律效力。

【案例12-4】

该案原告为承包人，被告为发包人（某房地产公司）。2006年10月，原告经公开招投标获得被告某住宅工程的施工承包资格后，与被告签订了建设工程施工合同。合同约定了工程预付款的金额及其支付期限和方式，并到当地有关行政管理部门办理了备案手续。同日，双方又签订了一份补充合同，约定"本工程不付工程预付款"。

然而，这两个意思表达完全不同的约定，导致工程交付使用后，双方因工程结算内容是否应计入名为贷款利息费用等问题发生争议，并诉诸当地高院。

原告认为：因原招标文件明确表示本工程有工程预付款，而且经备案的施工合同中也有工程预付款方面的约定，所以是不需要约定工程预付款的贷款利息费用计取方法的；但双方既然后来又以补充合同的形式取消了工程预付款，那么就应该按照工程所在地的相关定额规定计取贷款利息，作为对原告的费用补偿。

被告则主张：招投标文件中均未涉及贷款利息的内容，因而不能在工程结算中计入贷款利息。第一审法院则撇开双方的结算争议，认定补充合同中有关不支付工程预付款的约定因违反《招标投标法》的有关规定而无效，并据此判决被告向原告支付以原合同中约定的工程预付款金额计算的银行同期存款利息。其判决理由是该部分款项为原告垫资施工的金额。

【问题】

关于本工程不付工程预付款的补充合同是否有效？

【分析】

根据《最高人民法院关于审理建设工程施工合同纠纷案件适用法律问题的解释》（以下称《最高人民法院施工合同纠纷解释》）第六条第二款规定："当事人对垫资没有约定的，按照工程欠款处理"；第十七条规定："当事人对欠付工程价款利息计付标准有约定的，按照约定处理；没有约定的，按照中国人民银行发布的同期同类贷款利率计息"。第二十一条还规定："当事人就同一建设工程另行订立的建设工程施工合同与经过备案的中标合同实质性内容不一致的，应当以备案的中标合同作为结算工程价款的根据"。

据此，本案中的补充合同有关不付工程预付款的内容，是对招标投标文件的实质性的违背，显属无效；而中标且经备案的合同中关于工程预付款的规定不管从形式上还是内容上看均合法合理，应当成为确定承发包双方权利义务的依据。因此，实际施工中发包方未支付工程预付款的行为已经构成违约，应承担逾期付款的违约责任。其支付违约金的标准应根据合同约定，在合同没有约定的情况，则应按中国人民银行发布的同期同类贷款利率，计算发包人应支付的违约金。

本案启示：

第一，施工企业加强管理的目的，是通过一系列的管理活动来创造维护自身权益的机会和条件。以"预防和治理拖欠工程预付款"为例，可以制定并落实以下管理措施：招标投标阶段要争取将工程预付款的金额及其支付办法列入投标文件；签约阶段要将投标文件中的成果固定到合同条款上；履约阶段定期监控发包人是否按时足额支付工程预付款等。

第二，如发包人利用其优势地位，强行通过补充合同的形式取消了备案合同中关于工程预付款的规定，且对补偿措施未置可否，承包人则应当或者在订立补充合同时即要求发包人明确取消工程预付款之后的补偿办法；或者在施工过程中向发包人提出补偿要求；最迟在工程结算中要向发包人提出相关费用要求。只有慎重把握权利的有无及主张权利的时机和方式，才能将管理潜力转化为管理优势。

第三，工程预付款是适应建设工程生产活动的特点和客观规律的一种计价、付款方式。但我国目前的建筑市场处于"买方市场"，工程预付款制度应成为一项规范建筑市场行为，平衡工程承发包双方的关系，确保建筑工程质量和安全的制度基础和法律保障。

【案例 12-5】[一]

某年4月，某市第一中学与某建筑公司签订了一份建筑工程承包合同。该合同约定由建筑公司为第一中学建一幢教学楼。合同规定：第一中学提供建筑材料指标，教学楼的主体工程内同外承重墙一律使用国家标准红机砖，每层用水泥圈梁加固，竣工交付验收合格后交付第一中学使用。合同还约定，若验收后6个月内发生较大质量问题，由建筑公司修复。第2年5月，教学楼竣工，双方进行验收，第一中学发现该楼的第三层承重墙墙体裂缝较多，要求修复。建筑公司认为此问题不存在安全隐患，以不影响使用为由拒绝修复。双方协商不成未进行验收。2个月后，第一中学发现裂缝越来越多，并认为此工程质量低劣，系危险用房不能使用，要求建筑公司拆掉第三层承重墙重建。建筑公司提出出现裂缝属于砖的质量问题，与施工技术无关。因双方分歧较大，第一中学以建筑工程质量不符合合同规定为由，向法院提起诉讼，要求将教学楼三、四层拆除重建，并赔偿相应的损失。

【问题】

法院应如何判决？

【分析】

本案例中，施工人建筑公司对工程质量问题承担责任是毫无疑义的。第一中学有充分的法律依据要求该公司拆除所建教学楼有质量问题的第三层和第四层，并进行重建。《合同法》第二百八十一条规定："因施工人的原因致使建筑工程质量不符合约定的，发包人有权要求施工人在合理期限内无偿修理或者返工、改建。经过修理或者返工、改建后，造成逾期交付的，施工人应当承担违约责任。"根据本条规定，因建设工程质量不符合约定而承担违约责任的前提必须是因施工人自己的原因造成质量不符合约定。因为建设工程质量不符合约定的原因可能是多方面的，既可能是施工人的责任，也可能是不可抗力，也可能是发包人的责任。只有当工程质量不符合约定是由于施工人自己的原因造成的，施工人才承担相应的违约责任。

此外，建筑公司返工重建后逾期交付的，还应承担违约责任。在因施工人自己的原因造成工程质量不符合约定时，发包人有权请求施工人在合理期限内修理或者返工、改建。所谓"合理期限"，是指根据工程质量不符合约定的具体情形，以及根据国家相关规定确定的工期和相关合同文件约定的内容，施工人进行无偿修理或者返工、改建所需要的时间。至于这种违约责任的内容，要根据当事人的具体约定。如果当事人之间约定了逾期违约金，则施工人应当支付违约金。同时依据《建筑法》"建筑施工企业在施工中偷工减料的，使用不合格的建筑材料、建筑构配件和设备的，或者有其他不按照工程设计图或者施工技术标准施工的行为的，责令改正，处以罚款；情节严重的，责令停业整顿，降低资质等级或者吊销资质证书"的规定，承包人还要承担相应的行政责任。

[一] 本案例处理依据是《民法典》实施（2021年1月1日）前的相关法律法规。

第12章 建设工程纠纷的解决方式及法律责任

本章习题

一、单选题

1. 甲、乙双方因施工合同纠纷，经仲裁机构裁决乙方应承担责任，然而乙方拒不履行生效裁决。根据《仲裁法》规定，甲方可以(　　)。
   A. 向法院申请撤销裁决　　　　　　B. 向人民法院起诉
   C. 向上级仲裁机构申诉　　　　　　D. 向人民法院申请执行

2. 某施工单位因严重违章施工造成了重大生产安全事故，有关行政机关拟吊销其资质证书。下列有关行政处罚程序的表述错误的是(　　)。
   A. 这起行政处罚不适用听证程序　　B. 行政机关应负责组织听证
   C. 行政机关应承担组织听证的费用　D. 施工单位有权要求举行听证

3. 甲、乙双方因工程施工合同发生纠纷，甲公司向法院提起了民事诉讼。审理过程中，在法院的主持下，双方达成了调解协议，法院制作了调解书并送达了双方当事人。双方签收后，乙公司又反悔，则下列说法正确的是(　　)。
   A. 甲公司可以向人民法院申请强制执行
   B. 人民法院应当根据调解书进行判决
   C. 人民法院应当认定调解书无效并及时判决
   D. 人民法院应当认定调解书无效并重新进行调解

4. 民事法律责任的承担方式中不包括(　　)。
   A. 恢复原状　　B. 消除危险　　C. 赔礼道歉　　D. 没收财产

5. 行政法律责任的承担方式包括行政处罚和(　　)。
   A. 行政复议　　B. 行政处分　　C. 行政赔偿　　D. 行政许可

6. 甲、乙两公司欲签订一份仲裁协议，仲裁协议的内容可以不包括(　　)。
   A. 选定的仲裁委员会　　　　　　　B. 仲裁事项
   C. 双方不到法院起诉的承诺　　　　D. 请求仲裁的意思表示

7. 建设单位在施工合同履行中未能按约定付款，由此可能承担的法律责任是(　　)。
   A. 警告　　B. 支付违约金　　C. 罚款　　D. 赔礼道歉

8. 下列关于我国仲裁基本制度的表述错误的是(　　)。
   A. 仲裁实行一裁终局的制度
   B. 当事人没有仲裁协议而申请仲裁的，仲裁委员会应当受理
   C. 当事人达成有效仲裁协议，一方向人民法院起诉的，人民法院不予受理
   D. 有效的仲裁协议可以排除法院对案件的司法管辖权

二、多选题

1. 对市建设行政主管部门做出的具体行政行为，当事人不服，可以向(　　)申请行政复议。
   A. 市建设行政主管部门　　　　　　B. 市人民政府

C. 省级建设行政主管部门　　　　D. 省级人民政府
E. 国务院建设行政主管部门

2. 建设单位因监理单位未按监理合同履行义务而受到损失，欲提起诉讼，则必须满足的条件有(　　)。
   A. 有具体的诉讼请求　　　　B. 有事实和理由
   C. 有充分的证据　　　　　　D. 没有超过诉讼时效期间
   E. 属于受诉法院管辖

3. 在仲裁过程中，调解是解决双方争议的有效方法。下列说法错误的是(　　)。
   A. 仲裁庭在做出裁决前，必须先行调解
   B. 调解不成的，应当及时做出裁决
   C. 调解达成协议的，仲裁庭只能制作调解书
   D. 调解书不具有强制执行力
   E. 在调解书签收前当事人反悔的，仲裁庭应当及时做出裁决

4. 仲裁和诉讼都是解决纠纷的方式，与诉讼相比，仲裁具有的特点有(　　)。
   A. 当事人对仲裁庭的组成有权选定；诉讼中审判庭人员是由法院指定的
   B. 仲裁是基于当事人的协议授权；而诉讼的基础是国家权力
   C. 仲裁制度是基于当事人的协议授权，可以自由选择仲裁委员会；诉讼制度实行强制管辖，当事人不能随意选择管辖法院
   D. 仲裁制度一次裁决即终局；而诉讼实行两审终审制
   E. 仲裁裁决的效力低于诉讼判决

参 考 文 献

[1] 董良峰,张志友. 建设法规[M]. 南京:东南大学出版社,2017.
[2] 许珍,李春燕. 建设法律法规与案例分析[M]. 天津:天津科学技术出版社,2018.
[3] 干孟钧,陈辉华. 建设法规[M]. 武汉:武汉理工大学出版社,2017.
[4] 邹祖绪,刘芳. 建设工程法律与法规[M]. 武汉:武汉理工大学出版社,2018.
[5] 全国一级建造师执业资格考试用书编写委员会. 建设工程法规及相关知识[M]. 北京:中国建筑工业出版社,2018.
[6] 郑润梅. 建设法规概论[M]. 2版. 北京:中国建材工业出版社,2018.
[7] 刘文峰. 建设法规教程[M]. 北京:中国建材工业出版社,2016.
[8] 顾永才,杨雪梅. 建设法规教程[M]. 北京:科学出版社,2017.
[9] 胡成建. 建设工程法规教程[M]. 北京:中国建筑工业出版社,2014.
[10] 马楠. 建设工程法规实务[M]. 北京:清华大学出版社,2017.
[11] 何佰洲. 工程建设法规与案例[M]. 3版. 北京:中国建筑工业出版社,2017.
[12] 何佰洲. 工程建设法规教程[M]. 北京:中国建筑工业出版社,2017.
[13] 皇甫婧琪. 建设工程法规[M]. 北京:北京大学出版社,2018.
[14] 张广兄. 建设工程合同纠纷诉讼指引与实务解答[M]. 北京:法律出版社,2018.
[15] 奚晓明. 建设工程合同纠纷[M]. 3版. 北京:法律出版社,2017.
[16] 法律出版社法规中心. 建设工程纠纷处理依据与解读[M]. 北京:法律出版社,2016.
[17] 李永军. 合同法.[M]. 北京:中国人民大学出版社,2020.
[18] 杜月秋. 民法典条文对照与重点解读.[M]. 北京:法律出版社,2020.

参考文献

[1] 过秉钧. 宗法礼义 建筑遗规[M]. 南京：东南大学出版社，2017.
[2] 任乃鑫，李春郁. 建筑遗产保护规划与策划方法[M]. 天津：天津科学技术出版社，2018.
[3] 丁元海. 园林与风景区规划[M]. 武汉：武汉理工大学出版社，2017.
[4] 苏继朝，刘剀. 城市工程系统与综合防灾[M]. 北京：北京理工大学出版社，2018.
[5] 全国一级建造师执业资格考试用书编写委员会. 建设工程法规及相关知识[M]. 北京：中国建筑工业出版社，2018.
[6] 郑加柱. 建筑变形测量[M]. 2版. 北京：中国建筑工业出版社，2018.
[7] 刘宗仁. 建筑抗震概论[M]. 北京：中国建材工业出版社，2016.
[8] 薛海军，杜钢. 建筑造型设计[M]. 北京：科学出版社，2017.
[9] 赵冠谦. 建筑工程建筑防灾[M]. 北京：中国建筑工业出版社，2014.
[10] 冯刚. 生态工程建筑设计[M]. 北京：清华大学出版社，2017.
[11] 邱海军. 工程地质灾害学导论[M]. 5版. 北京：中国建筑工业出版社，2017.
[12] 何政军. 工程结构与建筑造型[M]. 北京：中国水利水电出版社，2017.
[13] 吴明根. 建筑工程概论[M]. 北京：北京大学出版社，2018.
[14] 韩彪，刘冯. 建筑工程招投标与合同管理与实务案答[M]. 北京：经济出版社，2018.
[15] 姜晨微. 建设工程合同管理[M]. 3版. 北京：法律出版社，2017.
[16] 住房和城乡建设部. 建筑工程建设项目建设监理与管理[M]. 北京：清华出版社，2016.
[17] 谢本纪. 公约法[M]. 北京：中国人民大学出版社，2020.
[18] 胡月兰. 历史遗产文化开发与经济开发[M]. 北京：海洋出版社，2020.